KB075161

종가의 귀환

- 잃어버린 우리를 찾아서 -

종가의 귀환

잃어버린 우리를 찾아서

초판 1쇄 인쇄일 2020년 5월 20일
초판 1쇄 발행일 2020년 5월 25일

지은이 박성원
펴낸이 양옥매

펴낸곳 도서출판 책과나무
출판등록 제2012-000376
주소 서울특별시 마포구 방울내로 79 이노빌딩 302호
대표전화 02.372.1537 **팩스** 02.372.1538
이메일 booknamu2007@naver.com
홈페이지 www.booknamu.com
ISBN 979-11-5776-888-2 (03910)

이 도서의 국립중앙도서관 출판예정도서목록(CIP)은
서지정보유통지원시스템 홈페이지(http://seoji.nl.go.kr)와
국가자료종합목록시스템(http://www.nl.go.kr/kolisnet)에서
이용하실 수 있습니다. (CIP제어번호: CIP2020019911)

종가의 귀환

– 잃어버린 우리를 찾아서 –

• 박성원 지음 •

책과나무

머리말

우리들 중 많은 이들은 우리 역사 속 고난과 불행의 원인을 주변 열강들 또는 지리적 영향 때문이라고 생각한다. 그러나 필자의 생각은 전혀 다르다. 비록 결론은 그랬을지라도 고난의 시작과 과정은 분명 우리 탓이다.

1만 년 조선민족사, 그 흥망이 땅에서부터 출발한 적은 단 한 번도 없다. "우리 조상", 조선은 유라시아대륙 최고의 문명개창국이었고, 전고려·백제·신라·후고려는 모두 광대한 대륙의 주인, 태양의 후예들이었다.

인간의 모든 개혁의 시작점은 "나부터"여야 한다. "남 탓", 이것은 개혁이 아니라 "개혁 빙자"의 시작이다. 빙자의 승자는 "우리"가 아닌 "그들"이다.

"이씨왕조", 애초 시작부터 노예영혼으로 출발, 동족의 절반 이상을 때려 죽여도 되는 노예로 만들었고, 신분이 상속되는 종군위안부를 만들고, 끝내 민족사 최초로 완전히 망해 나라의 이름마저 없어지게 했다. 아래 이씨왕조 구한말 서구인들이 묘사한 이 땅의 풍경은 그야말로 세계사 최악의 풍경이다.

"노비를 함부로 죽인 주인의 이야기는 너무 흔해서 일일이 소개 할 수가 없다."(이영훈, 『세종은 과연 성군인가』, 백년동안, 2018, P37)

1653년 제주도에 난파하여 13년 동안 노예처럼 억류 생활을 하다가 천신만고 끝에 일본으로 탈출하여 기록을 남긴 하멜은 이씨왕조에 대해 "주인은 사소한 과실에 대해서도 노비를 죽일 수 있다." 그리고 "남편이 아내를 죽였을 때 그 이유가 간통이든 이와 비슷한 것이든 간에 그럴 만한 이유가 증명될 경우에는 처벌되지 않는다."라는 기록을 남겼다(김태진 역, 『하멜표류기』, 서해문집, 2016, P117).

구한말, 이사벨라 버드 비숍(Isabella Bird Bishop)은 "부산, 더럽고 지저분한 거리의 풍경들, 오직 두 계급, 강탈하는 자들과 강탈당하는 자들만이 존재한다. 양반들은 이 나라의 허가 낸 흡혈귀들이며 나머지 5분의 4에 해당하는 국민들은 흡혈귀들이 빨아먹는 피를 공급한다. 토지로부터 생산을 배가할 수 있을 것 같지만, 수확물에 대한 안전이 보장되지 않기 때문에 가족이 입고 먹을 수 있을 만큼만 생산하며, 따라서 좋은 집을 세우거나 좋은 의복을 입는 사람은 없다."고 했다(브루스 커밍스, 『한국현대사』, 창비, 2016, P183).

"고요한 아침의 나라"라는 말을 처음 쓴 미국의 퍼시빌 로월은 "변화는 그들의 존재를 몰랐고 시간은 가만히 서 있었으니, 매우 희안한 현상이요, 살아 있는 화석이다."라 했다(위의 책, P187).

19세기 서양인들 눈에 비친 조선 양반들의 대체적인 모습이다. "근대적인 상식과 교양은 단 하나도 갖추지 않은 무리들, 부국강병과 경세제민과는 무관하게, 무위도식 게으르면서도, 그들 스스로는 지·인·용의 덕을 갖추고 도덕을 실천하는 자"를 자부했다. 그 모든 것의 결과가 참혹한 망국이었다.

임금 고종은 일신의 안위만 생각하며 영관파천, 미관파천, 일관파천을 요청하다 궁녀복을 입고 러시아영사관으로 피신한다. 총리대신 이완용은 일본에게 합병을 요청하고, 일본이 고종을 왕으로 예우해 주겠다는데도 대공으로 처우해 달라고 요청했다.

이 모든 상황을 보고 구한말 윤치호는 "폭정과 가난에 시달리는 한국민을 위해서는 차라리 한국이 문명화된 외국정부에 의해 지배되거나 문명화되는 것이 더 낫겠다."라고 했다.

당시의 미국 대통령 루스벨트, 그는 영국과 함께 러시아의 남진을 막기 위해 일본에게 전쟁비용을 대 주었고, 취임 초부터 "조선은 자치능력이 없다. 나는 일본이 조선을 지배하는 것을 보고 싶다. 미국은 조선에 대해 책임질 일이 없다."고 했다(김우현, 『주자학 조선 한국』, 한울, 2012, P270). 그러면서 그들은 일본에게 조선을 넘기고 자신은 필리핀을 가졌다.

필자는 교수도 교사도 학자도 아니다. 그러나 우리 역사, 특히 상고사에는 관심이 많다. 특정 분야의 학자 전문가가 아닌 필자가 이 책을 구성하기에는 실로 엄청난 어려움이 있었다. 관심과 열정만으로 시작한 일에 많은 것이 미숙하다.

필자는 40년 등산을 하면서 제일 좋아하고 집중하는 것이, 높은 산에서 일출과 일몰 풍경을 보는 것이다. 계절별로 피어나는 꽃과 나무들, 곤충들의 이름 중 아는 것은 거의 없다. 산을 오르는 수많은 사람들, 우리들 중 누군가는 사계절 여명과 석양에 집중하는 사람도 있을 수 있다. 우리 역사에도 그런 사람이 반드시 필요할 것이다. 필자는 그런 사람이고 싶다.

지금의 우리 자신을 보고 "한국인", "한민족", "한반도", 그리고 식민사관, 동북공정을 말하며 외부로 증오를 표시하는 것이 정말 싫다. 본래의 원인은 외면하고 껍데기에만 신경 쓰는 천한 노예근성이다. 철저한 원인 분석과 대책 수립이 우리의 밝은 내일을 부른다. 애초 노예사관 식민사관은 "이씨왕조 주자원리주의자"들이 스스로 만든 것이고,

일제는 차려진 밥상에 숟가락 하나 얹은 것뿐이다. 해방 후 한 세기가 다 되어 가는데, 지금도 100년 전 일본의 식민역사교육 내용 그대로를 학교에서 교육하면서 누구를 탓한단 말인가?

그리고 대륙의 한(韓), 이것은 고대국가로 성장하기 전의 상태로서, 우리 스스로도 설(說)을 넘어 구체적 자료로 역사임을 증명하는 데는 한계가 있다. 따라서 주변국 누구로부터 역사적 실체로 인정받기는 어려운 존재이다. 분명한 역사 속의 "한", "한국"이란, 광개토대왕비에서 보듯 분명히 반도남단에 있었고, 제대로 성장도 해 보기 전에 멸망했다. 한 번은 그냥, 한 번은 "대한"이라 포장까지 해서 백제(=왜=일본)에게 두 번을 지배 · 점령당했다.

역사 속의 "한(韓)" 이것은 실제 우리 중 많은 사람들이 생각하는 본래의 우리 모습이 아니다. 어디까지나 하(下)반도의 흐릿한 역사, 이야기일 뿐이다. 한반도는 "하(下)반도"다. 대략 우리들의 유전자 70%는 북방, 30%가 남방계다.

"우리" 조선, 고려로 가야 한다. "조선민족 종가 고려" 그곳에는 사람, 민중의 절반을 노예가 되게 한 "이씨왕조 주자원리주의", "김씨왕조 원리주의" 이런 것이 없었다. 분명한 우리 역사, 그곳에는 모두가 천손(天孫), 하늘 · 태양 · 대지의 주인이었다.

이씨왕조 이후 이 땅 민중들의 오랜 고난은 "우리" 본래의 정신 영혼 역사가 망실되었기 때문이다. 이 책에서 논한 많은 내용들은 지금까지 학교 교과서에서 가르치는 역사와는 다르다. 여기서는 "하(下)반도의 카더라 한국사"가 아닌, 유전자 · 유물 · 신화 · 습속 기록으로 분명한 "조선민족 종가 고려"를 이야기하며, 우리가 다시 그곳으로 가는 길을 논한다.

옛말에 "원숭이가 관을 쓰면 나라가 위태롭다."고 했다. 천손, 태양의 후예들의 땅에, 그들만의 위선·이념·종교·사상·학문으로 뭉친 노예무리들이 주인 노릇을 하면서 민중들의 고난과 나라의 불행은 시작되었다. 그들만의 이념·종교·사상으로 뭉친 노예영혼들에게는 모든 것이 희고 검은 것으로만 구분되고, 눈앞에는 증오의 대상만 뚜렷이 보인다. 정확한 원인 분석과 대책이 있을 수가 없다. 지금도 이 땅은 그들만의 이념·사상·종교, 그 병든 영혼으로 민중들을 지배하는, 그야말로 원숭이들이 관을 쓰고 나라를 통치하는 일이 지속되고 있다.

대륙의 주인으로 수천 번 맞붙어서 단번에 격퇴한 자랑스런 역사·정신·영혼은 간 곳 없고, 오직 한 번 스스로 망해 일본에게 36년간 지배당한 것만 선전·선동하여 정치적 탐욕을 도모하는 천한 노예영혼들, 그들은 조선민족 종가 고려의 후예들이 아니라 민족사의 암세포들이다.

세계사와 민족사 최고 운 좋은 세대, 친O친O가 주도하고 큰소리치는 세상, 이것은 결코 본래의 "우리"가 아니다. 이 병든 영혼들은 눈앞에 무지개와 방정식이 펼쳐지는데도 음양흑백 더하기 빼기만으로 상황을 몰고 간다. 실로 나라와 민생은 망하고, 그들 위선자들만이 승리하는 길이다.

오늘을 사는 우리들은 "음양흑백 증오"가 아니라 "우리의 일"을 해야 한다. 그러기 위해 우리는 다시 하늘·태양·대지의 주인들이 사는 조선민족 종가 고려로 가야 한다. 그 첫 출발점은 우리의 정신·영혼·역사에서 찾아야한다. 퉁이(Tungi, 東夷) 조선민족 "지혜로운 사람들", 문명을 개창한 그 정신·지혜는 모든 시공(時空)의 난관을 돌파할 수 있다.

지금 우리 앞의 상황은 구한말의 상황과 비슷하다. 러시아는 250년 간 몽골의 지배를 받았고, 중국은 수천 년 가운데 거의 절반 동안 북방 조선민족에게 지배당했다. 일제통치 36년, 생각하기 나름이다. 결과를 탓하기보다. 스스로 노예가 되어 버린 병든 영혼, 원인을 탓해야 길이 열린다.

　프랑스 속담에 "장애가 없는 곳에 열정이 없고 행복한 자에게는 역사가 없다."라는 말이 있다. 우리의 길도 생각하기 나름이다. 지혜와 용기는 모든 붓과 총칼을 이길 수 있다. 우리 속 노예영혼, 음양흑백 위선문치, 그들만의 원리주의, 이것을 대상으로 파괴적인 혁신을 시작해야 한다. 1만 년 역사 본래 우리 모습, 그곳에 우리가 가야 할 길과 우리의 미래가 있다.

　우리, 하면 된다.

　한 발 한 발 필자가 가는 길에 빛이 되어 준 모든 분들께 진심으로 감사드린다.

차례

Ⅴ. 생각하는 백성이라야 산다

I

조선문명

1. 세계사의 시작 퉁이(Tungi, 東夷)

1) 조선문명

필자가 중학교 2학년 맨 처음 세계사를 배울 때, 서구의 그리스 로마 역사부터 배웠던 것으로 기억된다. 우리가 익히 알고 있듯이 서유럽의 문명은 고대 그리스에서 시작하여 로마에서 번성하고 북으로 동으로 퍼져 나갔다.

로마 이후, 프랑크 왕국의 카를대제에 이르기까지 그들은 하나였고, 베르됭조약으로 프랑스·영국·이탈리아가 셋으로 분리되어 오늘에 이르게 되고서도 그들은 각기 카를대제를 자기네 조상으로 생각한다. 지금도 옛 로마의 상징 독수리 문양은 서유럽 각국의 중요 상징문양으로 사용되고 있다.

그들에게 고대사 연구는 곧 그리스 로마의 역사연구이다. 독일학자 슐레이만은 1870년, 소아시아 서북부에 있는 트로이로 지목되는 땅을 발굴, 9개의 성체와 도시를 발견하면서 에게문명이 드러났고, 이후 1900년 영국의 고고학자 아더 에반스는 크레타섬 북쪽에서 크로노스를 발굴하여 미노스왕의 궁전을 발견하였다.

이로써 트로이전쟁의 사실성이 확실해지고, 그리스 문화보다 앞선 시기에 에게해 주변에 고도의 청동기문명이 성립해 있었다는 사실이 명백해진다. 이렇게 하여 19세기 중엽까지도 전설로만 알려졌던 에게문명의 이야기는 사실로 드러나는 것이다. 이렇듯 그리스 로마 연구에 있어서 지금의 유럽인에게 국경은 없다.

우리의 옛 터전, 대륙의 옛 역사서를 읽다 보면 모든 이야기와 유물들은 한곳으로 집중됨을 알 수 있다. 그것은 '조선', '쥬신', '쥬선', '쑤션', '주리진' 등으로 발음되는 "조선문명"이다. 여기서 발견되는 고대의 옥기 · 청동기 등의 유물은 『환단고기』의 기록들과 거의 일치하며, 1만 년 역사의 "조선문명"을 대변한다.

안타깝게도 지금 동양 삼국(한 · 중 · 일)은 3국 공통의 역사 시원인 "조선문명"을 지워 버리기에 안간힘을 쓰고 있다. 지금 한국 · 일본은 조선 문명의 직계이며, 지금 중국의 역사는 대륙 동북방의 조선문명을 필두로 한 중원의 화하족과 투쟁의 역사, 즉 두 민족 공통의 역사라고 해야 옳다. 따라서 대륙의 역사는 "중국사"가 아니라 "대륙사"라고 해야 타당한 것이다.

이렇게 자신들의 역사 말살에 여념이 없는 동양 3국에 비해 멀리에서도 그 실체를 인정했던 사람들의 이야기를 잠시 들여다보자.

과거 독일의 세계적인 석학 하이데거(1889~1976)도 "아시아의 위대한 문명의 발상지는 한국이며, 세계 역사상 가장 완전무결한 평화적인 정치를 2천 년이 넘는 장구한 세월 동안 아시아대륙을 통치한 단군의 시대가 있었고, 자신은 동양사상의 종주국인 한국인을 존경한다."고 했다.

소설 『25시』의 저자 게오르규는 "빛은 동방에서 온다. 그 빛은 작은 나라 한국에서 온다."라고 했으며, "'홍익인간'이란 단군의 통치이념은 이 지구상에서 가장 강력한 법률이며 가장 완전한 법률"이라고 말했다.

노벨상을 수상했던 인도의 시인 타고르(1861~1941)도 "일찍이 아시아의 황금시기에 빛나던 등불 하나인 코리아, 그 등불 다시 한 번 켜지는 날에 너는 동방의 빛이 되리라, 진실의 깊음 속에서 말씀이 솟아나는 곳, 내 마음의 조국이여 깨어나소서 깨어나소서."라 노래했다.

이제 우리는 분명히 말해야 한다. "조선문명"이라고, 1만 년 코리아의 역사라고 말해야 한다. 분명하고 단호하게 말하는 수많은 역사 유물들, 그 끝을 알기 어려운 역사 기록들, 중화에 의해 지워지고 말살된 역사, 중화의 노예가 된 영혼으로 스스로 말살해 버린 역사, 일본에 의해 다시 한 번 왜곡되고 묻혀 버린 역사, 현재 세계 최고의 대학 진학률에도 불구하고 아직도 100년 전 식민지배 일본이 만들어 준 역사서를 신봉하고 학생들에게 가르치며 외국학자들로부터 "한국에도 학문이 있습니까?" 소리를 들어야 하는 나라 대한민국, 실로 참담한 노릇이다.

우리 역사 문제의 핵심은 중국 · 일본이 아니라 영혼이 병든 종가 고려에 있다. 조선문명, 동북아 북방계 조선민족 퉁이(동이)의 유전자지도, 만주의 피라미드, 고인돌, 토기, 옥기, 청동기, 구들, 문자들이 분명하게 말하고 있다. 이 유물들이 나오는 땅은 1만 년 "조선민족 종가 고려"의 강역이었고, 그중 일부는 불과 100여 년 전까지도 종가 고려의 땅이었다.

식민지배 일본의 학자가 그려 놓은 한사군의 위치, 신의주 원산 후고려 국경 등을 신봉하며, 역사 이야기만 나오면 중국 · 일본부터 쳐다보고 눈치를 살피는 세금 위의 학자들의 역사적 관점에 필자는 결코 동의할 수가 없다.

2) 수메르문명과 환단고기(동이원류)

여러 기록 유물을 참고하면, 동이족의 역사는 1만 년 전후로 볼 수 있다. 약 1만여 년 전 지구가 지금과 같은 기후가 되어 천산일대에서 문명이 생겨났다. 그 주인공은 지금의 파미르고원 일대 마고성에서 살다가 마지막 빙하기에 얼음이 녹고 해수면이 상승하는 등 지구 대격변기를 거치며 마고성에서 사방으로 출발한 퉁이(Tungi)들이다.

이곳에 고리, 구루족(=고려족)이 살았고, 이들은 하늘과 태양을 숭배하며 자신들을 천손(天孫)으로 믿었으며, 이들을 다스린 자들은 "하늘임금"이란 뜻의 천칸 · 텐칸(天干) 등으로 불렀다. 이들은 태양 하늘 조상을 받드는 신도(神道)를 숭상하고, 꿇어앉는 예절이 있었으며, 흰옷을 입고, 고깔모자를 썼다. 이들은 유라시아 대륙의 역사를 개창한 주인공들이며, 옛 조선문명 종가고려의 주축세력이자, 남으로 중화를 지배 · 경영하여 중원 문명을 개창 · 일구었고, 반도를 건너서는 지금의 일본을 건국했다.

약 7천 여 년 전 다시 한 번 지구의 기후에 큰 변동이 생겨, 지진 · 화산 · 홍수 등이 발생하면서 사하라의 초원은 사막으로 변하고, 우리의 육지이던 서해에는 바닷물이 차올라 상전벽해(桑田碧海)가 된다. 이 시기 지금의 천산 일대에 살던 마고성의 백성들은 더 따뜻한 곳을 찾아 사방으로, 멀리는 북미대륙까지 대대적 이동을 하게 되었다.

이때 칸(Khan)국 서남쪽에 위치한 우루국과 수밀이국 사람들이 이란의 산악지대를 거쳐 메소포타미아 지역으로 남하하여 개척한 문명이 바로 수메르문명이다. 수메르보다 500년 후에 이루어진 이집트문명의 건축, 기술, 문자 등은 모두 이 수메르문명에서 유래하였다. 수메르문명에 대해 서양 학자들은 한결같이 "아주 갑작스럽고, 전혀 앞선 문명 없이 독자적으로 발생하였다"고 말한다. 그래서 "수메르인들은 어디에서 왔고, 그 문명은 어떻게 생겨났는가?" 하는 것은 가장 큰 의문으로 여겨져 왔다.

역사학자 시친(Zecharia Sitchin)은 동서 신화의 12신이 유래한 근원을 메소포타미아에서 꽃피웠던 수메르문명에서 찾는다. 그렇다면 수메르의 12신은 어디에서 온 것일까? 수메르의 점토판 기록에 따르면, 수메르인은 "안샨(Anshan)으로부터 넘어왔다"고 한다. 수메르 말로 안(An)은 하늘, 샨(shan)은 산을 의미한다. "안산"은 우리의 시골마을 지역마다 하나씩 있는 흔한 이름이다.

이들은 전형적인 동양인 검은 머리에 후두부가 평평하고 상투를 튼 왕이 다스리는 나라였다. 한국 사람들처럼 결혼 전에 함을 지는 풍습이 있었고, 동북아의 60갑자처럼 60진법을 사용하였다. 그리고 엄마·아빠를 비롯한 많은 수메르어 단어들이 우리말과 똑같거나 아주 유사하다. 임금과 스승과 아버지를 동일시하는 군사부일체 사상을 그들도 가지고 있었다.

크레이머(Samuel Kramer) 박사는 수메르인들의 점토판을 해독하여 그들의 생김새, 사회 제도, 풍습, 언어 등을 총체적으로 파악한 결과, 5500년 전에 수메르문명을 연 사람들의 정체에 대해 "동방에서 왔다."라고 결론지었다. 그 동방문명의 정체는『환단고기』에서 찾아볼 수 있다.

서양 학자들이 인류 최고(最古)의 문명으로 여기는 수메르문명을 그 이전으로 연결하는 기록은 세계사에 단 하나『환단고기』다.『환단고기』속의 환국의 열두 나라 중 수밀이국이 수메르문명과 결코 무관한 문명이 아님을 알 수 있다. 독일 베를린 브란덴부르크 학술원교수를 지냈

고, 수메르 쐐기문자를 연구했던 김정양 박사가 하는 이야기를 들어
보자.

> "아득한 옛날 동방으로부터 학자 천 명, 건축가 천 명, 노동자 기술자
> 등 건축가 천 명, 도합 3천 명이 이곳에 왔다는 기록이 있었다. 그들은
> 지구라트 신전을 건축하고, 0~9 숫자와 수학을 가르치고, 도시를 건축
> 하고, 태양력을 만들어 다스리다가 다시 동방으로 갔다."

그가 연구한 수메르의 마지막 왕은 퉁이(Tungi)이다. "우리는 원래 외
부에서 온 사람들이다. 이제 고향으로 돌아간다 하며 북동쪽으로 갔
다." 한다. 그런데 놀라운 것은 그들의 마지막 왕 퉁이(Tungi)가 떠나간
해를 당시 태양력으로 환산해 보니 BC 2334년이었다는 것이다. 이는
초대 단군(天干)이 조선을 건국한 직전 해다. 이것은 『환단고기』「삼성
기」하편의 초대환웅이 하늘의 뜻에 따라 3천 명을 이끌고 오가(五加)의
지지를 받으며, 천부인 세 가지를 가지고 태백산으로 내려와 세상을 다
스린다는 내용으로 연결된다.

이 모든 유물·유적·고고학적 자료와 정확히 일치하는 역사서는 세
계사에 단 하나 『환단고기』뿐이다. 이 기록들은 나중에 중국 낙빈기의
평생 금문 연구 결과인 『금문신고』의 신시(神市)·신지(臣智)·치우 등
의 내용들과 그대로 연결되고 증명된다.

여기서 잠시 고대 수메르어와 지금의 우리말을 비교해 보자. 너무나
많은 유사성에 놀라움을 금할 수가 없다.

수메르어 아붐(abum)은 발음이 "아붐"이고 그 뜻은 "아버지"이다. 이
아붐의 형용사형이 아비(abi)인데 투르크 몽골 퉁구스어로는 "아바이

(abai)"로 발음한다. 지금의 우리말 경상 전라도 지역과 함경도 지역의 사투리 그대로이다.

또 수메르어에 어뭄(umum)이라는 단어가 있다. "우뭄"이라 발음하고 뜻은 "어머니(엄마)"이다. 이 단어는 몽고, 투르크, 만주, 퉁구스, 시베리아에서 "우마이(Umai)"라고 발음된다. 이는 필자가 어릴 때부터 줄곧 들어오던 말, 경상도 사투리 "너그 어마이 오데 가드노?"에 있는 말 그대로이다.

우리말과 수메르어의 유사성은 상기의 내용 이외에도 나열하자면 끝이 없다. 필자는 여기서 강단의 사학자가 아니면서도, 우리의 고대사 연구에 혼신의 힘을 기울이는 조선민족 종가 고려의 수많은 사람들에게 진심으로 경의를 표한다.

2. 조선, 역사의 시작

1) 환단고기

조선민족사와 동양의 역사는 물론, 세계사의 시원이 되는 수메르의 역사, 또는 그 이전의 역사를 설명할 수 있는 단서가 들어 있는 소중한 역사서가 『환단고기』이다.

『환단고기』「삼성기」상(上)편에 "우리환(桓)의 건국은 세상에서 가장 오랜 옛날이었는데, … 신시(神市)에 도읍을 정하고 나라를 배달(倍達)이라 불렀다. 신시의 말기에 치우천왕이 있어 청구를 개척하여 … 뒤에 신인왕검(神人王儉)께서 불함(不咸, Brahma: 창조와 지배의 신-필자 주)산의 박달나무 터에 내려오셨다. … 그가 곧 단군왕검으로 신시로부터 전해지던 오랜 법을 되찾고 도읍을 아사달에 설치하여 나라를 열었으니 조선(朝鮮)이라고 불렀다. 고시(高矢)에게는 농사를 … 신지(臣智)에게는 글자를 … 희(羲)에게는 점치는 일을 … 우(尤)에게는 군대를 관장케 하였다."(임승국 역주, 『한단고기』, 정신세계사, 1996, P21)

「삼성기」하(下)편에, "배달환웅(倍達桓雄)은 천하를 평정하여 차지한 분의 이름이다. … 1세를 환웅천황이라 하며 또는 거발한(居發桓, Khabul Khan: 태양의 도시 하늘임금-필자 주)이라 한다." 여기서 "배달(倍達)은 산스크리트어로 빼야이나 딸(Pyaina-tal)이다. 모든 분야에서 빼어난, 천부적인, 하늘이 내린, 초월적인 뜻이 있고, 또 베다 아르 따

(veda-artha)는 지혜에 통철한 민족 이란 뜻이다."(강상원 박사)

조선문명, 그 오랜 역사는 길고 긴 중화와의 투쟁에서 전고려(高麗)
가 당(唐)에게 멸망하면서 그 역사서마저 모두가 불태워지고 말살된다.
그 이후 후백제의 견훤이 다시 모을 수 있었던 옛 남부여(백제)의 역사
서들도 치열한 전란과 후백제의 멸망으로 전부 사라지고 만다.

이후 후고려를 거치고 이씨왕조까지 살아남은 상고사 관련한 책, 단
군, 천문에 관한 내용의 책 등이 "참형에 처한다."는 엄명하에 세조·
예종·성종대의 3차례에 걸친 고사서(古史書)수거령으로 완전히 수거·
말살된다. 그러나 천만다행히도『삼성기』,『단군세기』,『북부여기』,『태
백일사』등이 구한말 망국의 시기까지 살아남아 운초 계연수 등에 의해
『한단고기』로 다시 태어나게 된다. 발간되기까지 그의 스승 이기를 비
롯하여 수많은 이들의 각고의 노력이 있었다.

『환단고기』가 그 오래고 가혹한 민족사말살의 노예사학(=노론사학)시
대를 뚫고 지금까지 전해 온 것 자체가 기적에 가깝다. 그러나 오늘날
에도 일제하 민족사 말살의 후예들이 나라의 역사를 좌우하고 있고,
『환단고기』는 다양한 과학적 증명과 사실성에도 불구하고 이들에 의해
위서로 치부되어 그 가치를 인정받지 못하고 있다. 전 세계 역사학자들
이 이를 참고로 동양역사연구에 매진하고 있음에도 불구하고 말이다.
실로 개탄스런 일이다.

그러나 그 누구도 부인 못 할 확실한 과학적 증명이 가능한 역사적
사실들이 있다.『환단고기』「단군세기」13세 단군 흘달(屹達) 재위 61년
기록에 무진 50년(BC 1733)년에 "오성이 모여들고(五星聚婁, 오성취루)"
라는 기록이 있다(임승국 역해, 한단고기, 1996, P89).

한국천문연구원에서 6년간 원장을 역임한 박석재 박사의 고대 천문 기록을 분석으로, 그해 11월 11일~13일 밤하늘에 화성·수성·토성·목성·금성 5개의 행성이 나란히 늘어서고 여기에 달까지 가세한 것이 정확히 확인되었다. 이는 『환단고기』의 기록이 사실로 증명된 것임은 물론, 4천여 년 전에 이러한 천문을 관찰하고 기록할 정도의 천문과학이 고도로 발달했음을 밝힌 것이다. 이것은 앞의 수메르의 천문 관측을 토대로 태양력을 만들었을 퉁이(Tungi)의 관련 기록들과도 일치한다.

『환단고기』 속의 "수밀이국(수메르)"에 관한 내용, 가림토문(=조선글), 녹도문 등의 기록은 옛 조선의 강역에서 수없이 발견되는 고고학유물과 거의 일치한다. 그리고 평생의 금문 연구를 토대로 낙빈기(駱賓基)가 『금문신고(金文新攷)』에서 밝힌 내용에서도 거의 사실로 확인되고 있다.

『환단고기』 「단군세기」 25세 단군 솔나 제위, BC 1114년 기록에 "기자(箕子)가 서화(西華)에 옮겨 가 있으면서 인사받는 일도 사절하였다."는 기록이 있다. 이 기록은 후술하는 기자동래설에서 『대청일통지』, 『수경주(水經注)』 등의 기록으로 정확히 뒷받침되고 있어 『환단고기』의 사실성이 확인된다.

『환단고기』 「태백일사」·「신시본기」에 "신농은 소전의 아들이다(神農少典之子)"라는 기록이 있다. 이 기록은 신농으로부터 대략 4500년 뒤 낙빈기의 평생 금문 연구 결과인 『금문신고』에서 "신농은 웅족(熊族) 출신 소전이 아버지, 어머니는 치우씨 집안의 강씨였다."라는 글로써 정확히 확인되었다.

세조 때 생육신의 한 사람인 매월당 김시습은 "세종의 훈민정음 28자 근본은 『징심록』의 가림토문에서 취해졌다."라 하여 『환단고기』의 가림토문이 사실임을 확인했다.

이씨왕조의 그 극악무도한 민족사 말살의 과정에서, 수십 종 수백 수천 권의 민족사서는 수거 · 말살하고, 민족사가 중화의 한 귀퉁이에서 시작되었다는 것으로 위 · 변조된 노예사관(犬之史學=노론사관=식민사관) 기록들 몇 권만 남았다. 그런데 지금도 그것만 숭상하는 세금 위의 무리들은 결코 제정신이라 할 수가 없다.

참고로, 우리가 지금까지 공구(孔丘)의 글들이라고 알고 있는 『논어』, 『서경』 등 여러 유학 서적들도 실은 누구의 글인지 알 수가 없는 글들이란 사실이다. 2천 년이 넘는 시간 동안 여러 번 분서 · 분실 · 망실의 경우가 있었고, 그때마다 누군가의 기억과 뜻에 따라 재편집되었다. 그렇게 수천 명의 사람들, 그들 중화의 정신 · 영혼에 의해 끝없는 첨삭 · 가필 · 수정 · 보완되어 "공자"라는 이름하에 중국정신의 한 줄기를 이루며 오늘에 이른 것이다.

『환단고기』도 길고 긴 세월, 훼손과 망실의 과정을 겪으며 민족사를 사랑하는 수많은 이들의 재편집 과정을 분명히 거쳤을 것이다. 학자가 아닌 필자가 볼 때도 그 본래의 기록과 후대의 편저자가 첨삭 · 가필한 부분은 알 수 있을 정도다. 따라서 그 과정마다 일정 부분 오류는 있을 수 있다. 이러한 견해에서 필자가 오류로 지적하고자 하는 것이 "단군"이라는 이름과 "고구려"라는 이름이다. 정확히는 텐칸, 천칸(天干, 天汗), 고리, 구루, 고려(高麗, 무쿠리)라 말해야 한다.

2) 조선이라는 이름

여러 서적에서 우리의 고대사를 읽다 보면 그동안 우리가 알고 있던 조선(朝鮮)이라는 이름과 엇비슷한 낱말들을 다양한 곳에서 접하게 된다. 주변의 다양한 발음으로는 조선 · 주신 · 수션 · 주센 · 식신 · 직신 · 숙신 · 제신 · 주우신 · 슈우신 · 주스 · 자스 · 주리진 · 주르첸 · 주리친 등으로 표현된다.

한자 표현으로는 朝鮮(조선) · 肅愼(숙신) · 稷愼(직신) · 珠申(주신) · 息愼(식신) · 諸申(제신) · 朱先(주선) · 朱理眞(주리진) 등이다. 이 말이 통용되는 대륙북방은 언어(주어-목적어-동사) · 유전자 · 유물 · 풍습 · 신화, 모두가 하나이다. 조선의 바다 가섭해(迦葉海, 카스피해)부터 옥저해(沃沮海, 오호츠크해)까지이다.

역사서를 읽다가 대부분의 어색한 한자어 단어들은 본디 우리말인 산스크리트어, 알타이어, 몽고어로 그 음을 추적하면 대부분 본래의 뜻을 명확히 알 수 있는데 "조선, 쥬신, 수신"에 대한 어원은 정확히 알기가 어렵다.

산스크리트어로 추적해 보면 가장 근접한 단어가 지금의 이란 · 중앙아시아 일대에서 부른 이름이기도 했던 수션(Susian, 肅愼, 숙신)의 원형인 듯한 "수사(Susa)"로, 그 뜻은 굉장한 · 활기찬 · 담대한 · 사나운 · 영혼 · 힘 · 권력 등이다. 산스크리트어로 아사달의 원형인 듯 보이는 아사다(ashadha)가 "정복할 수 없는", "난공불락" 등을 뜻하니 어느 정도 그 뜻이 연결되는 것으로 보이나 추가 연구가 필요한 상황이다.

북미의 고려인, 그들은 자신들이 떠나온 동방의 땅을 위가 평평한 피라미드가 있는 "아스단"이라 했다. 그러나 우리 주변 많은 이들은 아사달을 "해가 뜨다", "해가 뜨는 아침", "해가 뜨는 땅" 등으로 해석하고 있다. 이는 애초 이병도가 일본어에 바탕하여 아사는 아침, 달은 땅으로 보고 해석한 것을 나중 사람들이 그대로 답습한 결과이다. 커다란 오류일 수도 있다. 산스크리트어로 "아사(Asa)"는 다다르는, 얻는, 취득하는 등의 뜻이며, 달(Dal)은 금이 가게 하다, 쪼개다는 뜻이나, 실제로는 응달·양달 등 땅을 나타내기도 한다. "아사"는 경상도 사투리 "아사 도(=집어서 건네 다오)", "아사 주라(집어서 건네줘라)"에 산스크리트 원어 그대로 살아 있다.

혹자는 "조선(朝鮮)"이라는 말의 뜻도 글자를 갖고 분해·결합하여 찾으려 하는데, 이것은 "앎"을 향해 나아가는 것이 아니라 "아는 체"를 향해 가는 것이다. 조선(수신, 수션)이라는 이름은 한자가 생기기 전부터 있던 이름이고, 역사 속 고대어들의 한자 표기는 한자 뜻으로 만든 말들이 아니라, 거의 100% "산스크리트 우리말"에다 나중에 만든 한자를 단순 음차한 것이다.

책을 읽다가 이씨왕조의 이이(李珥)가 고려(=고구려)를 "압록강 오리"라 비하하고, 신라를 "닭"이라 표현한 것에서 상당히 분노한 적이 있다〈공로책〉(고전국역총서,『율곡집』, 1989, P290).

그러고는 잠시 압록(鴨綠)이란 말에 시선이 집중된 적이 있다. 찾아보니 압록(鴨綠)은 '오리 압'에 '푸를 록'인데, 만주어로 야루(Yalu)이고, 알타이어는 야루(Yaaru), 빠르다, 빠르게 흐르다는 뜻이다. 중국어도 Yalu, 영어로도 Yaliu이다. 만주어 야루(Yalu)에 야(鴨) 루(綠)가 붙은 것은 단지 음차한 것뿐이다. 이는 마치 코카콜라를 커코우커러(可口可樂), 버스(Bus)를 빠스, 파스(巴士)라 하는 것과 같은 이치다.

당나라 두우(735~812)가 편찬한『통전』에 "마자수는 일명 압록강(鴨綠江)으로서 백산(白山)에서 발원하여 물빛이 오리머리 같다고 하여 이름 지어졌다."라는 구절 이후, 송나라 서긍(徐兢)의『고려도경』, 그리고『신증동국여지승람』등에서도 그대로 전해 오고 있다. 그러나 이것은 지식을 추구하다 지성을 망실한, 단순한 창작과 뒤따르는 "카더라"일 뿐이다.

『흠정만주원류고』에 있는 아래의 문장이 우리의 상황을 대변하는 듯하다.

송나라 유충서는 금(金)나라 왕족 성이 미리진(米里眞)이라고 하였다. 무릇 북방에서 숙(肅)은 수(凒)로 읽는데, 수(凒)는 주(朱)와 같은 음이고 이진(里眞) 두 글자를 붙여서 발음하면 신(愼)과 가깝다. 이 모두는 숙신(肅愼=수션, 조선-필자 주)의 음이 변화된 것이다. 이를 알지 못하는 사람들이 마침내 성(姓)이라고 한 것이다.(남주성 역주, 『흠정만주원류고』, 글모아, 2018, P58)

그리고 지린(Jilin, 鷄林)은 애초 닭과는 무관하다. 본래 만주어로 강변마을 또는 강변지방이란 뜻의 "지린우라(吉林烏拉)"를 줄인 말이다. 여러 기록에서 신라는 한때 만주를 완전히 점령했고, 길림을 비롯한 지금의 요하까지 점령하고 경영했다는 내용이 있다. 따라서 옛 길림(Jilin, 吉林), 계림(Jilin, 鷄林)은 같은 뜻의 다른 위치, 동일 지배세력 신라 강역의 이름이었던 것이다. 이를 두고 "닭" 운운하는 것은 참으로 무지와 편협함이 극에 달한 소치라 생각된다.

조선(Susian, 肅愼)과 그 문명은 제대로 된 문자로 기록하기도 전부터 발달시켜 온 문명이고, 아주 오랜 기간 수천 년에 걸쳐서 발전해 왔기에 "유물들이 하는 말"은 정확하지만, 말과 글로 이어져 온 것들은 후대의 수많은 정치세력의 왜곡 · 변조 · 말살 · 카더라 등을 거치고 세월에 잊혀 한결같지가 않다.

3) 하늘임금 천칸, 텐칸(天干, 天汗)

필자는 학창 시절부터, 역사책을 읽을 때마다 참으로 어색하고 의문스러운 것 중에 하나가 흉노의 추장 "선우(單于)"라는 것이었다. 고대로부터 동방의 천자국, 조선민족은 하늘 숭배와 함께 그 주재자에 대한 이름을 "하늘임금"을 뜻하는 칸과 함께 천자(天子), 천왕(天王), 천황(天皇), 천제(天帝) 등으로 불렀다.

우선 하늘이란 말은 퉁구스어로는 탕구르(Thangur), 몽고어로 탱그리(Tanggri, 騰格哩) 하늘임금은 탱그리 옹군(Tenggeri Onggun)이다. 동으로 남으로 가면서 텡·뎅·텐·덴·티엔·천 등으로 그 발음이 변해 간다. 부여어(=백제어=일본어)로는 "덴, 텐"이다. 참고로 유럽, 고대 로마의 황제 "카이사르"가 북으로 동으로 가면서 세자르·케사르·시이저·카이저·짜아르로 변해 가는 것을 상기하면 이해가 쉬울 듯하다.

그리고 칸(干, 汗, 韓, 可汗, Khan, Kaan), 이것은 알타이에서 반도까지의 1만 년 민족사 주인공이다. 신라의 혁거세, 거서간(=게세르, 게세르칸)도 그 중심 뜻을 고대 알타이까지 추적해 올라가면 "하늘임금"이다.

아래는 『후한서』「흉노전」에 나오는 문장이다.

> 선우(單于)의 성(姓)은 련제(攣鞮)씨이다. 그 나라에서 그를 칭하기를 탱리고도(撑犁孤塗) 선우(單于)라고 한다. 흉노는 하늘을 탱리(撑犁)라고 하고 아들을 고도(孤塗)라고 하는데, 선우(單于)라는 것은 광대한 형상을 나타낸 것이며, 하늘의 형상을 닮은 것을 선우연(單于然)이라고 말한다.

이 문장은 내용의 논리가 많이 어색하다. 탱그리 고도, 즉 하늘의 아들이면 이름에 선(單) 또는 단(單)이 아니라 천(텐 탱, 天)이 들어가야 하고, 광대한 형상, 하늘을 닮은 형상은 "선우(單于, 단간)"가 아니라 "천칸(天干, 텐칸)"이라야 문장의 내용이 자연스럽다.

여기서 유념할 것은 한(漢)인데, 이 나라는 초기 조선(=부여, 한, 훈, 훈느)이 건국을 돕고 지배 · 조공을 받은 나라다. 온갖 치욕을 겪으며 북방 조선민족에 조공하던 나라가 서서히 신장되는 국력에 바탕하여 한무제 · 동중서 · 사마천 이후 "중화주의"가 성립되고, 역사를 대하는 자세도 이전과는 완전히 달라지고, 모든 사서도 뒤집어 기록하기 시작한다.

한(漢), 당시의 전후 사정, 그리고 지속된 하늘(天, 탕 · 텡 · 텐 · 덴 · 티엔 · 천)의 소리 변경, 여기서 우리는 분명히 알 수 있다. 선우(單于)는 뎅칸 · 당칸 · 단간(單于)이며, 당간(單于)은 곧 텡칸 · 뎅칸 · 덴칸 · 텐칸(天干, 天汗)이란 것을 말이다.

결국은 알타이 몽골의 하늘, 탕구르 텡그리에 바탕한 "하늘임금" 텡칸, 텐칸, 덴칸(天干)을, 한(漢)에서 시작된 극심한 중화주의가 탕간, 당칸, 단간(單于)으로 글자와 뜻을 바꾸고, 선우(單于)로 소리마저 바꾸어 본래의 뜻을 완전히 비하시켰음을 알 수 있다.

또 하나, 몽골 알타이 일대의 말, 보그드 · 복드 · 보그다(博格達)는 신성한, 하늘이 내린, 신령스런 등의 이름으로, 아주 크고 웅장한 산 또는 산군들에 붙이는 이름이다. 이것의 봉우리는 또 다른 이름으로 "하늘임금 봉우리"다. 천산 일대에서 부르는 음은 본래 알타이 몽골의 텡 · 텐, 즉 텐칸봉(天干峰), 텐칸산(天汗山)이다. 그런데 이것을 중국에서는 교묘히 본래의 뜻과 소리를 바꾸어 탐한산(貪汗山)으로 표기한 경우가 있다. 그리고 영문 표기는 탄한(Tanhan)으로 하여 읽게 만들었다.

선우(單于), 이것은 1만 년 조선민족(퉁이, Tungi) 역사 그 어느 곳에서도 그 뜻과 소리에 근거가 없는 말이다. 그냥 본디 우리말, "하늘임금" 텐칸, 천칸(天干, 天汗)이다. 필자가 여기서 "우리말 텐칸(Tenkhan)"이라 한 이유는, 이 발음이 민족 출발점 "마고성" 천산 알타이 일대부터 북방의 대평원, 중원, 반도, 열도, 모두에게 통할 수 있는 소리이기 때문이다. 종손은 주변의 방계 모든 이들이 알아듣는 말을 하는 것이 좋다. 가문의 "주인"이기 때문이다.

『삼국유사』 속의 "단군신화 밋쓔미다"가 아니라, 역사 속 있는 그대로의 천칸 · 텐칸(天干)을 바라봐야 한다. 이제 흐릿한 신화에서, 1만 년 분명한 우리 역사로 가야 한다. 말을 타고 만 리를 달리는 대륙의 주인 칸(Khan), 천칸, 텐칸(天干)이 본래의 모습이다. 거발한(居發桓, Khabul Khan), 동명칸(=투먼칸=고두막칸), 게세르칸(거서간, 居西干) 등이 바로 그들이다. 하늘을 아버지로 대지를 어머니로 여기는 태양의 후예, 천손들의 나라, 그곳에서 하늘의 아들, 천칸(天干, 天子)이 다스리는 나라가 본래의 "우리나라"다.

이씨왕조, 가혹한 민족사 말살 후 남겨진 노예사학(=노론사학)의 기록에, "단군"이 최초로 등장하는 것은 일연의 『삼국유사』다. 그러나 지금의 『삼국유사』는 원본이 아니라 이씨왕조 중종 때 재간행된 것이다. 즉 『삼국유사』도 『삼국사기』처럼 원본은 간곳없고 변조본만 남은 것이다. 고사서 수거령과 극악무도한 민족사 말살의 과정에서, 민족사의 시작이 중화의 한 귀퉁이로부터 시작했다는 노예 기록들만 전해 내려온다.

『삼국유사』에서 일연은 「위서(魏書)」를 참고하여 "단군(壇君)"을 기록한다고 했다. 진수의 『삼국지』를 비롯하여, 많은 위서(魏書)들이 사마천의 『사기』와 복생의 『상서대전』으로부터 대략 3~4백 년 이상의 "카더라"를 거친 것이고, 일연은 또 천여 년 뒤에 "카더라"를 바탕으로 『삼국유사』를 쓴다. 어떻든 여러 정황으로 볼 때, 결국 『후한서』의 "선우(單于, 당간)"와 『위서』의 "단군(檀君)"은 둘 다 본디의 조선민족 "하늘임금" 천칸, 텡칸(天干, 天汗)이 그 뜻과 소리가 교묘히 비하·변형된 것이다. 즉, 본래의 원본(天干)은 사라지고 짝퉁(單于, 壇君)만이 남은 것이다.

여러 기록에 "해모수"는 신화 속 인물이고 하늘의 아들이다. 『환단고기』「태백일사」「고구려국본기」에 "단군해모수가 처음 하늘에서 내려와…"라고 했는데, 여기서의 단군은 당연히 "하늘의 아들" 천칸(天干, 덴칸)이어야 한다. 그리고 "고구려"는 실제의 역사 속에는 분명히 존재한 적이 없는 이름이다(후술). 따라서 「태백일사」는 김부식의 『삼국사기』「고구려본기」 이후, 누군가가 새로이 첨삭·가필·재편집하며 모든 이름을 당시의 풍조에 따라 바꾸었음을 의미한다.

우리의 모든 역사서는 출토된 고대유물을 근간으로, 모든 기록을 취합·비교·분석·검토 후 재수립해야 한다. 노예 기록들 속 단군, 고구려 등 "카더라+밋쓔미다"는 결코 우리 역사가 아니다.

4) 세상의 중심, 조선

옛 조선, 흔히들 우리가 "고조선(古朝鮮)"이라 부르는 나라다. 생각을 할 때마다 역사·소망·왜곡·부정 그리고 믿음이 점철되어 언제나 덜 다듬어진 조각상, 실체가 불명한 내용의 그림을 보는 듯하다.

먼저 조선의 존재에 관한 기록들을 살펴보자. 일연은 「위서」에 있는 기록을 보고 단군의 역사를 전한다고 기록하고 있다. 많은 「위서」들의 편찬연대는 『삼국유사』보다 1000여 년 앞선다. "「위서」에 이르기를, 지나간 2000년 전에 단군왕검이라는 사람이 도읍을 아사달에 정하고 나라를 창건하여 이름을 조선이라고 하니 요(高, 堯)와 같은 시대이다."라고 했다.

그리고 『삼국지』「위서」의 주해에서 정겸이 말하기를 "조선사가 서로 전하여지길 그 나라는 단군(檀君)으로부터 비로소 전하여졌다. 1048년에 이르러 주나라 초까지이다."라 했다.

『흠정만주원류고』「강역」,「길림」에서는 "길림(吉林)은 주(周) 이전에는 숙신의 땅이었고 한(漢) 이후에는 읍루와 말갈에 속했다. 당(唐) 초에는 신라의 계림주가 되었고 곧 발해에 속하였다."고 기록되어 있다(남주성 역주, 『흠정만주원류고』, 글모아, 2018, P37).

『남북조』에서는 "숙신(=조선)은, 역대의 우·하·상(은) 주(周)로부터 위(魏)·진(晉)에 이르기까지 이천여 년간 대를 이으면서 끊이지 않았다.", "한(漢)나라 이후부터는 숙신(=조선)을 지칭하는 다른 이름들이 사용되었을 뿐이다."라고 했다.

『후한서』「동이열전」「예전」에서는 "예(=부여) 및 옥저, 구려는 본래 모두 조선의 땅이었다."고 적고 있으며, 『흠정만주원류고』에서는 그 내용 중 만주의 수많은 부족들을 소개할 때, 대부분 "~옛 숙신(=수신=조선) 땅이다."라고 기록하고 있다.

그리고 우리가 조선이라 부르는 이 이름의 나라는 위의 많은 발음의 이름들처럼 중앙아시아 일대에도 존재했고, 지금의 그 일대에서는 수션(Susian, 肅愼)이라 불렸다. 여러 근거로 볼 때 실제의 그 강역은 중앙아시아를 포함한 더 서쪽까지를 강역으로 봄이 타당하다.

존재 여부에 관한 기록에 이어 그 존재의 권위(權威)에 관한 기록을 살펴보자. 먼저 『흠정만주원류고』「삼국」「진(晉)」에서는 "천여 년간 비록 진(秦)과 한(漢)이 강성한 때에도 숙신(肅愼)에게 조공하도록 하지 못하였다", "우 · 하 · 상 · 주 · 위 · 진에 이르기까지 이천 년간 대를 이으며 끊어지지 않았다."고 기록하고 있다(남주성 역주, 『흠정만주원류고』, 글모아, 2018, P56-58).

『후한서』「동이열전」「부여」에는 "부여는 왕의 장사지내는 옥갑(玉匣)을 사용하였다. 한(漢)나라 조정에서는 항상 미리 옥갑을 만들어서 현도군에 보내 두었다가, 임금(부여)이 죽으면 이것을 갖다가 장사지내게 했다."고 적혀 있다(김종서, 『부여 · 고구려 · 백제사연구』, 한국학연구원, P206).

러시아 역사학자 유 엠부틴도 그의 저서 『고조선 연구』에서 그 실체를 명확히 하고 있다. 그리고 오늘날 중국의 대부분 고고학자들은 황하문명과 만주지역문명을 전혀 다른 문명권으로 보고 있다. 만주 지역에서 출토된 모든 유물들은 황하 지역 유물보다 훨씬 앞 시대의 문명들이다. 그리고 위의 모든 기록과 주장들, 그리고 20세기 이후에 출토되는 유물들과 거의 일치하는 역사기록은 『환단고기』뿐이다.

3. 유물 · 유적들이 하는 말

* 맹자

"책을 완전히 믿으면 책이 없는 것보다 못하다."

1) 천문학

문자로 된 역사 기록에는 정치적 상황에 따라 말살 · 위변조 · 첨삭가필이 흔히 있으나 땅속의 유물은 하는 말이 단호하고 한결같다. 그중에서도 고대의 천문학은 참으로 많은 것을 의미한다. 일종의 하늘과 소통하는 일로서 누군가에게 예속되거나 자주적이지 못한 세력 지역에서는 볼 수 없는 것이기 때문이다.

조선민족 종가 고려의 땅에서는 참으로 오랜 세월 이전 천문 관찰의 역사를 찾아볼 수가 있다. 고인돌에 새겨진 별자리 등을 통해서이다. 평양순안구역 고인돌에도 별자리 모양이 새겨져 있고, 평안남도 증산군 용택리 고인돌무덤에 새겨진 별자리 등이 있다. 특히 일본의 기토라 고분 천문도는 그 관찰 지역이 지금의 평양 근처에서 관측하여 활용하던 천문도를 그대로 옮겨 새겨 놓은 것으로 알려져 있다.

고대의 천문관측이 고인돌에만 있는 것은 아니다. 『환단고기』에 무진 5년(기원전 1733년) 다섯 개의 행성이 루(婁)라는 별자리에 모였다(오성취루)는 기록이 있다. 이것은 한국천문연원장을 역임한 박석재 박사에 의해 천문 소프트웨어 검색으로 정확히 사실로 확인되었다. 이는 『환단고기』의 사실성 확인과 함께 지금으로부터 4천여 년 전에 우리 조상들이 이미 상당한 수준의 천문관측 기술을 보유했음을 확인하는 것이다. 물론 당시 동북아와 이 땅에 존재한 나라는 단 하나 "조선"이다.

2) 문자

- **"조선글"과 조선전(朝鮮錢)**

『환단고기』, BC 3898~2333년 사이에 조선반도 일대에 배달국이 있었다. 배달국에서는 사슴 발자국 모양을 본떠 만든 녹도문자가 있었다.

BC 2333년 단군조선이 건국된다. BC 2181년 갸륵 단군에 이르러 녹도문자의 미비점을 개선코자 삼랑 을보륵에게 명하여 38개의 문자를 만드니, 이것이 바로 가림토문자이다. 녹도문자가 BC 3898~2333년에 사용되고, 가림토문자가 BC 2181년, 수메르문자가 BC 3500년~BC 2000년 사이에 사용되었으니 이것은 고대이집트의 상형문자보다 몇 백 년에서 거의 1000여 년 앞선 것이다. 유럽역사의 시원이 되는 그리스문화보다는 2000~1500년여 앞서는 "조선문명"이라 할 수 있는 것이다.

『단군세기』에 우리 민족이 BC 2100년경에 패전(貝錢)이라는 화폐를 만들어 사용했다고 기록하고 있다. 이후 조선글이 새겨진 조선전(朝鮮錢=명도전)은 구들과 함께 대량으로 발견되었는데, 발견 지역 전부 옛 조선 지역이며 자루에 담긴 채 타 지역에 비해 압도적으로 대량 출토되었다.

"명도전보다 앞선 시대, 2500년 전의 춘추시기, 첨수도(尖首刀)에 새겨진 문자 중에는 완전한 모양의 한글이 발견되고 있다"(첨수도 연구 이찬구).

"명백히 첨수도는 명도전 이전의 화폐이고, 침수도는 첨수도 이전의 화폐이다. 현재 중국의 모든 전문가들은 첨수도를 북융(북쪽의 오랑캐)의 화폐라 말하고 있으나 이는 사실상 옛 조선의 화폐임을 인정하는 것이다."(허대동, 『고조선문자』, 경진, 2016, P47)

"최근에는 은나라의 갑골문 이전의 문자들이 곳곳에서 발견되고 있는데, 대부분은 동방의 조선민족의 고대문자들이다"(김대성). 한때 『환단고기』의 가림토문자 기록을 일부에서 위서 운운한 때가 있었으나, 이는 곳곳에서 발견되는 조선글로 인해 의미 없는 말이 되었다.

"명도전에 새겨진 문자들은 연나라 상형한자가 아니라 단군조선의 가림토 상형한글이며 전국시대 연나라 문자 등과는 완전히 다르다."(허대동, 고조선문자, 경진, 2016, P84)

최근 곳곳에서 상(은)나라시대 갑골문 이전의 문자로 추정되는 상고금문(上古金文)이 발견되고 있다. 이를 연구한 중국학자 낙빈기(駱賓基)는 자신의 저서 『금문신고』에서 "상고금문은 조선민족의 언어를 바탕으로 만들어진 문자"라고 하여 그 문자를 만든 민족이 조선민족임을 확인시켜 주고 있다. 그리고 고대 갑골문자가 발해연안 동이족 문화권에서 처음 발생했고 주변으로 퍼져 나갔다는 것은 익히 알려진 사실이다.

조선전(=명도전)의 뒷면 문자는 초중종성이 담긴 낱말문자로서 옛 조선의 문자이자 그 언어를 담고 있다. 여기에 있는 거의 모든 낱말은『훈민정음 해례본』에 실려 조선전(=명도전)의 문자가 옛 조선의 문자임을 확실히 증명한다.

이 문자들은 상형조선글의 원리를 적용하면 대부분 해석이 가능하고 상형한자와는 다른 분명한 규칙성, 조선어에만 있는 존칭의 표현이 있다. 필자의 판단에 지금까지 우리들이 명도전이라 불러 온 것은 옛 조선의 화폐이므로 "조선전(朝鮮錢)" 혹은 "태양전"으로 고쳐 불러야 옳다.

이씨왕조, 세종 23년에 발표된『세종실록』103권에는 "비신자야(非新字也)"라고 나와 있다. 즉, 언문은 모두 옛글자를 본받은 것으로서 새 글자가 아니라는 것이다. 이 조선글은 모든 인도 아랍문자의 조상인 브라미문자와 거의 일치한다.

브라미문자 최초의 기원이 기원전 2000년 전으로 고대 조선글(가림토문)의 시기와 거의 비슷하므로 그 역사적 시원에 관해서는 궁금증이 더해진다. 두 지역의 언어와 신화를 감안하면 마고성 시대까지 생각해 볼 수도 있고, 시대가 훨씬 앞서는 녹도문까지 생각하면 이해가 간단하지만 자세한 것에 대해서는 추가 연구가 필요하다.

그러나 이후 일제통치시기에 "한글"이라는 실로 어이없는 이름을 붙이고, 이씨왕조 세종이 만들었다고, 500년 역사라고, 세계에 선전하자, 세계 언어학회에서는 이를 원나라 때 티베트문자를 기초로 하여 몽골의 승려 파스파가 몽골어를 표기하기 위해 만든, 파스파 계열의 문자로 간단히 치부하고 있다. 실로 기가 찰 일이다.

"한글", "세종어제", 이 말은 수천 년 인류 문자 시원의 "조선글"을 망실하는, 손바닥으로 하늘을 가리는, 우매하기 그지없는 역사적 만행이자 역사왜곡이다. 필자는 묻고 싶다.

"한국에도 학문이 있습니까?"

- 한자(韓字), 한문(韓文)

지난날 중국의 석학 임어당(1895~1976)은 대한민국 초대 문교부 장관 안호상 박사에게 "한자(漢字)는 당신네들 동이족 조상이 만든 문자이고 우리가 빌려 쓰는 것인데 그것도 모르고 있었습니까?" 했다. 그리고 『금문신고』의 저자 낙빈기(駱賓基)도 지금부터 4500년 전, 동이족의 하(夏)왕조, 신농(神農)에 의해 한자의 시원이 되는 글자들이 만들어졌음을 밝혔다.

조선민족 만주대륙의 역사를 가장 객관적이고 폭넓게 기록하고 있는 『흠정만주원류고』에서도 "신라(=고려)와 발해에서 이미 글자를 처음 만들었으며"라고 기록하고 있다(남주성 역주, 『흠정만주원류고』, 글모아, 2018, P40).

실제로 중화문명의 모태는 동방의 조선문명이며, 중국(중화민국)의 건국역사는 100여 년에 불과하며 그 이전의 역사는 "중국사"가 아니라 "대륙사"라 불러야 옳다. 고려의 후예(원), 신라의 후예(청)가 지배 건설한 역사는 "조선사"이다. 단지 동방의 조선민족 칸(한) 천황·천왕들의 나라보다 좀 더 빠르게 힘을 길러 가고 "중화주의"가 대두하던 한(漢)나라에서부터 모든 것이 역전되고 과거 역사까지도 왜곡한 것뿐이다.

3) 청동기

그동안 대륙의 고대 3왕조 하(夏)·상(商=은殷)·주(周) 중에서 하 왕조는 사실상 전설 속의 왕조라 알려졌으나, 낙빈기는 『금문신고』에서 하왕조가 4500년 전 동이족의 왕조임을 밝혔다.

동이족의 나라인 상나라는 통상 그 수도였던 은의 이름을 따 은나라로 부르고 그 수도인 은허에서 청동기 유물들이 발굴되었다. 은허에서 발견된 청동기들은 초기부터 체계적인 발전 상태를 보여 주는 것이 아니라 어디선가 상당히 발달해 있던 청동기가 은허에 들어와 정착·발견된 것이다.

중국의 일부에서는 청동기가 독자적으로 발생했다고 주장하나, 이는 마음속 바람일 뿐 근거는 모두 정반대를 나타낸다. 『후한서』에서도 만주와 조선반도에 살던 동이 사람들이 당시 중국에서는 사용하지 않던 제사용 그릇을 사용하고 있는 것을 보면서 "중국보다 훌륭한 점"이라며 부러워한 기록이 있다. 청동기는 동쪽 조선문명권에서 중원으로 서서히 이전된 것이며 이는 나중 철기의 전래 과정도 유사하다.

미국 덴버대학의 사라넬슨 교수의 말도 생각할 필요가 있다. 그는 "비파형동검은 고려반도뿐만 아니라 요동반도와 발해만 연안에서 풍부하게 발견되지만 만리장성 이남의 중국 본토에서는 발견되지 않는다."라고 했다(김운회, 『새로 쓰는 한일고대사』, 동아일보사, 2010, P255). 여기서 유의할 것은 하가점 하층문화와 지금의 조선반도에서 발견되는 청동검·청동거울 등의 유물은 합금비율이 정확히 일치하여 하나의 문명권임을 말해 주고 있다는 점이다.

그리고 필자는 우리가 지금까지 "비파형동검"이라 불리어 온 이 이름에 반대한다. 문명, 지역 또는 그 정신을 나타내는 말로 바꾸어 불러야 한다. 따라서 필자의 생각으로는 "조선동검" 또는 "태양검"이라 불러야 한다고 본다.

4) 피라미드

만주 지역에는 수많은 피라미드가 있는 것으로 알려져 있다. 집안 지역을 중심으로 적게는 수백 개, 많게는 천여 개에 이르기까지 있는 것으로 알려져 있으나 정확한 것은 그 누구도 알 수 없다. 중국 당국에 의해 은폐되고 발굴 조사가 금지되어 제대로 된 연구를 할 수 없기 때문이다. 중국은 단지 고구려시대에 만들어진 무덤일 뿐이라며 고대 조선의 역사 자체를 부정하고 있는 상황이다.

이것의 오랜 역사는 스페인 군대가 멕시코에 도착하여 흰옷을 입은 문명족을 만나 "당신들은 어디서 왔소?"라고 물었을 때, "우리는 멀리 동방 위가 평평한 피라미드가 있는 아스단에서 배 타고 바다 건너왔소."라 했던 말에서도 생각해 볼 수 있다.

만주의 피라미드들은 그 제작 시기도 이집트의 그것보다 2천여 년 앞서는 것들이며 크기도 다양한 것으로 알려져 있다. 1960년대 일부 발굴을 시도하던 중국 당국은 그 내용물이 중원의 문명이 아니라 고대 조선문명의 것임을 확인하고는 바로 흙으로 덮어 버리고, 일반인의 접근을 금지시키는 등 은폐하기 시작했다.

그중 우리가 알고 있는 대표적인 것이 장군총(將軍塚)이며, 이는 주로 집안 지역에서부터 서쪽으로 내몽골 일대에도 있는 것으로 알려져 있다. 이들 피라미드가 만들어진 시기에 그 지역에 있던 나라는 단 하나 "조선"이다.

4. 신화와 풍습

1) 하늘숭배

"하늘"은 몽고어로는 텡그리(Tengri)이며 주변 지역에서는 당그리 · 딩기르 · 칭기르 등으로 표현되었다. 그리고 만주의 옛 조선 강역을 기준으로 한 글자로 표현된 것은 지역에 따라 덴, 텐, 텬, 천 등이다. 하늘을 대리하는 인간을 상징하는 말로는 몽고어 텡그리 옹군(하늘임금)부터 덴칸(天干), 천왕, 천황, 천자 등이 옛 조선민족 전 강역에서 불리어 온 이름들이다. 단군신화에서도 환웅(桓雄)이 천제(天帝)인 환인(桓因)의 아들, 즉 천자(天子)로 묘사되고 이후 민족사에서 건국의 시조가 되는 동명 · 주몽 · 박혁거세 등 거의 모든 이야기는 하늘 태양과 결부된다.

『환단고기』「삼성기」 전 하편에 "천산(天山)에 올라 도를 얻으시고…"라는 구절이 있다. 이를 잇는 듯, 지금 고려반도의 남쪽에는 수많은 하늘임금 봉우리들이 있다. 즉, 천황(天皇)봉 · 천황산 · 천왕(天王)봉 · 천자(天子)봉 · 천관(天冠)산 · 천주(天柱)산 등의 말은 조선민족(퉁이) 고유의 "하늘임금사상"을 표현한 말들이다.

"하늘" 숭고한 민족정신의 상징이자 구심점은 실로 다양하게 표현된다. 색으로는 흰색이 그 중심에 있다. 그 대표적인 말로 흔히 인용되는 표현이 『삼국지』 · 『위지』 · 『동이전』의 "부여 사람들은 흰옷을 즐겨 입는다."이다. 여기서 흰색은 하늘, 태양의 상징이자 그것을 정신 · 영혼의 상징으로 생각해 온 "천손족" 조선 · 부여인의 상징 색이다.

그리고 이렇게 하늘을 섬기는 것은 행위뿐만 아니라 신시(神市)·신단(神壇)·천군(天君)·소도(蘇塗) 등, 사람·시설·지역을 따로 두었을 정도로 분명하고 엄격했다. 옛 조선의 유물들이 발견되는 모든 곳, 그리고 그 모든 유물의 정신적 주제는 "하늘", "태양"이다.

그리고 이러한 하늘숭배는 하늘을 상징하는 새의 숭배로도 연결된다. 그중 특히 소중한 것이 까마귀다. 세발까마귀 삼족오(三足烏)는 제왕의 상징이자 하늘과 태양 그 자체를 상징하는 것이다. 이 소중한 태양새 까마귀의 이야기는 신라에서 태양과 달을 상징하는 연오랑 세오녀가 되고, 나중에 일본으로 건너가 왕과 왕비가 되었다는 소중한 전설로 전해지기도 한다.

높이 하늘을 섬기며, 하늘과 사람을 하나라고 생각한 사람들, 그들의 이름은 천손(天孫), 태양의 후예, 바로 우리의 조상들이다.

2) 조상숭배, 신선사상

고대로부터의 하늘숭배, 부여의 영고, 고구려의 동맹, 동예의 무천, 삼한의 수릿날 등 모든 제천행사와 풍습은 오늘의 삶을 조상과 하늘에 감사하는 것이다.

예부터 공자가 와서 살고 싶어 할 정도로 동방의 조선민족은 예와 도덕이 앞섰던 민족, 중원에서도 부러워할 정도로 청동기 제기(祭器)를 사용했고, 조상의 장례 절차가 까다롭고 엄격했던 민족이다. 즉 중화이전 예와 인륜도덕이 먼저 발달해 있었던, 앞선 문명이었다는 뜻이다.

옛 조선에서는 단군을 비롯한 종교지도자들을 선인(仙人)이라 불렀다. 이는 신선(神仙)·선교(仙敎)·선도(仙道)·신교(神敎)·신도(神道) 등 같은 시대의 다양한 말에서 그 뜻을 생각해 볼 수가 있다.

신도(神道)는 세계 모든 종교의 모태가 된 것으로 보이며, 어원적으로는 일만 년 민족사, 본디 언어인 산스크리트어 "신두(Shindu)"에서 유래한 것으로 보인다. 이것은 신라시대의 고운 최치원은 난랑비 서문에서 풍류를 일컬어 "유불선 3교를 다 포함한 예로부터 내려오는 신령스러운 도"라고 한 것에서도 그 뿌리를 생각해 볼 수 있다.

"이것의 연원은 선사(仙史)에 상세히 실려 있는바, 효와 충에 관한 것은 공자의 그것과 같고, 고요히 머무르고 말없이 실행하는 것은 노자의 그것과 같으며, 악한 것은 멀리하고 선한 것을 행하는 것은 석가의 그것과 같다."

『삼국유사』「기이편」단군신화에서는 "단군이 장당경으로 옮겨 갔다가 후에 돌아와 아사달의 산신(山神)이 되었다."라고 기록하고 있다. 이것은 나중 중화에서 수입된 도교의 현세 구복신앙 신선술과는 차원이 다른 것이다.

오늘날 신도(神道, 神敎)는 그 원형이 대체로 잘 보존된 나라가 일본이다. 옛 조선 이래 부여·고려·신라·백제·후고려까지의 1만 년 민족신앙이었다. 그러나 이후 이 땅에서 이씨왕조·주자원리주의·주자가례 등에 밀려 무속으로 치부·천시되어 사멸해 갈 때, 열도부여(일본)에서는 그 전통이 그대로 계승·보존되어 온 것이다.

3) 일상화된 상무정신

『삼국지』「위지」동이전에 "부여는 집집마다 갑옷과 병장(兵仗)이 있어서 활과 화살, 창칼을 가구처럼 여겼다. 적이 나타나면 제가(諸家)가 스스로 나가 싸웠다. 패왕으로부터 촌장까지 모두가 자신의 토지를 세습하였으니 상하의 단결이 공고하고 그야말로 자진해서 나아가 싸웠다." 고 기록되어 있다.

나중 부여의 일족으로 이룬 나라들, 백제의 책계왕 · 개로왕 · 위덕왕 그리고 고려의 고국원왕이 모두 스스로 나아가 싸우다 전사하니, 모두가 앞서 나가 싸우는 조선 · 부여의 기풍을 그대로 계승한 것이다. 옛 조선의 유적, 지배귀족이나 농민의 유적에서 무기가 출토되는 것과 일치하는 기록이다.

이 정신은 고려 · 신라 · 백제 · 후고려 시기까지 이어지다가 이씨왕조에 이르러 중화의 노예영혼으로 싸울 수 없는 나라가 되어 거의 망실된다. 그러나 그 민중들 유전자는 현대전에서의 대한민국 해병대, 중국인구 대비 10배의 올림픽메달 획득능력 등으로 지금까지도 살아 있다.

4) 의사결정(화백, 쿠릴타이)

민족사 고대의 의사결정 방식에 관해 우리들이 익히 들은 말 중의 하나가 "화백"이다. 이씨왕조 노예영혼의 후예들은 중화의 『삼국지』 등 "카더라" 역사서만 신봉하여, 이것이 마치 신라에서만 시행된 것으로 치부하고 있으나, 실제로는 조선민족의 아주 오래고 유구한 의사결정

방식이요 정치 형태였다. 이에 관해 실로 다양한 기록들이 전해 온다.

『환단고기』에 의하면 환국시대, 신시배달시대, 단군시대에서도 지속적으로 실시되어 왔다는 기록이 여러 곳에 있다. 그리고 『태백일사』「환국본기」에는 "오가(五加)가 화백회의를 주관했다."고 했고, 오가(五加)의 무리들이 우두머리를 뽑는 방법에는 "제각기 생각하는 바대로 판단하여 스스로 선택하게 하였으니 그 추구하는 핵심은 오로지 구한(九桓)이 공평하게 대동단결하여 하나로 돌아감에 있었다."라고 했다.

화백에 관한 기록은 실로 다양한 중화의 기록들에서도 뒷받침되고 있다. 『수서』의 「신라전」에 "큰일을 공유함에 군관을 모아 상세히 상의하여 완결 짓는다."고 했으며, 『당서』에서는 "일이 있음에 반드시 무리를 모아 논의함을 화백이라 하니 한 사람이라도 다르면 파하였다."고 기록하고 있다.

『신당서』「동이전」「신라조」에서는 "국가가 일이 있으면 반드시 여러 사람과 의논해 결정한다. 이를 화백이라 했으니 한 사람이라도 이의가 있으면 그만두었다."라고 했다. 이러한 여러 기록들로 보아 "화백제도"란 모두의 허심탄회한 토론과 청취를 거친 일종의 만장일치 제도였던 것 같다.

화백은 몽골의 "쿠릴타이"와도 연결시켜 생각해 볼 수 있다. 몽골은 다른 말로 무굴·물길·말갈·무크리·메르키트, 즉 조선·부여의 후예이자 고려의 일부였으며, 옛 조선·부여·고려의 서쪽 강역을 그대로 이어받은 같은 뿌리의 나라이다.

쿠릴타이는 최고의 의사결정기구인데 그 내용은 "모두가 둘러앉아 며칠이 걸리든 서로 충분히 할 말을 다하고 들으며, 함께 결정한 일에 대해서는 아무런 이의를 제기하지 않고 따르며, 목숨 걸고 함께 그 뜻을 지켜 나가는 전통"이다. 화백(쿠릴타이)은 세계 최고(最古)의 문명국, "조선"의 아름다운 "홍익인간"을 실현하는 정치방식이자, 세계 최초의 "민주적 의사결정제도"라 할 수 있다.

5. 노예역사의 시작, 기자동래설(箕子東來設)

1) 어이없는 기록 "카더라"

일연의 『삼국유사』 기록에 "위서』에 이렇게 말했다. 지금으로부터 2천 년 전에 단군왕검이 있었다. 그는 아사달에 도읍을 정하고 새로 나라를 세워 국호를 조선이라 불렀으니 이것은 요(高, 堯)와 같은 시기였다." "…단군왕검은 1500년간 나라를 다스리다가 주 무왕이 즉위한 해, (서기전 1046년 무렵-필자 주) 주 무왕이 기자를 조선에 봉하자, 수도를 장당경으로 옮겼다."(이민수 역, 『삼국유사』, 을유문화사, 2014, P23~25)

이씨왕조, 극악무도한 민족사 말살의 시기, 『고려사』나 『삼국사기』처럼 『삼국유사』도 원본은 없고 이씨왕조 중종대의 변조본만 전해 온다. "진실한 역사, 우리 기록"은 여기에는 없다. 위 기록을 반쯤 믿는다고 하더라도 기자 앞의 1500년 단군이 다스린 내용, 수도를 옮겨 간 이전의 내용은 알려고도, 가르치지도 않고, 엉터리 기자가 조선에 봉해졌다는 "카더라" 내용만을 역사로, 기자조선을 민족의 시작이라고 믿고 후세를 가르치는 기이한 나라, 천한 노예영혼들, 결코 정상이라 할 수가 없다.

2) 기자(箕子)에 관한 일반적인 기록

기자에 관한 기록은 선진시대(BC221) 이전에 관한 여러 문헌에 나타나고 있다. 『논어』 「미자」에서는 "기자는 은나라 말기 미자 · 비간 등과 더불어 3인의 현인 중 한 사람으로 폭군 주왕의 무도를 간언하다 받아들여지지 않자, 미자는 떠나가고, 비자는 죽임을 당하고, 기자는 죄인으로 몰려 종이 되었다."고 기록하고 있다(김영수 역주, 『논어』, 일신서적, 1994, P491). 여기까지 조선으로 갔다는 기록은 없다.

『장자』의 대종사 편에서도 장자는 천진한 사람들을 논하다가 "…백이 · 숙제 · 기자(箕子) · 서여 같은 이들을 다른 사람의 부림에 놀아나고 스스로 만족하는 삶을 즐기지 못한 사람들"이라 하여, 기자를 백이 · 숙제와 같은 길을 간 사람으로 묘사하고 있다(조현숙 역, 『장자』, 책세상, 2016, P130). 이는 후술하는 소공권이 『중국정치사상사』에서 하는 말들과 궤를 같이한다.

사마천은 명백히 『사기』에서 사마천 자신과 『사기』의 배경을 논하는 「태사공자서」에서 주나라 주공(周公)이 죽고 500년 뒤에 공자가 태어나고, 공자 사후 500년에 자신이 『사기』를 짓는다 했고, 그러면서 그는 하 · 은 · 주 삼대(三代)는 너무 오래되어 구체적 연대를 고찰할 수 없다 했다(『사기』, 최진규 역해, 고려원, 1996, P48,70). 그러면서 그는 여기서 공자의 『논어』 「미자」의 내용 그대로 기자가 "바른말이 받아들여지지 않고 도로 노예가 되었다."라고만 하고 있다.

『사기색은』에서는 "기자의 기(箕)는 국명(國名)이고 자(子)는 작위명칭이며 기자의 이름은 서여(胥餘)이다."라고 했다. 또 기자를 상나라 왕족이라고 했다. 『사기색은』은 『사기』의 기록을 보충한 설명서로서 여기

서는 기자를 조선에 봉했다는 "봉기자어조선"에 관해서는 아무런 설명
이 없다. 『회남자』와 『대대례기』에서도 기자가 미친 척하여 몸을 숨겼다
고 기술하고 있다.

3) 조선에 봉하다?

사마천의 『사기』 「송미자세가」의 기록, "기자는 주왕(은)의 친척이다.
… 주왕의 문란함을 간해도 듣지 않자 주변에서 떠나기를 간하자, 기
자는 다른 사람의 신하 된 자가 간언하여 듣지 않는다고 하여 떠나 버
리면, 이것은 군주의 잘못을 치켜세우는 것이고 스스로 백성들에게 기
쁨을 빼앗는 것이니, 나는 차마 떠나갈 수 없습니다. … 곧 머리를 풀
고 미친 척하다가 노예가 되었다. 그러다가 마침내 숨어 살면서 거문고
를 타고 노래했는데 기자조(箕子操)라 했다."(사마천, 『사기세가』, 민음사,
2018, P241)

"무왕(주)이 은나라를 무너뜨리고 나서 기자를 방문했다. … 기자는
무왕에게 홍범 아홉 가지(洪範九疇)를 말한다."(위의 책, P243)

"…이에 무왕은 즉시 기자를 조선에 봉했으나, 그를 신하로 대우하지
는 않았다. 그 뒤 기자가 주왕을 조회하기 위하여 옛 은나라 도읍지를
지나가다가 … 「맥수」라는 시를 지어 노래했다. 은나라 백성들이 듣고는
모두가 눈물을 흘렸다."(위의 책, P249)

이 글에서 기자 스스로 했다는 말과, 사마천이 한 말은 앞뒤 논리가
맞지 않다. 그리고 한무제·사마천과 비슷한 시기, 복생에 의해 재편

집된 『상서대전』에도 『사기』의 기자 관련 내용을 그대로 옮긴 듯 싣고 있고, 이후 『한서』·『수서』 등 "카더라"는 『삼국유사』까지 이어진다.

여기서 우리는 중국 고대 사서들이 정치적 상황에 따라 수없이 불태워지고 악의적 의도에 따라 수없이 첨삭·가필된 사례들이 너무 많다는 사실을 유념해야 한다. 특히 한(漢) 이후, 공자 관련 모든 서적, 복생에 의해 재편집된 『서(書)』, 『상서(尙書)』 또는 『상서대전』이라는 책도 마찬가지다. 오죽했으면 나중에 신라의 후예인 청나라 건륭제는 만주족을 폄하하는 내용의 역사서 3천여 종, 총 7만 권을 모두 모아 불태워 버린 경우까지 있다.

4) 역사 뒤집기

『회남자』에 "진(秦)나라는 북쪽으로 요수와 만나며 동쪽으로 조선과 국경을 맺는 장성을 쌓았다." 했으니 그때까지 강성한 조선이 그대로 있었음을 말하는 것이다. 한(漢)의 건국에 관해서 『한서(漢書)』에 "북맥과 연나라 사람이 와서 날래고 용감한 기병으로 한을 도왔다."는 내용이 있는데, 북맥(北貊), 여기서 맥(貊)은 조선·부여·고려를 칭한다. 『자치통감』에도 동일한 내용을 싣고 있고, 이밀(李密)의 묘지명에도 이와 비슷한 자료가 있다. 즉, 당시에 항우와 유방이 쟁패를 겨룰 때 대국 조선(부여)에서 병력을 보내 대세를 결정지었다는 말이다.

한(漢)의 동중서, 사마천 이후의 기록들을 볼 때 반드시 같이 생각해야 할 기록이 『남북조(南北朝)』의 "한(漢)나라 이후부터는 숙신(肅愼, 수선, 조선)을 지칭하는 다른 이름들이 사용되었다."는 문장이다. 즉, 조선은 아예 이름마저도 바꾸어 버리고 다르게 부르기 시작했다는 뜻이다. 조선·부여의 천자가 사망할 때를 대비하여 미리 옥갑(玉匣)을 만들어 국경 부근에 대기시켰던 제후국이, 상황이 유리하게 돌아가자 역사 자체를 본격적으로 뒤집어엎은 것이다.

오랜 춘추전국시대를 거치고 진(秦)에 의해 이룬 통일이, 다시 혼란을 거쳐 한(漢)에 의해 재통일되자 이제 모두는 안정과 평화를 갈망하게 된다. 이 시기 한무제·동중서·사마천이 각각의 역할의 중심이 된다. 한무제는 초기 조선과의 전쟁에서 처참하게 패배한 장수, 순체·양복·위산·공손수 등 네 사람을 능지처참으로 찢어 죽이며 울분을 토한 사람이다. 나중 한(漢)의 승리 후, 한무제의 정치적 욕망에 부응하여 동중서는 정치사상적 기틀을 잡는다.

『후한서』「동이열전」「서(序)」에 "주나라 무왕이 은의 주(紂)를 멸망시킴에… 강왕(康王) 때 숙신(조선)이 다시 왔다. 그 후에 서이(徐夷)가 참람되이 왕이라 칭하여" 등의 기록에서 보듯 그들은 왕이었고, 천자(하늘임금)는 동방 조선에서 쓰는 말이었다. 동중서는 동방의 천자를 수용하여, 중원의 왕을 천자로 신격화하고 우주의 중심으로 만든다. 복희·신농·제곡·고양 같은 고대 동방의 신들도 천자 옆에 한 줄로 배열되고, 애초 달랐던 하·은(상)·주 삼대의 민족과 나라도 화족(華族)·하족(夏族)·한족(漢族)으로 이름 지어 새롭게 하나로 정리되고, 이후 화이(華夷)가 철저히 구분된다.

삼대(三代)는 절대적 이상세계로 숭상되고, 공구(孔丘)와 유학은 새로이 수정·편집되어 오경(五經)이 수립되고, "공자와 유교"가 되어 새롭게 중화의 정신적 근간으로 자리 잡는다. 당시 중화주의를 확립한 동중서,『한서』에 기록된 그의 이 한마디가 모든 것을 대변한다. "오로지 천

자만이 하늘로부터 명을 받고, 천하는 천자로부터 명을 받는다." 이 말
로 화이(華夷)가 명확히 구분되고 중화주의는 완성된다.

공구(孔丘), 그는 문명의 중심을 동방에서 중원으로 옮긴 사람이다.
여러 기록에 공구(孔丘)는 동이족 은(=상)나라의 후예다. 그는 옛 조상
들의 밝은 문화를 듣고 기억하면서도, 동방 조상들의 문화를 오랑캐로
매도한다. 그는 주의 제후국 노나라의 관리가 된 이후 동이의 문화와
풍습에 대해 철저히 배척했고, 친구 원이 동이의 풍습대로 무릎 꿇고
앉아 그를 기다리자 지팡이로 때리며 비난하기도 했던 사람이다.

그러면서도 공구는 때로 옛 동방의 조선민족의 정신적 근간을 그리
워하며 "그곳에 가서 살고 싶다."고 말하기도 한다. 이것은 전형적인
배신자들의 정신상태 일면을 보여 주는 것이다. 즉, 공구가 신봉하고
가꾼 문명은 조선민족 종가 고려가 아니라 중화문명, 사실상 중화의 시
작을 개시한 사람이다. 그는 자신이 조선민족(동이)이면서 조선민족을
중심에서 변방으로 밀어낸 가장 위대한 중화인이다.

이렇게 동중서가 다듬은 중화주의(Sino-centralism)는 사마천에 의해
완성된다. 사마천은 『사기』를 통해, 이전 주(周)·한(漢)을 지배했던 조
선의 역사를 완전히 뒤집어엎는다. 아마도 그는 조선이 패망한 후 약탈
해 간 사서들을 토대로 했을 것이다. 기자조선, 위만조선을 만들고 조
작하며, 심지어 조선(수신, 주션)이란 나라이름마저도 완전히 분리·비
하·변형시켜서 온갖 부족들의 이름만을 기록한다. 조선을 나타내는,
동호·흉노·선비·예·맥·우이·내이·견이·고죽·고이 등을 아
주 욕된 글자로 나누어 기록했다. 즉, 조선인이라 해야 할 것을 일부러
서울놈·대전놈·대구놈 하는 격이다.

이 중화주의에 따라 나중, 『후한서(後漢書)』의 「동이전」에는 "원삭 원

년에 예군 남여(南閭) 등이 우거를 배반하고 28만 명을 이끌고 요동으로 찾아가 항복하고 무제는 그 땅을 창해군으로 삼았다.”는 기록도 있는데, 이는 남여(南閭)가 강릉에서 28만 명을 이끌고 항복하러 요동까지 갔다는 이야기로, 있을 수 없는 일이다. 그리고 여기서 “천조선(穿朝鮮)”이라 하여, 조선을 좀도둑, 도둑조선이라 칭하고 있다(임승국 역해, 『한단고기』, 정신세계사, 1996, P87).

이 시기 오랜 세월 망실·재구성되며, 『서(書)』 또는 『상서(尙書)』로 불리던 기록들도 복생(伏生)에 의해 『상서대전』으로 재편집되고, 여기에도 사마천의 “기자를 조선에 봉하였다”가 거의 동시에 그대로 기록된다.

이즈음 복생이 기록한 것으로 보이는 글, “해우일출 망불솔비(海隅日出 罔不率俾)”, 이것은 『상서(尙書)』 「주서」 「군석」편에서 “사해 안 해가 비추는 곳은 먼 변경지방까지 모두 차례로 순종”한다는 뜻인데, 나중 조선반도 이씨왕조에서 이이(李珥), 이황(李滉) 등에 의해 지고지순한 진리로 숭상된다(후술). 특히 이씨왕조 노론 300년의 학문적 종주 이이(李珥)는 동중서 사마천으로 고대 조선의 역사를 완전히 뒤엎은 한(漢)무제를 “육경을 드러내어 빛나게 했고, 공경히 국가의 대계가 되는 가르침을 진술하던 도에 가까웠다.”〈문무책〉(고전국역총서1, 『율곡집』, 1989, P297)고 하여 극찬했다.

이렇게 하여 한무제·동중서·사마천·복생 등에 의해, 역사의 중심은 동북방의 조선에서 중원으로 이동된 것이다. 그러나 철기로 통일한 한(漢)이 과거를 왜곡하여, 청동기도 그 중심이라고 기록하니, 모든 출토 유물과 역사 기록이 불일치를 이룬다. 이후 모든 유물·신화·유전자·습속으로 하나인 조선을, 온갖 욕된 이름들로 분리·비하·기록하고, 노예처럼 순종 맹신하니, 고대의 “조선문명”이 사라진 것이다.

이후 『한서』·『후한서』·『삼국지』 등 모든 역사서들에는 이 시점을 기준으로 "카더라"가 끝없이 이어지고, 그것이 조선반도 『삼국유사』까지 이어져 오늘날에 이른다. 이 중화주의의 정신에 따라, 전고려 패망 후 편찬한 총 6권의 사서인 『진서(晉書)』·『양서』·『북제서』·『주서』·『진서(陳書)』·『수서』의 역사서들 그 어디에도 수와 당이 전고려에게 당한 치욕의 역사는 없다.

그리고 나중 『흠정만주원류고』의 기록을 보자.

"진수(陳壽)가 뇌물을 받고 울종의 전기를 잘 써 주었다. 그 사람에게서 취할 것이 없는 바, 그의 말 또한 어찌 증거로 삼겠는가? … 울종의 무리도 사적인 감정을 곁들여 부여의 모습을 비하하여 깎아내렸으니 아주 비열하다."

"명나라 말에 이르면 미치고 허황된 무리들이 글자와 글귀를 찾아내어 방자하게도 뜯어고쳤다."

"진수는 『삼국지』에 동방의 사이(四夷)에서 중국의 선조들이 갖추지 못한 것을 보충했다."(남주성 역주, 『흠정만주원류고』, 글모아, 2018, P62)

"조선"은 동북아 유일한 천자국이었고 하·상(=은)·주 등 고대 중원의 왕조들은 모두 조선의 지배하에 있었던 제후국들이었다. 중원의 화하족 스스로 나라를 건국한, 실제 그들의 조상이라 할 수 있는 나라는 결국 송(宋)과 명(明) 둘뿐이다.

진(秦)·한(漢) 이후 중화의 나라들 대부분은 북방의 조선족 후예들이 남하하여 건설한 나라들로 동북방은 그들의 고향이었다. 종가 고려를 향한 끝없는 도발은 그들 지배층의 고토 회복을 향한 변함없는 꿈과 소망의 표현이었다. 이것들은 나중 열도부여 일본의 조선반도를 향한 끝없는 도발과 그 뜻이 일맥상통한다. 특히 그들은 북방의 조선민족이 두 차례 직접 남하하여 건설·지배한 나라 원(元), 청(淸)은 지금도 국(國)자를 쓰지 않고 원조, 청조 등의 조(朝)를 써서 격을 낮추고 있다.

5) 역사 바로잡기

"기자조선(箕子·朝鮮)", "기자동래설(箕子東來設)", 조선민족 종가 고려의 역사에서 이것만큼 어처구니없고 허무맹랑한 것이 없다. 기록한 자들보다 믿고 따르는 자들이 문제다.

『환단고기』「단군세기」 25세 단군 솔나 제위, BC 1114년 기록에 "기자(箕子)가 서화(西華)에 옮겨 가 있으면서 인사받는 일도 사절하였다."는 기록이 있다. 『대청일통지(大淸一統志)』에는 "서화는 옛 기(箕)의 땅이다. 개봉부 서쪽 90리에 있다. 처음 기자가 송나라 기(箕) 땅에 살았기 때문에 기자(箕子)라고 한 것이다. 지금 읍 가운데 기자대(箕子臺)가 있다."고 적혀 있다.

그리고 북위의 역도원이 지은 종합지리서 『수경주(水經注)』의 기록에도 두예가 말하기를 "양국(梁國) 몽현의 북쪽에 박벌성이 있는데 성안에 은나라 탕임금의 무덤이 있고 그 서쪽에 기자의 무덤이 있다(城內有湯塚 其西有箕子塚)." 한다(임승국 역해, 『한단고기』, 정신세계사, 1996, P103,104). 기자 서화, 양국몽현 기자무덤, 모두 하나를 말하는 이 기록들은 기자동래설의 허구성과 함께 『환단고기』의 사실성을 공고히 하는 기록들이다.

20세기 최고의 중국정치사상가 소공권이 『중국정치사상사』에 기록한 글을 보자.

"『사기』에 실린 기자(箕子)의 일은 결코 사실이 아니었다. … 방여가 (方輿家)에 따르면 조선이 삼대(하·은·주)에서는 직방(職方)에 배열되지 않았다. 땅이 주의 판도에 있지 않았는데 주(周)가 어찌 그곳에 봉국할 수 있었겠는가. 하남의 서화(西華)가 당의 이름으로 기성(箕城)이다. 산서의 요주(遼州)가 당의 이름으로 기주(箕州)이다. 무왕이 기자를 봉한 곳이 그 둘이 아닐까. 기자가 사직의 충혼이 되지도 못하고, 또 호산 (湖山)에 은둔한 사람이 되지도 못한 채, 기꺼이 조선에 봉해졌다고 하자, 백이와 숙제가 반드시 비웃었을 것이다. 기자가 어떤 사람인데 그렇게 했겠는가?"(소공권, 『중국정치사상사』, 서울대출판부, 2014, P917)

소공권이 지적한 이 말은 맹자가 했던 말, "하나라 뒤의 은나라 주나라가 융성했을 때의 강역도 일천 리가 넘지 않았다(夏后殷周之盛地未過千里者也)."와도 그 뜻이 통한다. 그리고 러시아 역사학자 유 엠 부틴의 지적을 보자.

"기자동래설의 진실성은 또 하나의 상황과 모순된다. 문헌자료에 의하면 은의멸망, 기자조선으로의 피신, 그리고 왕조건설 등 모든 사건은 기원전 1122년에 일어난 것으로 되어 있다. 그러나 『사기』를 살펴보면 기자는 위의 사건들보다 2년이 지난 후에도 여전히 주(周) 왕실에 머물고 있었다. 은이 멸망하고 2년이 지난 후 무왕은 기자에게 '은'이 멸망한 원인을 물었다. 그러므로 기자동래설은 훨씬 이후에 이루어진 것이 분

명하다."(유 엠 부틴, 이병두 역, 『고조선 연구』, 아이네아스, 2019, P128)

이에 관한 자료는 『서경』 홍범 편이 참고가 된다.

"무왕이 은나라를 멸망시키고 주왕의 아들 무경(武庚)을 은 땅에 봉하
여 은나라 제사를 받들게 하고, 소공에게 명하여 기자(箕子)를 석방하게
하였다. 2년 뒤에 무왕이 기자(箕子)를 찾아가 은나라의 멸망 원인을 물
었으나 기자는 차마 은나라의 악정에 대하여 말하지는 못하였다."(이재
훈 역해, 『서경』, 고려원, 1996, P146~147)

여기서 사마천의 "은이 망하자 즉시 기자를 조선이 봉했다"와 "2년
뒤에도 기자가 주나라에 있음"이 분명히 비교된다. 2년 뒤에 주(周)왕
이 찾아가서 물어도 은(殷)의 실정에 대해 말도 하지 않는 사람을 "망하
자 즉시 조선에 봉했다"는 것은 명백한 허위다.

"기자를 조선에 봉하였다는 표현은 명백한 위작이다. … 400여 년에
걸쳐 한국에 심어진 이 위작은 점차 깊게 뿌리를 내리기 시작하였다. 그
결과 단순한 도망자가 기(箕)왕조의 창건자로 둔갑하였다."(유 엠 부틴,
이병두 역, 『고조선연구』, 아이네아스, 2019, P130)

그리고 유 엠 부틴은 이 저서에서 〈위만조선〉에 관해서도 아주 상세
히 그 실체를 규명하고 있다. 꼭 일독을 권한다. 이 모든 기록과 논리
적 사실들을 뒷받침하는 분명한 지적도 있다.

"기자(상나라 유민대표)가 고조선에 왔다면 요동 지역과 한반도 북부에 상(商)·주(周) 계통의 청동기 유물이 많이 출토되어야 하나 발견되지 않고, 고조선 토착민과 융합해 갔다면 이 지역 청동기 유물과 상·주 계통의 청동기 문화가 상당 기간 지속되었을 것이나 흔적이 없다."〈노태돈〉(이기훈, 『동이한국사』, 책미래, 2015, P64)

그리고 중국의 주은래 전총리가 1963년 중국을 방문한 북한 대표단 앞에서 행한 발언에서도 참고가 된다.

"중국 역사학자들은 어떤 때에는 고대사를 왜곡했고, 심지어 조선족은 기자자손(箕子之后)이라는 말을 억지로 덧씌우기도 했는데, 이것은 역사왜곡이며 어떻게 이렇게 될 수가 있다는 말인가? … 도문강 압록강 서쪽은 역사 이래 중국 땅이었다거나, 심지어 고대부터 조선은 중국의 속국이었다고 말하는 것은 황당한 이야기다."

일본의 역사학자 아고교히꼬(五鄕淸彦)도 사마천의 『사기』 25권은 단군조선이 중원대륙을 지배했었다는 역사적 사실을 거꾸로 뒤집어 가지고 마치 중국이 단군조선을 지배한 것처럼 힘겹게 변조 작업을 벌인 것이며, 한나라의 한(漢)이라는 국호 자체도 옛날 삼한조선의 한(韓)이라는 글자를 그대로 빌려간 것에 불과하다고 하였다.

참고로 공식적으로 중국사 최초의 나라, BC 16세기 은(殷, 상)은 조선민족 동이가 세운 나라이다. 그리고 그 이전 전설 속의 왕조라 일컬어지던 하(夏)왕조도 낙빈기의 『금문신고』에서 동이족 국가라는 것이 명백히 밝혀졌다.

기자동래설, 기자조선(箕子朝鮮)은 한무제의 동중서 중화주의 시작과 더불어 사마천이 『사기』에서 날조하고, 동시에 복생이 『상서대전』에서 박자를 맞춘 것이다. 이후 중화주의 사서들의 "카더라"와, 이씨왕조 노예영혼들이 맹종한 것으로, 옛 조선강역의 그 어떤 유물과 유적들도 이들의 주장과 일치하지 않는다.

　그러나 이 땅의 이씨왕조, 천한 노예영혼들은 스스로 모든 민족역사서를 수거·말살하고, 오로지 기자조선만을 받들고 신봉했다. 이 노예영혼의 결과 이씨왕조 임금 이도(李祹)는 "삼가 기자가 봉했던 땅을 정성껏 지키어 아무쪼록 동방을 다스리는 직책을 다하겠습니다."라 했고 (이영훈, 『세종은 과연 성군인가』, 백년동안, 2018, P160), 이이(李珥)는 『기자실기』라는 책까지 지어서, 기자를 우리 역사의 시작으로 보고, 동이족을 교화시키고, 고조선을 건국했으며, 그의 정치를 왕도정치라 하고, "우리나라는 기자(箕子) 이후로는 다시 선정(善政)이 없었다."고 했다〈논당금지시세〉(고전국역총서, 『율곡집1』, 1989, P356). 그리고 나중에는 지금의 평양에다 가짜 기자묘를 만들고, 가짜 단군릉을 조성하는 등 실로 어처구니없는 일들이 오랜 세월 대를 이어 벌어지고 있다.

　이제 우리는 우리 머릿속의 이씨왕조 이후 600년 노예영혼, 견지사학(犬之史學=노론사학=식민사학)을 시급히 혁파해야 한다. 지금 학교 교과서에서 교육되고 있는, 진수의 『삼국지』에 기자가 조선으로 온 후 "8조금법" 등으로 백성을 교회시켰다는 내용, 『후한서』의 기자를 조선에 봉하고, 백성에게 예식·농업·양잠을 가르쳤다는 내용, 이후 이에 뒤따르는 수많은 "카더라" 내용 등은 모두가 엉터리 역사를 맹신하는 견지사학(犬之史學) 노예영혼이다. 조선 전고려 패망 후 그들이 불사르고 약탈해 간 역사서들을 참고로 했을 『사기』와 『상서대전』의 기록들을 끈

질기고 치밀하게 연구하여 본래의 근원을 밝히고 우리의 역사교과서를 재구성해야 한다.

사마천 이후에 기록된 동호 · 예 · 맥 · 선비 · 견이 · 흉노 등은 모두가 유전자 · 신화 · 유물 · 습속으로는 하나이다. 우리는 이제 "그들의 기록"에 바탕한 역사에서, "우리의 유물 · 습속 · 신화 · 유전자"를 토대로 우리의 역사를 재구성해야 한다. 전 중국총리 주은래는 분명히 "서적상의 기록은 믿을 것이 못 된다. … 위조한 것이기 때문에, … 출토한 유물에서 증거를 찾아야 한다."고 말했다.

만에 하나, 조선의 서쪽 끝 어딘가에 누구 하나가 망명하여 나라를 칭하고 굴기했다고 치더라도, 그것은 전제 조선의 역사와는 거의 무관한 것이다. 즉 지나가던 쥐 한 마리가 거인의 발가락 하나를 물어뜯었다고 하여, "저 발가락은 내가 지배한 것"이라 말하더라도 2천 년 역사의 거인 자체가 쥐의 노예가, 소유물이 될 수 없다는 것이다. 옛 조선의 모든 유물 · 유적이 필자의 이 말을 뒷받침하고 있다. 드넓은 만주 대륙을 중심으로 말이다.

여기서 더욱 중요한 것은 종가 고려, 이 땅에 600여 년간 그것을 광신 · 맹종한 천한 노예영혼들이 있었고, 그 후예들이 지금도 고스란히 맥을 이어 이 땅 역사를 좌우하고 있다는 점이다. 그러면서 문제만 터지면 중국의 동북공정을 운운한다. 이는 마치 "일본으로부터 독립한 나라"라고 스스로 자부하면서 끝없이 일본을 증오하며 욕하는 것과 같다. 참으로 대책이 서지 않는 노예영혼의 정수를 보는 듯하다. 진실로 민족사의 정신적 암세포가 제대로 완성된 모습이다.

제정신이라면 "일본으로부터 독립한 나라"가 아니라 1만 년 역사 중 수천 번 왜놈의 침략을 단번에 격퇴했고, 36년 잠시 지배당했다가 "광복한 나라"라고 해야 바르고 정확한 표현이며 건강한 영혼이 된다. 정확히는 일본이 조선민족에서 독립해 나간 나라이다. 250년 몽골에 지배당한 러시아, 역사의 절반을 조선민족에게 지배당한 중국 등 그 누구도 자신들을 '누구누구로부터 독립한 나라'라고 말하지 않는다.

"기자동래설이 업장(業障)처럼 민족역사를 짓누르고 있다."라는 누군가의 말은 참으로 가련한 말이다. 그것이 설사 사실이라 하더라도 잠시 "쥐한테 물린 것"을 "목이 잘린 것"으로 생각하는 "노예영혼" 자체가 문제의 본질이다. 그 이전 1500년 조선과, 본디의 내 모습인 수만의 유물과 자료는 외면하고 눈에 띄는 독사 한 마리만 바라보며 제정신을 잃어버리는 꼴이다. 역사를 깊고 넓게 알려고 피땀을 흘리지는 않고, 역사를 빙자만 하는 무지 천박한 위선자들의 모습이다. 문제는 중국·일본이 아니고 우리 속 노예영혼 암세포다. 역사의 본질은 정신 영혼이다.

6. 중화의 문을 열고

1) 동방, 천자의 나라

『산해경』에는 "복희 수인 신농의 삼황이 해와 달과 함께 동방에서 나왔고"라고 기록하고 있다. 낙빈기의 『금문신고』에서 복희 수인 신농은 명백히 동이족의 하왕조를 이룬 사람들임이 밝혀졌다.

맹자에 의하면, "순임금은 제풍(諸馮)에서 태어나 부하로 옮겼다가 명조에서 세상을 떠났으니 동이 사람이다. 주나라 문왕(文王)은 기주(岐周)에서 태어나 필영에서 세상을 떠났으니 서이(西夷) 사람이다. 이처럼 삼대의 성인들은 모두 중국에서 태어나지 않았다."고 한다.

『태백일사』에 따르면 노자(老子)는 자신이 산동성 동이족이고 자신의 성 한(韓)씨를 동방을 상징하는 나무(神木) 목자가 들어간 이(李)씨로 바꾸었다고 기록하고 있다. 그는 천자문화의 종주가 동방의 옛 조선임을 천명한 자기동래(紫氣東來)를 전한 인물이다. 여기서 자(紫)는 천자를 상징하는 것이며, 그 천자의 기운은 본래 동쪽에서 왔다는 뜻이다. 이 글이 새겨진 현판은 심양고궁의 봉황루, 서태후 때 재건된 이화원 등에 있다.

한(漢)나라 때 채옹은 『독단』 상권에서 "천자는 동방 동이족이 부르던 호칭이다. 하늘을 아버지로, 땅을 어머니로 하는 까닭에 천자라 부른다." 했고, 서량지는 『중국사전사화』에서 "중국의 역법(曆法, 달력)은 동이에서 시작되었다." 하여 문명의 중심이 동이임을 밝혔는데, 역법 즉

달력은 천자(天子)의 나라에서 만드는 것이다.

중국 생명과학원 쉬샤오동(謝小東) 교수는 "한족(漢族)이라고 부를 만한 순수 혈통은 존재하지 않는다. 흔히 한족(漢族)은 (중원의) 황제와 염제의 자손이라 생각하지만 연구 결과 염제와 황제의 발원지는 중원이 아니라 북쪽 오랑캐 지역이다."라 말했다.

『사기』로 대변되는 사마천의 역사는 고대 삼황오제 중, 삼황은 빼고 오제에서 시작한다. 모든 세가를 황제의 자손으로 꾸민 것이다. 사마천이 삼황을 뺀 이유는 동이족이란 것인데, 사실은 삼황오제 모두가 동이족이다. 이것은 나중에 중국의 문화대혁명시기, 북경도서관에 하방된 낙빈기(駱賓基)의 『금문신고(金文新攷)』에서 확인된다. 낙빈기는 사마천 이전의 금문을 연구하여 집필했다. 여기서 삼황오제 모두가 동이족임이 확인되었다.

은(殷)의 마지막 수도였던 은허에서 발굴된 청동기들은 거의 발달된 완성품 수준이었다. 즉, 그곳에서 처음부터 청동기가 있었던 것이 아니고, 애초 상당히 발달된 북방의 청동기 민족이 내려가서 은(상)나라 문명을 건설했다는 뜻이다. 상나라 사람들은 흰색 숭상, 흰옷, 백민, 흰민족으로 불렸는데 이것은 조선·부여의 그것과 동일하며 중화의 풍습과는 거리가 멀다.

『사기』에는 "은나라는 오랑캐의 나라"라고 기록하고 있다. 그리고 『사기』「진기(秦記)」에 진(秦)나라는 중국 제후들의 회맹(會盟)에 참여하지 못하고 오랑캐로 간주되었고, 『동의문명사략』에는 "진시황은 몽골어를 하는 여진족이었다."고 기록하고 있다. 따라서 지금 중국사라 일컬어지는 대륙의 역사는 단지 중국사가 아니라 조선민족 중화 공통의 역사, 즉 "대륙사"이며, 지금 한국과 일본에서는 고대 조상들의 역사

강역에 관한 이야기, 역사를 단지 "중국사"가 아니라 "대륙사(大陸史)"라 불러야 옳다. "조선문명"은 중화문명의 어머니이다.

그리고 나중, 개화기 중국 양계초의 스승, 박은식과 비슷한 연배의 강유웨이(康有爲)가 개화기 중국에서 출판된 박은식의 『한국통사』 서문에서 한 말을 살펴보자. 그는 일제 번성기, 한국의 망국을 보고, "이대로 가다가는 중국도 장차 한국처럼 될까 걱정이다. 그러나 중국이 한국과 다른 점은, 너무 자주 이민족에게 식민통치를 당하였기 때문에 나라가 망해도 슬퍼하지 않는다는 것이다.", "국민들은 예로부터 왕조가 너무 자주 바뀌는 데 익숙하여 누가 권력의 주인이 되든 세금을 더 달라면 주면 되는 것 아닌가."라고 말한다(박성수, 『한국인의 역사정신』, 석필, 2013, P87).

오랜 중국의 역사는 절반 이상이 북방의 조선민족에게 지배·통치당한 역사다.

2) 중화의 조공

중국인들이 사실상 그들 역사의 시작으로 보는 주(周)나라, 무왕이 은(상)나라 주왕을 격파하고 나라를 세운 것은 자체적인 힘으로 이룬 것이 아니라 오랜 역사 동북방 조선의 도움이 있었기 때문이다. 고대의 다양한 기록에서 그 암시를 찾아볼 수 있다.

한(漢)의 건국에 관해서도 『한서(漢書)』에 "북맥과 연나라 사람이 와서 날래고 용감한 기병으로 한을 도왔다."는 내용이 있는데, 여기서 북맥(北貉)의 맥(貊)은 조선·부여·고려를 칭한다. 『자치통감』에도 동일한 내용을 싣고 있다. 『후한서』「동이열전」「부여편」에서는 "부여의 왕들은 장사 지낼 때 옥갑을 사용하였으며, 한(漢)나라 조정에서는 항상 미리 준비하여 옥갑을 현토군에 맡기어 놓았다. 부여는 왕이 죽으면 이를 가져가 장사를 지냈다."고 기록하고 있다. 즉, 제후국 한(漢)은 언제나 천자국(天子國)의 장례 준비를 미리 알아서 하였다는 것이다.

한고조 유방은 북방의 조선(부여) 천칸(天干, 단군)에게 끝없는 조공으로 평화를 유지한다. 이때 북방의 조선의 천칸(天干, 單干, 單于)은 오색의 말들로 기마부대를 편성 유방의 군대를 완전 포위, 섬멸 직전까지 간다. 천칸(天干, 텐칸, 단군)에게 백등산에서 7일간 포위당하고, 여황후가 동침 제의를 받는 치욕을 당한 후 화친을 약속했다. 이후 엄청난 양의 인적 · 물적 조공물을 상납하는데, 이후 조공액을 9차례나 인상했다.

『회남자』에 "진(秦)나라는 북쪽으로 요수와 만나며 동쪽으로 조선과 국경을 맺는 장성을 쌓았다."고 했으니 당시까지 존재한 북방의 대국은 조선이다. 따라서 그간 중화의 역사서에 선우(單于, 당간)라고 기록한 것은, 오방 · 오가 · 오부 전통에 따라 오색의 말들로 기마대를 편성한, 조선 부여의 천칸(天干, 단군)으로 봐야 옳다. 나중에 부강해진 한(漢)은 그 치욕의 역사를 말살하기 위해 조선(부여)의 이름마저 동호 · 흉노 · 선비 · 예 · 맥 · 북맥 · 우이 · 내이 등 욕된 글자로 바꾸고 모든 역사를 뒤집어 기록했다.

당나라의 역사학자 두우(杜佑)가 쓴 『통전』에 의하면, 당나라를 개창한 이연과 그의 아들 이세민은 돌궐의 위협을 제거하기 위하여 심복인 유문정과 상의한 후, 이연이 친히 돌궐의 시필가한(始畢可汗)에게 글을 써서 스스로 신하로 칭하며 공물을 바치겠다고 약속한다. 그러고는 유문정은 많은 선물을 가지고 돌궐로 가서 협상을 하고 실행에 옮긴다. 당나라의 역사는 그렇게 시작된 것이다. 그리고 나중에 상황이 반전되자, 이세민은 스스로 "천가한(天可汗)"을 칭한다.

송(宋)나라는 많은 경우 국방 문제를 굴종과 돈으로 해결했다. 거란족에 세운 요(遼)에게 굴복하여 이른바 전연의 맹약이라는 화친조약을 맺어 해마다 은 10만 냥과 비단 20만 필을 지급하여 평화를 구했고, 이 평화는 100년 이상 지속되었다. 송은 또 새로 부상한 서하(西夏)와 나중 여진족의 금(金)에게도 스스로 신하를 칭하며 엄청난 재물과 함께 지성으로 사대했다.

명나라의 경우도 토목의 변에서 명종황제는 북방 몽골의 오이라트 추장 에센과 싸우다 병사 수십만이 몰살당하고 황제는 생포된다. 그는 포로로 끌려다니다 나중에 석방되고 황제로 복귀한다. 위의 사례들에 대해 남송의 진량(陳亮)이 평가한 것을 보자.

『춘추』의 대의는 중국과 오랑캐를 엄격히 구분하는 것이었다. 그런 관점에서 보면 한이 흉노와 화친하고 당이 돌궐에 도움을 구걸했던 것은 모두가 성인의 가르침에 크게 어긋나고 또한 중국의 치욕이었다. 송은 세폐를 바치면서 금(金)을 굴욕스럽게 섬겼다. 한·당보다도 치욕이 심했다."(소공권, 『중국정치사상사』, 서울대출판부, 2014, P797)

7. 열도부여 일본

* 마쓰모토 세이초(松本淸張, 1909~1992)

"천황가의 조상이 남조선으로부터 일본으로 건너왔으며, 일본과 조선
은 같은 민족으로 일본이 조선에서 갈라져 나왔다."(김운회, 『새로 쓰는
한일고대사』, 동아일보사, 2010, P53)

* 일본(日本)이라는 이름

"한민족이 처음 쓰기 시작한 국호였으나, 우리(일본)가 그 이름이 아
름답고, 우리나라 이름으로 쓰는 것이 어울린다고 생각해, 만고불변의
국호로 삼았다."〈대일본지명사서(大日本地名辭書)1907〉(이기훈, 『동이
한국사』, 책미래, 2015, P161) 열도에서 이 이름을 처음 쓴 때는 7세기
후반, 의자왕의 아들 부여풍(=천지천황) 때이다.

1) 도래인의 나라

일본의 작가 시바 료타로(司馬遼太郎)는 1985년 방한하여, 고대 일본
에 대한 조선반도 사람들의 도래와 역할을 말하며 "우리의 조상은 조
선인이다."라 했다(김유경 편역, 『부여 기마민족과 왜』, 글을 읽다, 2015,
P203).

시나 에쓰사부로(椎名悦三郎) 외상은 1965년 한일국교정상화를 위해
방한, 청와대 박정희 대통령을 예방한 자리에서 "각하, 한일 간의 음식

풍속엔 닮은 점이 많은 것 같습니다. 확실히 가까운 나라임에 틀림없습니다. 인종적으로도 아마 가까울 것입니다."라며, "사실 일본정계에는 한국계 혈통이 많이 활약하고 있습니다. 기시 노부스케(佐藤信介)나 후쿠다 다케오(福田赳夫)는 자신의 조상들이 한국계인 것 같다고 저에게 귀띔한 적이 있습니다. 도쿄내각의 도고(東鄉) 대신도 공공연히 자신은 조선인이라고 말하고 다녔습니다."고 덧붙였다(조갑제, 『박정희7』, 조갑제닷컴, 2006, P252).

후쿠다 다케오(福田赳夫) 전 총리도 "나의 조상들은 1500년 전 조선반도에서 이주해 왔다."고 말했으며, 세키네 마타카(關根眞隆) 교수는 "나라시대 사람들은 한복을 입고 숟가락을 사용하고 김치를 먹었다. 나아가 조선반도의 지명을 본뜬 지명이 일본열도를 뒤덮었다."고 했다(김운회, 『새로 쓰는 한일고대사』, 2010, P57).

다무라(田村) 교수(규슈 국립대학교)는 1982년 출판된 그의 저서에서, 8세기 이후 중국이 일본 문화의 종주국으로 나서기 전까지 조선은 수백 년 동안 일본문화의 모체였다는 사실을 인정했다. 그리고 다무라 교수는 이 책을 출판한 직후 교수직에서 물러났다(김유경 편역, 『부여 기마민족과 왜』, 글을 읽다, 2015 P34).

9세기 초에 편찬된 『신찬성씨록』에서는 당시 일본의 지배계급을 이루던 1,182개 성씨 대부분이 반도에서 건너간 사람들이라 기록하고 있다. 여기에 나타난 황족들은 모두 부여인(백제계)들이다(김운회, 『새로 쓰는 한일고대사』, 동아일보사, 2010, P52).

이처럼 수많은 고대 중국 사서에서의 기록이 한결같이 백제(=남부여)의 언어와 풍속이 고려(=고구려)와 같다고 하여, 애초 뿌리가 하나였음을 말하고 있다. 이는 백제 "개로왕의 국서"가 정확히 말하는 것이다.

2) 마한 밑에 왜가 있다(왜의 위치)

『후한서』「동이열전」에 "마한은 서쪽에 있는데 54국이 있고 그 북쪽에는 낙랑 남쪽은 왜(倭)와 접하였다. 진한은 동쪽에 있는데 12국이 있으며 그 북쪽은 예맥과 접하였다. 변진은 진한의 남쪽에 있는데, 또한 12국이 있으며 그 남쪽도 왜(倭)와 접하였다."고 기록되어 있다. 또 『삼국지』「동이전」「한전」에 "한은 대방의 남쪽에 있는데 동쪽과 서쪽은 바다가 경계를 이루었고 남쪽은 왜(倭)와 접하였다. 세 종족이 있는데 첫째 마한, 둘째 진한, 셋째는 변한이다. 진한은 옛 진국이다."고 나와 있다.

중국의 고대사서 그 어디에도 초기의 왜가 현재의 일본열도에 있음을 나타낸 곳은 없다. 『삼국사기』「신라본기」의 왜도 신라와 국경을 접하고 있다. 특히 광개토대왕비에도 명백히 왜는 반도의 남단에 있다.

일본학자 기노시타(木下禮仁)는 "5세기 이전, 적어도 삼국사기의 왜인이나 왜병이 현재의 일본열도에 본거지를 두고 있었다는 증거는 발견되지 않는다."고 했다. "이노우에히데오(井上秀雄)는 고구려와 싸운 왜군의 중핵 또는 대부분은 바다를 건너지 않은 왜인(倭人), 곧 임나 지방에 있던 왜인이었을 것이며, 『삼국사기』「신라본기」에 보이는 왜인 왜병도 육지와 이어진 곳에 살고 있던 왜인 왜병이며, 신라에서는 7세기 중엽까지 신라와 접해 있던 임나 지방을 왜(倭)라고 불렀다."고 했다(김운회, 『새로 쓰는 한일고대사』, 동아일보사, 2010, P390).

신라 532년 법흥왕 때 본가야(김해)를 점령한 것은 곧 왜의 점령이다. 그리고 그들을 지배층으로 수용했고, 561년 신라장군 이사부가 대가야를 점령한 이후 왜의 침략은 사실상 없어진다. 즉, 500년 이전 줄기차게 신라를 공격한 것은 경남 해안 지방의 왜인들인 것이고, 왜(倭)는 14세기 이후 지금의 우리가 말하는 모든 가야(=韓濊=韓倭)를 총칭하는 말이다.

3) 남부여 일가(一家), 백제와 왜

『일본서기』(백제가 멸망한 뒤, 천지천황 2년)에는 "백제의 주류성이 마침내 당(唐)에 항복하였다. 나라 사람들이 서로 말하기를, 주류가 항복하였다. 일을 어떻게 할 수가 없다. 백제의 이름은 오늘로 끊어졌다. 조상들의 분묘가 있는 곳을 어찌 또 갈 수가 있겠는가."라는 기록이 있다(전용신 역, 『일본서기』, 일지사, 2017, P490).

히라노 쿠니오(平野邦雄)는 "야마토가 일본열도를 통일한 것은 5세기 후반이며 왕권이 강화되고 발전된 것도 5세기 말 왜왕 무(武) 즉 유라쿠천황부터이다."라 했다(김운회, 『새로 쓰는 한일고대사』, 동아일보사, 2010, P330).

개로왕, 그가 남긴 글로는 남부여의 뿌리를 밝히는 「개로왕의 국서」가 유명한데, 이것은 당시의 시대상황과 백제(=베르체)의 뿌리를 밝혀주는 중요한 기록이다. 그는 한성백제(대륙)의 마지막 왕으로 고려 장수왕의 한성 침략 때 사망(475년)한다. 대륙의 한성백제의 멸망으로 백제는 나중 원(元)대의 12세기까지 존속하는 대륙남단의 남백제(=남베르체)와 반도백제로 남게 된다. 그의 맏아들 문주왕은 피신하여 웅진(반도백제, 남부여)에서 즉위했고, 그 아들 삼근왕은 즉위 후 피살된다.

개로왕의 차남 곤지왕(=유라쿠천황)은 왜(열도부여)로 건너간다. 그는 웅진에서 조카 삼근왕이 피살되자, 아들 모대왕자를 웅진으로 보내 동성왕으로 즉위하여 백제왕위를 계승하게 한다. 그 뒤 곤지왕의 차남 사마(斯麻)가 동성왕의 뒤를 이어 무령왕으로 즉위한다. 곤지왕의 3남인 오오토(南大迹)는 왜에서 즉위하여 게이타이 천황이 된다. 이 시기 반도와 열도는 대규모 인구 이동과 함께 사실상의 동일체다. 현재 일본의 천황가를 연 사람이 곤지왕의 아들이자 무령왕의 동생인 게이타이천황이다.

4) 황산벌의 후예들

황산벌, 김유신, 계백, 오천결사, 관창, 반굴, 품일…. 철저한 준비로 만주대륙을 완전히 도모(多勿, 다무, 다모르, 다모리)하고, 당과의 최후 결전을 앞두고 김유신의 선제공격으로 시작된 전쟁, 처음 한 뿌리였던 남부여의 후예인 계백의 결사항전. 난관 돌파를 위해 자식을 적에게 미끼로 던진 품일, 자신의 목이 붙어 있는 것을 죄로 여기며 각기 적진으로 돌진한 관창 반굴, 생과 사를 초월한 조선민족 1만 년의 아름다운 무혼(武魂)이 영원히 천지(天地)에 새겨진 전장(戰場)이다. 그리고 그 뒤를 이은 낙화암…. 필자는 이 싸울아비 무혼(武魂)의 근원을 쿠릴타이, 즉 화백에서 찾는다.

"모두가 둥글게 둘러앉아 며칠이 걸리든 서로 할 말을 다하고 들으며, 결정은 한 사람이라도 반대자가 있으면 파(破)한다. 한번 결정된 사안에 대해서는 모두 함께 목숨 걸고 싸워서 그 뜻을 지킨다."

『삼국지』 위지 동이전 부여전에 "적이 침입하면 가(五加)들은 모두 모여 스스로 전쟁에 참전하고, 하호(下戶)들은 군사들의 식량을 만들어 바친다."는 문장이 있다. 모두가 평시에 무기를 준비·훈련하며, 일단 유사시 윗사람이 먼저 나아가 싸우고 가솔들은 그 보급과 뒤처리를 도맡는 방식이다. 이는 옛 조선의 유적, 지배귀족이나 농민의 유적에서 무기가 출토되는 것과 일치하는 기록이다.

나중 부여의 일족으로 이룬 나라들, 백제의 책계왕·개로왕·위덕왕 그리고 고려의 고국원왕이 모두 스스로 나아가 싸우다 전사하니, 모두가 앞서 나가 싸우는 조선 부여의 기풍을 그대로 계승한 것이다. 다음은 빨치산 부대장 『지리산 달궁비트』의 주인공, 2차 대전 징용자 최정범의 증언이다.

    "삿포로 병참기지는, … 일본군 장교들과 군무원들이 근무했는데 태평양전쟁이 격렬해지자 군속들과 취사병까지도 현역에 편입시켜 전장에 내보냈다. 그래서 그 빈자리를 조선인으로 채운 것이다." 그 상황에서 일본군은 군수물자 관리하던 그를 취사병으로 보직 변경할 때도 그의 의견을 물어보고 결정했다(최정범, 『지리산 달궁비트』, 한울, 2016, P38).

일본은 이 정신으로 2차 대전에서 러·중·영 모두를 이기고 마지막 한 판 미국에 졌다. 실로 조선민족 종가 고려의 땅이, 중화의 노예 된 영혼들이 민중의 절반 이상을 때려죽여도 되는 노예로 삼고, 싸울 수 없는 나라가 되어 스스로 망하여, 단 한 판의 국가 대 국가의 전투 없이 도장 찍어 나라를 넘길 때, 반도에서 건너간 그들은 전래의 무혼(武魂)을 그대로 간직했던 것이다.

2차 대전 말기, 팔각모의 주인 미해병대를 하루에 2만 명씩 사살하는 분투, 오키나와를 비롯한 섬 지방 결사항전, 대규모 자살, 항복거부, 사이판의 만세절벽 등은 옛 황산벌 낙화암 그리고 후고려 철주성 싸움의 재현이다. 그들 카미카제(神風)의 원조는 젊은 날의 김유신이며, 처자식을 베고 전장으로 나아간 계백이다. 즉, 일본군이 보여 준 모든 무혼의 뿌리는 조선민족 종가 고려(신라 · 백제 · 후고려)의 그것이다. 연해주에서 카스피해 너머까지 도모(多勿)했던 고려(고리, 무쿠리), 로마까지 밀고 들어갔던 한 · 환 · 훈 · 훈느(흉노)의 모습 그 단면이다. 그리고 영어단어 고리(gory)의 뜻(잔학한, 피투성이의, 살인적인)은 결코 본래의 "우리"와 무관하지 않음을 알 수 있다.

여기서 보듯 옛 조선 · 부여 · 고려의 싸울아비 전통은 일본에 그대로 이어진다. 이것은 애초 종가 고려의 땅에서 고려(=고리=무쿠리), 신라, 백제, 그리고 후고려의 철주성싸움 삼별초 등에 그대로 이어져 왔다. 그러나 이씨왕조에 이르러 이순신과 일부 민중들의 올곧은 분투를 제외하면, 국가적 차원의 무혼(武魂)은 중화의 노예영혼 주자원리주의자들에 의해 거의 멸실된 것과는 대비된다.

5) 천황(天皇)의 가계와 역사왜곡

에가미 나미오(江上波夫, 1906~2002)는 생전 한국의 한 강연에서 "한마디로 말하자면 여러분은 일본 사람을 미워해서는 안 됩니다. 위로부터 따지고 보면 결과론적으로 일본천황은 백제계입니다. 정월초하루 아침에 천황이 제사지낼 때 밥그릇 수저 그리고 마늘이 올라갑니다. 또

입고 있는 복장이 백제식 복장입니다. 천황(天皇), 다시 말해서 일본민족은 백제의 후예인 것입니다. 그런 의미에서 한국과 일본은 한 뿌리입니다."라고 말했다(김운회, 『새로 쓰는 한일고대사』, 동아일보사, 2010, P437).

이시와타라 신이치로(石渡信一郞)는 "4세기 중엽 남가야의 왕인 스진(崇神=수로왕=왜왕 지늼)은 일본열도로 도래하여 가라제국과 열도 내의 가라계통의 여러 왕국으로 이루어진 연합왕국을 건설하여 그 시조왕이 되었다."고 말했다(안희탁 역, 『백제에서 건너간 일본천황』, 지식여행, P316).

고바야시 야스코(小林惠子), 그는 황실자료의 열람 등 여러 가지 자료를 두루 검토한 결과 긴메이 천황이 바로 백제의 성왕이며, 조선반도의 왕과 일본의 천황은 한 사람이 겸임한 경우가 많다고 주장했다. 이것은 일본 천황가를 오랫동안 연구한 홍윤기 교수에 의해서도 확인되었다. "긴메이천황이 바로 성왕이다."(김운회, 『새로 쓰는 한일고대사』, 동아일보사, 2010, P452) 실제로 히로히토(裕仁) 천황은 1985년 일본을 방문한 전두환 대통령 앞에서 "사실 우리 조상도 백제인입니다."라고 말했다.

또 『북사(北史)』에 대륙백제 한성의 마지막 왕 개로왕의 국서가 있는데, "신은 고려와 함께 부여에서 나왔습니다."고 적고 있다. 여기서 보듯이 애초 백제는 부여였고, 전고려와 백제가 언어 습속이 하나였다는 기록과 연구는 끝이 없다. 모든 언어학자들의 연구 기록도 부여어(=고려어)가 일본어라 말한다. 전고려가 망하고 왕위계승권자 보장왕의 아들 왕자 약광도 일본으로 가서 정착했다.

초창기 『일본서기』 번역자 윌리엄 에스톤은 "7세기 초반 무리지어 이곳 일본에 건너온 반도의 학자들이 처음으로 일본(日本)이라는 이름을 사용하였다는 것에는 거의 의심의 여지가 없다."고 했다. 여기서 일본(日本)이라는 국호 자체가 그들은 천손(天孫), 즉 하늘 태양의 후예를 자처한 것이다. 남부여를 자처한 그들, 부여의 대표적인 성씨가 "해"씨이며, 이것은 태양족, 천손족이라는 뜻이다. 또 청동거울인 동경(銅鏡)은 태양을 의미하는 부여왕의 상징이다.

미국 태생 동양 미술사학자 존 카터 코벨은 "일본인의 9할은 자기 나라 진짜 역사를 모른다."며 "미국인인 나는, 일본식 교육을 받고 그 학문 방식을 계속 견지하는 서울의 몇몇 엘리트 교수들과 의견을 달리한다."고 했다(김유경 편역, 『부여 기마민족과 왜』, 글을 읽다, 2015, P170).

기타바타케 지카후사(北畠親房, 14세기)는 그의 저서 『신황정통기』에서 "옛날 일본은 삼한(三韓)과 같은 종족이라고 전해 왔다. 그런데 그와 관련된 책들이 간무(桓武, 제위 781~806) 천황 때 모두 불태워졌다."는 기록을 남겼다(김운회, 『새로 쓰는 한일고대사』, 동아일보사, 2010, P54).

쓰다소기치(津田左右吉)는 "『일본서기』는 일본황실의 통치를 정당화하려는 목적으로 야마토 관인(官人)에 의해 작위된 것"이라며 "『일본서기』의 내용 절반 이상은 고대 조선반도와 관계되는 내용이며 사실은 변형된 조선반도의 역사서"라 했다. 『발해사고』 등을 쓴 그는 이 주장들로 천황에 대한 학문적 연구를 엄금한 헌법에 따라 1942년 황실존엄모독죄로 유죄 판결을 받고 학교에서 쫓겨나고 저작들은 발매 금지되었다. 그 당시 일본의 교육계는 『일본서기』의 의문점을 묻는 학생들에게는 때리고 감점을 주었다(김유경 편역, 『부여 기마민족과 왜』, 글을 읽다 2015 P203).

『일본후기(日本後記)』에 따르면, 헤이조(平城) 천황 대동 4년(809년)에 일본과 삼한이 같은 종족이라는 서적을 관청에 바치라는 포고령을 내리고 "만약 이를 감추는 자가 발견되면 엄벌에 처한다."는 칙령을 내렸다고 한다.

『일본서기』에서의 압권은 백제의 근초고왕이 조선반도 남부와 열도로 진출한 것이, 황당하게도 가공인물 진구황후의 이야기로 둔갑, 거꾸로 조선반도를 침략·점령했다는 것이다.

8. 신대륙의 고려인들

1) 그들의 언어

1797년 10월, 미지의 동양을 탐사하던 영국군함 프로비던스호는 지금의 부산항에 정박한다. 그 선원 중 한 명이던 동양학자 그리피스 (William Elliot Griffis)가 처음 부산에 정박하고 남긴 기록 중에는 부산항 관련 이름을 Tshosan, chosan, Tchosan, Thosan, Chousan 등 일곱 개로 기록했다. 그에 따르면 이곳의 이름이 무어냐고 묻자 주민들이 그렇게 대답했다고 한다(박천홍, 『악령이 출몰하던 조선의 바다』, 현실문화, 2008, P72). 그는 "초산" 또는 "툐산" 등으로 읽을 수 있는 이 말을 "항구 이름"이라고 했다.

일본인들은 2차 대전 때, 섬 지방의 결사항전, 최후에는 집단자살로 "낙화암"을 재현했다. 사이판의 "만세절벽", 그들은 분명 뛰어내리면서 "만사이(=만세)"를 외쳤는데 미국인들은 "반자이(banzai)"로 표기하고, 그 뜻을 '만세', '무모한', '자살적인' 등으로 해석한다.

초기 호주에 도착한 영국인들이 두 발로 뛰는 신기한 짐승들을 보고 원주민에게 "저게 뭐냐?"고 묻자, 원주민들은 "캥거루(=모른다)"라고 했는데 그것은 나중에 그 동물의 이름이 된다.

지금도 필자가 제일 듣기 어색한 말 중의 한 가지는 서울 사람들이 어정쩡하게 경상도 사투리를 흉내 내는 말이다. 그만큼 어렵기 때문일 것이다.

북미원주민들의 언어 중에서 필자가 "우리말"이라고 가장 먼저 알게 된 단어가 "아파치"다. 함경도 사투리 아바지, 아바치 등으로 표현된 말이다. 그리고 뒤이어 알게 된 말들이 "네바다", "안아꼰다=아나콘다"인데, 연이어 알게 된 말들은 실로 놀랍다. 먼저 조선반도 이북에서 동으로 바다 건너 북미대륙까지 이어진 말들이다.

'춥지=춥지반도', '옥저=오호츠크', '애세키미(먹여)=에스키모', '아사달=아스단', '맥이족=맥이곳', '다맞친이=다마티니(점쟁이)', '나=나', '리=마을', '이쁘나=이쁘다', '그네=그네', '헛간=허갯', '보시오=보시오', '덥게=덮이', '엄마=엠마', '가시나=가시아', '도끼=토막', '저네들=테네', '낫=낫' 등 끝이 없다. 그리고 그들 말은 우리말과 어순이 일치한다.

필자는 앞에서 선우(單于)라는 말에 참으로 오랜 기간 의문을 갖고 있었던 바를 논한바 있다. 그와 함께 오래도록 생각이 머문 것이 북미원주민들의 부족 이름이다. 북미원주민들의 말이 곧 우리말이란 것을 알아 가면서 하게 된 생각을 몇 가지 적어 본다. 초기 백인들이 북미대륙에 도착했을 때 그들에게 옥수수 재배법을 가르치는 등, 추운 겨울을 이기고 순조로운 정착을 하도록 결정적 도움을 준 사람들이 원주민들이란 사실은 익히 알려져 있다. 이를 토대로 생각해 본 것이다.

"체로키" 부족, 초기의 정착민들에게 다양한 것을 가르쳐 주면서 "저렇게"를 함경도 사투리로 저렇키, 처러키라고 말한 것이 "체로키"가 된 듯하다.

"코만치" 부족, 위와 같은 경우로 초기에 뭔가를 가르치거나, 물물교환 등 거래를 하고 양을 가늠하는 때에 고만치, 코만치 하던 말 같다.

"아라파오" 부족, 초기에 조금 떨어져 살다가 가끔 만나서 "하이" 또는 "헤이"라고 인사하면 "알아보오, 아라보오."라고 크게 소리친 것이 백인들에게 "아라파오"로 들린 듯하다.

"샤이엔" 부족, 몽고어 "안녕하세요?"는 "셴 베노"인데, 셴은 좋다는 뜻이다. 아마도 자주 만나고 들으면서 백인들의 귀에는 셰인, 또는 샤이엔으로 들렸을 것이다. 필자가 가장 좋아했던 서부극(=주인공) "셰인"이 바로 그것이다. 참고로 영화 제목이자 주인공 이름인 이 영어단어 Shane(셰인)은 아무런 뜻이 없다. 그냥 그 영화로만 알려진 말이다.

"나바호" 부족, 흑룡강 상류와 사할린섬 일대에 거주한 고려인 "니브흐"족의 이름 같다. 생각이 여기에 이르고부터 필자는 "북미인디언"이 아니라 "북미고려인"이라고 생각하기 시작했다. 그리고 필자의 이러한 생각은 여러 가지 역사적 사실로 증명된다.

먼저 100여 년 전까지 북미원주민들의 언어를 기록한 언어지도, 북미의 지명에는 고려 · 태백 · 몽골 · 대요수 · 탕구트 · 거란 · 만주 · 발해 등이 영문으로 정확히 기록되어 있다. 초기 동해안의 13개 주만이 존재할 당시 중서부의 모든 지역은 북미고려인들의 영역으로, 지역을 나타내는 지도에는 모두가 고려인들 부족 명칭과 구역이 표시되어 있다. 심지어 백인, 그들의 깃발에도 "corea"가 선명히 쓰여 있다.

그리고 그들이 부른 노래 두 가지를 알아보자. 먼저 배재대학교 손성태 교수가 확인한 것이다. 멕시코 북부의 한 종족, 다라우마족이 부른 노래인데, 그들은 외모 · 의복 · 생활풍습 등 그 모든 것이 우리의 과거 그것과 완전히 일치한다고 스페인 선교사들은 기록하고 있다. 선교사들이 기록한 노래는 악보와 가사가 정확히 기록 · 보존되고 있는데 여기서 간단히 확인할 것은 그 노래의 가사와 뜻이다.

"아리 아리랑 아리 아리랑, 아라리가 났네."

여기서 밝혀진 뜻은, '아리=지금', '아라리=그렇게 해서', '났네=이겼
다'이다. 20세기 초까지 그들은 이 노래를 불렀다 한다. 참으로 소중한
기록, 소중한 연구이다. 사실 아리, 아리랑, 아라리 등의 말은 우리가
노래로 흔히 부르면서도 정확히 그 뜻을 아는 이는 거의 없다. 필자가
아리랑에 대해 나름 공부하고 알고 있기로는 다음과 같다.

마고성 천산 알타이를 중심으로 1만 년 민족사를 살펴보면, 알타이
의 "알"은 금(金, Gold)이다. 또 우리말과 거의 흡사한 수메르어로 "아
라리"가 금 생산지, 금이 나는 땅, 금을 캐는 어두운 지하, 죽음의 세
계를 뜻한다. 즉, 그들에게는 멀고 한번 가면 살아 돌아오기 어려운 곳
이었던 것이다. 그러나 금이 생산되는 그곳은 본디 높고 오랜 하늘 아
래 고귀한 천손(天孫)의 땅이었다. 그래서 이 노래에는 애절한 슬픔과
숭고한 기상이 동시에 내포되어 기쁠 때나 슬플 때 모두 불러졌다.

알틴 아라산(=금으로 된 아라산), 아리하(阿里河), 아리산, 아라가라,
아리수처럼, "아라, 아리"는 신성한, 하늘의, 고귀한 등의 뜻을 담고
알타이에서 동으로 서로 사람과 언어가 이동해 갔다. 그래서 금이 생산
되는 그 고귀한 곳에서 태어난 아이들, 사람들을 "아리랑"이라 칭했다.
또 그렇게 태어난 사람들이 무리를 이루고 사는 땅, 높은 산, 하늘의
영역, 신성한 곳을 "아라리"로 불렀다.

반면 언제나 같이하는 소리 쓰리랑의 "스리(Sri)"에 관해서는 본디 산
스크리트어 뜻은 '달리다, 추적하다, 공격하다, 도망가다'이다. 필자의
어릴 적 경상도 사투리로 "쓰리"는 좀도둑질의 뜻이며, 일본어(=부여
어)로는 소매치기를 뜻한다. 여기서 랑(Rang)은 범어의 사전적 의미는

'파도, 물결' 등을 뜻하나, 예부터 퉁이(東夷) 조선민족에서는 랑(郎)은 사나이를 의미했으니 "스리랑, 쓰리랑"이란 결국 '도둑놈, 나쁜 놈, 적군'을 뜻한다고 볼 수가 있다.

결국 "아리 아리랑 쓰리 쓰리랑 아라리가 났네"는 고귀한 천손(天孫)인 우리 편이 적들과 싸워 이겼다는 뜻이다. 따라서 지금 우리의 정선아리랑은 한없이 애절하고 슬프게, 밀양아리랑은 하늘을 찌를 듯이 승전가로 불러야 옳을 것이다.

아리랑은 알타이 · 몽골초원 · 만주북부 · 시베리아 · 북미원주민 · 조선반도 모두에서 그 의미가 조금씩 다르게 불린다. 그 이유는 각기 오랜 세월 이동하며 변화된 그들의 삶을 담았기 때문일 것이다. 그러나 아리랑을 부른 그들은 대부분은 "자신들의 지역 또는 무리"를 "아라리"로 칭하며, "났다"를 '새로운 탄생, 이겼다, 이루었다' 등의 뜻으로 함께 노래 불렀다. 결국 "아리 아리랑 쓰리 쓰리랑 아라리가 났네", 조선민족 1만 년의 고귀한 영혼이 담긴 우리 노래다. "아라리가 났네!"

두 번째, 필자는 이 노래를 "체로키 아리랑"이라 이름 부르고 싶다. 필자가 거의 고교 시절부터 다른 팝송들과 함께 알게 된 듯한 "어메이징 그레이스" 왠지 멜로디가 남들 것 같지 않은 느낌에 혼자 있을 때 자주 흥얼거렸던 노래이다. 우연히 인터넷 자료 검색 중에 나타난 동영상, 미국 여자 가수의 노래, 그리고 정확한 그 멜로디에 분명한 우리말의 가사들, 아! 세상에 어찌 이런 일이…. 보는 순간 온몸에 소름이 돋았다.

중학교 이후 수없이 본 서부극, 그리고 이후에 알게 된 북미에서의 2천만 원주민 종족근절, 그중 특히 기억에 남는 것이 체로키고려인(인디언)의 눈물의 길(Trail of tears) 이야기다. 이것은 1838년 3월 25일 시작된 인디언의 서부 이주를 일컫는 말로, 백인들이 터전 확장을 위해, 조지아 앨라배마 그리고 테네시에 걸쳐 살던 1만 7천 명의 체로키 원주민들을 1300여 킬로미터를 걸어서 서부로 강제 이주시키는 것이다.

서너 달에서 길게는 일 년까지 걸린 이 강제이동에 내몰려 헐벗고 굶주렸던 그들, 한겨울 춥고 어두운 밤에도 강제 이동했던 이 가혹한 여정에서 5천여 명이 넘는 영아 어린이 노약자가 죽어 갔다.

> **"낙랑조선 치우진리 니가 이런 자유 웬일로 우리 영혼 땅에 난리. …**
> **낙원조선 이뤄지면 우리 완전히 되지…."**

"체로키 아리랑", 그 죽음의 길에서 그들이 부르고 간 노래이다.

2) 그들의 이동과 풍습

1492년 이후 스페인 군대가 만난 멕시코 북단의 거대한 피라미드 있는 곳, 흰옷을 입은 한 종족들을 발견하고는 물어본다. "당신들은 어디서 왔나?" "그곳이 어딘지 모르지만 우리의 선조들은 위가 평평한 피라미드가 있는 곳에서 살았다. 그 아스땅(=아사달)에서 배 타고 왔다."(배제대 손성태 교수)

실제로 만주에는 장군총을 비롯한 수많은 위가 평평한 피라미드가 있다. 이 부족은 가톨릭 신부들에 의해 상세히 연구·기록된다. 애석하게도 이들에게는 문자가 없었다.

"이들은 대부분 흰옷을 입고 있었고, 어른을 공경하고 대단히 예절이 발랐으며, 일 년에 두 번 큰 명절이 있는데 그 기록으로 보면 우리의 설과 추석에 거의 흡사하다. 엎드려서 절을 하며 제사를 지내는데 자정에 지냈다. 제사 후에 사용한 종이를 불태우고, 음식을 나눠 먹는 풍습이 있었다."(배제대 손성태 교수)

전체적으로 북미 원주민들의 풍습을 보면 아래와 같다. 그들은 한결같이 태양을 숭배하고, 큰 산, 큰 나무 등 자연을 숭배하며, 솟대를 만들어 세웠다. 곳곳에 불교(석가족)의 회전 문양 모양이 보인다. 여인들은 아이를 업어서 키우고, 머리를 양쪽으로 가르마를 땋고, 비녀를 꽂았다. 남자들은 상투머리에 흰 도포 검은 갓을 쓰고 주변에는 온통 태백산이란 이름이 있었다. 아이가 태어나면 금줄을 치고, 아이를 포대기에 싸서 업고 다니고, 문신, 장례식은 성대하고 정성을 다하며, 죽은 사람의 입에 저승 갈 노잣돈 옥구슬을 넣어 주었다.

북미에서는 130여 부족이 윷놀이를 했는데, 우리와 똑같은 모양의 놀이 방식이다. 그 이름도 "윷"이다. 그 외에도 팽이치기 · 실뜨기 · 그림자놀이 · 투호 · 자치기 · 고누 · 공기놀이 · 굴렁쇠 굴리기 등 30여 가지 놀이 풍습이 "우리 것" 그대로다.

그뿐만이 아니다. 북미 원주민의 일상생활 살림도구는 옛 우리의 그것과 똑같다. 독일의 고고학자 알렉산더 폰 훔볼트는 "아메리카의 많은 신화 · 기념물 · 우주 발생에 관한 사고는 동아시아의 그것과 놀랄만큼 흡사하다."라 말했다.

스미스소니언 박물관 "인디언관"에 전시되어 있는 절구 · 소쿠리 · 배틀 · 어망 등 모두가 우리의 그것과 동일하며, 인디언 마을 입구 장

승 등도 우리의 그것 정확히 그대로다. 그들이 사용한 빗살무늬토기는
한국의 중앙박물관에 전시되어 있는 고대 한국의 신석기토기와 구분할
수 없을 정도로 그대로 닮았다. 그리고 서부영화에 꼭 등장하는 나무를
비스듬히 세워서 지은 원주민의 집은 몽골 북쪽, 반도 북쪽의 원주민들
것과 정확히 일치한다.

3) 종족근절(가장 선한 인디언은 죽은 인디언)

초기 대서양을 건너와서 정착에 어려움에 처한 백인들을 따스하게
도우며, 물고기를 잡고, 강냉이 재배하는 법 등을 가르치고, 식량을 구
걸하는 그들을 도우며 정착과 공존을 도모한 북미 고려인들의 도움으
로 첫 수확에 성공한 백인들은 인근 인디언부족에 감사하며 축제를 열
고 "추수감사절"이라 했다. 백인들의 문명을 받아들여 함께 개화된 삶
을 살고자 했고, 백인과 결혼도 하고 흑인노예를 고용 대규모 농장도
경영하던 그들. 그러나 1830년대 백인들의 끝없는 탐욕은 그들마저 강
제이주, 인종청소의 대상이 되게 했다.

태양과 하늘을 숭배하며, 노예가 되기를 거부한 사람들, 최악으로
내몰리며 정면 대결을 선택한 사람들. 아파치부족의 제로니모, 시팅불
의 리틀빅혼 전투, 작은 승리는 결코 승리가 아니었다. 결국 그들의 삶
과 꿈은 압도적 문명의 힘에 바탕한 "종족근절"이라는 전대미문의 인류
역사 최악의 참상, 그 희생양으로 사라져 간다.

스페인 출신의 신부이자 수도사인 라스카사스의 기록에 의하면, 서
인도제도에서만 1510년~1550년 사이에 천오백만 명에서 2천만 명의

인디언이 총칼에 의해 학살되었다. 피사로, 코르테즈, 나르바에즈, 알바라도…. 원주민 2천만 명을 학살한 스페인 정복자들의 이름이다.

맨 처음 그들이 상륙했을 때, 침식을 제공하며 친절을 베푼 사람들에게, 그들은 어린이 · 여자 · 임산부 · 노인을 무참히 도륙하며, 칼로 한 번에 사람을 두 동강 낼 수 있는지, 머리를 단칼에 두 조각 낼 수 있는지, 엄마에게서 신생아를 빼앗아 한쪽 다리를 잡고 빙빙 돌리며 휘두르다 암벽에 던져 단번에 머리를 박살낼 수 있는지 내기를 걸고, 산 사람을 매달아 그 밑에 불을 피워 서서히 태워 죽이기도 했다.

그들에게 기독교도가 아닌 사람들은 사람이 아니었다. 예수신앙 자체가 가장 중요한 재산이자, 이단(=적)을 멸족시키는 파괴적이고 치명적인 무기이다. 토마스 아퀴나스는 "이교도에게 종교적 예식이 허용되어서는 안 된다는 점은 명백하다."고 말했다.

중세 암흑기의 마녀사냥 · 고문 · 화형 등으로 추기경 히메네스는 스페인에서 3,000명을 화형에 처했고, 추기경 아드리아노는 1,620명을 산 채로 화형에 처했다. 12~14세기 십자군전쟁, 극도의 무질서한 군대로 식량도 제대로 준비 없이 진군하여, 이교도 어린아이는 붙잡아서 꼬챙이에 끼워서 구워 먹고, 젊은 여자는 잡아서 삶아 먹었다. 15~19세기에는 신대륙 중미에서 2천만, 북미에서 2천만 도합 4천만이 넘는 인류가 학살된다. 이유는 단 하나, "이교도"라는 점이다.

스페인군대가 중남미에서 처음 약 50년간 학살한 방법은 직접 총과 칼로 죽이는 것이었다. 그러나 그들은 직접 토지를 경작하는 것이 아니라 간접 지배 · 경작하는 것이었기에 원주민들 일부는 살아남을 수가 있었다. 그러나 나중에 북미에서의 상황은 완전히 다르게 전개된다. 영국에서 건너온 신교도들, 그들은 토지를 두 손으로 직접 경작하기를 원했다. 따라서 북미의 모든 원주민이 경쟁자, 적이 된 것이다. 이 시기 충실한 기독교도들은 "인디언 박멸"을 외친다.

중남미에서보다는 좀 더 진전된 각종 방법이 동원된다. 먼저 북미원주민의 주식량이 되던 약 2억 마리 북미대륙의 들소 떼를 거의 완전히 멸종시킨다. 한때 북미 전역은 이 들소 시체 썩는 냄새가 천지를 뒤덮었을 정도였다고 한다. 그리고 총알을 아끼고 노력을 줄이기 위해 헐벗은 원주민들에게 천연두와 콜레라균 등이 접종된 옷가지와 담요를 제공했다. 자동으로 곳곳의 부족민 전체가 사라져 갔다.

일부 살아남은 호전적 부족들에게는 뒷문으로 소량의 총기를 제공, 정면도전을 유발하고는 기병대를 보내 한꺼번에 남녀노소 불문 깨끗이 쓸어버린다. 심지어는 자신들의 말 두 마리가 없어졌다는 이유로 이웃 원주민 200여 명 이상을 무참히 학살하기도 한다.

그리고 가까이서 이웃해 살아온, 일거에 학살하기 어려운 부족들은 체로키의 경우처럼 가혹한 강제이동과 격리를 시키면서 서서히 말려 죽이고 멸종시켰다. 그리고 극히 일부 생존한 원주민들과 아이들은 기숙학교 강제수용 등, 본디의 옷·말·가족·종교·습속 등 모든 것으로부터 완전 격리, 사실상 인간 강제개조를 통해 완전한 종족말살에 이른다.

그리고 나중에, UN 원주민 인권선언에 미국만 서명을 거부하다가 제일 마지막에 미국대통령 오바마가 서명했다. 이미 원주민은 사실상 없어진 이후이다. 이 이야기들은 그리 오랜 세월 전의 이야기가 아니라 불과 19세기 말, 20세기 중반까지 있었던 이야기다. 그들이 남긴 사진에 보이는 원주민들은 지금의 우리, 몽골인 모습, 정확히 그대로다.

북미에서, 당시 인구 2천만, 순조로이 문명화되었다면 지금쯤 2억에 달할 인구다. "낙랑 조선 치우진리…."

II

조선민족 종가 고려

1. 고려(高麗, 고리, 무쿠리)

1) "고려"라는 이름

인류역사, 지구상 그 어디에서도 "고구려(高句麗)"라는 이름의 나라
는 존재한 적이 없다. 가장 믿을 만한 역사자료 "광개토대왕비"와 그들
자신의 흔적, 그 어디에도 자신의 나라 이름을 "고구려"라 표기한 것은
없다. 『삼국사기』 속에 존재하는 명칭 「고구려본기」라는 이름은 명백한
노예영혼(犬之史學) 역사왜곡이다. 그들 자신 초기에는 나라 이름을 부
른 적이 없고, 중원에서 "부여"라고 호칭했고, 나중에는 스스로를 "고
려"라 칭했다.

후술하는 바, "고리, 구루"는 민족고유의 언어이지만, 고구려(高句
麗)는 전혀 아니고, 그 이름이 『한서(漢書)』에 처음 나타난다. 한(漢), 이
나라와 종가 고려의 역사를 생각할 때는 반드시 명심해야 할 말이, 『남
북조』에 "한(漢)나라 이후부터는 숙신(조선, 수션)을 지칭하는 다른 이름
들이 사용되었다."라는 문장이다.

『사기』 「진시황본기」에 따르면, 진(秦)나라가 통일 시에 그 영토가 조
선에 닿았고, 강성한 조선을 막기 위해 장성을 쌓아야 했다. 초기의 치
욕과 고난을 이기고 결국 승기를 잡은 한(漢)은 동중서 사마천을 필두
로 사상과 역사에서 "중화주의"를 확립한다. 고대로부터의 다양한 사
상을 오경(五經)으로 수립, 천자가 된 황제 옆에 한 줄로 세우고, 사마
천을 필두로 동방 천자국 조선의 역사를 완전히 뒤집어엎는다.

이 시기에『사기』를 통해 창조된 것이 기자동래설, 위만조선설, 그리고 조선을 지칭하는 이름들의 완전 변조·개악이다. 가까이 동방문명의 중심이던 한(韓, 칸)은 한(漢)으로 글자만 바꾸어 그들이 갖고, "조선은 예맥(濊貊)·선비(鮮卑)·흉노(匈奴)·물길(勿吉), 즉 똥고양이, 짐승 무늬 허리띠, 입심 좋은 노예, 재수 없는 놈, 등으로 비하하여 기록했다"(김운회,『대쥬신을 찾아서』, 해냄, 2014, P62).

중국어 발음 "가오거우리", 고려인에게는 정말 치욕스럽기 그지없는 욕된 말일 가능성이 크다.

『후한서』에 사용된 천조선(穿朝鮮=구멍조선, 도둑조선)처럼, 이 시기부터 사용된 "고구려"라는 이름도 분명 그들만의 악의적 의도로 고려를 비하한 욕된 이름이라는 것은 자명하다. 그러면서『한서』에 "오랑캐는 상종할 수 없는 존재이지만 위험하므로 소나 말처럼 고삐를 끼워 두어야 한다."는 뜻의 "기미부절(羈縻不絕)"이란 말이 나온다.

이렇게 미심쩍은 의도와 "카더라"에 뒤이어『후한서』·『삼국지』·『송서』·『위서』등 일부에서 "고구려"라는 말을 "카더라"에 바탕하여 사용하고 있다. 그러나 유전자·유물·신화·습속·기록 모든 것으로 분명한 자신의 역사는 스스로 말살하고, 중화의 한 귀퉁이에서 역사가 시작되었다는 "카더라"만 신봉하는 노예 역사의 나라, 학문 없는 나라, "대한민국"에서, "고구려 밎쓔미다"는 최고의 신앙이 되었다.

일부 기록에 "고구려는 해모수가 태어난 고향이라 하여 고구려라 칭하였다."고 적혀 있다. 그러나 이것 역시 후대의 엉뚱한 창작·변조다. 애초 "해모수"는 그 시대의 실존 인물도 아니며, 1만 년 민족사 마고성시대부터의 고리 코리부족과 함께해 온, 천손 천자를 상징하는 신화 속 인물이다. 즉 "해모수(解慕漱)"는 산스크리트어로 "하마하스(Ha-

조선민족 종가 고려 ——————— 91

mahas)", 태양과 달의 아들, 영웅, 위대한 제왕을 의미하는 말이다(강상원 박사).

1만 년 해모수와 함께해 온 이름은 고리 · 코리 · 구루 · 쿠루 · 무쿠리이며, 고구려는 역사 뒤집기의 시기에 분명히 "그들이 만든 말"이며 "우리말"이 아니다. 애초 1만 년 조선민족사 그 수많은 나라들 이름 중 단 하나도 그 누구 한 사람을 기준으로 나라 이름을 삼은 것은 없다. 이는 민족사 시작점인 알타이 천산에서부터의 화백(쿠릴타이)정신에 정면 배치되는 것이다.

중요한 것은 당대의 역사서 『수서』 · 『신당서』 · 『구당서』 등 수당(隋, 唐)의 당대 기록은 모두 고려로 기록하고 있고, 주변국과의 외교문서, 그리고 후계를 자처한 나라들, 거란(契丹, Khitan), 발해, 후고려 등 그 누구 하나 "고구려"를 말한 적이 없다는 사실이다. 특히 그들 자신, 장수왕 37년(서기 449) 중원의 고려비에도 분명 자신들의 나라 이름을 "고려대왕(高麗大王)", 즉 "고려"로 표기하고 있다. 스스로를 고려라 칭했던 발해는 일본에 보낸 국서에서 "고려의 옛 땅을 수복하고 부여의 유속을 이어받았다."며 "고려"라 했고, 또 발해 4세 광성문황제는 스스로 "고려국왕대흠무"라 칭했다.

그리고 일본, 고려신사는 고려(=고구려)가 멸망하면서 고려 보장왕의 아들, 왕위계승권자 왕자 약광을 비롯한 고려의 유민들이 같은 언어를 쓰는 일본으로 가서 정착한 곳으로 처음에 고려향(高麗鄉, 고마고)이라 불렸으며, 그들 자신 그 누구도 "고구려"라 이름 부른 사람은 없다. 심지어 그들이 데려간 개 이름도 분명히 고려개(高麗犬, 고마이누)라 했는데, 이 땅에서 번역하면서 "고구려개"라 쓴다. 실로 "고구려 밋쓔미다"의 중환자들이다.

현재의 요하를 말하는, 구려하(句麗河) · 구류하(枸柳河) · 거류하(巨流河) 등의 말들처럼, 만주 · 중원 · 몽골 · 서역의 여러 지명들 중, 고려(고리, 구루)를 말하는 지명은 끝이 없어도 그 어느 곳에도 고구려라는 지명은 없다. 그리고 서쪽 유럽까지 유라시아대륙의 모든 나라들이 부르는 이름은 고려(高麗, 貊高麗) · 고리 · 모고리 · 무쿠리 · 무크리 등이다.

가장 중요한 것은 종가의 계승자 궁예 · 왕건의 고려, 그냥 "고려(高麗)"라는 점이다. 조선민족 종가 고려의 후예들, 이제 조상의 나라 이름을 바로 불러야 한다. 고려, 후고려가 옳다. 그들이 지어낸 말인 "고구려"는 결코 "우리말"이 아니다.

그리고 본래 "麗(려)"를 나라 이름으로 읽을 때는 "리"로 소리 내야 한다. 이는 신라의 후예, 청(淸)나라 강희제의 칙령에 따라, 30여 명의 학자가 5년 이상의 세월에 걸쳐 편찬한 책, 『강희자전』에도 명기되어 있는 내용이다.

"고리, 코리, 구루, 꾸루."

조선민족 본디 언어인 산스크리트어로 "고리", "코리"는 일만 년 민족사 마고성(천산, 알타이)시대부터 불러온 "우리" 이름이다. 조선민족 본디 언어인 산스크리트어로 고리, 코리, 구루, 꾸루는 "산"을 의미한다. 지금도 우리들이 케이투(K2)로 부르고 있는 산, 그 지역 이름은 "초고리", 거대한 산이란 뜻이다. 즉 "초"는 아주 큰, "고리"는 산이다. 그리고 구루 · 꾸루에는 위대한, 스승이란 뜻도 있다. 점차 세월에 따라 종족 이름과 나라 이름으로 불리게 된다. "석가(Śākya)의 어머니 부족이 코리족이다." 등 수많은 곳에서 그 유래를 찾을 수 있다.

고리, 구루. 이 둘을 이르는 것인 듯 보이는 한자 표현의 말들은 실로 다양하다. 고리·구리·고례·구루·구이·구려·구류 등 끝이 없다(高麗·槀離·高禮·槀離·稾離·高離·九藜·俱理·句驪·句麗·枸柳·高柳·巨流·溝婁·九夷·九里).

그리고 수메르어에서의 구루·쿠르(Kur)처럼 천산 알타이 일대를 중심으로 주변에는 비슷한 음과 뜻의 말이 수없이 사용되고 있다. 구르, 쿠르, 꼬르, 꾸르, 쿠르드, 꿀리야, 까레이, 카올리 등의 주변 말들은 모두 같은 뜻이다.

오래전부터 기원후 14세기 후고려까지 기록된 듯 보이는 영문 표현들도 실로 다양하다. Coree, Core, Coray, Corea, Cauly, Cauli, Caoli, Corey, Cory, Corai, Coria…. 물론 이 말들은 중원에서 고(高)를 "가오"로 발음한다는 사실을 참고하며 봐야 하는 단어들이다.

또 하나 중요한 사실은, 그들 자신과 주변에서는 맥(貊)으로 표기한 곳도 있다는 점이다. 1만 년 조선민족의 또 다른 이름 무(Mu, 巫)와도 연결되는 듯 보이는 이름이다. "맥(貊)", 만주어로 모, 무(Mo, Moo)로 읽는다. 즉, 자신들의 또 다른 이름이 "모고리(貊高麗), 무고리, 무쿠리"였다는 뜻이다.

당(唐)의 예언(禮言)이 저술한 『범어잡명』에는 "고리(高麗)는 무구리(畝俱理)"로 되어 있다. 그리고 고대 유럽의 여러 기록에 무쿠리(Mouxri), 모클란(Mokrran), 모클리(Mokli) 등으로 등장하는 이 나라에 대해 그동안 의견이 분분하다가 최근에 이르러 그것이 고려(Corea)라는 것에 의견이 일치하고 있다.

산스크리트어로 무쿠리(Mukuri), 티베트어로는 무그리그(Muglig)이다. 몽골어로 무쿠리는 한자로 표현된 단어들, 물길·말갈·몽골·모골 · 무갈 · 무카리 · 모카리 · 메르키트 등이다.

여기서 가장 중요한 사실은 고리, 코리, 무쿠리의 강역이다. 사서에 기록된 중원의 나라들과 고려의 경계선은 지금의 북경 서남쪽과 장성이지, 그 어느 곳에도 지금의 요하를 국경이라 한 곳은 없다.

"요하는 고려(=왕건의 후고려−필자 주)의 국경이다."(인하대 복기대 교수)

지금도 중국의 식자(識者)들이 장성(長城)에 오르면 한다는 말이 "장성 이북은 전부 가오리(高麗) 땅"이라는 것이다. 이 말이 모든 것을 대변한다. 즉, 고리(=무쿠리)의 본향은 몽골대초원이고 나중 장수왕(=차이슈트칸)이 남쪽으로 도성을 옮긴 것이 지금의 요하강변 심양이다.

그리고 지금까지 우리가 학교 역사교육에서 거란(契丹, Kitan, Khitan, Qidan, Kitia)이라는 이름으로 배운 이 나라는 정확한 발음으로 키탄 · 키티아 등이다. 그 강역은 지금의 중앙아시아 일대이며 키르기스스탄 · 카자흐스탄 등이 그 후예의 나라이다. 옛날 후고려의 서희와 거란(키탄, 契丹)의 소손녕이 국경인 요하강변에서 만났을 때, 소손녕은 명백히 자신들이 고려의 옛 땅을 그대로 차지하고 있다고 했고, 지금도 그들은 고려의 후예라 여긴다. 그러면서 그들은 지금의 한국을 형제의 나라라고 생각한다. 즉, 옛 고려의 강역은 몽골평원을 넘어 중앙아시아 지역까지였던 것이다. 카자흐스탄에서 발굴되고 있는 "쿠르간 황금인간"이란 곧 "고려칸"을 의미하며 한때 그곳은 고려의 중심지였음을 말해 준다. 참으로 안타까운 것은 유목민족인 그들은 문자로 기록된 그들 스스로의 역사서를 갖고 있지 않다는 점이다.

송나라의 구양수는 자신의 저서 『신오대사』에서 '달단(韃靼, 타타르, 대대로)은 말갈의 남은 씨앗이다.'라고 했다. 말갈은 곧 고려(=무갈, 무쿠리)이다. 실제 고리, 무쿠리제국의 땅은 지금의 한강일원에서 만주 흑해연안까지 미쳤다고 볼 수 있다. 중앙아시아 · 남러시아 일대를 아우르는 지역이다. 그 증거로는 그 일대에 남아 있는 지명 및 부족명들, 쿠르, 꼬르, 카롤리(Károlyi), 카레이, 가리아 등에서 찾을 수 있다. 필자의 이 생각은 그 일대의 실로 다양한 유전자, 언어, 유물, 신화, 습속 등이 뒷받침한다.

스스로를 고대 반도남단 한국을 칭하면서 지금의 요하에다 국경선을 긋고 "고구려"라 말하는 이것은, 실제의 역사도 종가 종손의 이름도 아닌, 조상을 버리고 이이제이(以夷制夷)를 따르는, 노예영혼 또는 주변인의 빙자하는 이름, "허망한 밋쓔미다"일 뿐이다. 우리는 조선민족 종가 고려로 가야 한다.

2) 고려(=고리, 무쿠리)의 출발

고려(高麗)의 건국에 관하여는 참으로 다양한 곳에 기록들이 있는데 여기서는 그들 자신이 남긴 기록, "광개토대왕비"의 기록을 잠시 살펴보기로 한다.

"옛날에 시조이신 추모왕(鄒牟王)이 나라를 열었다. 추모왕은 북부여 천제의 아들이요, 어머니는 하백의 따님이다. 추모왕은 알에서 태어나 세상에 내려오시니 성덕이 높았다."

그러나 길게 이어지는 이 문장은 참으로 많은 의문과 상상력의 근원이 된다. 그 이유는 단 하나, 부여의 탄생설화를 그대로 빼닮았기 때문이다. 지금까지 1천 년 이상을 헷갈려 왔고 앞으로도 당분간 그럴 것이다. 여기서 부여의 건국신화를 잠시 요약해 살펴보자.

고리국왕의 비(侍婢)가 하늘에서 내려온 기(氣)에 의해 임신을 한다. 태어난(胎生) 동명(東明)을 왕이 버렸는데, 돼지와 말이 보호해 주고, 마소 먹이는 일을 하며 자라서 활을 잘 쏜다. 왕이 죽이려 하자 남쪽으로 도망하여 부여(夫餘)를 건국한다. 그리고 여러 기록 중 두 가지를 보면, 『위략』에 "옛날 북방에 고리국이 있었다. 동명(東明)은 본래 고리왕의 아들이었다."라 나오고 『논형』에는 "동명으로 하여금, 하늘이 부여에 도읍을 정하고 왕이 되게 했다."고 적혀 있다.

『환단고기』「태백일사」「고구려국본기」에도 "고구려의 선조는 해모수로부터 나오니… 해모수가 하늘로부터 내려와 웅심산에 일찍이 살다가 부여의 옛 서울에서 군대를 일으켜 무리에게 추대되어 나라를 세우고 왕이 되니 이를 부여의 시조라 한다." 했다(임승국 역해, 『한단고기』, 정신세계사, 1996, P 259). 즉 부여가 곧 고려라는 뜻이다.

위에서 보듯, 고려(고구려)도 그들 자신을 부여의 후예라 하고, 나중 백제도 자신들을 "남부여"라 칭하며 지속해서 동명(투맨칸)에게 제사를 올린다. 이 밖에도 부여와 고려가 사실상 동일한 나라이고 그 풍습과 통치제도가 거의 그대로란 사실은 여러 사서에서 드러난다.

동명(東明, 추모, 고두막한), 이 말은 서역의 여러 나라들에서는 투맨(Tumen, Tuman, Teaman) 등으로 부르고 한자 표기로는 두만(頭曼 頭滿)·도문(圖們)·토문(土門) 등 다양하다. 몽골이나 바이칼 지역의 전해오는 전설에서는 동명(Tumen)을 코리족 출신의 코리칸(Khan), 투맨칸이라 부르고 있다. 즉 조선 · 부여 · 고려의 수장을 왕(王)으로 칭하는 것이 아니라 모두 칸(Khan)으로 칭하고 있다는 점이다.

몽골, 그들이 보는 고려역사에도 건국은 BC 210년, 부여가 곧 고려다. 그리고 고려의 강역은 러시아 남부 카스피해에서 몽골 만주 반도까지로 본다.

지금의 한 · 몽 · 중 세 나라의 기록과 중앙아시아 · 유럽의 그것을 참고하며 유라시아 한가운데의 모든 지명 · 유물 · 신화 · 언어들을 바라보면, 분명해지는 것이 몇 가지 있다. "고구려", 이 이름의 나라는 분명히 존재한 적이 없다는 것, 고리 · 고려(=무쿠리)의 강역이 지금의 요하를 따라 선이 그어진 국경은 완전한 엉터리라는 것, 지금의 몽골과 한국은 1400여 년 전까지는 하나였고, 지금의 중앙아시아 일대까지도 분명 고려의 강역이었다는 것이다.

3) 종가 고려

전한(漢) · 동중서 · 사마천의 완전한 역사 뒤집기가 시작된 이후, "조선"이라는 나라 이름은 제대로 계통 속에 거명된 적은 없고, 모두가 단편적 변방의 부족 이름들의 보조 자료로만 등장한다. 지극히 가혹하고 조직적이며 안타까운 일이다. 그러나 모든 동쪽 부족 역사를 위로 올려다보면 그곳에 조선(주신 · 주선 · 숙신 · 주리진…)이 있음을 알 수 있다.

『북사』에는 "말갈은 곧 옛 숙신씨(肅愼=쑤션=조선-필자 주)이다."라는 기록이, 『구당서』에는 "말갈은 대체로 숙신의 땅이다. 후위에서는 물길(勿吉)이라 불렸다."는 기록이 있다. 그리고 『흠정만주원류고』에 "청(淸)

은 원래 만주에 있었는데 주신(珠申)이라 칭한다." 했고, 단재 신채호 선생도 "조선의 어원은 숙신이다." 했다. 『만주원류고』에도 "숙신의 옛 이름은 주신 또는 주리진"이라 했다.

그리고 한(韓)에 대하여서는 『한서』에 "맥(貊)은 동북방에 있고 삼한 (三韓)에 속한 것은 모두 맥족이다.", 즉 고대 중원에서는 동북방을 삼한이라 부르고 있으며, 후고려시대에는 아예 거란·금·고려를 삼한으로 불렀다는 기록도 있고, 『요사』에는 "한주(韓州)가 바로 고리국"이라 이르고 있다. 고리국은 요하의 북쪽에 위치해 있고 부여와 고려의 시원이 된 나라이다.

한(漢) 때 복생(伏生)이 새로 편집한 『상서대전』에는 "해동에 있는 동이는 모두 부여의 족속들이다."라 적고 있어, 조선민족에 대한 고대 중원 사람들의 일반적 인식을 알 수 있다. 이렇듯 만주 일대의 수많은 자료에서 고려·말갈·여진 등 부족을 말할 때 "옛 숙신, 주신 지역이다"는 자료가 끝이 없다. 즉 "옛 조선 땅"이란 뜻이다.

흉노의 선우(單于), 여기서 흉(匈)은 북방과 서역의 훈·한·항·훈누·순누(Han, Hun, Hunnu, Shunnu) 등 다양한 음으로 표현된다. 한나라 유방을 포위하여 붙잡아 속국으로 삼고 조공을 받은 나라, 흉노와 그 선우(單于)는 당시의 자료들을 논리적으로 연결시키면 곧 조선·부여의 텐칸, 천칸(天干)의 나라를 다르게 부른 말임을 알 수 있다. 여기서도 명심해야 할 말이 『남북조』의 "한(漢)나라 이후부터는 조선을 지칭하는 다른 이름들이 사용되었다."라는 기록이다.

그리고 1만 년 마고성 시대부터의 또 다른 민족 이름인 석가족, 즉 사키야(sakya), 북방민족들 스스로는 슈키(Shucy)라고 불렀으며 이는 나중 그리스어 스키티야(Scyitia), 영어 스키타이(Scythai)가 된다. 또 BC 3

세기 전후부터 AD 7세기까지, 북방의 만주대륙에서 동유럽까지, 그 시공에는 조선·부여·맥·고려(=무크리)·한·훈·훈느(흉노)가 함께 들어가 있음을 알 수 있다.

혁거세·거서간(게세르칸)·김일제 그리고 신라, 괘릉의 서역인 석상, 석굴암 주변 제자들의 서역인 얼굴, 유럽과 똑같은 황금보검 출토, 서역인으로 추정되는 처용 이야기, 경주에 북방 스키타이 묘제, 그리고 김해 대성동 고분군에서 발견된 일부 유럽 게르만의 유전자 등은 기존의 우리 역사상식으로는 도저히 이해가 불가능한 것들이다.

그리고 아틸라(Attila), 신라 제8대 왕 아달라(阿達羅)와 이름이 같은 그는 훈족의 칸(Khan)으로, 게르만민족의 대이동을 촉발했고, 448년 동로마제국을 복속, 이후 서로마제국도 복속하며 결국 몰락을 초래한 사람이다. 당시 그의 외모를 묘사한 글에는 "커다란 머리, 거무스름한 얼굴, 작고 움푹 파인 눈, 평평한 코, 몇 가닥 되지 않는 성긴 수염, 넓은 어깨, 그리고 키가 작으며 불균형한 형태이기는 하지만 강인한 육체" 등으로 묘사되어 있다(에드워드 기번, 이종인 편역, 『로마제국쇠망사』, 책과 함께, 2015, P512). 전형적인 몽골인 모습이다. 이들은 유라시아 양쪽 끝에서 끝까지의 인종 불문 무한의 꿈과 야성의 지배자들이었음을 알 수 있다.

여기서 잠시 독일 ZDF방송의 다큐멘터리 『스핑크스, 역사의 비밀』의 내용을 살펴보자. 핵심 내용은 게르만족의 대이동, 서로마를 멸망으로 몰고 간 훈(Hun)족, 그들의 서방 이동 경로에서 발견된 유물과 한국의 신라·가야 지역에서 발견되는 유물을 비교, 그들의 원류가 한국인일 가능성이 높다는 것이다. 그 증거가 되는 유물들로는, 황금보검, 청동솥, 기마인물상, 삼각모(꼬깔모), 말안장, 등자, 그들이 사용한 활과 화살촉 등이다. 그리고 그들의 후예인 유럽인들에게서 몽골반점이 발견되고, 편두, 순장, 아틸라의 장례 모습, 토템 숭배, 나무에 금줄 치기 등의 풍습을 들었다. 모두가 정확히 "우리 모습" 그대로다.

위의 내용들 종합하면, 조선, 한(칸)·훈·흉노·부여·맥·고려·신라가, 유전자·유물·신화·습속·언어 등으로, 간단히 하나임을 알 수 있는 구조다. 동유럽의 여러 가지 지명, 부족명 등에서도 그 흔적을 찾을 수 있다. 물론 필자에게는 몇 십 년, 몇 백 년 단위로 정확히 부족별·국가별·지역별 지배 상황을 논할 능력은 없다. 그러나 그곳이 고대·조선·한·훈·훈느·고리·구루·무크리의 본향이었음은 자명하다.

『삼국사기』 내의 천문 관측 기록 지역을 천문학자들이 검증한 결과, 고려(고리, 무쿠리)는 분명 지금의 몽골 지역임이 밝혀졌다. 고려성이란 이름은 지금의 중국 내륙 깊숙이까지 있고, 몽골 지역에서도 발견된 것만 동몽골에서 바이칼 근처까지 6개의 고려성터가 있다.

그리고 고리와 무쿠리가 하나였듯이, 나중 원(元)의 대도(北京)인구의 절반은 후고려인이었고, 세계 경영은 함께했다. 상호 결혼동맹으로 고려왕은 원 황제의 사위, 원의 황제는 고려 귀족의 사위가 된, 상호 어머니의 나라, 사실상의 동일체였다. 그리고 원사(元史)의 절반 이상, 『흠정만주원류고』의 대부분은 조선민족 종가 고려의 이야기들이다.

처음으로 유라시아 대륙을 재패하고 분명한 역사 기록과 유물을 남긴 국가, 조선민족 종가 고려다. 지역·인종·종교·사상을 초월하는 무한의 꿈과 야성의 주인공들, "어제의 우리들", "Corea"다.

4) 명칭의 일관성

역사에서 최고의 유산 중 하나는 이름이다. 후손 계승자가 조상들의 영혼과 강역을 이어받을 때 제일 먼저 할 일은 그들의 이름을 정확히 그대로 승계하고 부르는 것이다. 그러나 짝사랑을 하거나 구경하는 이는 그 이름을 그대로 부를 필요는 없다. 그 주변의 별명이나 은어로 불러도 "나만의 짝사랑" 그 본질에 반할 것은 없기 때문이다. 그들은 그 영혼의 계승자가 아니라 또 하나 그만의 "주변인영혼"으로 그 이름의 주인들을 묘사하고 그릴 뿐이다. 짝사랑 또는 빙자하는 것과 본디의 정통을 피땀으로 계승하는 것은 전혀 다른 일이다. 문제는 지금의 우리가 우리의 역사서라 믿고 있는 『삼국유사』·『삼국사기』로부터 시작된다.

『삼국유사』 「낙랑국」에서는 "고려 제3대 무휼왕이 낙랑을 멸망시키고 (高麗第三撫恤王 伐樂浪滅之)"라고 하여 고려로 표기하고 있다. 실로 『삼국유사』에는 고려와 구려가 혼재한다. 김유신편에는 고려(高麗), 김춘추편에는 구려(句麗), 문무왕 범민편에는 일관되게 고려(高麗)로 칭하고 있다. 그러나 유독 『삼국사기』에서만 「고구려본기」 등을 통해 일관되게 고구려로 호칭하고 있다. 기이한 일이다. 그 의도와 뿌리부터 전면 검증이 필요하다.

역사는 생물이고 끝없이 살아 흐른다. 지금의 우리는 옛 고려(고리= 무쿠리)의 강역 대부분을 상실하였고, 그 강역 일부와 후계자(=후고려)의 도읍을 갖고 있을 뿐이다. 그러나 천만다행인 것은 우리의 한 갈래 형제(=몽골)가 그 강역 한가운데 온전히 자리를 지키며 지금도 우리를 보고 "형제"라 칭하고 있다는 점이다.

아무리 건강하고 강인한 영혼도 그가 기댈 최소한의 의지할 곳은 있어야 한다. 옛 조선 고려의 본향 만주대륙에 대해 가장 신뢰할 만한 역사서인『흠정만주원류고』에도 고려, 물길이지, 그 어디에도 고구려는 없다. 고구려라는 말은 어원적으로도 전혀 맞지도 않고 실질·논리적으로도 전혀 타당하지 않은 호칭이다.

역사서(漢字) 번역에서 습관적으로 고려(高麗)를 고구려로 번역하는 일, 이것은 최악의 노예적 병폐이다. 필자는 이것을 "지식을 향하면서 지성을 등지는 일"이라 말하고 싶다. 즉 역사를 소설로 바꾸는 일이고, 역사를 "밋쓔미다"로 바꾸는 것이기 때문이다. 강역의 상실로 의미가 약해진 본디의 "우리"를 분명하고 일관된 이름으로 보완해야 한다.

유전자 유물·언어·신화·풍습 등 모두를 하나의 역사로 선명하게 연결해야 한다. 그 제일 먼저가 명칭부터 본래 있었던 그대로 일치시키는 일이다. 국제사회에 학술적 자료의 선명성을 제공할 의무는 우리에게 있다. 흐릿한 이름, 흐릿한 역사의식, 흐릿한 자료는 결국 우리 자신을 쓰러지게 한다. 역사는 생물이고, 끝없는 투쟁이다. 붙어 싸워서 이겨야 하고, 살아남아야 한다.

다행히 오랜 세월 남들이 우리를 "고려"라 부르고 있다. 고려·후고려 그리고 현재의 남고려·북고려, 이것은 조선민족 종가 고려의 확고부동한 역사 뼈대이다. 이 확실한 뼈대를 더욱 가다듬어 풍요롭고 충분하게 살을 붙여야 한다.

"고려, 후고려"라 칭해야 옳다. 한(韓)이 중국과 일본의 역사협공 앞에 모든 면에서 많은 취약점을 드러낸다. 특히 대한(大韓), 이것은 분명 역사도 아니고, 애초 그 출처가 상당히 의심스런 누군가의 소설·소망의 이름이다. 그리고 하(下)반도의 한(韓)은 고대국가로 제대로 성장도 못 했고, 왜(백제)에게 두 번 지배당한 나라이다.

유전자 · 유물 · 신화 · 언어 · 습속 · 강역 등 그 모든 것으로 분명히 증명되는 "우리"로 가야 한다. 그것은 조선 · 고려(=고리=무쿠리)다. 고대 중화의 역사서들에서 조선 · 부여 · 고려 · 신라 · 백제 · 후고려의 역사를 제대로 쓴 적이 없다. "우리"가 바로 써야 한다.

2. 대륙백제

"백제는 한강 유역의 토착세력과 고구려 계통의 유이민 세력의 결합으로 성립(기원전 18년)했다. 3세기 중엽 고이왕 때 한강유역을 완전히 장악하고 중국(?)의 선진 문물을 받아들여 정치체제를 정비하였다." 는 기록은 『삼국사기』에 바탕 한 글이다. 『삼국사기』·『삼국유사』·『고려사』·『제왕운기』 등은 이씨왕조 주자원리주의자들, 그들의 극악무도한 민족사 말살의 시기에 왜곡·변조의 과정을 거치고 남겨진 것으로, 고대의 우리의 역사 그대로를 나타내는 정상적인 역사서라 할 수가 없다.

백제가 3세기에야 중국(?)의 선진 문물을 받아들여 정치체제를 정비했다고 했는데, 이 시기에는 애초 중국이란 것도 없었고, 대륙의 백제는 중원의 화하족들 나라보다 문명이 앞선 선진국이었다. 명백한 역사 왜곡이다.

기원전 18년에 건국되었다는 백제는 건국된 지 360년이 지나도록 주변 사서들 그 어느 곳에도 일체 등장하지 않는다. 백제는 BC 18년 이후, 무려 360년 이상이 지나서야 역사서 『송서(宋書)』에 처음 등장한다. 그리고 6세기(538년) 성왕 16년에는 남부여로 바뀐다. 백제라는 국호를 사용한 기간은 5세기 중엽에서 6세기 중엽까지 고작 한 세기 전후이다. 그리고 분명한 사실은 『북사(北史)』에 "백제는 처음으로 그 나라를 대방의 옛 땅에 세웠다."는 기록이 있는데, 이 시기 대방은 만주 요동, 지금의 북경 부근 난하(=고대의 요하) 부근이라는 점이다.

『남제서(南齊書)』「백제전」에는 "위나라가 기병 수십만을 보내 백제를 공격하여 국경 내로 쳐들어갔다. 백제왕 무대가 장군 사법명, 찬수류, 해례곤, 목간나 등을 보내 이들을 대파했다."고 적고 있고, 『양서』「백제열전」에 "진(晉, 265~420)나라 때 요서 진평 두 군을 차지하고 있던 백제가 남제 천감시대에 고려와의 싸움에 패하여 국력이 크게 약해지고 그 후 남한(南韓) 지역으로 옮겨 갔다."는 기록이 있다.

『동이원류사』의 저자 하광악은 "산동반도, 하남 위례성 일대에는 200여 개의 성이 백제의 성들이다."라며 "고려 · 신라 · 백제의 당과의 전쟁은 반도에서 일어난 것이 아니다."라고 했다. 실제로 백제의 5도독부 중, 지금 고려반도에 없는 지명이 중국에 그대로 남아 있다. 동명은 산동서부, 덕안은 호북성 중부에 있다.

『양서(梁書)』에 의하면 "지금 언어와 복장이 대략 고려와 같다." 하여 고려어 · 백제어(=일본어)가 같고, 신라어에 관해서는 "언어는 백제 사람을 기다렸다가 통한다." 했는데, 그 어느 역사서에도 삼국 간에 통역을 했다는 기록은 없으니 좀 심한 사투리 정도의 언어 차이가 있다고 봄이 타당할 듯하다.

백제의 처음 발흥지가 지금의 북경 일대이며 대륙의 동안을 경영했다는 기록, 자료들은 끝이 없다. 특히 천문학자들이 검증한, 『삼국사기』 내의 천문관측 기록 지역에서 백제의 그것은 지금의 북경 지역이다. 백제가 왕과 제후를 거느린 대제국이었다는 사실은 중국의 여러 사서에 기록되어 있다. 『북사(北史)』 백제 개로왕의 국서(473)에도 다음과 같은 기록이 있다.

"신은 고려와 함께 부여에서 나왔습니다. … 오래전에 신의 나라와 고려는 돈독하고 우의가 깊었습니다. … 이 나쁜 무리들이 점차 힘을 길러

일어나더니 끝내 신의 나라를 위협하고 있습니다. … 빨리 장수 하나를
보내어 신의 나라를 구해 주시옵소서…."

이 일이 있은 후, 북위는 고려에 이 사실을 통보, 고려 장수왕은 공
격 준비를 하고 3만의 군사로 한성(대륙)을 공략(475), 8천의 남녀를 사
로잡아 가고, 대륙백제는 멸망한다. 그리고 개로왕대 대륙백제 멸망
(475) 후에 많은 지명, 한성 · 백마강 · 위례성 · 사비성 · 웅진 등이 그
대로 반도로 이동한다.

3. 천손신라(天孫新羅)

『삼국사기』에서는 박혁거세가 알에서 태어났다고 했다. 그러나 명백히 존재하는 자료들을 무시하고 후대에 지어낸 소설, 이것은 신화도 역사도 아니다.

『환단고기』「태백일사」에는 "사로의 처음 임금은 선도산 성모의 아들이다. 옛날 부여 제실(帝室)의 딸 파소(婆蘇)가 있었는데, 남편 없이 아들을 배어 사람들의 의심을 받게 되자 눈수(嫩水)로부터 도망쳐 동옥저에 이르렀다. 또 배를 타고 남하하여 진한의 나을촌에 이르렀다. 이때에 소벌도리라는 자가 그 소식을 듣고 가서 집에 데려다 거두어 길렀다. 나이 13세가 되자 뛰어나게 영리하고 숙성한 데다가 성덕이 있었다. 이렇게 되어 진한 6부의 사람들이 모두 존경하여 거세간(居世干)이 되니, 도읍을 서라벌에 세우고 나라 이름을 진한(辰韓)이라 하고 또한 사로(斯盧)라고도 하였다."(임승국 역주, 『한단고기』, 정신세계사, 1996, P292)

여기서 앞 편에서 논했던 신라 초기의 서역인 석상, 유물, 신화, 유전자 그리고 고대 로마까지 밀고 들어간 아틸라의 훈족 이야기를 되돌아보자. 신라에서 도나우강까지, 분명히 하나의 신경망에 하나의 문명이 존재했다는 것이 다양하게 증명된다. 즉 대륙역사에 등장하는 민족의 이름들, 쑤션(조선)·고리·구루·무쿠리(맥)·아리·아라·샤카(석가)·한·훈(흉노)이 근원은 하나였고, 시대와 지역에 따라 각기 다르게 불린 이름이었다. 그 모든 이야기의 출발은 천산 알타이 일대로부터 시작되었음을 알 수 있다.

우선 그들의 언어를 통해서 바라보자. 혁거세(赫居世), 거서간(居西干), 여기서 거세(居世, 居西)는 천산 알타이 일대와 몽골 지역에 전해오는 영웅신화인 "게세르" 신화, 즉 하늘의 아들, 하늘의 칸 등으로 생각할 수 있는 게세르칸(Geser-Khan)이야기가 그대로 이동한 것이다.

하늘임금, 텐칸(天干)에 이어 마립간(麻立干)은 메르켄 또는 메르칸으로 활 잘 쏘는 군장 또는 영웅을 의미한다. 파사이사금의 파사는 페르샤, 8대왕 아달라는 아틸라(Attila), 막리지가 마르치(Marchi)이듯, 알지왕의 알지와 고려의 을지 등은 알타이어 금(金)을 뜻하는 아르치(Archi)이고, 현존하는 북방 아무르강변 울지(치)부족의 이름과도 흡사하다. 신라 제4대 왕 석탈해(昔脫解)의 석은 샤카(Sakya), 탈해(Talhe, Talhai)는 대장장이란 뜻이다. 즉, 좀 늦게 이주해 온 석가족 제철 기술자들이란 말이다.

위에서 신라의 건국, 그 지배층에 대한 유래의 기록은 다양하나, 그들이 남긴 유전자·신화·유물·언어·풍습 등이 하는 말은 그 뿌리가 한결같고 단호하다. 기마인물상, 황금보검, 편두, 금관, 머리장식, 기마병, 무용도, 말안장·말등자 등 각종 마구, 바지 묶는 데님, 투구, 묘의 부장품, 솟대, 서낭당(어워) 등으로 충분히 설명 가능한 민족·인종·문명은 각종 신화 놀이에서도 그대로 증명된다. 조선민족 종가 고려의 역사에서 처음으로 등장하는 통치자 이름 칸(干, 汗)은 북방의 쑤션·고리·샤카·훈(흉노)의 군장의 이름 호칭을 그대로 계승한 것이다.

『환단고기』「삼성기(三聖紀)」 전 상편에, 서압록 사람 고두막한(=동명칸, 동명성왕)이 의병을 일으켜 단군이라 했다고 한다. 부여의 옛 도읍을 차지하여 동명(東明)이라고 나라 이름을 부르니, 이것이 곧 신라의 옛 땅이다.

『흠정만주원류고』에 "신라는 초기에 백제에 부용(附傭)하다가 뒤에 가라(韓)와 임나의 여러 나라를 아우르면서 백제와 이웃하게 되었다. 그 강토를 고찰해 보면, 동남쪽은 조선의 경상과 전라 2도를 차지하고 북서쪽은 곧바로 지금의 길림오랍(길림시)에 이르고 또 서쪽은 개원과 철령에 가까웠다. 당나라 현경연간(656~661) 이후 또 옛 백제의 땅과 고려의 남쪽 지경을 얻음으로써, 이때에 동서가 9백 리, 남북이 일천여 리로 늘어났다."(남주성 역주, 『흠정만주원류고』, 글모아, 2018, P348)

『흠정만주원류고』권8 길림(吉林), "삼가 살펴보건대, 길림(吉林)은 주(周) 이전에는 숙신(=조선)의 땅이었고, 한(漢) 이후에는 읍루와 말갈에 속했다. 당(唐) 초에는 신라의 계림주가 되고 이어서 발해에 속하였다."(남주성 역주, 『흠정만주원류고』, 글모아, 2018, P296)

『세종실록지리지』에는 "시라, 본디 길림(吉林=지린) 일대에 있다가 지금의 경주(鷄林=지린)으로 이사를 했다."라 기록되어 있고, 『거란국지』에는 "거란의 사방 인접국과의 원근을 보면 동남으로 신라국에 닿으며…."라 적혀 있다.

『동이원류사』의 저자 하광악은 "고려 · 신라 · 백제의 당과의 전쟁은 반도에서 일어난 것이 아니다."라고 했다. 문무왕 때 당과의 전쟁터로 등장하는 지명들, 대방, 석성, 마읍성, 석문, 천성 등의 지명은 모두 지금의 중국 하북성 산서성에 있는 지명들이다. 모든 지명 그대로, 중국의 역사서들이 정확히 말하고 있다. 특히 산동성 일대는 본디 백제의 강역에서 나중 신라의 강역으로, 유전자·언어·지명 모두가 그대로이다.

초기 남하해 온 박혁거세 세력, 이후 남하해 온 석탈해, 김알지 세력들은 차례로 기존의 세력에 화학적 결합으로 하나가 되어 간다. 이렇게 힘을 길러 나중 남쪽 낙동강 아래의 왜(倭)를 완전 도모(多勿)하고는 그 세력 일부 또한 고스란히 받아들여 화합·공존한다.

여기서 눈여겨볼 점 하나는, 신라의 3대 유리왕과 5대 파사왕은 박씨이자 부자지간인데 4대 탈해왕은 석씨(Sakiya)인 점이다. 당시 신라사회의 전통대로 왕위 등극은 세습이 아니라 주위에서 인정하는 덕망과 연륜, 합의가 우선이었다. 뒤늦은 도래인 석탈해도 진지한 논의를 거쳐 왕으로 추대될 수 있는 합리적이고 열린 사회였다.

포용·수용·합의에 바탕한 전통에 따라 다른 성씨의 사람들도 왕이 될 수 있었고, 남녀가 평등하여 여자도 왕이 될 수 있었다. 정권은 평화롭게 교체되었고 강 건너 왜(倭)도 일단 하나가 되면 차별 없이 포용했다. 이것은 유목민의 전통과 지구 반대편 고대 그리스 로마의 장점(시민권)이 그대로 나타난 것이다. 몽골인·서역인 등 인종·지역·출신을 묻지 않는, 무한 평등과 소통, 화합이 천년왕국의 역사를 가능케 한 것이다.

이러한 신라의 정신적 토대에는 쿠릴타이(화백)가 있다. 옛 사서들 여러 곳에 공히 기록된 내용 중에는 "나라에 큰일이 있으면 관리를 모아 상세히 의논한 다음에 결정하였다.", "화백이라 하며 한 사람이라도 의견을 달리하면 채택하지 않았다." 하여 심각한 국가적 위난 속에서도 그들의 전통은 흔들리지 않았다. 그것은 모두가 둥글게 둘러앉아, 며칠이 걸리든 서로 할 말을 다하고 들으며, 한번 결정된 사안에 대해서는 모두 함께 목숨 걸고 지켜 나가는 전통이다.

4. 후고려

대륙의 역사에서 등장하는 나라 이름들을 보면 전주(前周)-후주(後周), 전한(前漢)-후한(後漢), 전진(前秦)-후진(後秦), 또는 금(金)-후금(後金) 등의 경우를 쉽게 찾아볼 수 있다. 이것은 대부분 나라의 국통(國統)이 하나로 이어진 경우이다.

명백한 역사, 명백한 이름 고려(고리=무쿠리), 그대로 이어야 한다. "고리" 다행히 전 세계에서 지금도 우리를 "코리아"라 부르고 있다. 따라서 "고려"는 무방한 이름이라 생각된다. "주변인", "짝사랑"이 아닌 "종손"은 그 이름부터 정확히 이어 가야 한다. 허망한 "고구려 밋쓔미다."가 아닌, 그냥 본래의 역사 그대로 "고려-후고려"가 옳다.

후고려의 서희와 거란(契丹, Khitan) 소손녕의 담판(993)에서 소손녕이 서희에게 "그대의 나라는 신라의 땅에서 흥하였고, 고려(高麗) 땅은 우리의 소유인데 너희가 침식하였다." 이에 서희가 말하기를 "그렇지 않다. 우리나라가 곧 고려(高麗)가 전해 내려오는 나라이다. 그러므로 국호를 고려(高麗)라 하고 평양을 도로 삼았다."(노명호, 『고려 국가와 집단의식』, 서울대출판문화원, 2011, P76).

"동녕로는 본래 고려 평양성이며 장안성이라고도 한다. 한나라가 조선을 멸망시키고 낙랑과 현도군을 설치했는데 여기가 낙랑 땅이다. 진나라 의회 연간 뒤에 고려왕 고련(=장수왕)이 처음으로 평양성에 웅거하였는데 당나라가 고려를 원정하여 평양을 빼앗자 동쪽으로 옮겨 가

압록수의 동남 천여리에 위치하였는데 그곳은 옛 평양이 아니다."(『원사
(元史)』「지리지」)

『성리대전』에, "황하 장강 압록이 천하의 삼대수(三大水)다."라는 기록
이 있다. 여기서 압록은 지금의 압록수일 수가 없다. 여러 기록들을 종
합하면 정확히 지금의 요하, 구려하다. 학교 교과서 속 후고려 국경인
"신의주-원산만", 교과서에서 본 천리장성, 귀주대첩, 철령 이북, 이
런 말은 모두가 원래는 요하, 서경(=심양) 일대에서 있었던 일들이다.
　일제의 식민사학, 그리고 신의주 원산라인과 일제사학자 "쓰다 소기
치" 너무나도 큰 역사왜곡이다. 그러나 더욱 안타까운 것은 일제사학
자들이 저지른 대부분의 역사왜곡은 "이씨왕조 주자원리주의자들"이
그려 놓은 그림에 덧칠을 조금 한 것에 불과하다는 사실이다. 즉, 차려
진 밥상에 숟가락 하나 얹은 것들이란 뜻이다. 그리고 그러한 것들을
지금도 충실히 그대로 학교에서 가르치고 있다.
　고려태조 왕건은 "당(唐)의 문물 예악이 훌륭하지만, 동방(=조선, 고
려)은 당나라와 지역 풍토가 다르며 사람들의 성품도 각기 다르므로 굳
이 같이할 필요가 없다."고 말했다. 이것은 고대로부터의 조선민족 본
래의 정신 영혼을 그대로 계승하는 말로서, 나중 이씨왕조 주자원리주
의자들의 그것과는 차원이 다른 말이다.
　후고려는 정부조직도 3성6부 체제로 완비했는데 이것은 황제국 천
자국의 통치제도다. 고려태조 왕건은 제후들이 쓰는 원유관이 아닌 천
자가 쓰는 통천관(通天冠)을 쓰고 있었다. 고려의 군주는 폐하라 칭하
고 왕후와 태후를 부를 때 전하라 칭했다. 기타의 모든 관제와 공문서
식, 복식에서도 황제국의 제도를 채택했고, 천자가 명령을 내릴 때, 왕

의 교서가 아닌 조서(詔書)·칙서(勅書)라 칭했고, 독자적 연호를 사용했다. 개경(開京)을 황제가 머무는 곳의 경(京)으로 칭했다. 황도(皇都), 황성(皇城)으로 부르고 개경에 제천의식을 하는 원구단을 설치했다.

금나라 외교문서에서 "대금황제가 고려국 황제에게 글을 보낸다."는 등의 표현이 당시의 상황을 대변한다. 그러나 외교관계에서 실리에 따라 필요시 후고려는 송·요와의 외교관계에서는 왕을 칭하기도 했다. 그 외의 경우 관계 내부적으로는 황제 칭, 복식의 경우에도 마찬가지였다. 대제국 원(元)의 침략 이후 황제는 왕으로 격하된다. 지존무상(至尊無上)이다.

후고려는 내부적으로도 사실상의 신분이 남녀노소 만민 평등한 나라였다. 일부 노비가 있기는 해도 그 숫자나 인간적 처우는 나중의 이씨왕조에서와는 완전히 차원이 다른 것이었다. 그리고 후고려가 이전의 고려·신라·백제와 하나이며, 나중의 이씨왕조와 분명히 구분되는 것은 무혼(武魂), 즉 상무정신, 싸울아비 근성이다.

후고려는 이전 삼국의 안시성싸움, 황산벌의 투혼이 그대로 계승된 나라이다. 후고려는 옛 부여로부터의 전통이 그대로 이어져, 지방의 자위공동체와 중앙군의 역할이 상호병립·공존하여 일단 외침이 있을 때에는 선후를 가리지 않고 최선을 다해 붙어 싸웠다. 중앙군이 무너지거나 패퇴한 경우에도 현지의 지방군이 끝까지 싸워 방어에 성공한 사례가 다수 있다. 거란 침공 때(1010년)의 서경성 전투, 500여 척의 선단 대병력으로 침략한 왜군을 막아 낸 계림부전투(1379년) 등이 그것이다. 후고려 공민왕 때에도 홍건적 14만이 침략해 오자 왕은 안동으로 피신하고, 각지에서 20만의 병력을 모으고 싸워 물리쳤다.

———————— 종가의 귀환

5. 북방의 형제들, 원(元)·청(淸)

필자의 우연한 기회, 중국인과 대화 중 있었던 일이다. 역사 이야기 속에서 그는 분명히 당궈(唐國), 쏭궈(宋國), 밍궈(明國), 그리고 위엔자오(元朝), 칭자오(淸朝)라 발음했다. 그 순간 묘한 미소가 지어졌다. 뒤이은 필자의 질문에 그 중국인은 분명히 말했다. "학교에서 그렇게 가르친다."

그렇다. 코리족인 칭기즈 칸의 원(元), 신라의 후예 아이신자오르(愛新覺羅) 누르하치의 금(金), 쥬신제국 청(淸)을 그들이 하나로 여길 리가 없는 것이다.

1) 원(元)

· 하나로 출발

『환단고기』「단군세기」4세 단군 오사구단군이 재위한 해인 BC 2137년에 자신의 아우 오사달을 "몽고리한"에 봉했다. 그리고 『환단고기』「삼성기」에 "배달한웅은 천하를 평정하여 차지한 분의 이름이다. 그 도읍한 곳을 신시(神市)라고 한다.", "1세를 환웅천황이라 하며 또 거발환(居發桓)이라 하니…."라는 기록이 있다. 필자는 여기서 거발환을 "카불칸(Khabul Khan)"으로 이해한다. 즉 "태양의 도시 통치자"로 말이다. 이 이름은 나중 몽골 최초의 역사서, "몽골비사"에 초대 칸, 칭기즈 칸의 증조부 이름으로 등장한다. 이는 아마도 기록을 잘 남기지 않는 유목민의 역사에서 신화처럼 구전되어 온 소중한 이름이 가장 자랑스러운 이의 조상으로 추존된 듯하다.

게세르(Geser)신화는 알타이 몽골 시베리아 일대를 포함한 넓은 지역에서 발견되는 영웅 서사시의 제목이자 등장인물의 이름이다. 그 내용의 핵심 줄거리는 "천상의 세계에서 지상의 문제를 해결하고자 하늘신이 그 아들 게세르를 지상으로 내려보내고, 지상으로 내려온 게세르는 세상을 두루 평정하고 밝게 다스리며 그 후세들은 대를 이어 세상을 더욱 발전시켜 간다."는 내용이다.

이것은 우리의 단군신화 완전 그대로다. 게세르신화와 단군신화를 서로 다른 것이라 여기기도 어려운 것이지만, 그 이름이 우리의 혁거세(赫居世, 居西干, 게세르칸)와 일치하는 점도 그냥 보아 넘기기는 어렵다.

몽골의 건국설화, 몽골 최초의 역사서『몽골비사』는 유목민으로서는 보기 드물게 그들 스스로 기록한 역사서다.『몽골비사』에는 그들의 시조인 아랑고아의 설화가 있다. 아랑고아의 아버지 코릴라르타이-메르겐은 코리족의 명궁, 즉 주몽(朱蒙)이란 뜻이다. 여기서 "코릴라르"는 코리족에서 갈라져 나온 부족의 하나라고 그들은 믿는다.

『몽골비사』의 건국설화와 고려(=고리=무쿠리)의 건국설화는 놀랍도록 유사하다. 칭기즈 칸이 타타르를 정복하고 최초로 받은 칭호도 "자오드 코리(札兀忽里)", 즉 코리족 군주라는 뜻이다.『몽골비사』에서 몽골의 기원이 코리족임을 분명히 밝히고 있고, 우리(고려)의 역사, 부여와 고려도 고리국에서 나왔다.

알타이와 몽골은 콩쥐팥쥐, 우렁각시, 혹부리영감, 선녀와 나무꾼, 심청전 등의 고향이다. 온돌, 디딜방아, 서낭당 등의 풍습에 북·방울을 도구로 삼는 샤머니즘, 현재 한국에 무당만 20여만 명이다. 태양신 숭배, 흰색 숭배, 아이 색동저고리, 윷놀이, 비석치기, 아이 배 속부터 나이 계산하는 법 등이 모두 하나이다.

현대 한국어와 몽고어는 어순이 같고, 수많은 어휘가 사실상 몽고어와 동일할 뿐만 아니라, 언어에서 존대법이 발달해 있다는 점도 유사하다. 신화 · 유전자 · 습속 · 역사기록 · 언어 · 유물, 그 모든 것으로 종합 판단했을 때 결코 남이 아니다.

우르진룬데브 페렌레이 전 주한몽골대사(2004년)는 "몽골인은 한국을 다른 나라로 생각하지 않는다. 한국과 몽골은 운명적으로 떼려야 뗄 수 없는 관계이다."라고 말했다. 그리고 세계적인 몽골인 학자 하칸추루 교수(1990년대)도 한국에 처음 왔을 때 "어머니의 나라에 왔습니다. 몽골과 고려는 함께 몽골 세계제국을 창업했습니다."고 말했다(김운회, 『몽골은 왜 고려를 멸망시키지 않았나』, 역사의 아침, 2015, p35,43).

몽골학 전문가 박원길 교수는 "몽골과 고려는 친형제관계다", "원(元)의 대도(뻬이징) 인구의 절반 정도가 고려 사람일 정도로 고려 사람이 많았다."라고 했다. 함께 동맹하여 거란을 격파한 몽골의 카체온 장군과 찰라 장군은 후고려의 김취려 장군, 조충 장군에게 "우리 두 나라는 영원한 형제가 되었나니 만세 뒤에 우리 아이들이 오늘을 잊지 않도록 합시다."라고 말했다(김운회, 『몽골은 왜 고려를 멸망시키지 않았나』, 역사의 아침, 2015, P36).

쿠빌라이 칸(원 세조)은 후고려의 군신들이 내조하자, "고려와 원의 관계가 군신관계라고 하나 짐이 느끼는 기쁨은 아버지와 아들과 같다."며 "지금 짐은 고려를 일가로 본다. 고려에 어려움이 있다면 어찌 짐이 고려를 구하지 않겠는가?"라 말했다(김운회, 『몽골은 왜 고려를 멸망시키지 않았나』, 역사의 아침, 2015, P40). 그는 고려왕이 아프다면 약을 보내 주기도 했고, "고려에 굳이 다루가치를 둘 필요가 있느냐?"고 하기도 했다.

"고려에서는 가뭄이 들면 원에 곡식을 보내 달라고 요청하기도 했는데, 고려 원종 12년에는 쌀 2만 석, 충렬왕 17년에는 무려 17만 석을 47척의 배로 실어 날라 주기도 했다. 원나라 태후는 충렬왕 탄신일에 양 40마리 보내 주기도 했다. 심지어 쿠빌라이 칸(원세조)은 만주의 여진인들이 고려를 침략하지 못하도록 엄금하고 관(官)으로 하여금 고려국민을 보호케 하고 군대를 동원 압록강 서부를 지키기도 했다."(김운회, 『대쥬신을 찾아서』, 해냄, 2011, P105)

고려왕이 황제를 속인 죄를 범하여도 크게 나무라지 않았고, 심지어는 다루가치와 몽골 군사들을 죽인 고려 사람들에게도 보복하지 않았다.

원세조 쿠빌라이 칸은, 복속한 고려왕에게 강하게 입조(入朝)를 요구했다. 그러나 고려 원종은 6년이 더 지난 뒤에야 원나라에 간다. 그럼에도 불구하고 원세조 쿠빌라이 칸은 두 차례나 연회를 베풀고 극진히 환대했다. 그러면서 원종을 위로하여 다음과 같이 말한다.

"경은 내조를 늦게 했으니 제왕(칭기즈 칸의 종친들)들보다 반열이 낮게 되었습니다. 경은 이런 점을 이해해야 됩니다."(김운회, 『대쥬신을 찾아서』, 해냄, 2011, P220)

즉, 좀 일찍 갔으면 원나라 종친들보다 더 높거나 같은 반열이었다는 것을 황제가 직접 밝히는 것이다. 당시 후고려는 대규모 몽골의 기병대가 갈 수 있는데도 불구하고 국체를 유지한 유일한 나라였다.

당시 최씨 무인정권은 육지 백성이 8차례의 몽고 침입에 끝없는 고난을 당하는 때에 강화도 섬에다 화려한 집을 짓고, 평지의 민가 100여 채를 빼앗아 격구장으로 만들고 화려한 생활을 했다. 전 세계를 굴복시키고 고려 국력의 몇 배나 되는 남송을 끝내 정복, 완전히 굴복시켰던 원나라 군대가 코앞에 있는 자그마한 나라의 병력 앞에 굴복하여 멸망시키지 않았다는 것은 완전한 역사왜곡이다.

고려왕은 황제를 속였고, 고려인들은 다루가치를 죽이기도 했으며, 심지어 황제의 사신을 그대로 돌려보내고, 황제의 사신 저고여를 죽이기까지 했다. 여러 사례에서 다른 곳과는 도저히 비교가 불가하다. 오히려 관대함을 넘어 원황제와 결혼동맹국이 되었고 원황제가 고려 귀족의 사위가 되고, 고려왕은 원황제의 사위가 되었다. 그것도 고려가 먼저 요청해서 말이다. 애초 몽골인들은 전혀 고려를 남으로 인식하지 않았다. 세조(쿠빌라이 칸)가 서거한 뒤 장례를 치르는 과정에서 오직 몽골인과 고려인만 출입했다고 했는데 이것은 한 가족, 형제가 하는 일이다.

당시에 몽골인들은 고려인을 유난히 좋아하여 고려 여자를 아내로 삼는 풍조가 유행하고 집 안에서는 고려청자, 나전칠기, 고려복식, 고려음식, 고려 먹과 종이를 쓰며, 고려화문석, 고려인삼을 불사약으로 여겨 즐겨 먹었다. 이러한 풍조를 '고려풍' 또는 '고려양'이라 했다.

결정적인 것은 결혼동맹이다. 고려와 원의 결혼동맹은 고려 원종이 요청하고 쿠빌라이 칸(1270)이 응하면서 성립된다. 그 결과 20만이 넘는 몽골의 여성들이 고려로 이주하고, 대략 그에 상응한 숫자의 고려 여인들이 원으로 간다. 먼저 원세조 쿠빌라이 칸의 딸 16세 원성공주가 당시 37세 충렬왕과 결혼하는데, 이는 다른 민족과는 있을 수 없는 일이었다.

당시의 몽골군들은 포로로 잡은 고려의 여인들을 데려가서 결혼하여 부인으로 삼았고, 원나라의 관료들은 고려 여인과 결혼해야 명가로 인정되었다. 몽골의 황제들과 귀족 평민들이 고려 여인을 원한 것은 정부인으로 맞고자 한 것이지 다른 뜻은 전혀 아닌 것이다. 따라서 북원의 1대 황제 소종의 경우, 모 · 처 모두 고려 여인(기황후 · 권황후)이었다.

기록에 의하면 많은 경우 고려의 처녀들은 원나라의 귀족 집으로, 과부들은 평민의 집으로 시집을 갔다. 이는 나중, 이씨왕조 임금 이도(李祹)가 16차례나 처녀를 직접 골라 공녀로 명나라에 진헌하고, 또 신분이 세습되는 종군위안부를 만드는 것과는 전혀 차원이 다르다. 여러 자료에서 보듯 원은 고려를 황가와 동격의 종가로 대우했다. 여성들은 서로 어머니가 되고 딸이 되었다. 그 결과 지금도 몽고인들 한국을 "어머니의 나라"라 스스럼없이 말한다. 애초 서로 남이 아닌 동족의 형제국으로 생각한 것이다.

이씨왕조, 출발부터 역사왜곡과 명나라에 대한 맹종, 나아가 조선민족의 역사 자체를 부정하고 1만 년 민족사 고대의 역사서마저 모조리 말살한 무리들이다. 그들은 상호 동등한 조건과 실천으로 이룬 결혼동맹에 대해서도 일방적으로 후고려를 비하하며 "부마국(駙馬國)"이라 칭했다. 상방에 오간 여인들을 일방적으로 고려가 상납한 것처럼 기록하여 "공녀" 운운하며, 원(元)에는 증오를 투사하고, 결혼생활에 실패하고 집단으로 고향으로 돌아온 여성들(환향녀)들을 "화냥년"이라 부르며, 결혼동맹과 여성을 동시에 비하하는 추악한 영혼을 보인다.

──────── 종가의 귀환

이것은 명나라와의 완전한 주종관계하에, 그들이 대왕이라 칭송하는 임금 이도(李祹)가, 명에서 시키지도 않은 일을, 직접 골라서 16차례나 명나라 왕실에 상납한 여인들이 인간 대접을 못 받고 심지어 여러 명이 죽임을 당한 것들과는 차원이 전혀 다른 일임에도 말이다. 그들과 이도 (李祹)가 골라서 명나라에 상납한 여성들은 애초 결혼을 하러 간 것도 아니고, 싫다고 무리지어 고향으로 돌아올 수도 없었다. 이들은 나중 2차 대전 일제의 종군위안부, 6·25 한국군 종군위안부를 한 여인들과도 아예 차원이 다르다. 이이제이(以夷制夷), 참으로 뭐 눈에는 뭐만 보인다는 말이 적절한 상황이다. 그 결과 중국은 지금도 한국을 "과거 한국은 중국의 일부"라고 한다.

이성계, 그는 몇 대에 걸쳐 성장한 몽골 군벌 가문 출신으로, 그의 가문은 거의 100년간 몽골 관직을 맡아 세력을 형성했다. 이성계 부친의 여진계 이름은 "울르스 불카(Ulus-Buqa)", 할아버지 이름은 "바얀티무르(Bayan timur)"이다. 실제로 이성계의 휘하 장수들은 주로 여진족 세력가들이었다. 이성계는 그 직계 4대조까지 모두 북방 여진계 이름을 가졌고 그 자신도 20세 전후에 부친이 고려에 귀부했으니 당연히 자신의 여진계 이름도 있었을 것이다. 원(元)이 망할 무렵 철저히 원을 등지고 명을 숭배하는 생존 전략을 택한 이성계는 당시 신진 사대부세력과 같은 노선을 간다.

준경묘, 이것은 이성계가 집권 후 자신의 조상들이 애초 전주에서 북쪽으로 이동해 갔다며 그 조상들의 묘역을 찾으면서부터 문제가 된 곳이다. 그러나 이씨왕조 500년 동안 그 어떤 증거도 없고, 확인도 못 한 채 지내 오다가 1899년 고종이 일방적으로 그들 조상, 이성계의 5대조 묘로 확정한다. 그리고 실제로는 지금도 누구의 묘인지, 또 다른 그 무

엇인지는 아무도 아는 이가 없다. 즉, 예능인지 다큐인지조차 아무도
모른다는 말이다.

2) 청(淸)

• 신라(고려)에서 왔다
『금사(金史)』 "금(金)의 시조는 휘가 함보(函普)이다. 처음에 고려에서
왔다."
『통고』와 『대금국지』에 "신라왕의 성(姓)은 김씨로서 수십 대를 이었
다. 곧 금나라의 시조가 신라에서 왔다는 것은 의심할 바가 아니다. 나
라 이름도 마땅히 여기서 따왔다."(남주성 역주, 『흠정만주원류고』, 글모
아, 2018, P266)

지금의 길림일대는 옛 신라와 고려(=전고려)의 강역이 뒤섞인 곳으
로, 시대와 자료에 따라 조금씩 다르게 표기되어 정확히 그 경계를 구
분하기가 어렵다. 『흠정만주원류고』에서는 만주인의 뿌리에 관해 숙신
(조선) 이후로 한(漢)나라 시기에는 삼한(三韓)이었고 위진 시기에는 읍
루였다고 밝힌다. 위나라 시기에는 물길이었고, 수당 시기에는 말갈 ·
신라 · 발해 · 백제 등의 나라였다고 기록하고 있다.
금나라 시조가 신라인이란 사실은 여러 사료에서 나타난다. 그들은
만주족 여인이 한족(漢族) 남자와 결혼하는 것을 금지했고, 이를 어길
경우 족보에서 삭제했다. 그러면서 몽골과의 결혼은 장려했다.
그리고 청나라는 조선민족(퉁이)의 진면목을 세상에 드러내 보인나라

이다. 조선민족, 즉 만주족을 욕되게 하는 왜곡된 사서들을 모아서 불태우는가 하면, 한족(漢族) 학자들의 반청사상을 근원적으로 차단하여 사고전서(四庫全書)라는 대규모 국가적 편찬사업을 완성했다. 청(淸) 건륭제 때이며 4천여 명의 학자가 16년에 걸쳐 모두 3,503종 7만 9,337권을 수록했다. 여기서는 곳곳에 '동이'라는 용어가 2,648번 등장한다. 이것은 중원문화의 근원적 뿌리가 동이라는 사실을 밝혀 놓은 것이다.

청(淸), 그들은 몽골도 만주와 같은 민족으로 간주했고 고려를 조상의 나라로 대했다. 1592년 조선반도에 일본군이 쳐들어오자(임진왜란) 청태조 아이신자오르(愛臣覺羅) 누루하치는 아무 조건 없이 왜와 싸우겠다고 두 번이나 제안한다. 1592년 8월에 "조상의 나라 조선에 원병을 보내겠습니다."라고 했지만 당시의 이씨왕조는 명나라의 눈치를 보느라 거절했다.

그런데 나중 이씨왕조가 청에게 하는 행태를 보자, 애초 명을 대하는 것과는 하늘과 땅 차이로 대한다. 후금(청)에 사신을 보내면서 가짜 왕자, 가짜 형조판서를 보내고, 청 태종 즉위식에서 조선의 사신들은 절도 하지 않았다. 청에서 오는 사신을 철저히 박대하여 심지어 죽이려 했으며, 양국 무역에서도 명에는 최고급품으로 청에는 저질품으로 교역했다. 청의 우호 행위에 최악의 부도덕과 무례, 거짓으로 응대한 것이다.

결코 정신 영혼이 제대로 된 정상적인 나라라 할 수가 없다. 그러다 결국 그들로부터 침략을 받는다. 당시의 인구와 국력으로는 800만 대 50만, 10분의 1도 채 되지 않는 나라가 쳐들어온 것이다. 청나라 군대가 압록강을 넘어 파죽지세로 밀고 들어와 도성에 당도할 동안 제대로 된 전투 한번 없었다. 이것은 제대로 된 나라가 아니란 뜻이다.

"당시의 항복 과정에서 청나라 장수 용골대는 청황제가 여기까지 왔으니, 문서로서 항복은 안 되며 인조가 나와서 직접 항복하되, 항복 방식도 실제 전투보다 500여 명 아랫사람만 거느리고 항복하라고 권한다. 이에 청 태종은 인조를 단에 오르게 하여 잔치를 베풀고 담비가죽 두 벌을 선사한다. 그 전 인조는 청나라에서 요구도 하지 않았는데 인조는 스스로 왕의 의복을 벗고 천민들이 입는 청의를 입고 진흙바닥에서 절을 한다. 그 어디에도 청나라 관원과 장수들이 인조를 향해 모욕적인 언행을 했다는 기록은 없다."(김운회『대쥬신을 찾아서』해냄 2011 P304~305)

"인조가 청나라장수 용골대의 협박에 머리를 땅에 찧었다?" 이는 명백한 역사왜곡이다.

원(元)·청(淸)은 본래 중국이 아니며 중국의 역사는 100여 년에 불과하다. 중국사(中國史)가 아니라 대륙사(大陸史)라 해야 옳다. 애초 "중국"이란 것은 존재한 적이 없다. 그리고 대륙의 역사는 고대로부터 조선민족과 화하족의 투쟁, 공통의 역사이다. 지금도 중국에서는 원(元)과 청(淸)을 이민족 국가라 하여 국(國)이 아닌 조(朝)로 낮추어 부르고 있다. 원(元)·청(淸)은 조선민족 퉁이, 즉 우리 역사이다.

Ⅲ

종가의 반역(암3)

민족사의 암세포 이씨왕조

기독교원리주의

김씨왕조 원리주의

1. 민족사의 암세포 이씨왕조

1) 비정상의 나라

- "한국은 중국의 일부였다."

이 말은 중국의 국가주석 시진핑, 그리고 그를 만난 후의 미국대통령 트럼프가 한 말이다. 이 말에 대해 현재 세금 위에 있는 수천 명 한국의 정치인, 수천의 외교관, 수십만 공무원, 수만 명 학자들, 교사들 그 누구도 시원하게 "아니다"를 규명한 사람도, 또 이후의 그 어떤 노력도 없다. 그 이유는 간단하다. 그 말이 "맞는 말"이기 때문이다.

* 아리스토텔레스
"타인에 예속될 수 있는 사람은 천성이 노예다."

* 피히테
"자신의 자주성을 상실한 자는 동시에 시대의 흐름 속에 뛰어들어 그 내용을 자유롭게 결정할 능력도 상실한다. 결국 그 자신의 운명까지도 외세에 의해 결정된다."

오위불오 작위불작(烏爲不烏 鵲爲不鵲), 까치를 까치라 부르지 않고 까마귀를 까마귀라 부르지 않는 데서, 모든 분란과 재앙은 시작된다.

"이씨왕조", 필자는 이 나라에서 민족사의 숭고한 이름 "조선"을 박탈하고 "이씨왕조"라 칭한다. "우리"와 "우리 아님"을 정확히 구분해야 한다. 중국에서도 당국(唐國) · 송국(宋國) · 명국(明國) 하면서도 조선민족이 그들을 지배한 역사의 나라는 원조(元朝) · 청조(淸朝)라 낮추어 칭하듯이, 조선민족 종가의 역사도 그 구분이 있어야 한다.

애초 영혼이 조선민족 종가 고려의 영혼이 아닌 나라들, "이씨왕조"와 "김씨왕조"는 민족사 "우리나라"의 동일한 반열에 들 수가 없다. "이씨왕조"를 두고 "우리나라", "우리 조상"이라고 부르는 것은 마음속 내면에, 고유의 민족사를 전면 부정하고 명나라를 우리 조상의 나라라 여기는 것, 우리를 "사람과 짐승의 중간에 있는 것들"이라 한 주희를 선생으로, 또는 그를 지극정성으로 숭상한 자들을 숭상하는 것이다. 즉, 스스로 노예영혼을 자처하는 것이다.

민족사 최초로 정신 영혼이 남의 노예가 된 나라, 이씨왕조는 "우리" 아닌 "그들"이다. 즉, 그들이 우리를 지배한 나라다. "이씨왕조"가 정상적인 우리가 아닌 이유는 간단하다.

• 국가로서의 기본요건 결여

"이씨왕조", 이것은 애초, 국가 구성의 3요소, 주권 · 국민 · 영토 중 제1번 주권이 없는 나라다. 국가 주권에 관한 주요 사항, 스스로 민족 역사의 부정 · 완전말살, 외교 포기, 국방 포기, 망한 나라를 섬기고자 자신들의 왕을 폐하고, 심지어 도교 상징 깃발을 국기 하라고 지시하니 그대로 따르고, 모든 것을 망하는 날까지 물어보고 시키는 대로 결정했다. 민중의 절반 이상을 때려죽여도 죄가 되지 않는 노예로 만들어 지배한 그들, 조선민족 1만 년 역사, 그 정신 영혼을 계승한 정상적인 민족국가라 할 수가 없다.

1만 년 민족사 처음으로 나라를 스스로 완전 망하게 하여 그 이름마저 없어지게 한 무리들이다. 그것도 세계사에 유례가 없는 방법, 단 한 판도 국가 대 국가로 제대로 붙어 싸운 전투 없이, 순차적으로 도장을 찍어 나라를 이웃 나라에 고스란히 넘기고, 왕이란 자가 서로에게 좋은 일이라며 침략자 이토를 수고했다고 위로하고, 총리대신은 한일합방을 하자고 청원서를 보내고, 그 위정자 76명이 일본으로부터 작위 은사금 토지를 하사받고 호의호식하는 세계사에 희귀한 기록을 남겼다.

심지어 그들 일부는 일본과 의병투쟁을 빙자하면서도 "중화를 지키기 위해 싸워야 한다."고 했다. 그들은 지금 이 땅에서 "독립지사"로 칭송받고 있다.

까마귀는 까마귀로, 까치는 까치라 불러야 한다. "이씨왕조", "김씨왕조". 이들은 결코 "우리"가 아니다. 모든 개혁은 나부터, 오늘부터 시작해야 한다. "지금 당장" 말이다.

• 짝퉁조선이다

우리는 앞에서 옛 "조선"에 관해 다양하게 알아보았다. 유전자 · 유물 · 신화 · 습속 · 기록 등 그 무엇으로도 증명 가능한 유라시아 제1의 문명개창국이었다.

그러나 이씨왕조는 애초 고유의 민족사와 그 정신을 전면 부정하고 중화가 조작한 역사기록 "기자조선"만을 받들어 신봉한 나라다. 명백히 정도전은 오늘날의 헌법에 해당하는 『조선경국전』에서 "조선은 기자조선의 계승자란 의미로 국호를 조선으로 했다."고 했다(김운회, 『몽골은 왜 고려를 멸망시키지 않았나』, 역사의 아침, 2015, P206).

여기에 더해 이씨왕조는 3차례에 걸쳐 고대의 민족사서를 모조리 수거 말살하여 민족사를 뿌리부터 뽑아 버린 나라이다. 그리고 남은 몇몇 사서도 첨삭가필(添削加筆)로 위변조하여 민족의 고대사를 아예 바꿔 버렸다. "본래의 조선을 전면 부정한 조선", 이것은 조선이 아니다. 이들에게는 그냥 "이씨왕조" 이것이 가장 타당한 이름이다.

모든 개혁과 개선의 출발점은 지금당장 내 마음의 자세를 바로잡는 것이다. 이것이 되지 않고 개혁 · 개선 운운하는 것은 모두가 위선 · 빙자 · 탐욕하는 것이다.

• 노예영혼과 노예들의 나라

고려 · 백제 · 신라 · 후고려 이전까지는 외교 · 전략 · 전술적 차원에서 필요에 따라 두루 사대를 시행했다. 이것은 세계사 그 어느 나라에서나 있는 일이다. 그러나 이씨왕조에서는 아예 정신 · 영혼 · 역사에서부터 철저히 숭명 · 맹종을 숙명이자 사명으로 여기며 나라를 유지했다. 스스로 옛 역사 속의 황제들마저 왕으로 격을 낮추고, 폐하를 전하로, 개경을 개성으로, 만세를 천세로 낮춰 불렀다.

동시대의 명(明) · 청(淸) · 일본(日本)에서 백성들의 극히 일부, 죄인 또는 최하의 극빈층에서 노예처럼 사는 사람이 있기는 했지만 "이씨왕조"에서처럼 동족의 절반 이상을 아예 구조적으로 신분 차등을 두어 임의로 때려죽여도 되는 노예로 만든 경우는 세계사 그 어디에도 없다. 지금의 "김씨왕조"가 세계사 유례가 없는 우상숭배, 인간차별, 감옥국가, 참혹한 인간말살을 이어 가는 것과 같은 맥락이다.

이씨왕조 500년은 스스로 주체성과 영혼을 포기한 노예영혼들이, 절반 이상의 국민을 노예로 만들어 지배 · 유지하다가 종국에는 스스로 멸망한 나라였다. 즉, 조선민족 종가 고려의 대지에서 처음으로 고유의 영혼을 상실하고, 민중을 통치의 목표가 아니라 "숭명(崇明)"이라는 그들 노예영혼을 위한 도구 수단으로 삼은 나라이다. 1만 년 민족사, 민중들의 변함없는 꿈과 야성, "동학운동"을 외세를 불러들여 무참히 짓밟았다.

심지어 망하는 날까지 그 노예영혼들 일부는 "우리나라"를 지키는 것이 아니라, "중화를 지키기 위해" 일본과 싸워야 한다고 했다. 명나라를 중심으로 분리하고 통치하라(Divide and rule), 이이제이(以夷制夷)의 노예영혼을 사명으로 여기며 혼을 바쳐 실천했다.

그들만의 깊이 병든 학문 이념에 몰입, 태극음양·흑백선악을 토대로 사람·세상·역사를 둘로 나누며, "증오"를 무기로 삼는 것은 "우리"가 이미 패한 것이고 절반은 망한 것이다. 천손·태양의 후예들, 민중이 주인 되는 "홍익인간"과 "화백(쿠릴타이)"에 정면 배치되는 것이다. 이씨왕조는 나라·민족·역사 그리고 민중도 죽고, "위선자" 그들의 이름만 반짝이는 나라다.

2) 반역의 시작

• 정도전과 민족사

정도전, 그는 이씨왕조 건국 초 사대맹종의 정신적 기틀을 잡고 후대에 크나큰 영향을 미친 사람이다. 그의 모든 주장·기록이 이성계와 사전에 구체적으로 어떻게 의견 조율을 거친 것인지 확인할 길은 없으나, 그 내용들 무엇 하나도 결코 아니라 하기도 어려운 것들이다.

"그는 불교를 비판하기 위해 『불씨잡변』을 지었고, 도교를 비판하기 위해서는 『심기리편』을 지었는데 이는 주자학원리주의를 세우고 불교와 도교를 이단으로 단정하기 위한 학문적 작업이었다."(김우현, 『주자학 조선 한국』, 한울, 2012, P48)

정도전은 지금의 헌법에 해당하는 『조선경국전』에서 "조선은 기자조선의 계승자란 의미로 국호를 조선으로 했다."며 "우리나라는 국호가 일정하지 않았다.", "고구려 · 백제 · 신라 등은 모두 한 지방을 몰래 차지하고, 중국의 명령도 없이 스스로 국호를 세우고 서로의 침탈만 일삼았으니, 비록 그 국호가 있다고 해도 쓸 것이 못된다.", "오직 기자(箕子)만은 주(周)나라 무왕(武王)의 명령을 받아 조선후(朝鮮侯)에 봉해졌다."고 했다(신복룡, 『한국정치사상사 상』, 지식산업사, 2011, P596).

정도전은 『조선경국전』에서 "조선은 예로써 사대를 행하여 중국과 통교하고 공물을 바치며 세세에 따라 사신을 파견한다. 이것은 제후의 법도를 닦고 제후의 직무를 보고하기 위한 것"이라 했다(김우현, 『주자학 조선 한국』, 한울, 2012, P61). 이후 『경국대전』에서는 명나라를 대하는 각종 예법을 상세히 규정하게 된다. 이렇게 하여 이 땅의 이씨왕조는 이전의 모든 나라들과 달리 스스로 중화의 제후국, 신하가 된 것이다. 그는 법과 국가정책으로 이씨왕조 모든 왕들의 등극에 명황제의 승인을 받게 했고, 명나라의 달력과 연호를 사용하며 정기적으로 조공을 하게 했다.

정도전은 또 당시대의 정책만 사대모화에 충실한 것이 아니라 기존의 고려 역사마저도 완전히 개조한다. 이성계 · 정도전 · 정총이 주도한 『고려사』는 그들에 의하면 "그 기록이 참람하여(부끄러워) 그 서술 규정을 바꾼다." 했다. 이러한 정신에 따라 역대 고려황제들의 호칭을 조(朝) 또는 종(宗)을 쓰지 않고 왕으로 썼으며, 본기는 세가로, 폐하는 전하로, 짐은 여로, 이에 따라 왕이 전하는 말을 천자가 쓰는 조칙(詔勅)

이 아닌 교서(敎書)로 바꾸었다.

후고려, 건국 이래 지금의 요하를 국경으로 했고, 외교적으로 송나라 · 명나라에 사대를 한 경우는 있지만 국내적으로는 언제나 황제국의 국가체계와 형태를 가졌던 후고려의 역사 자체를 완전히 바꿔 버린 것이다.

그리고 나중 황제의 도성 개경(開京)은 제후의 도시 개성(開城)으로, 그들이 이전한 도시 한양은 한성(漢城)이 된다. 지금도 중국은 서울을 한성(漢城)으로 표기한다. "한국은 중국의 일부" 그 도시인 것이다. 이들은 자신들만이 아닌, 오랜 과거 이 땅의 수천 년 자주적인 나라들마저 중화의 속국으로 바꾸어 버린 것이다. 실로 역사왜곡, 민족사 부정, 민족사 말살, 민족사의 암세포, 그 시작이다.

이후 이들은 중종 7년(1512년)에 『삼국사기』와 『삼국유사』마저도 첨삭 가필로 왜곡했는데, 『삼국사기』의 경우 4번에 걸쳐 왜곡했고, 『삼국유사』와 기타 사서들의 경우도 왜곡은 분명한데 그 구체적 횟수와 방법에 관해서는 추가 연구가 필요하다. 따라서 이성계와 정도전이 생각하고 명나라에서 확정한 조선이라는 이름은 본디의 1만 년 문명개창국 "조선"이 전혀 아니다. 그들 나라의 이름은 "이씨왕조"가 옳다.

· 고사서 수거령(민족사 말살)

위에서 보듯이 이씨왕조는 개국 초부터를 민족사를 부정하고, 명나라의 『춘추』와 『자치통감』만 사필(史筆)로 여기고 민족 고유의 사서(史書)는 모조리 이단으로 몰아 압수 · 소각했다. 태종 이방원은 서운관에 보낸 고사서(古史書)들을 공자의 가르침에 어긋난다 하여 모두 불태우게 했고, 세조에서 성종까지 세 차례에 걸쳐 고사서들은 철저히 수거 ·

말살하여 민족사의 뿌리를 뽑고, 숨기거나 거부하는 이는 참형에 처해졌다. 실로 극악무도한 민족사 말살이다.

세 차례에 걸쳐 이씨왕조가 실시한 고사서(古史書) 수거령의 내용을 보자.

1. 세조 3년 5월 26일. 2. 예종 9년 9월 18일. 3. 성종원년 12월 9일에 걸쳐 시행된 고사서 수거령에서 "『고조선비사(古朝鮮□史)』, 『대변설(大辯設)』, 『조대기(朝代記)』, 『삼성기(三聖記)』, 『삼성밀기(三聖密記)』, 『주남일사기(周南逸史記)』, 『제공기(諸公記)』, 『표훈삼성밀기(表訓三聖密記)』에 더하여 10여 종, 수백 권에 달하는 고대 사서를 수거 · 소각한다."(박성수, 『한국인의 역사정신』, 석필, 2013, P15)

이러한 이씨왕조의 세 차례에 걸친 고사서 수거령은 처음에는 권유, 나중에는 참형(斬刑=목을 치는 형)으로 강제, 완전 말살한다. 이렇게 사라진 역사서들은 모두가 민족의 상고사, 단군, 천문관측 등 1만 년 민족사 문명국의 시원을 밝히고 그 내용을 간직한 책들이다.

위 외에도 "일제 사학자 이마니시류가 파악한 고려시대 〈서운관〉의 옛 사서들은 많았으며, 『고조선기』 · 『신비집』 · 『삼성기』 · 『도증기』 · 『지이성모하사량훈』 · 『수찬기소』 백여 권, 『동천록』 · 『마슬록』 · 『통부록』 · 『호중록』 · 『지화록』 · 『도선한도참기』 등"이다(임승국 역주, 『한단고기』, 정신세계사, 1996, P39).

이러한 이씨왕조 주자원리주의자들에 의해 저질러진 역사서 말살은 세계사에 유례가 없는 자기 역사 전면 부정, 완전 말살의 사례이다. 이 내용을 파악했던 단재 신채호는 특히 『고조선비사』를 가장 아쉬워했다.

이후 한일합방 일제통치시기, 총독부 취조국에 의해 또다시 20여 만 권의 서적이 수집되어, 일주일에 걸쳐 불태워지고 일부는 일본왕실도 서관에 보관 중이다. 따라서 참혹한 민족사 말살의 시기에, 위변조의 과정을 거치고 남겨진,『삼국사기』·『삼국유사』·『고려사』등은 정상적 인 우리의 역사서라 할 수가 없다.

특히『삼국사기』는 애초 김부식이 어떤 의도로 어떻게 편찬한 것인지 자세한 내용은 알 수가 없다. 명백한 사실은 본래의 우리 고대사를 이 책을 통해 완전히 뒤엎었다는 점이다. 그는(또는 이씨왕조 왜곡변조인들) 이 책에서 산동·복건·광동·광서 등 대륙에 존속했던 백제·신라 그 리고 후고려를 모두 반도에 국한시켜 기록하고, 송나라 황제에게 바치 며 "간장병 뚜껑으로 쓰지 말기"를 기원했다. 이에 송황제는 크게 기뻐 하며 이 책을 판각하여 널리 보급했다. 즉『삼국사기』는 정상적인 우리 의 역사서가 아니라, 대륙의 우리를 말살하고, 우리를 반도에 가둔 "노 예 기록"이다. 그 노예역사의 상징이 "고구려"라는 이름이다. 그러나 이 책은 나중 이씨왕조 주자원리주의 노예영혼들이 이 땅을 지배하고, 모든 민족사서를 수거·말살한 뒤에는 최고의 "노예역사서"가 되어 소 중히 숭상된다.

이렇게 형성된 이씨왕조의 노예사학(犬之史學=노론사학=식민사학)을, 해방 후 한 세기 가까이, 세계 최고 대학 진학률에, 지금도 그대로 신 봉하며 학교에서 가르치는 이들에게 김부식과 일제 사학자들이 욕을 들을 이유는 전혀 없다.

- 이명(李明)합방에서 한일(韓日)합방으로

이이(李珥) | 명나라를 국조(國朝), 명나라 군주를 "우리황상(皇上),

명나라 조정을 천조(天祖) 또는 성조(聖朝)"라 불렀다(고전국역총서, 『율곡집1』, 1989, P292). 그리고 『기자실기』를 지어, "우리나라는 기자 이후로는 다시 선정이 없었다. 고려의 풍속은 오랑캐의 풍속을 면치 못하였으나 조선에서는 예로서 백성을 인도하여 자못 아름다운 풍속이 있으니…."(위의 책, P356) "…중화와 동방이 합하여 한집이 되고 서로 도움을 주고 번국(藩國)으로서의 소임이 무겁게 되어 실로 만세의 그지없는 영광이다."라 기록했다(위의 책, P290).

이황(李滉) ǀ 하늘에는 두 해가 없고, 백성은 두 임금이 없으니 〈춘추〉의 대일통이라는 것은 천지의 사람들이 지켜야 할 고금의 도리다. 대명(大明)은 천하의 종주로서 해우일출(海隅日出)은 신하로서 복종하지 않음이 없다. 〈퇴계전서〉 명나라를 "우리 조정", 즉 본조(本朝)라 불렀고 "단군시대는 아득한 태고시대라 증명할 수 없고 기자가 봉해지고 나서 겨우 문자가 통했다. 삼국시대 이전은 별로 논할 만한 것이 없다." 〈대동야승〉

송시열 ǀ "오로지 우리 동방(東方)은 기자(箕子) 이후 이미 예의의 나라가 되었으나, 지난 왕조인 고려시대에 이르러서도 오랑캐풍속이 다 변화되지 않았습니다. 오랑캐(夷)가 바뀌어 중국인(夏)이 되었고 드디어 동쪽의 주(周)나라가 되었습니다."(김운회, 『몽골은 왜 고려를 멸망시키지 않았나』, 역사의 아침, 2015, P208).

이완용 ǀ 300년 노론의 마지막 영수, 총리대신으로서 한일합방을 청원하며 "역사적 사실에서 보면 한일병합이라는 것은 중국으로부터 일전(一轉)하여 일본으로 옮기는 것이다. 조선국민은 대일본제국 국민으로서 그 위치를 향상시키는 일이 될 뿐이다." 이완용의 이 말은, 그들 노론 300년의 학문적 종주 이이(李珥)가, 16세기 그의 〈공로책〉에서

"중화와 동방이 합하여 한집이 되어 도움을 주고, 번국(제후국)으로서의 소임이 무겁게 되어 실로 만세에 그지없는 영광이다."(고전국역총서, 『율곡집1』, 1989, P291)라 했던 말과는 일단 왼쪽 오른쪽으로 방향은 전혀 다르다.

3) 주자원리주의(=노예영혼)

* 왕부지

"원숭이가 관(冠)을 쓰면 나라가 위태롭다."

* 조롱

"장님이 장님을 인도하면 필히 그들은 신에게서 멀어질 것이다."

• 중화주의의 성립

공구의 존주대의, 이것은 누구 한 사람의 창작일 수도, 오랜 세월 중화의 학자들 생각이 모인 결집체일 수도 있다.

공구(孔丘), 그는 단 한 번도 유물·유적·기록 모든 것으로 증명되는, 이전부터 있었던 조선과 동방의 여러 나라들 이름을 제대로 부른 적이 없다. 구이·맥 등 그냥 부족의 이름 또는 비하하는 이름으로만 불렀다. 이것은 어쩌면 후대의 수많은 중화 사상가들이 의도적으로 다듬은 결과일 수도 있겠지만 말이다.

공구는 동이족이 맞다. 그러나 공구는 사실상 중화를 만든 중화의 시조, 중화의 시작점이다. "공구+오랜 중화정신=공자"인 것이다. 따라서 조선민족의 땅에서 "공자(孔子) 또는 공자님" 하는 것은 편향학문을 빙자한 "완전한 자기비하"가 되는 것이다. 공구(孔丘)가 옳다. 공구에 서 기인한 것으로 보는 유학은 본래 경세학(經世學)이지 형이상학(形而上學)이 아니다.

본디 공맹을 대표로 하는 유사(儒士)들의 통치철학을 유학이라 지칭했 는데, 한(漢)대에 이르러 한무제 · 동중서 · 사마천의 중화주의가 대두하 면서 민간의 도참설과 결합하여 종교화된 것이 유교(儒敎)이다. 한(漢) 대의 동중서는 한의 천자를 우주의 질서, 하늘과 땅의 조화를 주제하는 일종의 주제자, 세상의 중심으로서의 존재로 만들었다. 이후 유가의 전 통사상은 일관되게 오랑캐와 중화를 구분하는 정책으로 일관했다.

당나라 초기까지는 도교가 국교이며, 도교 · 유교 · 불교 순으로 우 대했다. 이 시기의 유학은 도교의 보조 역할에 그친다. 당이 망하고 송 (宋)대에 이르러 유학에 다시 활력이 일고, 불교 · 도교를 흡수하여 새 유학을 성립하고자 하는 시도가 생긴다. 원(元)에게 쫓겨 남쪽으로 간 한족들의 남송은 원에 조공을 하는 초라한 운명에 처한다. 이때 주희 (朱熹)가 나타나 일종의 민족운동인 신유학운동을 전개하고 주자학(성 리학)을 체계화한다.

일반적으로 경학(經學)을 대성한 사람을 송나라 유사인 정현, 도학(道 學)을 대성한 사람을 남송의 유사 주희라 한다. 둘 다 공자의 유학이나 경학은 경세지학, 도학은 성리학의 형이상학이다. 경학(經學)은 본래 공자학이라 할 수 있고, 도학(道學)은 공자학을 기본으로 노장 · 불교 · 선종을 흡수하여 유불선을 통합한 신유학이라 할 수 있다. 이렇게 형성 된 신유학(=성리학)은 송 · 원 · 명 · 청, 약 천 년간 이어지고 고려반도 와 일본에도 전해진다.

- 고난에 처한 남송(南宋)과 인간 주희(朱熹)

남송, 북방의 조선민족 원(元)에 밀려 맞이한 민족 수난기, 성리학(주자학)은 중화인들의 자존을 지키기 위한 폐쇄적·배타적 화이 구분, 신분 강조의 논리를 담은 그들 자존의 학문이 된다. 그 비참한 현실 속, 주자학은 전래의 중화사상(유학)에서 부족한 것을 불교와 도교에서 옮겨 와 보완·재구성한 일종의 신유학이다.

나중에 명(明)은 몽골의 원(元)을 몰아내고 세운 한족의 나라로서 주자학을 관학(官學)으로 삼았다. 중화와 주변을 문명과 야만으로 나누고 철저한 이분법에 따라 천하의 질서를 세우려 했다. 그러나 현실성을 결여한 성리학(주자학)은 곧 폐기된다.

주희(朱熹), 그는 15세 무렵 선불교에 심취하여 선승 도겸을 찾아가 교유하기도 했고, 아버지 사후 선불교에 관심이 많은 아버지의 친구 세 사람을 스승 삼아 배우기도 했다. 그는 20여 년간 도교사당을 관리하는 관직인 사록관으로 실제 벼슬은 없으면서 집에서 녹봉을 받으며 생활했다. 주희가 정치에 참여한 것은 24세 동안현 주부를 시작으로 지방관 경력이 좀 길고, 짧은 중앙관료 경력이 있다.

주희는 두 명의 비구니를 첩으로 삼고, 남편이 없는 며느리로 하여금 애를 갖게 하였는데, 이는 마치 성서 속 다윗의 가계에서 유다가 며느리 다말과 성관계를 가져 아이를 낳은 것과 같다. 그리고 그는 사람과 재물을 공사의 구분 없이 마음대로 써서 문제를 일으키기도 한다.

그는 스스로 공자의 유학을 재건한 유가의 법통임을 자임했다. 궁지에 처한 남송의 상황에서 도교와 불교에 대항할 철학이 필요했던 그에게 성리학(주자학)은 신유학, 즉 일종의 종교개혁이었던 샘이다. 위기에 처한 한족의 수난기, 불교의 흥성과 도교의 발흥으로 유사계급의 정체성이 희미해져 갈 때, 그는 한족의 정통사상인 유가의 권위 확립이 필요하다고 생각했다. 그러나 이것은 고난에 처한 민생보다는 나라와 지배계급의 이념적 안정이 우선시되는 지배이념이었다.

배타적 중화중심의 그의 사상이 명료하게 표현되는 아래의 글을 보자. 주희는 "사람에게는 가리고 막힘이 있어도 통할 수 있는 리(理)가 있다. 금수(禽獸)는 성(性)이 있지만 다만 형체에 구애되어 날 때부터 가리고 막힘이 심하여 통할 수 없다. 동이(東夷)와 북적(北狄)처럼 오랑 캐는 사람과 짐승의 중간이라 끝내 고치기 어렵다." 했다. 중국의 많은 학자들 대부분은 그를 주희(朱熹)라 칭한다. 그러나 동이(東夷), 즉 그가 말한 "사람과 짐승의 중간에 있는 것들"로부터 그는 성인(聖人)으로 추앙받아 주자(朱子)라 칭송된다. 나이 68세에 그의 학문은 위학(僞學)이라 공인되어 엄금되었다.

- 주자학(성리학)

공구(孔丘)는 말한다. "오랑캐들에게 임금이 있는 것은 제하(諸夏, 모든 화하족) 여러 나라들에게 임금이 없는 것만 못하다." "이른바 중화와 오랑캐를 구분하는 것은 오로지 문명과 야만을 분별하는 것일 따름이다." 즉, 중국의 예에 합치되면 중화라 일컫고 중화의 예에 합치되지 않으면 오랑캐라 했던 것이다.

이는 나중에 맹가(孟軻, 맹자)에게로 그대로 이어진다. "나는 중화의 문명으로 오랑캐를 변화시킨다는 말은 들었어도, 오랑캐로 말미암아 중화가 변했다는 것은 듣지 못했다." 이 말들은 나중 주희(朱熹)에 이르러 "오랑캐는 사람과 짐승의 중간"이라는 말과 연결된다.

처음 동이족 태호복희에 의해 단순 점치는 도구로 발명된 팔괘(八卦)

는 나중 주(周)나라 문왕 주공에 의해 보다 발전한다. 문왕은 팔괘에 다양한 해석을 덧붙이고, 괘를 더하고 해석을 다양화하여 64괘로 구성하며, 인간 세상의 길흉화복과 과거 · 현재 · 미래, 하늘 · 인간 · 땅, 부모 · 나 · 후손 등 다양한 해석을 추가한다. 그간 단순 그림으로만 전해오던 괘에 대한 설명을 주(周)의 문왕에 이르러 책으로 엮으니 드디어 주역(周易)이 된다. 이는 문왕의 아들인 주공(周公)에서 더욱 발전되고, 공구(孔丘)에 이르러서는 각각의 64괘와 세부적인 384개의 각효(爻)에 새로운 해설을 달아 인간 세상 자연을 이해하는 지침으로 삼으며 대중화하기에 이른다.

이후 한무제 때 동중서의 건의로 중화문명의 정신적 근간이 되는 오경(五經)의 하나로 편입된다. 그러나 본디 공구와 맹가의 유학에서는 주역을 내세우지도 않았다. 애초 유학에서 "태극"이라는 말을 처음 한 사람은 공구(孔丘)인데 그는 『주역』의 「계사전」에서 "역(易)에 태극이 있다."고 말한 것뿐이다.

태극의 본체 · 형상 · 구성 · 작용에 관한 의견은 학자마다 다르고, 우주의 본체, 마음과의 관련, 물질의 생성 · 소멸에 대한 생각은 모두가 시대마다 사람마다 달랐다. 주돈이의 『태극도설』은 태극과 음양오행에 관한 형이상학적 이치를 설명한 책이며, 주희의 『태극도설해』는 이 형이상학적 관념적 우주론을 담은 것이다. (후술, P269 태극도 참고)

불교의 인식론을 받아들여 처음으로 태극음양을 우주본체론의 근본 개념으로 확립한 것은 주희다. 주희(朱熹)는 『태극도설해』에서 "태극에서 양의(兩儀)가 나온다. 양의가 곧 음양이다. 태극이 동하면 양이 나타나고 고요한 가운데 음이 나타난다."고 했다. 즉 한 번은 양, 한 번은 음으로 화하며, 이어서 수화목금토의 오행을 낳고, 다섯 가지 기운이 골고루 퍼져 일월성신(日月星辰)의 지구 생성도, 춘하추동의 사계절, 자연만물의 저마다의 성품, 인간의 남과 여도 여기서 나온다는 것이다.

이렇게 주희에 의해 주도적으로 생성된 성리학(주자학)의 근간은 결코 세상을 움직이는 경세지학도, 그 어떤 도덕론도 될 수 없는 지극한 중화 중심의 사변논리학일 뿐이다. 맹자는 호연지기를 길러야 양지양능(良知良能)할 수 있다 했는데 이는 성리학자들과는 전혀 무관한 말이다.

이것은 특히 조선민족 종가 고려 전래의 하늘 태양 숭배, 화백(쿠릴타이)을 통한 "홍익인간" 실현의 길에는 정면 배치되는 사상이다. 이 논리는 중화 중심, 임금 중심, 사람 차별, 나라 차별의 이념적 근거가 된다. 즉 무한소통으로 인간 세상을 열어 가는 만병통치약이 아니라, 태극음양·흑백선악으로 그 소통을 가로막는 만병의 근원이 된다. 그 결과가 임진왜란, 병자호란 그리고 한일합방이다.

• 주자학 비판

공구(孔丘)의 왕도학을 계승한 경학자(經學者)들은 처음부터 성리학(주자학)을 공자의 정통이 아니라, 당나라시대 도학을 대치하기 위해 불교화한 심학일 뿐이라고 했다. 사실 주희의 성리학(주자학)은 공구의 왕도학과는 전혀 다른 것이다.

* 진량의 주자비판(남송의 공리학파)

"20년 동안 도덕 성명의 설이 흥하여 서로 호응했다. 그리하여 상호 혼돈시키고 상호 기만하면서 천하의 실제적인 일은 전부 폐기하고 종래는 만사를 아랑곳하지 않았다." "…주희가 도덕 성명(性命)을 내세우는 것은 허망한 것일 뿐이다." "…그 결과 천하의 실용은 모두 폐지되고 끝내는 모든 사무가 다스려지지 않게 되고 말았다." "어려운 일이 생기고 비상한 때를 당하면 서생의 지식은 말로만 논의할 뿐, 일의 성공을 위해서 무엇을 해야 할지는 모른다." "…문서와 법규만 오갈 뿐, 스스로 뛰어넘는 사람은 하나도 없었다."(소공권, 『중국정치사상사』, 서울대출판부, 2014, P795)

　* 안원의 비판(주희 사후 명 말의 유학자)

"이들은 변방을 지키는 대책을 내놓으면 번거롭다고 떠들어 대고, 부국책은 세금을 많이 걷는다고 떠들며, 지혜와 야성을 내보이면 증오하며 소인이라 배척한다."(김연수, 『조선 지식인의 위선』, 앨피, 2013, P191)

위 진량과 안원의 이 말은 나중 이씨왕조 16세기, 영의정 이준경과 실무가들이 현실 대응책을 내놓으면 당파를 이룬 신진 주자원리주의자들이 주리 주기, 대의명분을 논하고 전혀 대안 없이 묵살 방해하는 것과 같다. 그 결과가 임진왜란이다.

　* 이지(李贄)의 주자학 비판(명나라 양명학 사상가)

"하늘이 어느 한 사람을 태어나게 했을 때는 그 사람의 쓰임이 있기 때문이다. 공자에게서 공급받은 이후에만 사람으로서 충족된다고 말할 수는 없다." "만약 그렇다고 가정한다면 공자가 태어나기 이전의 할아버지들은 사람 노릇도 하지 못했단 말인가?" 했다(기세춘, 『성리학개론』, 바이북스, 2011, P393).

이지의 이 비판은 마치 나폴레옹이 중학교 시절 선생이 "기독교를 믿지 않은 고대의 사람들은 모두 지옥에 갔다."는 말을 듣고 하도 어이가 없어 평생 기독교를 믿지 않은 것을 생각나게 하는 대목이다.

* 이노우에 데쓰지로(井上哲次郎)

"만약 대담하게 주자의 학설을 비평하거나 혹은 주자의 학설 이외에 자신의 독창적인 생각을 갖는다거나 그런 태도를 가졌다면 적어도 그들은 주자학파에 속할 수 없었다. 주자학파에 속하는 사람들은 오로지 충실하게 주자의 학설을 받들고 있었으니, 바꾸어 말한다면 주자의 정신적 노예에 다름 아니었다."(마루야마 마사오, 김석근 역, 『일본정치사상사 연구』, 통나무, 2011, P138)

4) 세계사 최악의 노예국가, 임금 이도(李祹)

• 자, 아들아 해 보거라

단군 이래 최고 운 좋은 임금은 이씨왕조 세종 이도(李祹)이다. 이씨왕조 임금 태종 이방원, 잘 알려진 일들이지만 잠시 요약해 보자.

그는 이성계의 다섯째 아들로 1, 2차 왕자의 난을 겪으며 형제들을 완전히 제압하고서 왕위에 오른다. 특히 아버지 이성계에 의해 세자로 책봉된 이복동생 방석은 죽여 버린다.

왕위에 오른 뒤에는 자신에게 충성을 다한 충신들에 대한 숙청을 시작하여 이거이 부자, 자신에게 분신 격이던 이숙번을 귀양 보내고 도성 출입을 금한다. 그리고 그는 그간 자신에게 최고의 힘이 되던 개국공신이자 처남들인 민무구·민무질·민무휼·민무회 등 4명의 처남을 차례로 숙청하여 모두 죽인다.

그런 다음 태종 이방원은 사병혁파를 시도한다. 이것은 왕권을 강화하고 그 하는 일에 힘을 실을 수는 있지만, 크게 보면 1만 년 조선민족의 무혼(武魂)을 망실하고 싸울 수 없는 나라, 위선문치의 나라로 가는 출발점이 된다.

이후에도 그는 방탕했던 왕세자 양녕을 폐하면서도 그의 장인 김한로를 귀양 보냈다. 1418년 3남 충녕 이도에게 양위를 하고 상왕으로 뒤로 물러앉은 뒤에도 4년간 병권과 인사권을 장악하고 국정을 감독한다. 그는 아들 세종 이도의 소현왕후 아버지 심온과 그 세력도 숙청하고 죽인다.

상왕으로 물러난 후에도 왕권에 조금의 도전 가능성만 있어도 모조리 숙청했고 그 배경 위에 세종 이도(李祹)의 치세는 시작된 것이다. 즉, 요즘으로 치면 정치·군사·경제·외교 모든 분야에서 단단히 기틀을 닦은 다음 그 위에 자식을 왕위에 올리고, 이후에도 왕권이 안정될 때까지 뒤에서 단단히 지켜 준 것이다. 이것은 지금 고등학교 중간 성적 이상의 사람이라면 누구나 성군이 될 수 있는 여건이다.

이는 나중 광해·영조·정조·숙종 등이 어렵게 왕위에 오르고, 오른 뒤에 하는 일에도 그들 정력의 90%를 정치적 문제 해결과 그 뒤처리에 신경을 썼던 것에 비하면 실로 하늘과 땅 차이의 일이다. 만일 아버지 태종 이방원의 무자비한 정치적 사전 정지작업이 없었다면 세종 이도에게 그리도 평온한 세월은 없었을 것이다. 세종 이도를 말할 때는 항시 아버지 태종을 함께 말해야 한다. 그것이 역사이다. 만일 세종 이도만 말하면 그것은 역사가 아니라, 어린이용 역사 이야기에 불과한 것이다.

왕이 하는 일이 뭔지 아무것도 모르고 왕위에 올라, 일이 생길 때마다 주변인들에게 "어찌하면 좋으냐?"라고 물었던 루이 16세, 그에게도 만일 태종 같은 아버지만 있었더라면 프랑스의 역사는 다르게 전개되었을 것이다. 만일 광해에게 태종 같은 아버지가 있었다면 수천 년 "조선글"을 잠시 손보게 하는 정도가 아니라 1만 년의 고토를 지키는 것은 물론, 몇 배로 넓히고도 남음이 있었을 것이다.

• 천손에서 노예영혼으로

앞에서 본 대로 조선·고려 등 모두는 자신들은 천손으로 생각하고 자부했다. 이씨왕조가 건국되고 이도(李裪)의 시대가 되자 일부 신하들 천제(天祭)는 황제가 하는 것이지, 이씨왕조는 천제(天祭)를 해서는 안된다고 주장하기에 이른다.

그러나 일부의 생각은 다르다. 변계량이 조선은 원래 단군이 건국한 나라라며 천제의 지속을 주장하자, 세종 이도(李裪)는 단호히 거부한다. 변계량이 "조선은 강토가 수천 리이며 중국 내의 백리제후와 비교하는 것은 불가하다."라고 하자, 세종 이도는 "어찌 강토가 수천 리라 하여 천자의 예를 분수없이 행하리오."라며 반대한다(이영훈, 『세종은 과연 성군인가』, 백년동안, 2018, P153).

그러다 변계량 사후, 천제거행을 주장하는 상소는 이도에 의해 계속 무시·거부되고 결국 천제거행 상소 자체를 올리지 말 것을 명한다. 이후 이도의 입장은 확고부동 변치 않는다. 이후 세종이도에 의해 천제는 최종 폐지되고 스스로 중화의 변방 제후국을 자처하게 된다. 이렇게 하늘이 사라진 조선반도에서 이 땅의 왕은 주자가례에 따라 명황제의 신하, 사대부의 일원으로 격하되고 만 것이다.

이도(李祹)는 명황제를 지성으로 섬겼다. 그는 "명에서 직접 요구하지도 않음에도 16차례나 처녀를 직접 간택하여 명나라 황제에게 진헌"하였다(이영훈, 『세종은 과연 성군인가』, 백년동안, 2018, P157). 이것은 후고려에서 상호 결혼동맹으로 상호 20여만 명의 여성들이 오가고 각기 황제의, 왕의 어머니가 되는 아들딸이 되는 것과는 전혀 다른 차원이다.

이것은 원의 후예들이 지금도 고려를 "어머니의 나라"라 말하지만, 명의 후예들이 "과거 한국은 중국의 일부"라고 부르는 것과 정확히 일치한다. 이씨왕조에서는 일방적으로 상납된 것이며, 그들 중 그 누구도 황제의 부인이 되거나 명나라 고관대작의 부인이 된 것이 아니다. 사실상 몸종 또는 성 착취 대상으로 상납된 것이다.

이도(李祹)에게 이미 영혼이자 신앙이 된 사대모화의 정신은 아래의 한마디로 간단히 표현된다.

"삼가 기자가 봉했던 땅을 정성껏 지키어 아무쪼록 동방을 다스리는 직책을 다하겠습니다."(이영훈, 『세종은 과연 성군인가』, 백년동안, 2018, P160)

후고려, 대륙의 한가운데서 출발한 고려(=고리, 무쿠리)의 상무정신이 그대로 계승된 문무가 겸비된 나라다. 외부의 조그만 침략과 도발에도 즉시 대응하여 자신과 역사를 지킨 천손들이며 군사공동체, 집단 공동체의 나라였다. 3만의 정예 중앙군을 기준으로, 각 지방에는 지방군이 그 특색에 맞게 존재했다. 국가적 위기가 발생하면 수십만의 병력이 신속히 소집되었다. 고려는 황제국으로 그에 합당한 군사출정의례가 있었고, 부월(斧鉞)은 황제의 군권 상징으로 출정군 장수에게 내려졌다.

그러나 이씨왕조 세종 이도(李祹)에 이르러 황제국의 군사의례도, 제후국의 군사례도 모두 폐지된다. 일만 년 조선민족 상무정신은 이씨왕조 임금 이도에게서 그 종말을 고한다. 이도(李祹)는 그동안 국왕이 죽으면 25일 탈상의 실용정신, 전례를 무시하고 주자가례의 25개월 솔선수범하여 삼년상의 모범을 보인다. 군사들도 모두 삼년상을 치르게 하여 사실상 중앙군제가 서서히 허물어져 유명무실해진다.

- 세계사 최악의 노예국가

애초 후고려의 농촌사회는 인간관계가 상하 신분으로 분해되지 않는 공동체사회, 즉 인간이 인간을 지배하는 사회가 아니었다. 고려는 불교사상을 기본으로 한 만민평등을 표방한 사회였다. 당시 의상대사는 왕이 노예를 하사하자 "우리 법은 고하를 평등케 하고 귀천을 고르게 하는 것인데 무슨 노비가 있단 말입니까?"라며 받기를 거절했다(이영훈, 『세종은 과연 성군인가』, 백년동안, 2018, P46). 이는 이씨왕조의 이황(李滉)이 끝없이 리기논쟁을 하면서도 죽는 날까지 367명의 노비를 가지고 있다가 자녀들에게 나누어 상속한 것과는 전혀 다른 세상의 이야기다.

후고려 시대에도 극소수 노비가 있기는 했다. 그러나 후고려의 노비는 그 이름부터 다르다. 만적(萬積), 덕적(德積), 금광(金光), 평량(平亮) 등 불교식의 거룩한 이름들인데, 이는 나중 이씨왕조에서 사람의 이름을 개똥이, 말똥이, 소똥이라 부른 것들과는 소유자 생각에서부터 차원이 다른 것이다. 또 후고려 노비의 재산 가치는 100~120일 임금에 해당했는데, 이는 이씨왕조 666일의 임금 가치와는 그 구속력에서 비교 대상이 아니다.

후고려 말 인구 대비 노비 비중은 최대 지역이 4.3%이며 5%를 넘은 경우는 아예 없다. 대부분 형벌에 따른 노예가 그 사유이며, 양천교혼 금지, 노비 매매 불허 등에서 보듯 완전한 사유재산이 아니었다. 노비도 고급관료로 선발이 가능했고, 자유로운 언행이 가능했으며, 후고려의 노비반란이 10회, 이씨왕조 노비반란 "0"회, 이는 나중 일제통치기간에는 3·1운동이 가능했던 것과 세계사 최악의 감옥국가 김씨왕조에서는 애초 그것이 불가능한 이유와 상통한다.

그리고 후고려 이전까지는 군대 종군위안부, 성 접대 전용 관비는 없었다. 예부터 이 땅에는 신분이 귀천으로 나뉘어 있어도 그것은 상황에 따라 언제든 변할 수 있었고, 참혹하게 인신을 구속 상속하는 것이 아니었다.

이씨왕조 초기까지만 해도 후고려의 대부분 사회제도, 풍속은 그대로 계승된다. 세종 이도의 아버지인 태종 이방원은 "하늘이 백성을 낳음에 있어서 본래 노비는 없었다."라 말했고(이영훈, 『세종은 과연 성군인가』, 백년동안, 2018, P52), 다양한 노비 확산 억제정책을 편다. 비(婢, 여자종)가 양인 남자와 결혼하면 자식은 양인 신분이 되게 했고, 백정·광대·무격 등도 이씨왕조 초기에는 천인이 아니었다.

왕조 개창 후 처음 토지분배개혁에서 기생의 자식들도 토지를 하사받았다. 그러나 이후 이들은 기생의 자식들에게는 토지분배가 금지된다. 태종 이방원은 기생신분세습을 주장하는 주자학자들의 반대를 저지하고 서울과 지방의 창기해방명령을 내리고 실현한다. 그러나 이씨왕조 자체가 양반 계층의 이익 보장을 위해 세워진 국가로서 각종 법률과 제도로 신분적 특권이 규정되고 그대로 실현된다. 그들은 극소수 자신들만이 모든 권력과 부를 독점한다. 이제 신분은 숙명이고 대를 이어 세습되며 복식으로 표시되었다.

이 신분제도 중 가장 비인간적인 노비제도는 임금 이도(李祹)의 대에 이르러 최악을 향해 간다. 임금 이도는 노비가 주인의 부당함을 고소할 법적 권리를 박탈했다. 이에 따라 노비는 완전한 사유재산이 되고, 그 주인이 함부로 때려 죽여도 죄가 되지 않는 존재로 전락한다.

"주인의 유죄를 불문하고 노비가 주인을 고소할 경우 교형(목 졸라 죽이는 형)에 처한다. 이는 양반신료들의 주장을 세종 이도가 그냥 쉽게 받아들인 것이다. 노예의 이 법적 인간능력상실을 노예사연구가 올란도 패터슨은 사회적 죽음(Social Death)이라 했다."(이영훈, 『세종은 과연 성군인가』, 백년동안, 2018, P56)

이로써 노비는 같은 종류의 인간이 아닌 존재가 되어 주인의 어떠한 불법행위도 고소할 수 없게 되었다. 이후 주인이 노예를 때려죽여도 그 어떤 죄도 묻지 않았다. 관에서 그 사유를 따지는 일도 없었다.

"노비를 함부로 죽인 주인의 이야기는 너무 흔해서 일일이 소개할 수가 없다."(이영훈, 『세종은 과연 성군인가』, 백년동안, 2018, P37)

이후 1653년 제주도에 난파하여 13년 동안 노예처럼 억류 생활을 하다가 천신만고 끝에 일본으로 탈출하여 기록을 남긴 하멜은 이씨왕조에 대해 "주인은 사소한 과실에 대해서도 노비를 죽일 수 있다.", "남편이 아내를 죽였을 때 그 이유가 간통이든 이와 비슷한 것이든 간에 그럴 만한 이유가 증명될 경우에는 처벌되지 않는다."라는 기록을 남겼다(김태진 역, 『하멜표류기』, 서해문집, 2016, P117).

노예해방 전 미국에서도 노예살해를 백인살해와 동일시했다. 이유를 불문하고 얼굴에 자자(刺字)를 하고, 발바닥 속을 도려내고, 큰 돌이나 나무로 짓이겨 죽여도 되는 나라, 그래도 주인은 무죄인 나라, 그 임금 이도(李裪)와 주자원리주의자들이 만든 이씨왕조다.

이씨왕조의 모든 가계법규는 부계를 따르되, 노비 관련 법규만 모계를 따르도록 하여 노비를 증대했다. 천자수모법, 노비종모법, 그리하여 가축 또는 제물과 같은 존재를 대량 증식한 것이다. 아버지 태종은 노비와 양인의 결혼을 금지시켰고, 비가 양인과 결혼하여 낳은 자녀는 양인 신분이 되게 했다. 그러나 임금 이도는 집권사대부들의 건의를 받아들여 노비와 양인의 결혼을 허락했고 그 소생은 모두 노비가 되게 했다. 이것은 노비의 숫자를 급속도로 증가시켰다.

임금 이도는 노비를 정상적인 인간으로 간주하지 않았고, 비(婢)는 그 정조를 인정하지도 않았다. 그는 기생을 확대 · 재편하고 그 딸들에게까지 신문이 세습되게 했다. 이는 세계사에 유례가 없는 성 접대 여인의 신분세습제도이다. 후고려시대까지 성 접대 전용 관비는 아예 없었다. 이에 따라 후고려 말 전체 인구의 5%가 되지 않던 노비가, 그것도 신분만 그러할 뿐 모든 언행이 자유인이던 노비가, 세계사에 유례가 없는 사실상 전체 인구 절반 이상이 노예가 되는 세계사 최악의 노예국가가 만들어진다.

이렇게 급속히 늘어난 노비들은, 15세기에는 인구 최소 40%는 노비가 되고, 17세기 경상도 인구 42~64%가 노비이며, 1663년 한성부(서울)호적 등록인구 73%가 노비가 된다. 그러나 이는 지금 볼 수 있는 호적부의 기록상 그런 것이고 실제로는 상상으로 추측을 해 볼 뿐이다. 1478년 이심원이라는 사람은 "지금 백성 가운데 노비가 8~9할이나 되고 양민은 겨우 1~2할에 불과하다."는 기록을 남긴다.

  "『왕조실록』에는 세종 이도의 다섯째 아들인 광평대군과 여덟 번째 아들인 영웅대군이 각각 노비가 일만 명이 넘었다."(이영훈, 『세종은 과연 성군인가』, 백년동안, 2018, P26~27)

  당시의 기록으로 보면, 한양의 미관말직 벼슬아치도 노비 100명은 소유했고, 고관대작이면 천 명 이상의 노비를 소유하기가 예사였다. 퇴계이황도 사망 당시 노비가 367명이었고 자녀들에게 나누어 상속했다. 이런 기록들은 나중에 남북전쟁 시 미국의 귀족적 농장주라 해도 50여 명 정도의 흑인 노예를 소유했던 것에 비교해도 가히 세계사에 비교 상대가 없는 기록이다.

  이렇게 하여 임진왜란 당시에 일본군이 황해도 일대에서 공사노비를 해방하겠다고 하자 수만 명의 민중들이 앞을 다투어 왜첩(倭帖)을 받고, 함경도에서는 왕자 임해군과 순화군이 민중들에 잡혀서 일본군에 넘겨졌다. 이씨왕조는 이렇게 이도(李祹)에 의해 사실상 망해 있었고, 그러고도 나라가 유지된 것은 유승룡의 말대로 하늘이 도운 것뿐이었다.

  그러나 이는 18세기 영조대에 이르러 비록 제도적으로나마 크게 개선된다. 영조는 집권 사대부들의 극렬한 반대를 뚫고 노비종모법 시행으로 노비신분세습은 어머니가 비일 경우로 한정했고, 죄인의 가족연

좌제도를 폐지했다.

"정조는 관에 고하지 않고 노예를 죽일 경우 장 60대를 치고 1년간 유 배를 가게 했다."(이영훈, 『세종은 과연 성군인가』, 백년동안, 2018, P38)

비록 이것이 권문세가에서 전혀 지켜지지 않는 상징적인 것이었지만 그래도 인구의 절반 이상을 때려죽여도 죄가 되지 않는 나라에서, 법적 으로나마 때려죽이면 죄가 되는 나라가 된 것이다. 정조는 소민(평민) 보호를 왕정의 대본, 나라의 주인은 소민과 왕이라 표방한다.

비슷한 시기 이웃 중국의 경우를 잠시 보자. 먼저 중국은 역사 전반에 걸쳐 노비는 원칙적으로 범죄자 출신에 한해 인정했다. 송나라 태종은 "하늘 아래 노비는 있을 수 없다."며 민간의 노비 소유를 금지했다. 명 청(明淸)시대에는 서출도 신분은 양인이며, 사회적 신분 상승에 제한이 없고, 극소수 존재했던 죄로 인한 노비도 1대에 한할 뿐 전혀 세습되지 않았다. 당사자가 죄를 지어 노비가 되어도 그 자손은 무관하게 양민으 로 살 수 있었다. 일본의 경우에는 노비제도 자체가 아예 없었다.

"세종 이도치세에는 정확한 인구통계조사도 없었다. 신하들의 지속된 건의에도 미실시했는데 이는 사실상 집권사대부 양반들의 위선·탐욕 을 방치하는 것이었다. 심지어 김종서가 4군6진 설치 후 실시한 인구통 계조사도 중지명령을 내렸다. 기타 문란한 이씨왕조의 조세 군역제도의 근간에는 세종 이도가 있다. 세종 이도 치세 20만 호 74만 명이던 인구 가, 쿠데타 후 세조가 조사하니 130만 호에 800만 인구가 되었다."(이영 훈, 『세종은 과연 성군인가』, 백년동안, 2018, P188)

이씨왕조는 1886년에야 노비세습제 폐지, 1897년 사실상 일제의 영향하에 대한제국이 탄생하면서 노비제도는 종말을 고한다. 16세기와 구한말의 그 참혹한 민중들의 삶, 싸울 수 없는 나라, 스스로 망해 버린 이씨왕조의 상황은 이렇게 "임금 이도"에서 시작된 것이다. 이 노예 소유주들이 기록한 역사 "세종대왕", 참으로 불에 덴 듯 실감나는 기록이다. "대한민국", 이도(李祹)가 만든 때려죽여도 되는 노비의 후예들이, 이도를 숭상하는 기이한 나라다.

• 종군위안부를 만들고

애초 후고려에서는 기생이 낳은 자식도 다양한 출셋길로 나아가는데 아무런 지장이 없었다. 단지 신분이란 직업이 그러할 뿐, 한 인간으로서의 인권 자체를 구속하거나 상속하지는 않았다. 그러나 이씨왕조, 그들은 기자조선에 기자의 팔조법금을 노비제의 기원으로 삼고 노비제의 정당성을 주장한다. 즉, 세계보편의 "형벌의 일종"을 그들은 인간차별 지배 착취, 그들 탐욕의 실현 수단으로 생각하고 자행한 것이다.

1431년 임금 이도(李祹)는 기생의 딸은 기생으로, 기생의 아들은 관노로 하는 법을 제정하여 아버지 태종의 노비봉쇄정책을 허물어지게 한다. 이도(李祹), 그는 또 처음으로 군대위안부를 만들었고, 전국의 군현에 수십 명씩 성 접대 기생을 관비로 배치했으며 그 신분이 딸에게 세습되게 했다.

1436년 임금 이도, 함길도감사에게 내린 명. "…기녀를 두어 사졸들을 접대하게 함이 이치에 적합한 일이다." "…국경지대의 군사를 위로하고 사기를 진작할 목적에서 위와 같이 기생을 두도록 지시했다."(이

영훈, 『세종은 과연 성군인가』, 백년동안, 2018, P111-112)

이는 세계사에 보기 드문, 신분이 구속되고 세습되는, 나라에서 제도적으로 만든, 성 착취 여성들로 구성된, 이씨왕조 세종 이도에 의한 "군대위안부" 창설이다. 이는 세종 이도의 치세에 전국의 군현으로 확대되어 총 수가 수천에서 1만여 명에 이른다.

세종 이도에게 기생은 금수와 같은 존재로 정상적인 인간이 아니었다. 따라서 그들은 군사들의 성 착취 대상으로 소모되어야 하는 인간 이하의 존재들일 뿐이었다. 이도는 그의 치세 두 차례 제기된 이런 기생제의 폐지를 모두 거부했다.

새로 차출된 젊은 기생들 중에는 평생 지속될 성접대를 거부하고 자살하는 경우도 있었다. 나중 18세기에는 공권력으로 여염집 양녀를 관비나 기생으로 차출, 남편의 돌려 달라는 요구마저 무시하고 성 착취를 자행했다. 이후 긴 역사를 흐르며 이 땅에서 종군위안부는 전시 일본군 종군위안부, 6·25한국군위안부 등으로 이어진다.

이들이 상호 분명히 다른 점은 일본군종군위안부와 6·25한국군위안부는 애초 신분으로 구분·강제되거나, 신분이 딸에게 세습되는 것이 아니었다. 그러나 이도의 군대위안부는 애초 신분상의 강제 구속이었고, 심지어 그녀들의 딸에게도 강제로 신분이 세습되게 했다. 그들에게서 태어난 딸은 애초 "새끼위안부"로서 자라면 곧바로 성 접대를 해야 하는 인간 이하의 존재였다는 점이다. 이는 세계사적으로도 유례가 없는 참혹한 사례다.

• 아! 조선글, 조선글, 조선글

BC 3898년 초대환웅 "환웅천황, 신지 혁덕에게 명하여 녹도의 글로써 천부경을 기록하게 하였다." "신지혁덕은 사슴발자국을 보고 글자 만드는 법을 깨우쳤다."(『한단고기』「태백 일사」「소도경전본훈」)

BC 2181년 "가륵단군이 을보륵에게 명하여 정음 38자를 만들고 '가림토'라 불렀다."(『한단고기』「단군세기」)

이씨왕조, 세조 때 생육신의 한 사람이었던 매월당 김시습은 "세종의 훈민정음 28자 근본은 『징심록』의 가림토문에서 취해졌다."고 말했다. 여기서 유념할 것은 지금의 『환단고기』「단군세기」에 기록된 "가림토문자"가 그 당시 『징심록』이란 책에도 그 근원이 기록되어 있었단 사실이다. 이것은 "가림토문" 자체의 역사성 공고화와 함께 『환단고기』의 역사성을 다시 한 번 확고히 한다.

중국 길림 연변대 교수를 역임한 고 송호상 박사도 산동성 환대시(山東省 桓臺)에서 발굴된 'ㅅ', 'ㅈ', 'X', 'T' 등의 가림토문자(加臨土文字)는 측정 결과 3850년 전의 것으로 확인하였다. 이는 환단고기의 가림토문자가 4000년 전에 있었다는 기록이 분명한 역사적 사실임을 확인한 것이다. 첨수도 연구가 이찬구 박사는 "첨수도(尖首刀)는 명도전보다 앞선 시대인 최소 2500~3000년 춘추시기에 사용된 화폐다. 첨수도에 새겨진 문자 중에는 돈, 노, 놈 등의 완전한 모양의 한글(조선글-필자 주)이 발견되고 있다." 했다.

이렇듯 옛 "조선글"과 관련된 유물들은 끝이 없다. 가까이는 일본 대마도의 아히루문자, 일본의 이세신궁에 소장된 798년의 신대문자 등이 있고, 멀리는 인도의 구자라트문자가 옛 "조선글"과 비슷하다. 그리고 티베트의 서장문자, 원의 파스파문자, 거란문자, 여진문자 등 주변에는 그 유물과 자료가 끝이 없다.

4000여 년 전의 가림토문자 38자에서 10자를 빼면 그 원형 그대로 28자가 지금의 훈민정음이다. 가림토문자 38자 중에는 'X', 'M', 'P', 'H', 'I', 'O' 등 알파벳과 유사한 글자들이 있는데, 참고로 알파벳의 역사는 3000여 년이다. 인류 역사 세계 최초의 문자는 옛 "조선"의 "녹도문", "가림토문자"이며 그것이 알타이를 중심으로 유럽과 인도로 나아갔고 각 지역의 문자 시원이 된 것이다.

이씨왕조 제4대 임금 이도(李裪), 그는 "삼가 기자가 봉했던 땅을 정성껏 지키어 아무쪼록 동방을 다스리는 직책을 다하겠습니다." 하여, 사대모화로 명나라 황제를 받들어 모시는 데 지극정성이었던 사람이다.

대륙의 북경에서 파스파문자를 만든 원나라가 물러가고 명(明)이 새로이 들어서자 파스파문자는 철저히 파괴되고 다시 남쪽 한족 위주의 한자 언어가 주인이 된다.

이 시기에 외교문서와 국가적 의사소통에 지속적으로 심각한 문제가 지속해서 발생한다. 이런 배경하에 임금 이도는 종가 고려의 한자음을 명나라식으로 개조하는 엄청난 작업을 벌인 것이다. 조선민족 고려인이 아니라 중화 명나라의 기준에 이 땅의 말·정신·언어를 맞추려 한 것이고, 그 발음·표시·도구가 동국정운이고 훈민정음이다.

"훈민정음"에서 민(民)이란 일반 백성을 말하는 것이 아니고, 한자를 중국식으로 정확히 발음하여 외교문제를 일으키지 말아야 할 사대부 양반들을 말하는 것이다. 정음(正音)이란 중국말이고 "우리말"은 바꿔야 할 것이란 말이다. 옛 조선 단군시대, 처음 "조선글"이 만들어진 이후 수천 년 이래 "조선글, 우리글"은 이씨왕조 임금 이도에 의해 최악의 모욕을 겪은 것이다.

임금 이도가 이렇게 새로 정리된 "조선글"로 제일 먼저 시킨 일이 『고금운회』, 『홍무정운』이라는 중국의 운서(韻書)를 번역한 일이다. 뒤이어 조선의 한자 발음을 중국식으로 표준화하는 『동국정운(東國正韻)』이라는 운서를 편찬하게 했다.

상고시대 여러 역사서들에서 보듯이 사실 한자(漢字)도 본디 조선민족이 만든 말(韓字)이며, 주어·목적어·동사의 형태로 단순 음역되어 사용한 말들이다. 즉, 우리말 산스크리트어에 단순 음차하여 쓰인 소리글이었다는 뜻이다.

훈민정음이 발표되자 그간의 한자가 하지 못하던 본디의 우리말을 소리 나는 대로 정확히 표현하는 능력이 빛이 난다. 즉, 표음문자로서의 능력이 다시 한 번 정확히 규명된 것이다. 그러나 이것은 전혀 새삼스러울 것도 없고 새로운 기능도 아니다. 우리의 민간에서 속용되어 왔고 그 후계문자인 파스파문자가 몽골에서 통용되었으니 전혀 새로운 일이 아닌 것이다. 수많은 유물들에서 나타난 것처럼 수천 년 본디의 능력을 그때에 새로운 눈으로 바라본 것뿐이다.

이것은 애초 "중국에 사맏디", "세종어제", "새로 맹그노니" 등과는 전혀 상관없는 일들이다. 만일 임금 이도의 역할이 있다면 소중화를 향한 자발적이고 지고지순한 노력이 수천 년 "우리글, 조선글"을 본의 아니게 새로이 목욕시키고 광을 낸 정도일 것이다.

신경준은 『훈민정음 운해』에서 우리나라에는 "예부터 사용하던 속용문자가 있었다." 하여 민간에서 그동안 사용해 온 문자를 토대로 훈민정음이 새로이 재편되었음을 명백히 알리고 있다. 또 당시 세종의 훈민정음 반포에 대해 최만리의 반대 상소에서 "옛 글자와 똑같은 것을 왜

다시 만들 필요가 있느냐?"며 세종에게 따지고 대들기도 했다. 당시 대부분의 집현전 학자들은 극렬히 반대를 했는데, 그들은 세종 사후 일부는 마치 그들이 만든 듯이 기록하고, 일부는 그들이 한 것이 아니라고 인정하고 자백한다.

훈민정음 만들기 4년 전부터 세종 이도는 정사를 돌보기 어려울정도로 건강이 악화되어 경연조차 못할 지경이었다. 그래서 "훈민정음"이 실제 만들어진 것을 두고 다양한 견해들이 있다. 가장 많은 경우가 당시에 본디 우리말인 산스크리트어에 정통했던 불교 승려들이 만들었다는 주장이다. 강상원 박사의 경우 신미대사가 1435년 만들고, 8년 뒤 1443년 세종 이도가 반포했다고 주장한다. 즉, 세종 반포 8년 전 이미 불교승려 신미 등이 만들어 놓은 상태였다면서 다양한 증거를 든다.

단재 신채호의 경우, "일본의 이즈모(出雲) 지방에서 우리 조선글과 똑같은 신대문자가 나온 사실을 강조하며 우리의 국문은 고승 여의(子義)에 의해 만들어졌고, 여의는 분명 세종 이전의 사람이다."(박성수, 『한국인의 역사정신』, 석필, 2013, P186)라 주장했다. 이러한 주장에 설득력을 더하는 것은 훈민정음을 만든 후 실제 최초 번역서들은 유서(儒書)가 아니라 불경(佛經)들이었다는 점이다.

그러나 나중 세조 5년, 간행한 『월인석보』에는 권두에 "세종어제(世宗御製)훈민정음"이라 기록하고 있다. 그리고 정인지는 훈민정음 해례본 서문에서 "우리 전하께서 정음 28자를 창제하셨다(我殿下創制正音二十八字)."라고 하여, 창제(創制), 즉 세종이 전대의 본받은 것 없이 직접 만들었다고 기록하고 있다.

당시의 봉건시대 특성상 중요한 업적은 군왕이, 조상이, 스승이 한 것으로 만들어 바치는 것이 일상적인 일이었지만, 여기서의 "세종어제" 그 뒤 김장생의 "십만양병설" 등은 심하게 오버한 것이다. 당시의 여러 자료에 미루어 보아 명백한 역사적 사실은, 조선글은 집현전 학자들이 만든 것도, 임금 이도가 만든 것도 전혀 아닌 것만은 확실하다는 점이다.

위에서 우리의 "조선글"에는 수많은 닮은 글들이 있음을 논했다. 그 중 인도의 구자라트문자, 티베트 서장문자, 원(元)의 파스파문자가 대표적인데, 우리가 "조선글"을 일제통치시기에 급히 만든 이름 "한글"이라는 이름으로, "세종이 만든 문자"라고 세계에 선전하자, 세계 언어학회에서는 간단히 "파스파 계열의 문자"로 치부한다는 점이다.

파스파문자는 원나라 세조 쿠빌라이 칸의 명을 받아 승려 파스파가 티베트 서장문자 등을 연구하여 몽골어를 표기하기 위해 만든(1265년) 문자이다. 그럼에도 불구하고 국내에서는 "한글"을 사상 유례가 없는 독창적인 문자, 과학적인 문자라 운운하고 "밋쓔미다." 하며 후세들을 가르치고 있다.

참으로 참담한 노릇이다. 별 넷 4성 장군이 멍청히도 작대기 두 개 달고 병장(서장문자, 파스파문자) 뒤에 줄을 서서 "우리 계급장 참 과학적입니다."라고 웅얼거리는 것과 같다. 외국 학회에서 어느 학자가 했다는 말 "한국에도 학문이 있습니까?" 참 실감나는 말이다.

"한글"이라는 이름 자체가 완전한 역사왜곡이다. 고대 반도의 남단(倭, 韓濊, 韓倭)에서 한자를 쓰기 전 사용한 문자가 지금의 일본 "가다카나"다. 모든 유물이 증명한다. 정확히는 "가다카나"가 "한의 글"일 것이다. 일제통치시기, 국어가 되어 버린 일본의 가라에 대응하여 조선어학회가 임시방편으로 갖다 붙인 이름 "한글", 이 말은 1만 년 조선 민족사 문명의 빛을 가리는 완전한 역사왜곡이다. 즉 성형한 손가락으

로 영혼의 눈을 가리는 것이며, 성형한 얼굴로 가족과 민족의 오랜 역
사를 안면 몰수하는 것이다.

6000년 역사 "조선글, 우리글"이 바른 역사, 바른말이다.

• 영토 확장 세종(世宗)이라?

본래 후고려의 강역의 서쪽 경계는 지금의 요하(=구려하)이다. 『세종
실록』 21년 3월 6일자에 "본국 조선강역은 공험진에서부터 철령까지"
라는 내용이 실려 있다. 즉, 조선의 초기 북방 강역이 지금의 대륙 심
양 남쪽 철령에서부터 두만강 북쪽 700리 선춘령의 공험진까지라는 것
이며 그 내용은 다양하게 계속된다.

이 사실은 태조(이성계)실록에서도 지금의 압록강에서 두만강 지역
일대에 고을을 설치하고 다스렸다는 기록이 있다. 초기 고려라 불렸던
이씨왕조는 요하를 경계로 했던 후고려의 강역을 전부 그대로는 아니
지만 거의 절반 정도는 그대로 계승했다는 뜻이다.

『고려사』「지리지」에 "고려의 북쪽 영토가 서북은 당나라 이후 압록강
(=구려하, 지금의 요하)을 국경으로 삼고 동북은 선춘령으로 경계를 삼
으니 대체로 서북의 경계는 전고려에 미치지 못하지만 동북은 이에 지
났다." 했다. 즉, 전고려의 서쪽 강역은 요하 너머 저편 어딘지 모르지
만 북쪽으로는 후고려에서 더 넓어졌다는 말이다.

후고려 윤관은 여진족과의 전투 후 공험진의 선춘령에 고려지경(高麗
之境), 즉 고려국경이라는 비를 세웠다. 후고려의 국경은 서쪽으로는
지금의 요하, 동북쪽으로는 선춘령이었던 것이다. 특히 이씨왕조 태종
이방원은 철령에서 공험진까지 광대했던 대륙의 영토를 명나라 영락제
와 분명히 확인하고 확정했다.

따라서 우리들이 지금까지 학교에서 가르치고 배운 신의주 원산 후고려 국경을 토대로, 압록강·두만강 국경과 세종·최윤덕·김종서 등의 북방개척 운운은 완전히 근거가 없는 기이한 일이다. 이것은 누군가가 조작하고, 노예사학(노론사학=식민사학)자들이 동조하고 그 외 사학자들의 무지가 합해져서 이루어진 실로 참담한 일일 가능성이 크다.

실제로 우리가 연구를 집중해야 할 것은 이씨왕조 초기의 강역이 어떻게 반도로 줄어들었는지, 즉 세종의 영토 확장이 아니라 세종 이도를 비롯한 당시 누구 치세에 어떤 이유로 대륙을 내주고 반도로 줄어들었는지를 연구해야 한다는 말이다.

5) 위선사학의 꽃, 십만양병설

• 이이(李珥)

이씨왕조의 정치사상사에서 이이(李珥)의 위치는 확고하다. 그는 이씨왕조 집권 300년 노론의 사실상 학문적·정신적 종주이며, 실질적 노론의 총수인 송시열로부터 "동방의 주자"란 칭송을 받는다. 이이, 그는 19세에 금강산으로 출가, 1년 뒤 귀가한 경력이 있다.

"(우리나라가) 비록 이름은 외국이지만 실은 동방의 한·제나라·노나라일 따름이며 화하(華夏, 중국)와 동방(조선)은 합하여 일가를 이루었다. 하늘에는 두 해가 없고 백성에는 두 임금이 없다. 우리 동방은 멀리 해외에 있어, 비록 별도로 한 구역이 된 것 같으나 … 끝내 한줄기 물로서, 다른 이역이 될 수는 없다. … 중화와 동방이 합하여 한집이 되고 서

로 도움을 주고 번국(藩國)으로서의 소임이 무겁게 되어 실로 만세의 그
지없는 영광이다."〈공로책〉(고전국역총서, 『율곡집1』, 1989, P290)

그리고 이이는 이 책에서 구구절절 명나라에 대한 조공길이 막힐까
를 지성으로 염려하고 있다. 그는 이 땅은 삼국시대 이래 왕도의 치세
가 없었다고 했다. 또한 기자동래설(箕子東來說)을 철저히 신봉하여 그
의 정치를 왕도정치라 말하고, 이후 삼국의 정립과 고려시대는 오로지
힘과 지혜로 서로 이기려 한 나라들 뿐이라며 도학과는 무관한 나라들
이라 주장한다.

   "이전 왕조들의 세속은 오랑캐의 풍습을 면하지 못하였으나 조선에서
   는 예로써 백성을 인도하여 아름다운 풍속이 있다"고 했다.(고전국역총
   서, 『율곡집1』, 1989, P356)

그는 이 땅의 고대 삼국(고려 · 백제 · 신라)을 "외처럼 나뉘고 솥발처
럼 버틴 삼국", 신라는 "한 마리 닭"으로, 압록강변 고구려를 "한 마리
오리"에 빗대어 비유하고, 고려는 아예 왕씨고려도 아닌 "왕씨"라 칭하
며 흥망을 논한다. 그리고 그는 "고구려와 백제가 중국에 대해 의리가
없었다." 했다(고전국역총서, 『율곡집1』, 1989, P290).
   역사적으로 당시까지 애초 중국이란 나라는 존재한 적이 없다. 그러
면서 그는 조선을 멸망시키고, 동중서와 사마천으로 고대 조선의 역사
마저 완전히 뒤엎고, 육경을 정비하여 중화주의를 건설한 한(漢)무제
를 두고 "육경을 드러내어 빛나게 했고, 공경히 국가의 대계가 되는 가
르침을 진술하던 도에 가까웠다." 했고(고전국역총서, 『율곡집1』, 1989,

P297) "육경은 도에 들어가는 문"이라 했다(위의 책, P300).

그는 스스로 남긴 시(詩)「풍악증소암노승」에서 분명 이 땅의 금강산 승려에게 "불교는 오랑캐교로서 중국에서는 시행할 수 없다." 하여(고전국역총서, 『율곡집1』, 1989, P18) 이 땅을 "중국"이라 칭했다.

이이는 "내가 다행히도 주자(朱子)의 뒤에 태어나 학문이 거의 틀리지 않게 되었다."라 했고, 송시열은 이런 이이를 두고 "동방의 주자"라 칭송하고 따랐다(신복룡, 『한국정치사상사』, 지식산업사, 2012, P206).

홍문관 교리로 18세 어린 임금 선조 앞에 나아간 이이(李珥)가 오로지 요순과 공맹의 사변논설을 풀어놓자, 현실을 생각한 어린 임금 선조가 답답해하며 되묻는다.

"그럼 성인이 아닌 자는 어찌해야 하는가? 요순의 덕이 없는 나도 요순의 정치를 행할 수 있겠소?"(김연수, 『조선 지식인의 위선』, 앨피, 2013, P237)

당시에는 콜럼버스가 신대륙을 발견하고도 한 세기 가까이 지났고, 중국과 일본의 정세가 급변하는 시기였다. 남해안에서 발견된 왜 병사 시신의 이상한 모습을 보고받은 선조가 체계적인 조사와 대책을 요구해도 그 누구 하나 실질적인 대답을 못하는 상황이었으니 뒤이은 재앙은 이미 정해진 것이었다. 단 한 명의 유학생도 ,단 한 척의 교역선도 외부 왕래를 할 수 없었던 "주자의 나라" 이것은 믿는 자들, 그들에게만 천국이었다.

당시 눈앞에 닥친 국난을 시급히 타개해야 할 때에 사실상 최대정파의 수장으로서 이이가 임금에게 올린 글이다.

"성인의 학문에 잠심하시어 게을리하지 마시고 거칠게도 마시며, 천리와 인욕을 실을 가르듯 털을 나누듯 하여, 그것이 천지인 줄 알거든 경(敬)으로 확충하여 조금이라도 막히는 것이 있지 않게 하시고, 그것이 인욕인 줄 알거든 경(敬)으로 끊어서 검부러기만큼이라도 남지 않게 하시며, 반드시 식견을 높이고 지혜를 밝히시어 널리 펼치시기를 녹아 흐르는 액체처럼 하시고, 골고루 퍼지는 것을 힘을 얻는 시기로 삼으시면 … 온화한 얼굴과 간략한 예로 자기 마음을 비우고 말을 살피시되, 마음에 순한 것은 도가 아닌가 생각하여 보시고 마음에 거슬리는 것은 도에서 구하여 보소서. 실로 만세에 한없는 아름다움이 될 것입니다."〈간원진시사소〉(고전국역총서, 『율곡집1』, 1989, P38)

이즈음, 거의 고갈된 재정, 누구나 위난을 예감한 때, 30대 초반에 정승을 능가하는 권세를 손에 쥐고 항상 정쟁의 중심에서 정치력에는 뛰어났던 그도 모두가 화합해 현실을 개선하는 실질적인 것에는 거의 무관한 사람이었다.

이이의 개혁 주장은 이순신의 전사 기록, 새마을운동의 수기 등과는 전혀 다른, 즉 내가 누구와 어찌어찌 "땀 흘리고 피 흘리며"의 구체적 대안 방향제시나 실천 기록이 아니라, 어디까지나 "임금 당신이" 해야 하는, 임금이 주가 된 추상적인 수준의 말들이 주를 이룬다. 실로 남명 조식의 말대로 "그림 속의 떡으로 배를 채우려 한 것"이고 그러고도 나라가 버틴 것은 유성룡의 말대로 "하늘이 도운 것"이다. 이 시기는 30대 초반의 이이 · 정철 · 심의겸 등 몇 명이 사랑방에 모여 앉으면 사실상 안 되는 것이 없는 나라가 주자영혼 이씨왕조였다.

이황이 "나는 경세제민의 도가 없다."며 낙향하고 나자, 사실상 정치

권력은 젊은 이이에게 집중된다. 정부의 고관들도 34세에 불과한 당하관 벼슬의 이이에게 이조판서 자리를 누구에게 줄 것인지 의논하게 되는 웃지 못할 일이 정치 현실이 되어 버린다. 이제 권력을 손에 쥔 젊은 사람 몇 명이 사랑방에 모여앉아 만들어 낸 "공론"이라는 것에 반하고는 이 땅 그 누구도 자리보존이 어렵게 된 것이다. 즉, 임금과 백성은 나라가 어디로 가는지 아무도 알 수 없게 된 것이다.

이후 국익 민생과는 전혀 무관한 "을사위훈삭제라는 정치투쟁에서 사헌부 사간원이 하루에 다섯 번씩 상소를 올리는데 그 최초의 투쟁 시작도 홍문관 교리 이이(李珥)다. 홍문관에서 작성한 상소 41편 모두 이이가 작성했고, 이 투쟁에서 신진사림은 완벽히 정권을 장악했고 그 선두에 이이가 있었다."(김연수, 『조선 지식인의 위선』, 앨피, 2013, P252).

이이가 남긴 글 중에서 보기 드물게 현장 실무와 관련된 글이 〈해주 향약 입약범례〉이다. 아마도 누군가 정리해 놓은 글을 그대로 옮겨 적은 듯 보이는 이 글을 읽다가 필자는 숨이 막히는 줄 알았다. 느낌은 단하나, 이이 없는 세상, 향약 없는 세상에 살아야겠다는 것이다.

다음은 당시 사직지신이라 불리며 끝없이 현실적 대안 제시로 난관을 극복하고자 노력하다 끝내 주자를 맹신하는 신진사림들에 밀려 벼슬을 물러났던 영의정 이준경이 죽기 전 선조에게 올린 글이다.

"붕당(私論)사론을 없애야 합니다. … 지금 사람들은 잘못한 과실이 없고 또 법에 어긋난 일이 없더라도, 자기와 서로 한마디만 맞지 않으면 배척하여 서로 용납하지 않고, 자신의 행동을 돌아보거나 힘써 공부하지도 않으면서, 고담대언으로 당파를 짓는 자를 훌륭히 여기고 있습니다. 이런 허위의 폐단을 제거하는 데 힘쓰셔야 합니다. 그렇지 않으면

나라의 근심이 될 것입니다."〈선조실록 5년 7월 7일〉(김연수, 『조선 지식
인의 위선』, 앨피, 2013, P262)

이준경의 이 글이 알려지자, 신진사림의 조정은 모두 들고일어났다.
그중 특히 이이는 격렬한 상소를 올려 이준경을 욕한다. 아버지 같은
연령대의 노 대신에게 이이가 하는 말이다.

"준경이 머리를 감추고 형상을 숨기고 귀역(귀신과 붙여우-필자 주)
처럼 지껄였습니다. 준경의 말은 시기와 질투의 앞잡이요 음해하는 표
본입니다. 옛사람은 죽을 때에는 그 말이 선했지만 오늘날은 죽을 때에
도 그 말이 악합니다."〈연려실기술〉(김연수, 『조선 지식인의 위선』, 앨피,
2013, P263)

이이의 이 극악한 언행은 〈논요승보우소〉에서도 보인 바 있다. 나중
선조는 누군가가 이이를 추천하자, "그는 교격(矯激)스러운 사람이니
인격이 성숙한 뒤에 쓰겠다." 했다(김연수, 『조선 지식인의 위선』, 앨피,
2013, P271). 미수 허목은 이이를 유학자로 보지 않고 불교를 위장한
승려로 간주, 나라를 어지럽히고 당쟁을 야기한 인물이라 평했다.
낙향 후 나중 선조의 균형맞춤 인사에 의해 다시 조정에 들어온 이이
가 임금의 분발과 개혁을 촉구하자 듣게 되는 말이다.

"왕안석이 교만하고 임금을 업신여겼던 것을 지금 이이가 하고 있고,
말하는 자를 물리쳐 버렸던 왕안석의 버릇을 지금 이이가 지니고 있습
니다."(위의 책, 김연수, P275)

이즈음 극심한 억불정책을 피해 벼슬을 버리고 산으로 갔고, 나중 임란 때 수천의 승병을 모아 피의 전선으로 달려간 서산대사, 그도 이 시기 입산했다가 환속한 이이의 행태를 생각하게 하는 〈희롱으로 흰옷 입은 중에게 준다.〉라는 시를 남겼다.

아래는 조선민족 종가 고려인의 숭고한 기상이 그대로 담긴 서산대사의 시 〈탐밀봉〉이다(서산대사, 『서산대사집 상』, 한국불교연구원, 2012, P231).

探密峯(탐밀봉) – 서산대사, 역 필자

千山木落後(천산목락후) 수많은 산마다 낙엽이 지고

四海月明時(사해월명시) 온 세상 함께 달 밝은 시간이면

蒼蒼天一色(창창천일색) 푸르고 푸른 하늘 그 빛은 하나인데

安得辨華夷(안득변화이) 어찌하여 중화니 오랑캐니 차별하여 득을 보려 하는가?

선조는 한눈에 이순신을 알아보고 지금의 육군중위를, 6단계 위의 별 둘 사단장에 임명한 사람이다. 1만년 민족사 최고의 인물 발탁이다.

임란 후 이이의 후예들에 의해 완벽히 장악된 노론 정권하에 새로 만든 『수정선조실록은』 모든 내용을 크로스 체크하여 재확인해야 한다. 1584년 그가 죽고 8년 뒤 발생한 왜란에서 맨주먹으로 왜적에 맞선 이들은 그동안 인간 취급도 못 받던 서산대사 사명대사 등 절간의 수천 승려들, 그리고 이황으로부터 "그의 학문은 기이하다."며 사실상 이단시되던 남명조식의 후예(의병장만 50여 명)들이다. 그리고 평소 사람 축에 들지도 않던 이름 없는 천한 백성들이다. 그러나 승려들, 남명의 후

예, 천한 백성들, 그들은 나중 종전 후 새로이 정권을 잡을 줄도, 『수정선조실록』 등 역사서를 새로 고쳐 써서 그들과 그 패거리의 이름을 새로이 다듬어 빛내는 법은 몰랐다.

• 십만양병설(十萬養兵說)

이씨왕조에서의 전기학은 실상 주인공의 성인화(聖人化) 과정이다. 십만양병설, 지금은 이것을 역사적 사실이라고 믿는 사람은 거의 없으나, 한때는 마치 이이가 난세를 내다보고 국난에 대비한 선견지명을 내보인 것인 양 믿고, 덩달아 이이를 성인으로 숭배한 적이 있었다. 실로 "카더라"와 "밋쓔미다"의 풍요가 넘쳐흐른 것이다.

십만양병설은 애초 역사서에 기록된 역사적 사실이 아닌 "이야기"로서 그 출처는 이이의 제자 김장생이 이이의 사후 지어 바친 〈율곡행장〉이다. 다음은 그 기록 중 일부이다.

> **"일찍이 경연에서 청하기를 십만의 군병을 미리 길러 완급에 대비해야 할 것입니다. 그렇지 않으면 10년을 지나지 않아서 장차 토붕와해(土崩瓦解)의 화(禍)가 있을 것입니다." 하니 유성룡이 말하기를 "사변이 없는데도 군병을 기르는 것은 화근을 기르는 것입니다"**(신복룡, 『한국정치사상사』, 지식산업사, 2012, P47).

그러나 이것은 그 어느 역사서, 그 누구의 개인기록에도 없는 "김장생이 지어 바친" 이야기일 뿐이다. 만일 그것이 실재의 역사, 사실이었다면 당시 최대정파 수장의 이 주장은 김장생이 〈율곡행장〉에서 지명한 『경연일기』는 물론이고 『선조실록』 등에 그 중요 사안에 대한 수없는 토론과 찬반의 기록이 기타 여러 곳에 남았을 것이고, 당대의 수많은 개인 기록에도 나타날 것이다.

예부터 동서양의 수많은 역사 · 학문 · 종교서적들은 후세들에 의해 첨삭 · 가필 · 수정 · 말살되어 왔다. 우리의 경우 학문의 종주(宗主)를 위해 지어 바치는 글들, 그들 정파의 수장을 성인화하는 글들도 수없이 첨삭가필(添削加筆)되어 왔다.『정감록』의 경우, 임진왜란, 병자호란 등의 정확한 예측 등 모두가 사후에 추가 가필되었을 것이다. 또『도선국사비기』의 "여산(礪山) 땅에는 병조판서가 날 것이며, 송씨가 차지할 것이다."라는 구절은 송시열을 의식하며 누군가가 만든 문장일 것이다.

『선조실록』은 최초(1616년, 광해군 8년)에 완성되었고, 42년 뒤『수정선조실록』이 완성(1658년, 효종 9년)된다. 이 시기는 이이를 사실상 그들 학문의 종주로 숭상하는 노론이 광해군을 제거하고 완전히 정권을 장악한 시기다.

최악의 국난을 헤쳐 나온 광해와 그 기록들인『선조실록』을 완전히 고쳐서『수정선조실록』을 만들었다. 거기에 이 "십만양병설"이 새로이 어슬프게 등재된다. 경연에서 했다는 말이 경연에는 전혀 기록이 없다.

그러나 전혀 근거 없는 이것이 문제가 되자 당시 노론영수 송시열은 다시 그 날짜를 정확히 역산하여 말했다는 날짜를 지적 · 결정한다(이주한,『노론 300년의 비밀』, 역사의 아침, 2015, P247). 그리고 〈율곡행장〉에는 임진란(1592)이 나자 유성룡이 "이문성(이이)은 참 성인이다." 했다는데, 이이에게 문성이란 시호를 내린 해(1624년)보다, 실제 김장생 사망한 날짜가 17년 앞(1607년)이며, 김장생이 〈율곡행장〉을 쓴 것은 1597년이다(이주한,『노론 300년의 비밀』, 역사의 아침, 2015, P245).

당시 국가 재정의 근간인 양곡 보유량에서 보면, 태종의 치적인 세종

때 250만 석, 세종 이도(李裪)가 만든 세계사 최악의 노예국가 선조 때
에는 10만 석에 불과했다. 그리고 이이가 이 난국을 타개하기 위해 누
구누구와 어찌어찌하여 어떤 난관을 겪었고 어떤 실패, 어떤 성취를 이
루었다는 기록은 〈율곡전서〉에서 눈을 씻고 찾아봐도 찾기 어렵다.

김장생은 이이를 "주자의 남전(嫡傳: 아름다운 계승자-필자 주)"이라
하며 극도로 추종하던 후학이다. 김장생은 유성룡을 비판하면서 있지
도 않은 말을 지어냈고, 또 그 무리는 이이는 물론 전란 때 피난 가는
임금이 집 앞을 지나가도 나와 보지도 않던 성혼까지 문묘에 종사하여
그들의 계보를 공고히 하고자 했다.

노론, 임금을 갈아치우고, 왕조실록을 고쳐 쓴 그들이 〈율곡행장〉을
너무 가볍게 본 듯하다.

• 구도장원공(九度壯元公)을 생각하며…

이씨왕조 16세기, 그 참담한 민중의 삶과 나라의 현실 앞에 이이는
최대정파의 수장으로서 9번 과거를 치렀고 9번 모두 장원을 한 사람이
다. 그러면 이씨왕조의 과거시험은 공정했을까?

『성종실록』, 『지봉유설』, 『성호사설』, 『북학의』 등의 기록에 따르면 과
거시험장은 공정한 시험과는 전혀 상관이 없다. 과거시험장이 온갖 기
상천외한 부정행위들로 완전히 난장판이었음을 기록하고 있다. 시험
장에 책 갖고 들어가기, 몸싸움으로 좋은 자리 잡아 주기, 예상 답안지
작성해 가기, 시험지 바꿔치기, 채점자 매수 등 온갖 기발한 부정행위
들이 총동원됐다. 심지어 일종의 대리시험 전문가인 "거벽"도 전국적
으로 활동했다.

이런 과거시험의 내막을 가장 잘 알고 가장 효과적으로 대처한 사람

들은 아마도 현실정치의 최대 권력자들이었을 것이다. 그들의 힘은 임금도 겁박할 정도이고, 야당·언론 등 비판세력은 전무한 시대였으니 말이다.

6) 노론 300년

송시열, 그는 선조 임금 때부터 숙종 임금 때까지 벼슬을 한 사람이다. 이이(李珥)의 학문과 정신을 그대로 계승한 노론 300년의 종주(宗主)로서 『조선왕조실록』에 3,000번 이상 그 이름이 등장한다. 아래는 그가 한 말들이다.

> "하늘이 공자에 이어 주자를 내셨으니 참으로 만세에 도통(道統)이다." "주자 이후로는 일리(一理) 일자(一字)도 밝혀지지 않은 것이 없다." "주자의 글에는 한 글자 한 문장도 이치에 어긋남이 없다. 말씀마다 모두 옳으며 일마다 모두 마땅한 분이 주자이다." "내가 배운 것은 주자대전뿐이고, 학문하는 사람은 하루라도 〈주자어류〉가 없어서는 안 된다. 의복을 팔아서라도 사야 한다."

그리고 그는 "중화의 햇살이 내려 쪼이는 계곡, 화양동에 머물며 일상생활은 되도록 중국의 생활방식에 따라 명나라의 옷과 평정건을 썼다. 부인에게도 명나라 여자처럼 쪽을 지게 하고, 아이들에게도 머리를 쌍각으로 땋아 드리우게 하였다"(신복룡, 『한국정치사상사』, 지식산업사, 2012, P212).

나중 송시열이 죽은 후, 그 후학들은 만동묘(萬東廟)를 세우고, 우리 나라의 풀 한 포기, 나무 한 그루, 백성의 머리털 하나까지도 명나라 신종의 은혜를 입었다 했다.

애초 안향에 의해 도입되고 이색 정몽주에 의해 계승될 때까지만 해도 주자학은 하나의 학문적 차원으로 나라·민족·민생·국익 그 모든 것의 위에 존재하는 것이 아니었다.

노론, 그들은 임금의 말보다 그들 영수의 말을 먼저 따라야 했다. 그들의 명분을 위해 국익과 민생은 빙자 수단이 된 것이다. 그들의 지고 지순한 대명 사대모화의 영혼은, 그들의 영혼을 음양흑백선악에 몰입하게 하고, 그에 다른 목소리를 내는 사람은 "증오와 배척"으로 극한 정치보복의 대상이 되게 했다.

나중 벼슬을 버리고 지방에 은거해도 지난날의 사사로운 일을 빌미로 끝까지 죄를 몰아 죽였고, 10년·20년 전의 말 한마디 글 한 자로 정적을 몰아서 죽였다. 그들에게 필요하면 역사서(『수정선조실록』)도 새로 만들었고, 그들에게 필요하면 신화(십만양병설)도 만들어 역사서에 끼워 넣었다.

일제는 "한일합방은 조선왕조가 스스로 원해서 합법적으로 했다."고 했다. 당시 총리대신 이완용을 포함, 한일합방 후 76명의 조선인에게 작위와 은사금이 수여되는데, 이 중 일부 왕실 인사 등을 제외하고, 57명이 소위 을사오적과 송병준 등으로 모두가 노론이다. 이들은 일제로부터 작위를 수여받고 식민지의 귀족이 된다. 여기서 큰 공로자들은 자손들까지 일제로부터 하사금을 받는다. 그 돈은 모두 이 땅 민중들의 고혈을 쥐어짠 것임에 두말이 필요가 없다.

심지어 구한말 일부 의병투쟁을 주장한 이들의 경우, 나라와 민족을 위해 일제에 항거한 것이 아니고 "중화를 지키기 위해 일제와 싸워야 한다."고 주장했고, 지금 이 나라에서는 그들을 "독립지사"로 칭송하고 있으니 실로 개탄스런 일이다.

일본은 국가 대 국가로서의 단 한 판의 제대로 된 전투 없이, 단 한 명의 병력 손실 없이, 세계사에 보기 드문 사례로 나라 하나를 고이 손에 넣었다. 이것은 나중에 일본이 중국, 러시아, 영국 그리고 미국과 피 흘리고 싸운 전쟁들과는 전혀 차원이 다르다. 그럼에도 지금 "일제 강점"을 운운한다.

국민의 절반 이상을 노비로 만들고, 함부로 때려죽여도 죄가 되지 않는 나라 이씨왕조, 전혀 싸울 수 없는, 준비가 되지 않은 나라의 백성들이 일단 유사시 어찌 되는지는 아래에 잘 묘사되어 있다.

조경남은 『난중잡록』에서 "명나라군인이 술을 잔뜩 먹고 구토한 것을 천백의 굶주린 백성들이 한꺼번에 달려들어 머리를 땅에 박고 핥아 먹고 있는데 약해서 힘이 미치지 못하는 사람이 밀려나서 눈물을 흘리며 울고 있었다."고 기록했다.

『선조실록』 27년 정월조에는 "길바닥에 굶어 죽은 사람의 시신을 베어 먹어 완전히 살이 붙어 있는 것은 하나도 없을 뿐만 아니라 혹은 산 사람을 도살하여 장과 위, 뇌의 골도 함께 씹어 먹는다. … 부자 형제간에도 서로 잡아먹는 일이 있었다."는 기록이 있다.

『지봉유설』에서 이수광은 "서울의 수구문 밖에 시체가 산처럼 쌓여 성보다 높았다."고 말했다.

임란직전 남해안에서 발견된 왜병사의 이상한 모습을 두고 실상을 묻는 선조에게 조정대신 그 누구도 시원한 대답을 하지 못했다. 기타 왜군의 계획적인 정탐과 도발 시도에 따른 조선군의 피해에 대한 선조의 예리한 질문에 장수 위정자들 그 누구도 구체적인 대답이나 차후 대비책이 전혀 없었다. 그들의 머리와 가슴은 이미 "태극음양 · 흑백선악" 주자원리주의 천하대의 명분에 젖어 손발이 물에 젖고 피가 나도 무감각한 상황이 된 것이다.

당시 선조는 명나라의 장수들이 『경국대전』을 보고 싶어 하자, 조선의 정치 · 경제 · 군사 · 사회 전 분야의 제도가 집약된 것이라 생각하고 조선의 정보가 유출된다며 보여 주기를 거부했다. 그나마 선조의 대응 사례들을 보면, 군사작전 정보적 감각이 있었던 사람이었음을 알 수 있다.

전쟁 전, 그 갈 때까지 간 나라의 상황에도 주자원리주의자들은 그들만의 안위에 양호한 조건을 들어 선조의 호를 붙여 목릉성세라 칭송했다. 그렇게 그들이 존숭한 대의명분 · 음양흑백이 국란 앞에 아무 필요가 없는 상황, 충주에서 신립장군이 패배 이후 하루 이틀이면 일본의 별동대가 도착할 무렵 어전회의의 일이다.

선조 앞에 하루 종일 입을 봉하던 대신들은 그 누구도 실질적 전투 준비와는 상관이 없었다. 3,000명의 선조 호위군이 모두 도망가고, 도성에 동원령을 내리자 노약자 60여 명만이 모였다. 아마도 평소 굶주린 그들은 밥을 주는 줄 알고 모였을 것이다.

후고려는 외침에 황제를 안동으로 피난케 하고 신하들이 20만 병력을 모아 외적을 격퇴했다. 그에 반해 종일 대책을 강조하던 선조 앞에 그 어떤 대책도 없던 그들은 선조가 먼저 파천 이야기를 꺼내자 그들은 한목소리로 결사반대를 외쳤다. 그러나 그때 "그들의 가족은 이미 안전한 곳으로 피신 중"이었다. 이는 마치 6 · 25 전쟁 중, 이 땅의 학도병들까지 전선으로 투입되고 피의 육탄전을 하는데, 평소에는 반공 민주로 편을 갈라 싸우다가 난세가 닥치니 부산항에 일본으로 도망갈 배편을 준비하고 함께 속내를 통일하던 이들과 같다.

이씨왕조 주자원리주의 노예영혼 500년, 그 결과가 이완용의 한일합방 청원서다.

"…신 등이 울고불고 하는 것도 시체를 끌어안고 통곡하는 것과 같습니다. 외교권이 어디 있습니까? 재정권이 있습니까? 군사기밀이 있습니까? 육군 1개 부대도 없고, 해군함대 하나 없으니 이것을 어찌 나라라고 하겠습니까?"

그러나 오늘의 대한민국, 많은 이들은 망해 버린 근본 원인보다 증상이나 결과에만 신경 쓰는 이들이 더 많은 것 같다. 민족사의 암 덩어리, 대가리·몸통은 높이 받들어 숭상하고, 꼬리만 붙잡고 증오를 발산한다. 전형적인 노예영혼의 증상이다. 정확한 진단이 없으면, 정확한 치료책은 결코 있을 수 없다.

* 조지 산타야나
"역사를 모르는 자, 역사에 휩쓸려 가리라."

* 단재 신채호
"역사를 잊은 민족은 미래가 없다."

2. 기독교원리주의

* 헨리 데이비드 소로
"눈을 멀게 하는 빛은 곧 어둠이다."

* 파스칼
"인간은 천사도 아니고 짐승도 아니다. 불행히도 천사가 되려는 자가 짐승이 된다."

* 오리게네스
"그리스도가 십자가에 못 박혔다는 것은 아기들을 위한 가르침이다."

* 알베르트 슈바이처
"예수의 생애에 대한 비판적 연구의 결과보다 더 부정적인 것은 없다. 역사적 예수의 존재 기록은 그 어디에도 없다."(승영조 역, 『예수는 신화다』, 미지북스, 2017, P208)

이 책에서 "기독교원리주의"라 함은, 실로 다양한 곳에서 다양한 이들이 모은 글들로 이루어진 "신화모음집 성서", 그 속의 좋은 말들을 한 개인의 삶의 지표로 삼거나 그 생활의 지혜로 삼아, 자신과 이웃의 삶에 자양분이 되게 하는 순수한 사람들과 그 생각을 말하는 것이 결코 아니다.

필자가 생각하는 이 땅 참 종교인 중 한 사람은 고 김대중 전 대통령이다. 그는 애초 폭넓은 독서와 사색으로 기독교의 역사적 사실성을 훤히 알고 있었던 사람이다. 경천애인(敬天愛人), 실사구시(實事求是), 사인여천(事人如天), 답설야중거(踏雪野中去) 등 유교경전, 동학의 최시형의 글, 불교 서산대사의 시 등, 그의 사상과 신념은 특정의 유일신·음양흑백의 범주에 갇힌 것이 아니었다. 그는 개인적으로 예수를 믿으면서도 밖으로 사람·세상·역사를 대함에는 내 마음속 이념·믿음보다 눈앞의 생명 자체를 더 소중히 한 사람, 진실로 참 종교인이었다.

필자가 이 책에서 "기독교원리주의"라 말하는 것의 본질은, 로마에서 처음 정치적 목적으로 기독교가 만들어질 때, 기독교가 인간과 세상을 음양흑백선악으로 나누고, 나는 선이고 너는 악이라는 극단적 선악투쟁으로 사람과 세상을 몰아가고, 인간 자체를 수단·도구화하며, 급기야는 인간 삶의 "실사구시(實事求是)는 완전 망실되어, 나라와 민중의 삶에 치명적인 손실과 재앙을 불러오는 사례와 그 사람들"을 뜻하는 것이다.

안타깝게도 이 땅에서도 그런 사례는 있었다. 눈앞의 생명 자체의 가치와 생존의 길보다, 그 마음속 사상·이념·종교의 가치가 우선인 무리들, 극단의 음양흑백선악 정치선동으로 실사구시는 망실하고, 나라경제를 "망국지경"으로 몰고 가서 수천 명이 자살케 한 정치인들, 학교의 단군상을 톱으로 목을 베는 광신도들, 주변에 세워진 천하대장군·지하여장군 장승에 칼로 찍어 상처를 내고 불로 그을리는 무리들, 외세를 끌어들여 이 나라를 침략케 한 민족의 배신자들을 그들만의 성인으로 추앙하는 무리들, 이들은 결코 건강한 종교인도, 조선민족 종가 고려 "우리"도 아니다.

여기서 초기 기독교의 출발과 근간을 잠시 살펴본다.

1) 콘스탄티누스

로마황제 콘스탄티누스, 그는 자신이 기독교로 개종한 최초의 로마 황제이자, 기독교를 공인하여 로마자체를 기독교화하는 데 앞장선 인물이다. 그는 본래 미트라교, 즉 태양신의 숭배자였다.

"그는 자신의 주장인 하나의 제국, 하나의 황제를 확고히 하기 위해 '하나의 신, 하나의 종교를 원했다."(승영조 역, 『예수는 신화다』, 미지북 스, 2017, P24)

4세기, 정치적 혼란기에 있던 로마의 콘스탄티누스 황제는 자신의 통치에 활용하기 위한 의도에서 기독교의 교리체계의 틀을 잡고 사실상 로마의 유일종교로 만들어 갔다.

325년 니케아종교회의에서 주교들 투표 다수결에 의해, "신이 된 예수"도 사실상 콘스탄티누스의 협박에 의해 생일이 12월 25일로 결정되었다. 오늘날 우리가 쓰는 '서기(西紀) 0년'이라 하는 것은 9세기경, 극심한 중세 암흑기 샤를마뉴 황제가 확립한 것이다.

그는 개인적으로는 자신의 아들과 장인을 살해하였고, 그의 처(파우스타)를 끓는 열탕 속에 처넣어 죽이기도 하였으며, 음식물을 도둑질한 노예의 입에 납을 녹여 붓는 형벌과, 가난한 자는 자식을 팔아도 된다는 법을 정하기까지 했고, 침입한 게르만족을 처리할 때도 부족장들을 잡아다 맹수들조차 살육에 지칠 정도로 격투장에 던져 넣었다.

콘스탄티누스의 밀라노칙령 이후에는 이단이 등장하고 박해가 자행되기 시작한다. 여기선 이단이란 말은 서양역사에서 처음 등장하는 것이다. 크리스트교도, 그들의 교리와 역사를 만들어 세우기 위해 실제의 고대역사는 말살되어야 했고, 분서갱유 · 타종교말살 등 박해가 무참히 자행된다. 심지어 그 성직자들은 배교자들을 은밀하게 살해하는 것을 승인했고, 유럽에서 인간 정신의 암흑기는 그렇게 시작된다.

로마교회는 기독교의 역사에 관해 의문을 제기하면 닥치는 대로 사형에 처했다. 그리스도교가 국교가 되자 교인 수는 급증했고, 각종 특혜에 세금은 면제되었다. 그들과는 다른 생각을 가진 반대자는 모든 것을 각오해야 하는 참혹한 암흑기가 된 것이다. 태양은 지구 주위를 돌아야 했고, 뱀은 흙을 먹고 살았으며, 곤충은 네 다리로 걸어 다녀야 했고, 지구가 평평하다는 것을 믿지 않고 딴소리를 하면 이단자로 화형에 처했다.

"기독교 교리와 일치하지 않는 지식, 철학적 탐구는 금지되고 인간정신의 자유도 금지되었다. 485년 동로마황제 유스티니아누스의 아테네 학파금지령으로 아테네의 여러 학교에 영원한 침묵을 명령했다."(이종인 편역, 『로마제국 쇠망사』, 책과 함께, 2015, P619)

"교황 그레고리우스1세의 광신과 이단 박해의 결과, 로마의 다신교신전들은 공격당하고, 조각상은 파괴되었으며, 팔라티움도서관을 잿더미로 만들었고, 리비우스가 지은 역사책의 일부가 소실되었다."(이종인 편역, 『로마제국 쇠망사』, 책과 함께, 2015, P689)

기독교 득세 이후 콜로세움의 모든 석제 장식물과 대리석 석상들은 약탈당하고 그 약탈물들은 기독교전당을 세우는 데 사용되었으며, 콜로세움은 뼈대 일부만 간신히 남았다. 그 이전까지 존재했던 고대의 모든 화려했던 태양신전, 로마건축물 모두는 기독교신전 건축의 재료로 약탈·동원되고 대리석 조각상 등도 기독교 신전의 장식물로 사용된다.

나중 중세 기독교 성직자들에 의해 그들의 지위와 특권의 근원을 제공한 로마황제 콘스탄티누스는 "콘스탄티누스 대제"로 칭송된다. 민중 생명을 짓밟고 그들만의 사상·종교·이념으로 역사를 움켜쥔 자들, 그들이 기록한 역사 "콘스탄티누스대제", "세종대왕", "스탈린대원수"…. 참으로 실감나는 역사다.

2) 성서, 유대의 신화모음집

• 성서

"기독교 성서, 이것은 구약 39권, 신약 27권으로 편집된 방대한 양이다. 대부분 작자도 불분명하고 편집 연대도 제각각이며, 그에 따른 서론, 설명 등이 없다."(민희식, 『성서의 뿌리』, 블루리본, 2015, P13)

구약성서 속의 모든 이야기는 유대인들만의 이야기, 즉 수메르·이집트 주변국의 고대의 다양한 이야기들에서 차용한 그들 고유의 신화 문학일 뿐이다. 성서가 사실로서의 로마 역사라는 근거는 그 어디에도 없다. "이에 비해 코란의 내용이 일관되어 있다는 사실은 코란이 한 사

람의 손으로 완성되었다는 것을 보여 주는 것이다"(이종인 편역, 『로마제
국 쇠망사』, 책과 함께, 2015, P782). 특히 구약성서는 기독교 예수와는
아무런 상관이 없다.

"바울, 그는 신약 27권 중 13권에 해당하는 편지글, 거의 절반(48%)
을 쓴 사람이다. 사실상 예수도 모르는 기독교 교리들을 만든 사람이며
『원죄론』, 『대속론』 등 사실상의 기독교 창시자이다. 그는 예수를 전혀
모르고 만난 적도 없으면서 스스로 사도바울이라 칭한다."(민희식, 『성
서의 뿌리』, 블루리본, 2015, P61)

결국 바울이 쓴 편지들이 최초의 신약성서인 셈이다.
기독교 교리의 뿌리는 조로아스터교이다. 삼위일체, 천사와 악마,
천지창조, 종말, 부활 등, 조로아스터교의 내용들을 빌려와 조금씩 변
경하여 교리로 삼은 것들이다. 성서 속 창조신화, 노아의 홍수, 바벨탑
이야기도 구약성서가 편집되기 훨씬 오래전 수메르신화 속에 있던 이
야기를 차용한 것이다.
여호와 신에게는 유대민족만이 자신의 민족이고 다른 모든 민족은
모두 증오와 진멸의 대상이다. 창세기 아담이 창조된 때는 이미 세계
각지에 문명이 번성하던 시기인데 이를 두고 인류 창조 운운하는 것은
아무런 근거가 없는 우스운 이야기다.
게다가 성서대로 하면 지구가 우주의 중심이고, 태양이 지구의 주변
을 돌아야 한다. 창세기에는 식물을 먼저 창조하고 나중에 태양을 창
조했다고 적혀 있기 때문이다. 따라서 성서는 단지 종교 서적이자 믿음
의 대상이지, 사실에 근거한 역사책이 결코 아니다. 그마저도 이스라

엘 민족과 근동 민족들의 이야기에 불과하고, 그 밖의 그리스 · 유럽 · 인도 · 중국 · 아메리카 등은 전혀 무관하다.

　기독교인들이 예수의 가르침이라고 알고 있는 마태복음, 이는 마태라는 위명 저자가 100% 표절, 위변조한 작품일 뿐이다. 두 가지 예를 보자.

　　『탈무드 칼라 1장』"여자를 보고 음욕을 품은 자마다 이미 그녀와 간음하였다."
　　〈마태복음〉"여자를 보고 음욕을 품은 자마다 이미 간음하였느니라."(민희식,『성서의 뿌리』, 블루리본, 2015, P138)
　　『예레미아 애가 3:30』"자기 뺨을 치는 자에게 다른 쪽 뺨을 돌려대어 치욕으로 배 불릴지어다."
　　〈마태복음 5:39〉"누구든지 네 오른쪽 뺨을 치거든 왼편도 돌려대어…."(민희식,『성서의 뿌리』, 블루리본, 2015, P140)

　• 예수

　예수 탄생에 관한 모든 이야기들은 정상적인 이성의 시각으로 바라보면 실로 어이없는 것이다. 예수는 성령이 동정녀인 마리아의 몸속에서 들어가 잉태했다고 한다. 즉, 인간의 피 · 유전자와 무관한 완전한 신의 아들이란 것이다. 그러면서 다윗의 피를 받은 자손이라 한다. 그러나 현재의 이스라엘 사람들은 주변의 여러 이야기를 모아 만든 "신화 문학작품" 속의 이야기로 받아들이기 때문에 아무런 문제는 없다.

　"예수"가 실존인물이란 기록 · 증거는 그 어디에도 없다. 기독교도들이 "믿음의 증거"라 말하며 한때 예수의 수의라고 주장하던 투린의 성수마저 과학자들에 의해 위작으로 판명되었다. 기독교도들이 예수의 역사적 자료라 제시하는 4복음서를 역사서라 생각하는 역사학자는 전 세계에 아무도 없다.

"신약 복음서에는 예수는 성령에 의해 잉태되어 처녀의 몸에서 태어났고, 보리떡 5개와 물고기 2마리로 5천 명을 먹이고, 죽은 사람을 살려내고, 자신도 죽었다가 도로 살아나 천국으로 올라가는 기상천외한 일이 발생했다. 이 경천동지(驚天動地) 할 일들에도 불구하고 주변국 역사서 그 어디에도 단 한마디도 기록이 없다."(민희식, 『성서의 뿌리』, 블루리본, 2015, P199)

그토록 기록에 충실한 로마의 역사서들은 물론, 동시대의 수십 명의 저술가들 글 속 그 어디에도 예수는 없다. 노아의 방주 홍수 이야기는 메소포타미아 길가메시서사시 등의 홍수 설화를 차용한 것이다. 또한 물 위를 걷는 기적 이야기는 붓다의 이야기를 예수가 한 것으로 바꾸었다. 그리고 예수가 십자가에 못 박힌 이야기는, 죽었다가 사흘 만에 부활한 디오니소스의 이야기를 그대로 복사·차용하여 만들어진 것이다.

• 사랑과 용서
세계 3대 유일신종교, 유대·기독·이슬람, 모두 입으로는 사랑과 평화를 말하면서 실제 걸어온 길은 언제나 세계사 최악의 "증오와 전쟁"을 실천하고 피를 불렀다.
여호와 신은 아브라함과 모세에게 가나안에 살고 있는 많은 민족들을 모조리 멸하고 그들의 땅을 빼앗아 주고, 그 대가로 유대인은 여호와 신만을 민족의 유일신으로 믿고 섬기며 그가 내려 주는 율법을 준수하기로 계약하였다. 즉, 여호와 신은 인류의 신이 아니라 유대인만의 신이고 다른 인류에게는 공통의 적인 것이다.

구약성서의 여호와 신은 수시로 진노하고 보복하고 저주하고 살육을 명한다. 여호와는 약탈, 살육, 종족 근절, 인육 먹기, 산모 배 째기와 태아 짓이겨 죽이기 등을 자행한다. 중세 기독교 성직자들이 인육을 즐기며 수천만 명을 화형하고, 나중에 중남미 2천만 명과 북미 원주민 2천만 명의 종족을 근절한 것은 기독교의 구약에 나와 있는 것을 그대로 실천한 것들이다.

신약의 저자들은 "인류에 대한 사랑과 용서"를 말한다. 그러나 "신약 문헌 가운데 거짓 선지자에 대해 경고하지 않고 다른 그리스도 교인들을 공격하지 않는 문건은 단 하나도 없다"(승영조 역, 『예수는 신화다』, 미지북스, 2017, P320). 따라서 유대민족이 아니면서 유대의 신 여호와를 숭배하는 사람들은 참으로 기이한 일이다.

성서 속에서 이스라엘민족의 통일국가는 솔로몬 왕국이다. 그러나 이스라엘에서 이를 뒷받침할 만한 고고학적 유물·유적은 단 하나도 발굴되지 않았다. 서기전 10세기 예루살렘은 작은 성읍에 불과했다

- 출애굽(이집트 탈출기)

출애굽기에 따르면 애초 70명의 야곱 자손들이 이집트로 이주했다. 탈출 길에 오른 장정만 60만 명이라 했다. 여자와 아이들까지 합치면 200만 명 전후에 이르는 인구다. 인구가 29,000배나 증가했다는 것인데, 철저한 역사기록의 이집트, 그리고 주변 역사서 그 어디에도 그런 기록은 없다.

"이스라엘 역사학자 고고학자들은 1967년부터 1999년까지, 이스라엘과 시나이반도 1,300곳을 샅샅이 조사했다. 그들은 그간의 조사 결과 역사로서의 출애굽은 존재하지 않는다는 것을 공식 발표했다."(민희식, 『성서의 뿌리』, 블루리본, 2015, P217)

그러나 유대인과 피 한 방울 섞이지 않는 사람들이 이것을 마치 실재한 역사인 양 받드는 우스운 일이 발생한다.

• 모세의 기적

모세 앞에 폭 20킬로미터가 넘는 바닷물이 갈라져서 비켜서고 좌우로 벽이 되었으며, 모세가 손을 내밀자 다시 물이 합쳐져서 추격하는 이집트 왕과 군대 몰살했다는 이야기다. 그러나 실제의 이집트 역사에는 그 어떤 왕도 바다는커녕 물에 빠져 죽은 왕도 없다. 아무리 꾸며낸 이야기라 하더라도 너무 황당무계하다. 더구나 지금, 이 지구상의 사람들 중 유일하게 이것을 사실로 믿는 사람들이 "대한민국"의 일부 사람들이다.

"달과 바다의 사랑길", 달의 인력에 의해 조수간만 차이로 바다가 갈라지는 현상은, 전 세계에 1,450여 곳, 연간 20여 회씩 일어나고 있다. 지금 우리 고려반도 남단에도 10여 곳이 있다. 진도의 그곳을 보고 어떤 이들은 "한국판 모세의 기적"을 운운하곤 한다. 실로 어이없는 일이다.

조선민족 퉁이(Tungi), 세계사 최초로 천문 관측을 하고 기록으로 남긴 민족이자 문명이다. 1만 년 역사 "아름다운 우리말" 본디 그대로 뜻과 정신을 표현해야 한다. 앞으로는 진도 등의 이 현상을 "달과 바다의 사랑길"이라 불러야 타당할 것이다.

• 이스라엘 교육부장관 사리드

"이스라엘에는 정식 역사서가 없다. 신화, 전설, 외래의 전승과 뒤섞인 채 역사서로 오인되어 온 민족 · 설화집 · 성서가 있을 뿐이다. 성서는 역사서가 아니다. 이스라엘 역사학계의 시급한 당면과제는 신화의 거품을 제거하고 역사적 사실과 고고학적 근거에 입각하여 진정한 이스라엘 역사서를 다시 쓰는 것이다. 아울러 교과서에도 신화를 제거해야한다. 이것이 이스라엘 교육부의 신세대 교육 방향이다."(민희식, 『성서의 뿌리』, 블루리본, 2015, P304)

3) 인류역사 최악의 비극들

• 인간 말살

토마스아퀴나스는 "이교도에게는 종교적 예식이 허용되어서는 안 된다는 점은 명백하다." 했다.

기독교는 언제나 입으로는 사랑을 말한다. 그러나 실제로는 믿음과 불신, 천국과 지옥, 천사와 악마, 지배와 약탈, 정복과 살육 의 끝없는 대립구도의 전개로 이단 투쟁 전쟁을 일으켜 피를 부르며 인류역사 최대의 비극을 초래했다.

원죄, 이것은 모든 인간은 인간 그 자체로 소중한 것이 아니라, 교회 앞에, 성직자 앞에 무릎을 꿇을 때 그 가치가 있다는 뜻이다. 예수는 원죄 속죄를 말한 적이 없다. 원죄 속죄는 교회의 성직자들이 사람을 옭아매는 그물, 즉 위선자가 인간을 옭아매는 도구일 뿐이다. 중세의 기독교는 신을 대리하는 성직자들에 의해 지배·통치되며 모든 인간들은 이 지도·피지도 관계에 복종해야 했다. 그들은 라틴어와 성경 지식을 독점했고, 신을 대하는 것은 반드시 그들 중개자를 통해야 했다.

글을 모르는 무지한 일반 대중들에게는 중세교회의 화려한 그림구조, 고딕, 색채, 조각, 회화, 채색된 유리 창문들이 커다란 역할을 하게 된다. 그들은 예술이라 말해지는 또 다른 우상들을 통해 천사와 악마, 천당과 지옥을 구분하고 이해해야 했다. 하늘을 찌를 듯 솟은 고딕 교회들이 그 표상이다.

그리하여 유럽 중세 세상은 신과 악마가 인간을 가운데 두고 싸우는 곳이며, 목숨이 붙어 있는 인간들은 반드시 어느 한편이어야 했고, 그의 활동 결과에 따라 죽어서도 천국과 지옥 둘 중 어느 한 곳으로 가야만 했다. 이것은 세계사 모든 원리주의 정신세계 공통의 현상이다.

유럽 중세사회 상류층은 아무런 거리낌 없이 인육을 먹으며 생활한 시대이다. 중세에 화형된 마녀가 약 100만 명인데 그 사유는, 악마와 계약을 맺은 죄, 성교를 한 죄, 빗자루를 타고 하늘을 날아다닌 죄, 우박을 불러온 죄, 농작물을 망친 죄, 암소가 새끼 낳다 죽은 죄, 아이를 유괴하고 잡아먹었다는 죄 등 참으로 다양하다. 마녀재판의 잔혹한 고문은 자백할 때까지 연속되는데, 그중 최고의 악은 이단자의 불신앙이었다. 그들은 다양한 희생자를 만들었는데『로마제국 쇠망사』에드워드 기번이 찾은 기록을 보자.

"여성수학자 히파티아를 희생의 재물로 삼았다. 히파티아는 수레에서 끌어내려져 알몸으로 벗겨진 채 성경낭독자 페트루스와 일단의 야만

적이고 잔인한 광신자들에 의해 비인간적으로 살해되었다. … 날카로운 굴 껍데기로 살을 뼈에서 발라냈고 떨고 있는 사지를 불길 속에 내던졌다."(이종인 편역,『로마제국 쇠망사』, 책과 함께, 2015, P716)

"이렇게 하여 추기경 히메네스는 스페인에서 3,000명을, 추기경 아드리아노는 1,620명을 산체로 화형에 처했다. 교회나 신약성서의 모순점을 지적하는 사람들을 화형이라는 방식으로 입을 다물게 했는데, 약 5천만에서 6천8백만 명이 이렇게 희생된다."(민희식,『성서의 뿌리』, 블루리본, 2015, P262)

• 악마들의 행진, 십자군전쟁

교황 우르바누스 2세는 "십자군에 입대하는 사람은 모든 죄가 없어진다."고 했다. 이에 따라 강도 · 방화범 · 살인범도 참가했고, 그들의 악행은 이교도에게 반복되고 정당화된다. 그 어떤 범죄자도 깃발 아래 모이면 천국에의 길을 약속받는 것이다. 모든 범죄자들은 법망을 넘어서 그들의 악행을 지속시키기 위해, 약탈자 · 매춘부 · 떠돌이 · 피난민 20만 명이 따라서 동참했다.

십자군의 인솔자들은 애초 지휘통솔과는 무관한 백작 향신들이었고, 그들이 할 수 있는 것이라고는 약탈과 학살이었다. 전략 전술 통솔과 무관한 오합지졸 같은 그들은 1차 십자군의 30만 명 참가자 대부분이 단 하나의 도시도 빼앗지 못하고 무슬림에게 전멸당했다.

"오합지졸, 장거리행군에 지친 그들, 병들고 지치고 오랜 굶주림에 가끔 자신들의 아기나 포로들을 잡아먹기도 하고 약탈로 연명했다. 투르크인과 세라센인들은 이들 십자군 유럽의 우상숭배자들을 식인종이라 호칭했다. 그들이 머물던 농가 부엌에는 꼬챙이에 끼워진 인간의 뼈가 불 위에서 빙빙 돌아가기도 했다."(이종인 편역, 『로마제국 쇠망사』, 책과 함께, 2015, P930)

당시까지의 예루살렘에는 이슬람 · 기독교 · 유대인들이 서로 이웃하며 잘 살고 있었다. 그런데 "이슬람교도를 죽이는 것은 축복"이라는 교황 우르바누스 2세의 말에 고무되어 예루살렘 이슬람인들을 학살하고 유대인들 또한 예배당에 몰아넣고 불태워 학살했다. 4차 출정에서 콘스탄티노플로 간 그들은 교회당 안에서 파괴 · 약탈 · 학살 · 강간 등 아비규환을 연출했다.

세계사에서 기독교 십자군과 나중 신대륙의 5천만 종족근절의 그 후예들을 빼면, 고대의 알렉산드로스 군대와 칭기즈 칸 군대를 비롯하여, 나치군 · 스탈린 군대도 비저항 민간인을 그렇게 무자비하게 학살하고 약탈한 사례는 세계사 어디에도 없다.

3. 김씨왕조원리주의

1) 스탈린 대원수 만세!

• 스탈린 대원수 만세

일제 통치 시기 말기, 항일무장투쟁을 전개한 세력은 크게 두 부류로 나눌 수 있다. 하나는 중국대륙에서 중국군과 함께 일본에 대항하고 나중 국공내전에도 개입하고 앞장서서 싸운 소위 연안파로 불리는 조선인민혁명군인데, 그들은 중국공산당의 지도 아래 있었다. 그 대표적인 인물이 중국공산당 팔로군 포병부대장 무정이며, 이들은 대개 조선독립동맹 출신들이다.

또 하나는 동북항일연군으로, 만주에서 활동하다 일본 관동군을 피해 소련으로 들어간 사람들이다. 이들은 1942년 소련군의 지도 아래 88여단으로 재편되고, 전체 1,354명 중 한인 103명은 만주·북한 연고지에 투입되어 소련군의 점령정책을 돕는다. 당시 소련계 한인들의 대표 격으로는 허가이를 들 수 있다.

스탈린 통치 시기 소련의 2천만 숙청자들 중에는 수많은 고려인, 공산·사회주의자, 광복운동가들이 있다. 이들은 "일제의 간첩"으로 몰려 처형되었는데 그 숫자는 수천 명에 이른다.

미국과의 분할점령 합의에 따라 소련군은 북한 지역 점령을 위해, 웅기·나진·청진 등은 육지로, 원산에는 상륙군이, 평양에는 낙하산부대를 투입해서 점령한다. 이들은 일본군을 무장해제하고 미국과의 합의에 따라 38선 이북 전 지역을 점령한다.

　당시 소련군 대위이던 김일성은 블라디보스토크에서 소련군함을 타고 9월 19일 원산항에 상륙한다. 이때 김일성의 소련군 직함은 〈평양 주둔 경무사령부 부사령관〉이었다. 입국 당시 김일성은 측근들에게 "김일성을 보지 못했고 나중에 온다고 했고 나이는 모른다."고 하라는 부탁을 하고는, 배 안에서도 자신을 김성주라고 소개했다(고태우, 『북한사 100장면』, 가람기획, 1996, P21).

　김일성이 평양시민 앞에 첫 모습을 나타낸 것은 1945년 10월 14일, 평양공설운동장에서 열린 〈소련군 환영대회〉 석상에서였다. 환영식장에서 많은 사람들은 평소 듣던 바와 다르게 너무 젊은 그를 보고 "가짜다"며 불신과 분노를 표출했다. 이 소련군 환영대회 연설 말미에 "스탈린 대원수 만세!"를 외친다. 그리고 나중 이 만세는 모든 기록에서 삭제된다. 그리고 이 대회는 나중 "김일성장군 환영 평양시민대회"로 그 이름마저 바꾼다.

　그는 나중 소련의 주도로 소련을 모방하여 신속히 창설된 조선인민군 창건식에서도 말미에 "조선민족의 해방자이시며 은인인 소련군대와 소련인민과 그의 위대한 영도자 스탈린 대원수 만세!"를 외친다. 그리고 이 부분도 나중에 삭제된다.

　여기서 바로 비교되는 것이 이승만이다. 이승만은 단 한 번도 "트루먼 만세"를 외치지 않았다. 그 어려운 전쟁 상황에서 도움을 요청하면서도 그냥 언제나 "내 친구 트루먼"이라고 했을 뿐이다.

　1945년 9월 20일, 스탈린은 북한에 공산 단독정부를 수립하라는 비밀지령을 내린다. 소련군이 들어오고 김일성이 활동의 주체가 되면서 각 지역에는 인민위원회가 수립된다. 곧이어 조선공산당 북조선분국이 창설된다.

이즈음 소련군은 북한 국내파 공산주의의 대표 격인 현준혁을 대낮 평양거리에서 살해하여 애초 순수 정통 따위의 근원을 아예 제거한다. 소련공산당 강령에서도 "민족주의는 반동세력의 사상적 무기"라 규정하고 있다. 따라서 김일성에 의한 민족주의자 조만식 제거는 애초 외세에 결탁하여 정해진 수순일 수밖에 없었다. 1945년 12월, 김일성의 정권 장악에 장애가 되던 민족주의자 조만식과 민족계열은 즉시 연금 상태에 들어가고 각 지역에는 신속히 임시인민위원회가 수립되는 것은 지극히 자연스런 현상이었다.

이로써 사실상 조선 공산당이 아니라 "김씨왕조"가 시작되었다. 이후 북에서의 조선공산당의 전통은 오직 김일성에 의해 수립된 것으로 되고, 1925년 창립된 조선공산당과 1945년 8월 서울에서 재건된 조선공산당은 없었던 것이 되며 그 정통성마저 완전히 부정해 버렸다. 이렇게 이 땅에서의 공산주의는 애초 인민해방과 조국광복의 수단으로 출발한 것에서, 김씨왕조 건설의 밑바탕 도구로 전락·변질되어 오늘에 이르고 있다.

1946년 2월, 여기서부터 북조선공산당 이외의 세력들은 사실상 들러리이며 김일성을 위원장으로 하는 북조선 임시 인민위원회는 사실상 최고의 주권기구가 된다. 민주적 투표 절차에 따라 수립된 정부기구는 없는 상태로서 사실상 김일성이 외세를 등에 업고 북조선 전역을 장악한 것이다.

미국과 민주적 절차를 따르는 남쪽에 비해, 북은 스탈린 통치 스타일에 따라 김일성을 내세워 신속·정확·일사불란하게 진행되었다. 김일성이 제안한 주제는 만장일치로 통과되는, 이미 수령왕조가 시작된 것이다. 1946년 이미 김일성은 "민족의 영도자"라는 칭호로 불리기 시작했다.

1946년 5월, 북의 김일성이 38선 통과금지로 사실상 분단이 시작되었다. 1948년 북이 남으로 보내는 전력을 완전히 끊어 버려(5·14 단전 사태) 전국의 공장가동률은 10% 안팎으로 떨어져 사실상 마비 상태에 이른다.

당시 모든 행사에는 스탈린 사진과 김일성 사진이 나란히 걸린 다음 행사가 진행되었다. 심지어 나중 지리산 빨치산들, 피아골·달궁·백무동·조개골·도장골 등의 주력부대 주둔지에서도 동일하게 두 사람 초상화가 내걸리고 행사가 진행되었다. 1947년 2월에는 북조선 인민위원회 수립되었는데, 이는 사실상 1946년에 완비된 것이다.

1948년 2월 8일에는 미소군 철수에 사전대비 포석으로 조선인민군이 창설되었다. 이렇게 사전에 치밀하게 준비하고 먼저 분단정권수립의 오명을 피하려 눈치만 보다가 1948년 8월에 대한민국정부가 수립되자 바로 한 달 뒤, 1948년 9월 조선민주주의공화국 헌법을 채택하고 정부를 수립한다.

• 조만식과 학생들

민족주의자 조만식은 북한에 독자적인 행정기구를 만드는 데 비판적 자세였다. 그는 "12월 1일 이전에 중앙정부를 수립해서 외국군대의 철수 문제를 제기할 수 있도록 서둘러야 한다."며 "김일성이 점령군의 철수를 방해하고 있다."고 비판했다. 조만식의 중앙정부수립론은 먼저 북한 지역에 권력기관을 수립하고 그다음에 중앙정부를 수립한다는 김일성의 방법과 충돌했다.

공산당이 강화되고 있던 시기에, 조만식 중심의 조선민주당이 11월 3일 창당되었다. 이에 대해 소련군은 호의적이었고 조선민주당은 민주주의 공화국을 목표로 했다. 창당한 지 한 달도 되기 전 북조선 공산당보다 더 많은 당원을 확보했고, 석 달째 되자 수만 명으로 급증했다. 당의 전반적 성격은 상당히 반공적이었다.

애초 각 지역사령부가 설치되고 소련 군정이 시작되자 폭행, 약탈, 강간 등으로 곳곳에 반소 시위가 이어졌다. 소련 붉은군대, 2차 대전 때 독일 여성 300만 명을 강간했던 바로 그 군대였다. 총 20~30만 명이 북에 진주했고 그들은 농산물과 공장시설 약탈·반출에 혈안이 되었다. 소련군은 "북조선 인민의 사유 및 공유재산은 소련 군사당국의 보호 아래 둔다."고 하고 각종 공장시설과 식량 등 귀중한 자원을 반출해 나갔다. 1946년 소 13만 두, 말 1만 두, 돼지 9만 두 등이 반출되었다.

"공장시설의 경우, 일제가 다른 식민지에는 결코 건설하지 않은 조선 반도에 내선일체의 일환으로 설치한, 당시로선 세계 최신 산업설비인 압록강 수풍발전소 10만kW 발전기 3대를 비롯하여 함흥 원산 진남포 청진 등지의 공장시설에서 공작기계 방직기계 제련기계 전동기 가성소다 현금 등이 반출되었다."(고태우, 『북한사 100장면』, 가람기획, 1996, P28)

즉, 일본이 거의 본국 수준에 해당하게 심혈을 기울여 반도 북쪽에 건설한 최신 공업 설비들이 소련군에 의해 무단 약탈된 것이다. 이는 남쪽 미군들에게서는 전혀 일어나지 않았던 일이다.

이 시기 북한 전역에서는 대규모 반소 반공운동이 일어나는데, 북한 최초의 대규모 반공운동은 1945년 11월 "신의주 반공학생의거"이다.

이때 발표된 호소문은 다음과 같다.

공산당을 몰아내자!
피난민의 대우를 개선하라!
학원의 자유를 쟁취하자!
소련군은 물러가라!

이 신의주 반공학생의거에서 그날 하루 그들의 발포로 2,500명 참가에, 23명 즉사, 100여 명 중상, 700명 부상, 2,000여 명 투옥, 일부는 권총으로 즉결처분했다. 우리청년회 회장 김성순은 시베리아유형, 일부는 반신불수가 되도록 고문을 당했다(이치석, 『함석헌 평전』, 시대의창, 2015, P178). 이 시기, 그곳에 있었던 함석헌의 기록을 보자,

"소련군이 들어오자 온 시내는 공포 분위기에 휩싸이게 되었다. 첫째로 한 것이 상점 약탈이었다. 시계, 만년필은 닥치는 대로 '다와이'(내라)다. 그다음은 여자 문제다. 어디서 여자가 끌려갔다. 어디서 무슨 일이 있었다 하는 소리가 날마다 들려왔다. … 한 손에는 알코올 병을 들고 한 손에는 냉수 컵을 들고 마셔 대는 소련군, 인간으로 보이지 않고 짐승으로만 보이는 공산당원들, … 그 자리에 앉아 있자니 살아 있는 것 같지 않았다."(함석헌선집편찬위원회, 『들사람 얼』, 한길사, 2016, P235)

나중 이 땅 김씨왕조의 개가 된 영혼들은 이 행위들을 모두 뒤집어서 소련군이 아닌 미군들이 한 것이라 우긴다. 마치 6·25의 대규모 양민학살의 사례들처럼, 그리고 이 기록을 남긴 함석헌을 제정신이 아닌 사

람, 노망난 사람 취급을 하고 배척한다.

모스크바에서 신탁통치가 결정되자, 조선민주당의 조만식은 경성의 다른 정당들과 연락한 뒤에 태도를 결정하겠다 했고, 신탁통치에는 명백히 반대하며 통일된 조선정부의 수립을 갈망했다. 북조선만의 독자적인 정권수립기구인 "북조선행정국"을 만들려는 소련의 구상에 반대한 조만식은 얼마 뒤 연금 상태에 들어갔다.

이렇게 하여 북에서 조만식과 민족세력은 완전히 몰락하고 그 세력은 남으로 향한다. 38선 이북 지역을 장악한 소련군은 신속하게 남북으로 연결된 교통 · 통신 · 우편을 차단했고, 38선 일대에 경비부대를 배치하여 남과 북의 교류를 통제했다.

이후 김일성이 도발한 6 · 25 전쟁으로 남북 상호 200여만 전사, 500여만 부상, 1000만 이산가족, 이루 헤아릴 수 없는 재신 및 정신적 손실, 그리고 한 세기 가까운 남북의 적대적 대립이 시작된다.

2) 공산만행과 김구

• 공산만행

"토지 없는 사람들에게 땅을 나눠 주고, 가진 자와 못 가진 자가 차별 없이 다 같이 잘살고 평등하게 사는 세상이 온다." 이 아름다운 세상, 즉 공산주의 · 사회주의의 이상세계에 대한 국민들의 지지도는 해방 후 한때 70%에 이르렀다. 『공산당 선언』 말미에는 "지배계급들로 하여금 공산주의 혁명 앞에 전율케 하라."는 가공할 만한 폭력 선전 · 선동이 지시되고 있다.

북의 김일성과 남의 박헌영은 애초 소련공산당의 지시대로 움직였다. 계속되는 조선공산당의 불법 행동에 미군정은 조선공산당을 불법화하고 박헌영 체포령을 내렸다. 미군정은 "조선인민을 노예화하기 위해 미국이 설치한 기관"이며 "미제는 만악의 근원"이라는 주장 아래 "총파업지령", "동맹휴학", "철도·전기를 포함 사회의 근간을 뒤흔들어 미군정을 뒤엎을 시도"는 끝없이 이어졌다.

해방 후 대구·제주·여수에서의 공산주의자들의 만행에 비하면 일제의 지배는 참으로 별것 아닌 "새 발의 피 수준"의 것들이다.

대구폭동, 해방 후 대구는 한때 "한국의 모스크바"로 불릴 정도로 좌익이 가장 많은 도시였다. 김일성과 박헌영은 대부분의 사안을 일일이 소련군정에 물어보고 투쟁했는데, 이북의 소련군정은 대구폭동에 자금을 지원하고 개입했다. 미제를 축출하고, 총파업으로 산업기반을 뒤엎고, 동맹휴학으로 사회를 마비시켜 새 세상을 열기 위해 그들이 한 행위를 미국인 한국 전문가 브루스커밍스의 기록으로 살펴보자.

"대구경찰관 38명이 살해당했다. 그들은 그냥 피살된 것이 아니었다. 고문을 당하다 죽었으며 묶여서 화형을 당하고, 산 채로 껍질이 벗겨졌다. 그리고 그들이 죽은 후에도 그들의 집과 가족들이 공격받았다."(김용삼, 『대구 10월 폭동, 제주 4·3사건, 여·순 반란사건』, 백년동안, 2017, P76)

그리고 당시의 신문 대구시보에 보도된 내용들에 의하면, 사지가 제대로 붙어 있는 것이 없고, 일부 경찰관은 거세를 당했으며 큰 돌로 머리를 짓이겨지고 산 채로 생매장당했다고 한다. 그리고 4살짜리 손자까지 참살하고, 눈을 파내고, 혀를 잘랐으며, 도끼로 장작 패듯 머리부터 아래까지 참살했다는 등의 참상이 전해진다.

당시 미군 G-2 보고서에 의하면 대구시내에서만 경찰 38명, 공무원 163명, 민간인 73명이 사망했고, 부상 1,000명, 행방불명 30명, 시위 혐의자 7,400명, 건물 776동이 파괴되었다(김용삼, 『대구 10월 폭동, 제주 4·3사건, 여·순 반란사건』, 백년동안, 2017, P83).

제주 4·3반란, 1948년 4월 3일 발생한 제주 무장반란은 6년 6개월이라는 긴 시간 동안 폭동과 진압의 아비규환을 연출하여 섬 전체를 피로 물들인 사건이다. 애초 공산당의 목표는 박헌영 등에 의한 "제헌의회 선거를 폭력을 동원해 저지"하기 위한 선전·선동으로 시작되었다. 즉, 미군정 하지사령관의 "남한만의 단독총선" 발표를 남로당이 결사반대한 데서 비롯된 것이다. 당시 제주도의 남로당 가입자는 6~7만 명으로 추정되었고, 존 메릴은 제주도민의 80% 정도가 적극적 또는 소극적 남로당 지지자였다고 본다.

제주경찰서를 기습 점령한 것을 신호로 "인민유격대"라 불리는 500여 명이 무장을 하고 도내 24개 경찰지서 중 12개 파출소를 습격했다. 이 공격으로 경찰 및 민간인 55명이 피살되고 21명이 납치, 건물방화 45건, 부상자는 이루 헤아릴 수가 없었다. 머리가 톱으로 잘리고, 도끼에 팔이 잘리고, 칼로 난도질로 목이 잘리고, 불에 태워 죽이고, 죽창으로 마구 찔러 죽였다(김용삼, 『대구 10월 폭동, 제주 4·3사건 여·순 반란사건』, 백년동안, 2017, P133).

나중 이 반란의 진압에는 도내 400여 마을 중 259개 부락이 전소되고 1만 2,250호의 가옥이 불타고 전체 섬 인구의 10%에 이르는 3만여 명 이상이 희생되고 이재민 10만여 명이 발생하는 처참한 기록을 남긴다.

애초 군과 경찰간부의 목에 현상금을 걸고 앞에서 선전·선동하던 김달삼·안세훈·고진희·문등용·강규찬·이정숙 등 많은 이들은 북으로 달아났다. 이들 중 주동자 김달삼은 월북하여 평양 최고임민회의에서 제주폭동의 진상을 보고하고 훈장을 받았다.

여수 14연대 반란, 1949년 10월, 여수 14연대 반란 사건은 제주도로 출동하여 폭도들을 토벌하라는 명령을 병사들이 거부하면서 일으킨 반란사건이다. 이 군사반란은 6·25 발발 불과 1년이 못 되는 시간 이전에 발생했고, 많은 이들은 이에 대해 북의 지시가 아니라 병사들의 우발적 반란이라고 생각한다.

제주반란 토벌을 위해 준비된 이 부대는 완전히 신무기로 무장한 국군 1개연대병력이다. 김지회·홍순석·지창수 등의 주동자는 일시에 잠자던 장교들을 몰살하고 여수시내로 진입한다. 여수를 장악한 그들은 가가호호 방문하여 총을 쏴죽이고 위협하여 인민대회를 열고 2만여 명이 참석한다. 인민재판으로 즉결처분을 하고, 경찰·공무원·우익 그 가족들을 무참히 살상한다.

"여수 경찰관 50여 명이 집단 학살되고, 순천 400여 명의 경찰 포함, 공무원 등 총 900여 명이 집단 살해된다. 순천경찰서장을 나무에 거꾸로 매달고 눈알을 뽑고, 죽창으로 찌르고 차 뒤에 매달고 죽을 때까지 비포장도로를 달리고 나중 휘발유 뿌려 불 지르고 태워 죽인다."(김용삼, 『대구 10월 폭동, 제주 4·3사건, 여·순 반란사건』, 백년동안, 2017, P190)

그들은 학교 교사 학생들의 동원하고 심지어 어린 학생들도 총을 잡고 반란에 가담시키기도 했다. 당시 순천일대에서 반란군에게 학살당한 양민이 1,134명, 행방불명자 818명, 사살된 반란군 392명, 기타 인근에서 반란군에게 학살당한 이들도 수백에 이른다(김용삼, 『대구 10월 폭동, 제주 4·3사건 여·순 반란사건』, 백년동안, 2017, P202). 이 가혹한 참상이 얼마나 처참했으면 순천역 앞에 당도하여 대중 앞에 선 이현상(나중 남부군 사령관)이 "당적 과오요, 당적 죄악"이라고 소리쳤다고 한다.

뒤이어진 국군의 토벌작전에서도 무자비한 응징 보복이 이어지고 잔여 반란군은 지리산으로 도주한다. 그러나 1949년 이 반란으로 국군은 본격적으로 군내 좌익색출작업을 단행한다. 군은 전 병력의 3분의 2에 해당하는 35,000여 명이 빨치산 토벌에 발이 묶여 있었다.

다음 해 봄 6·25 발발 불과 몇 개월 전에 군 내부는 좌익이 완전히 척결되어 하나로 뭉쳐 남침에 대항해서 싸우고, 자유대한민국을 지키고, 오늘의 세계 10대 강국에 이르러 5천만 인구가 남들이 부러워하는 삶을 살게 된다.

존베린은 14연대 반란사건에 대해 "축복받은 비극"이라 말한다. 즉 신생 대한민국에게 그것이 없었다면, 6·25 때 박헌영의 말대로 남한과 그 군부는 제대로 싸워 보지도 못하고 내부반란으로 스스로 자멸했을 것이 분명하기 때문이다. 지금의 5천만 남한 인구는 3천만쯤 되고 곳곳에 세워진 김일성 동상을 바라보며 고단한 심신으로 하루하루 이어 가고 있을 것이다.

• 김구

1948년 10월 30일 여수 14연대 반란사건과 관련하여 김구의 담화를 들어 보자.

"우리는 일찍부터 폭력으로써 살인 · 방화 · 약탈 등 테러를 행하는 것을 배격하자고 주장하였다. 금번 여수 · 순천 등지의 반란은 대규모적 집단테러 행동인 바, 부녀 · 유아까지 참살하였다는 보도를 들을 때에 그 야만적 소행에 몸서리 처지지 아니할 수 없다. 멀리서 듣고도 그러하니 현지에서 목격하는 자는 비참 · 격앙함이 그 극에 달할 것이다. … 외군에게 계속 주둔하는 구실을 줄 뿐이다. 이것은 우리의 자주독립을 좀먹는 행동이니 이로써 우리는 망국노의 치욕을 면하는 날이 없을 것이다. … 금번 반란이 너무도 중대하므로 이로 인하여 국가 민족에 미치는 손해가 또한 중대한 까닭에 그대로 함구만 할 수 없어서 피눈물로써 이와 같이 하소연하는 바이다. 동지 · 동포는 우리의 고충을 깊이 양해하고 동족상잔에서 동족상애의 길로 공동매진하기를 간절히 바란다."(김용삼, 『대구 10월 폭동, 제주 4 · 3사건, 여 · 순 반란사건』, 백년동안, 2017, P223)

3) 주체사상 우상화

• 주체사상과 우상화

홀로 세계사를 역행하는 나라, "조선민주주의인민공화국", 여기서 "조선" 한 단어를 빼면, 나머지 4단어 아홉 글자는 모두 일본 땅에서, 일본학자들이 만든, 정확한 일본어다.

그 참혹했던 2차 세계대전이 끝나고, 전 세계 대부분의 나라들이 인간존중 · 건설 · 생산 · 번영의 길을 갈 때, 이 땅 북쪽 김씨왕조는 1인 무한독재 왕조체제를 구축하여 인간 · 민중 · 민족 등 모든 사람의 가치를 목적이 아닌 수단으로 삼은 나라가 되었다. 김씨왕조는 20세기 중

후반 그리고 오늘까지 한 세기 가까이 세계사에 비교상대가 없는 최고 유일의 반인륜 · 반역사 · 반민족 · 반민중의 참혹한 감옥국가를 이어 가고 있다.

애초 김일성은 중국공산당 산하 동북항일연군 소속으로 빨치산 활동을 벌이다 일본군에 쫓겨 러시아로 도주했다. 그곳에서 중국인과 조선인들로 구성된 88여단에 근무했고 1945년 귀국할 때까지 항일투쟁을 한 적은 없다.

김일성이 자신의 항일활동이라고 내세운 보천보전투도 사실은 "일본 육사 출신의 김광서"라는 사람이라는 설도 있다. 실제로는 "본래의 김일성"이 있었고 그가 사망하자, 나중 김성주가 김일성이라는 이름을 차용한 것이라는 설도 있다.

그러나 어떻든 김일성은 스탈린으로부터 낙점받아 북한의 지배자가 되었다. 이후 철저한 정치적 라이벌 숙청과 가혹한 주민통제로 1인 지배체제를 확립했다. 6 · 25를 통해 무정을 필두로 한 연안파(중국계)의 완전 제거. 미심쩍은 자살로 발표된 소련파 허가이 완전 제거, 미제국주의 고정간첩이란 올가미를 씌워 조선공산당의 주역 박헌영 일파 완전 제거로 북에서 더 이상 김일성에 대적할 만한 정치세력은 없어진다.

그리고 자기 자신은 미제와 싸워 이긴 백전백승의 영장으로, 대부분의 지식인들이 월남한 지식공동의 사회에서 철저하게 개인우상화를 진행한다. 전쟁 중 실시한 행정구역 재편 때 붙인 각 지역의 지명도 그의 우상화와 연계시켜 그의 가족 이름 등으로 개명된 곳이 많다. 백두산의 최고봉 이름도 그를 우상화하며 장군봉이라 칭하고 그 옆 봉우리 하나는 정일봉으로 불린다. 심지어 러시아에서 태어난 김정일을 백두산에서 태어났다고 우상화 시설을 만들고 "혁명사적지", "백두혈통" 운운하는 어처구니없는 일을 연출한다.

북한 전 국토에는 3만 개의 김일성동상이 세워지고, 전국의 산하에는 김일성 · 김정일 부자 우상화의 선전 · 선동 문구들이 새겨진다. 그리고 그 유일체제의 감옥국가에 조금이라도 의심을 품거나 다른 말을 하는 사람과 그 가족은, 구약성서 초기에 나오는 "…숨이 붙어 있는 것은 모조리 진멸케 하라", "남녀노소는 물론 생축까지도 모조리 죽여라"의 극단적 저주 그대로, 김일성과 김정일에 의해 "…쓸어버리시오"로 바뀐다.

김정일, 그가 태어난 곳이 러시아 블라디보스토크 라즈돌노예 조산원이다. 당시 산파는 "엘랴". 그녀는 출생 시 김정일 배꼽 탯줄을 길게 자른 내용까지 이야기로 전했다. 그가 출생한 생가는 지금까지 그대로 보전되고 있다. 김정일의 어릴 적 러시아 이름은 "유라"이다.

1970년대 초반, 김씨왕조 2세 후계 작업을 시작하면서 백두산에 우상화 시설이 건립되기 시작한다. 백두산 일대의 백두밀영 등, 다양한 곳에서 근무했던 사람들이 탈북하여 그 사정을 전한다.

김정은, 그의 아버지는 러시아 출신, 어머니는 일본 출신이다. 이름하여 "백두혈통"이다. 아마도 러시아와 일본의 가운데 있는 산 이름을 기준으로 한 모양이다. 광주와 부산에 사는 청춘남녀가 결혼을 하면 그 2세는 "지리산혈통"이 될 것이다.

김일성, 그는 죽어서도 시신 방부 처리에만 1년에 5억여 원씩 들고, 러시아 기술로 처리되고 있다고 한다.

• 일제가 건설한 지상낙원

십수 년 전, 북한을 방문하고 돌아온 사업가 친구로부터 들은 이야기다. 그는 이름을 말하면 누구나 아는 유력 정치인과 함께 방북했고, 그에 합당한 직급의 북한 고위 당 간부의 안내로 묘향산 ○○폭포 아래서 소풍놀이를 겸한 느긋한 대화의 시간을 가졌다고 했다.

한잔 술을 곁들이며 서로 대화가 오가는 시간, 당시는 북이 참으로 어려운 시기를 보내는 때였지만 그들도 한때는 잘살았던 때가 있었다고 했다. 그들 이야기의 핵심은, 일본의 통치시기에 그들은 당시 세계 최고 수준의 제철 · 화학 · 금속 · 기계 · 전기 등의 산업시설을 대부분 북한 땅에 건설했고, 풍부한 광물자원 개발, 항만시설, 특히 공업용 발전시설은 90%가 북쪽에 건설되었다고 한다. 북에 건설된 암모니아 비료공장의 경우는 전 세계 생산량의 10%를 감당할 정도로 대단했다. 그리고 종전 후에는 수많은 일본인 기술자(868명)들을 강제로 억류, 잔류시켜 공장을 가동하고 기술을 전수했다.

그런데 신기한 것은 그 공장들이 얼마나 튼튼하게 지어졌으면 6 · 25 전쟁 시 그리도 심하게 퍼부었던 미군 폭격기들의 폭격에도 대부분 공장들이 지붕만 날아가고 그 속의 기계들은 고스란히 남았다고 했다. 6 · 25 전 이 기계들로 생산한 따발총에는 〈48년 평양공장〉이란 문구가 뚜렷이 새겨졌다(백선엽, 『실록지리산』, 고려원, P1992, 312).

이후 극심한 동서냉전으로 서구와 공산권의 경제가 철의 장막으로 완전히 분리된 상황에서, 일제 공작기계들로 생산된 농기계를 비롯한 기계류 제품들이 중국 및 동구권 공산국가로 불티나게 팔려 나갔다 했다. 6 · 25 후 전 공산권에서 보내오는 지원으로 복구를 마치고 그 토대 위에 일제가 건설한 산업시설들이 제 기능을 발휘하자 당시 북한은 공산권 세계 최고의 복지국가 지상낙원이 건설되었다는 것이다. 즉, 평양과 원산에는 도시 전체에 중앙난방 온수가 공급될 정도로 말이다.

그러나 1970년대가 되자 서서히 상황은 변하기 시작했다. 동서 간의 해빙무드가 돌자 조금씩 서구의 앞선 기계화학 제품들이 공산권으로 파고들자, 북한의 상품들은 설 자리를 잃어 갔다. 1980년대, 북은 경제 활로 모색에 실패하고, 부자세습을 이룬다. 1980년대 말 서울의 88올림픽이 전 세계 TV 화면에 방영되는 시기를 기점으로, 세계 사회주의 진영이 완전히 붕괴한다. 북한의 유일왕조체제는 완전한 고립화로 왕조를 위해 전 인민이 수단이 되는 고단한 참상의 감옥국가가 지속된다.

• 조선족 가이드 최관영

필자가 백두산에 처음 오른 것은 2006년 6월 1일이다. 당시 버스보다 높이 쌓인 눈을 두부 자르듯 잘라 내고, 눈 사이로 좁게 트인 아스팔트를 달리던 기억이 지금도 생생하다. 서파로 한 번, 다음 날 북파로한 번 백두산을 오르고, 그리고 다음 날은 두만강 발원지 관광 겸 두만강 상류에서 하류로 내려가면서 작은 개울에 불과한 두만강 건너편 저쪽 북한 땅을 바라보는 것이 주된 관광이었다.

김일성이 도발하여 200만이 죽고, 500만이 부상당한 전쟁 6·25, 전쟁 당시 김일성이 미군 폭격기가 오지 않는 백두산 뒤로 도망을 와서 낚시를 했다는 두만강 상류의 "김일성 낚시터", 작은 실개천에 불과한 두만강 건너편의 초라한 집들, 맞은편 중국 땅의 하얀색 집들, 강 양쪽의 동포들이 서로 알아보도록 집의 벽면을 하얀색으로 칠한 것은 전부 조선족의 집이라고 했다.

조금 하류로 내려가자 참으로 놀라운 모습들이 눈에 보이기 시작했다. 마치 대전·진주 고속도로를 달리다가 바라보는 지리산 웅석봉, 덕유산 능선들 같은 급경사의 큰 산들 중허리에 만들어진 널찍한 밭들이 하나둘씩 눈에 띄자 가슴이 답답해 오기 시작했다. 내 자리는 버스 기사 바로 뒤 오른쪽, 그 오른쪽에 앉은 가이드와 언제든 이야기를 할 수 있는 자리였다.

"아! 나도 농촌에서 자랐고 평생 농사를 도우며 살아온 사람인데, 저 큰 산 극심한 산비탈에 도대체 무슨 농사를 어찌 짓는단 말입니까?"

"그러게 말입니다. 깡냉이를 심는데 그것이 싹트고 자라기 전에 비가 많이 오면 씨앗이 씻겨 내려가는데, 그러면 하루 종일 그것을 하나하나 일일이 다 찾아서 다시 제자리에다 심습니다."

"지금 이 등산화를 신고 나 보고 하라고 해도 저 비탈 흙밭에 제대로 걷기도 어렵겠는데…."

그 순간 일어선 당시 26세 조선족 가이드는 마이크를 잡고 열변을 이어 가기 시작했다. 6·25 전쟁 후의 북·중 사정, 1960년대부터의 두만강 양쪽의 생활 사정, 1970년대~1980년대 북한과 중국이 변해 온 내용, 그리고 당시 중국이 등소평 이후 1970년대 한국의 박정희 대통령을 모델로 그대로 따라서 "중국이 이렇게 경천동지 하도록 변해 가지 않습니까?"까지, 마치 유명 아나운서의 연설을 듣고 있는 듯했다.

한참을 열변을 토하다 자리에 앉을 쯤, 강 양쪽의 풍경을 보고 있던 필자가 다시 물었다.

"이쪽 중국 쪽 논밭에는 한곳에 한 명씩 들어가서 일을 하는데, 저기 북한에는 깨끗한 밭에 왜 사람들이 20~30명씩 무리로 들어가 있습니까? 그리고 반쯤은 서 있고 반쯤은 앉아 있는데 저게 뭐하는 거죠?"

필자의 질문에 가이드는 다시 일어서서 마이크를 잡았다.

"자, 여러분 모두 다 오른쪽을 보십시오. 지금 이 시간 북한의 농장에서 일이 시작되는 시간입니다. 북한에서는 점심식사 후 하루에 두 시

──────── 종가의 귀환

간씩 집단 사상학습을 하고 나서 농장으로 일을 하러 나옵니다. 그리고 일을 하러 나와도 무슨 위원장, 무슨 간부들, 직책이 있는 사람들은 일을 하는 게 아니라 시키기만 합니다. 그러다 보니 저렇게 한곳에 많은 사람들이 함께 일하고 절반은 서있고 그러는 겁니다. 가만히 보십시오. 저 사람들이 일을 하는 것인지 뭐하는 것인지. 자! 왼쪽의 중국인들 일하는 것 보십시오. 한 명이 한 논에서 열심히 일하지 않습니까? 중국도 옛날 한때는 저 비슷했습니다. 그러나 등소평이 사유경작제를 실시하자 단번에 생산량이 두 배 이상 늘어나고 굶어 죽는 사람이 아예 없어졌습니다. 저 사람들은 중국이 이렇게 변하고 잘 사는 것을 알면서도 아직도 저러고 있습니다. 저렇게 해서 어찌 먹고 산단 말입니까? 김일성이 동상만 붙들고 있으면 밥이 나옵니까? 죽이 나옵니까? 같은 민족으로서 정말 안타까운 일입니다."

그리고 그는 자신의 북한 방문 이야기를 실감나게 했다. 한참 뒤에 연길근교의 엄청난 담장이 둘러진 탈북자 수용소를 지날 즘, 필자가 조용히 "나도 북한에 한번 가 봤으면 좋겠는데…." 하자, 그는 "아! 언제든 가능합니다. 한국 돈 40만 원만 있으면 모든 것은 제가 알아서 할 수가 있습니다."라 했다.

"그런데 말이야 내가 키가 180에 85킬로, 지금까지 본 북한 상품 판매점의 조그만 북한 사람들이나 강 건너의 북한 사람들과는 완전히 표가 나는 사람인데, 척보고 남조선 사람인 걸 알아채면 그때는 어찌 되는 거지?" 하자, 순간 필자의 눈을 빤히 쳐다보던 그는 아무 말이 없었다.

4) 최악의 인간말살

· 인간차별

김일성은 애초 소련 스탈린을 등에 업고 북한의 지배자가 된 사람이다. 당시에는 해방 전 광복운동을 한 중국계, 소련계 그리고 국내에서 주로 활동한 조선공산당 계열이 있었다. 김일성은 6 · 25전쟁을 기점으로 그 참상의 책임을 모두 정치적 경쟁자들에게 뒤집어씌워서 일거에 제거한다. 그리고 전쟁 말기부터 "위대한 수령", "영명하신 지도자" 등의 구호로 1인 우상숭배의 가혹한 독재정권이 확립된다.

북에 거주하는 국민들은 모두가 새로이 출신성분이 분류되고 김일성을 기준으로 그 충성도에 따라 세세하고 엄격하게 계층화된다. 여기에 따라 교육 기회, 식량 배급, 직업 선택, 주거 장소, 거주 이전, 여행 자유, 의료 등 모든 생활조건을 지배하고 그것은 세습된다. 애초 누차에 걸쳐 주민성분조사가 실시되고 감시 및 재분류가 실시되었다.

"1967년에는 주민재등록사업으로 3개 계층 51개 부류로 분류된다. 핵심계층 87만 가구 391만 명, 동요계층 70만 가구 351만 명, 적대계층 173만 집계되었다."(허만호, 『북한인권이야기』, 경북대출판부, 2014, P33)

북에서 태어나는 아이들은 태어나면서부터 그 성분에 따라 자동으로 귀족이 되고, 때려죽여도 되는 정치범이 되는 것이다. 일본, 중국 그리고 세계사 어디에도 없는, 심지어 이씨왕조도 확실히 능가하는 철저한 인간차별 감시감독의 인간통제 감옥국가가 건설된 것이다.

"김일성주체사상"을 이념 종교로 하는 유일사상을 숭배하며, 그 어떤 다른 것도 단호히 척결, 이단으로 제거 · 말살된다. 이에 반하여 다른 생각, 다른 말을 하는 자는, 그 어떤 사유 · 설명도 없이, 야밤에 온 가족을 무단으로 끌고 가기도 예사이며, 사실상 무단체포, 무단구금, 강제노역, 굶주림, 가혹한 구타, 고문, 성 착취, 때려죽임, 공개처형, 생체실험을 당한다.

• 세뇌교육

북한 땅, 전국의 산하에는 3만여 개의 김씨부자 동상이 세워지고 유명 산천에는 바위 · 수천 곳곳에 김씨왕조 우상화 대형 글씨가 새겨져 있다.

1967년 당 간부들 중 정통 마르크스주의를 내세우며 주체사상에 미온적인 사람들은 대숙청되었다. 박금철 · 리효순 등은 김일성중심의 유일체제보다는 민주집중제를 강조했으며 국가의 자주성을 지켜 나가는 사상적 전통과 관련해 김일성이 주도한 항일혁명 전통보다 우수한 민족전통과 사회주의적 애국주의를 강조했다. 이들은 당의 혁명전통교양을 방해한 죄로 수정주의, 종파주의, 가족주의, 교조주의, 사대주의 봉건주의로 매도되어 숙청되었다.

전체 인민들에게는 "김일성 동지의 혁명사상" 외에는 그 어떤 사상도 모르는 확고부동한 신념의 유일사상체계가 1967년 여름에 공식화되었다. 나라의 모든 행사는 "김일성 수령에 대한 찬양"으로 시작하고, 학교의 모든 학습은 "김일성의 활동 내용을 암송"하는 것으로 출발한다.

당과 국가의 지도자들은 성역화된 김일성의 조부모와 부모의 묘에 화환을 바쳐야 했고, 최고 중요한 학교학습은 곧 김일성 가계를 학습 · 암기하는 것이었다. 김일성 개인사, 가계역사는 곧 북조선 전체 인민들의 역사가 되었다. 김일성의 한마디는 모든 인민들이 암기·실행해야 할 생활지침이고, 조금의 의심이나 불평불만의 말은 곧 인간말살, 수용소행, 가족·친인척을 포함한 완전한 인간말살의 길로 가는 것이다.

• 인간말살

"김씨왕조 주체사상 우상화" 이것에 반하는 "한마디 말", 이것은 자신은 물론 그 가족, 친척까지 "영원한 인간말살"의 경지로 내몰린다.

지금 현재 북한에는, 6개의 정치범 수용소, 최소 28개소의 집결소, 200개 이상의 노동단련대, 8개의 노동교화소, 24개의 교화소가 있다. 현재 여기에는 20~30만 명이 강제 수용되어, 강제노역, 굶주림, 성착취, 가혹한 구타, 고문, 처형, 생체실험, 무단암매장 등으로 1년에 1~2만 명 정도가 인간말살, 즉 죽어 가고 있다. 남으로 온 탈북자 3만 3천여 명, 정확한 숫자 파악도 어려운 중국으로 간 탈북자 수십만, 그리고 전 세계로 간 탈북자들이 현재의 북의 참상을 인류 앞에 상세히 고발한다.

* 김일성 교시(1968년)

"종파분자와 계급의 원수는 그가 누구이건 3대에 걸쳐서 씨를 없애야 한다."(안명철, 『월간조선』, 1995. 5)

* 김정일 919방침

국가안전보위부, 인민보안성, 사법검찰, 책임일꾼들에게 내린 명령. "직위와 공로에 관계없이 머리에 병든 자들을 모조리 쓸어버리시오."(북한인권 제3의 길, 『무관심』, 2018 P81)

정치범수용소의 정식명칭은 "○○관리소"인데, 북의 주민들에게는 다양한 별칭인 "정치범집단수용소", "특별독재대상구역", "유배소", "○○관리소" 등으로 통한다.

여기서는 "『관리소 10대 법과 규정』에 따라 규칙위반자 즉시 총살, 도주 미신고자 총살, 무단이동 시 총살, 시설물파괴자·무기류소지·도둑질 즉시 총살, 무기류소지 미신고자 즉시 총살, 식량을 감추거나 도둑질 즉시 총살, 담당보위원에 불만을 품거나 구타자 즉시 총살, 외부인을 감추거나 보호자 즉시 총살, 자신에게 주어진 과제 불성실 태만 즉시 총살, 승인 없이 남녀 간 신체 접촉 시 즉시 총살, 자기 죄에 즉시 승복하지 않고 다른 의견 갖는 자 즉시 총살, 기타의 사유로 수시로 즉결처분 총살이 자행된다."(허만호, 『북한인권이야기』, 경북대 출판부, 2014, P97).

각종 수용소에서는 메뚜기·개구리·쥐·벌레를 닥치는 대로 잡아 먹고 연명하는 것이 지상 과제다. 아동들도 도라지농사·담배농사로 위장한 양귀비 재배 진액 채취에 동원된다. 아동들은 "공개처형단체관람"에 당연히 참가해야 하며 눈앞에서 피가 튀고 붉게 짓이겨진 인간 육신을 그대로 보게 한다.

공개처형에 관해서는 거의 모든 탈북자들이 경험하고 증언하는데, 처형 전에 이미 손과 발의 인대를 끊어 놓거나 입에 커다란 돌을 차 넣어 꼼짝 못 하는 상태로 만들거나, 관절을 부러뜨려 놓거나 하며, 실제 처형은 때려죽이기, 화형, 돌로 쳐 죽이기 등 다양하다. 그리고 젊고 예쁜 여성 수감자들은 간부들이 성노리개용으로 쓰고 비밀 유지를 위해 "도주분자"로 몰아 처형한다.

"젊은 여성 성추문이 빈발하자 수용소 내 20대의 얼굴 예쁜 여자 250명을 집단 처형한 사례도 있다. 어떤 젊은 여자정치범인 성노리개가 임신을 하자, 배를 갈라 애를 꺼내 밟아 죽여서 굶주린 개에게 던져 주고, 그 여성은 음부에 지렛대를 박아 전기를 투입해 죽였다. 주로 보위원들이 처녀를 성노리개로 쓰는데, 그러다 처녀가 임신하면 쥐도 새도 모르게 그녀는 영원히 사라진다."(허만호, 『북한인권이야기』, 경북대 출판부, 2014, P103)

"천인공노할 생체실험에 관한 끝없는 증언들이 있다. 중국에 있는 탈북자들 70% 이상이 북조선에서는 인체실험을 하고 있다고 증언한다."(북한인권 제3의 길, 『무관심』, 2018, P22)

"김정일은 군수공업담당비서가 대남공작용 저격무기를 새로 개발하면 개를 상대로 실험을 한다고 하자 개와 사람이 같을 수 없다며 정치보위부에 지시하여 정치범을 보내 주겠으니 그들을 대상으로 실험하라고 지시했다.(황장엽 증언)"(북한인권 제3의 길, 『무관심』, 2018, P22)

비밀 정치범 수용소에는 3~4개마다 극비 생체실험소 1개씩이 있다고 한다. 국가보위부 제3국이 비밀처형, 새로운 고문 방법 개발, 생체실험을 담당하는데 예전에는 주로 국군포로, 강제납북자들이 고문과 생체실험의 대상이 되었다. 김정일은 "6 · 25 때 남쪽의 월북자들은 나이가 많으므로 새로이 남조선 사람들을 납치하여 공작에 이용하라."고 지시했고 그들이 이용가치가 떨어지면 정치범수용소로 보내졌다.

지금 남쪽 대한민국의 운 좋은 세대, 김씨왕조의 부역자 · 추종자 · 감염자들은 오히려, 그곳을 탈출하여 남으로 온 사람들을 "체제를 배신하고 도망 온 사람들"이라 부른다. 그러면서 그들 가운데 어느 누구도 그곳에 가서 살 생각을 하지는 않는다.

5) 일만 년 우리 땅 간도

1947년 소련과 중국공산당은 하얼빈협정으로 요령성·안동성을 북한군이 주둔하는 특별지역으로 지정하고 장래 적당한 시기에 조선에 편입한다고 합의했다. 1947년 소련과 중국 양국이 맺었던 협정 뒤에, 1948년에는 소련·중국·북조선 3국이 평양협정으로 안동성·길림성·간도성 3개 성을 북조선의 것으로 한다고 협정을 한다. 이것은 지금이 조선반도보다 훨씬 넓은 땅이다. 7월에는 간도·안동·길림 3개 자치구를 직접 행정관할하고 연길·목단강·무릉에는 조선의용군, 즉 북한군이 주둔하고 직접 통치했다. 이것의 자세한 강역은 1948년 중화민국 국방부가 작성한 군사지도에 정확히 표시되어 있다.

1945년 일본이 물러가자, 이 지역의 조선인들은 간도임시정부를 수립하는 등 자치적인 노력을 기울였고 실제 자치를 실행했다. 그러나 국민당이 대만으로 후퇴하고 1949년 10월 1일 중화인민공화국이 수립된다. 이 시기 북의 김일성은 소련과 중국을 오가며 남침 준비로 여념이 없던 시기이다. 그때를 전후하여 이곳에 주둔하던 북한군은 완전히 철수를 하고 그 빈자리에 중국군이 들어와서 점령한다. 그 짧은 시간에 사건의 자초지종이 명확히 알려지지 않은 상태에서 하얼빈협정과 평양협정은 무시되고 이 땅은 중국의 것이 되고 말았다.

이후 1962년 10월 12일, 평양에서 주은래(周恩來)와 김일성(金日成)이 "중조변계조약"을 체결하여, 압록강과 두만강 상의 섬과 사주의 분할 근거를 제시했다. 이후 1964년 3월 20일 평양에서 천이(陳毅)와 박성철(朴成哲)이 서명하여 "중조변계의정서"로 논란의 중심이 된 백두산 천지의 국경이 확정되었고 오늘에 이른다.

이렇게 하여 후고려까지 지금의 요하를 경계로 했던 민족의 강역은, 이씨왕조 세종 이도 이후 알 수 없는 사유로 만주대륙의 서쪽을 상실하여 동쪽 부분만이 간신히 남았고, 북의 김씨왕조 통치 시기 1949~1950년 그 짧은 시기에 그마저도 중국의 것이 되었다.

간도를 차지한 중국, 그들이 100만 병력을 동원하고 전후 엄청난 원조를 한 것은 북을 위해, 김일성을 위해, 혈맹을 위해 싸운 것이 아니고, 그들의 영토 야욕, 미국의 우방과 국경을 맞대기 싫은 마음에 그들 스스로 알아서 싸운 것이다. 16세기 임진왜란에서의 명나라 신종처럼 말이다. 이씨왕조 주자원리주의자들이 말하는 "재조지은(再造之恩)"과 김씨왕조가 말하는 "조중혈맹(朝中血盟)"은 정확히 같은 말이다. 정확히 이것은 반민족 "노예영혼"의 본질을 말하는 것이다.

이유야 어떻든, 1950년 6월 25일은 1만 년 조선민족사 처음으로 종가 고려가 본디의 만주대륙에서 밀려나고, 처음으로 반도에 완전·고착된 상징의 날, 즉 1만 년 고토에서 완전히 퇴출된 날이 되는 것이다. 소련군대위로 북한에 들어와 "스탈린 대원수 만세"를 외친 김일성, 그의 진정한 조국이 어디였는지, 그가 진정 지키고자 한 것이 무엇이었는지를 생각하는 것은 참으로 개탄스런 일이다.

여기서 문제의 16세기와 6·25에서의 핵심정치사상이자 철학은 단재 신채호의 "조선의 ○○가 아닌 ○○의 조선", 즉 "노예영혼"이란 말에서 찾을 수 있다. 그들만의 이념·종교·사상을 위해, 민족·강역·민중·나라는 수단이자 도구로 전락하는 것이다. 그리하여, 민족도 죽고, 강역도 죽고, 민중도 죽고, 그들 왕조와 그 우상들만 반짝반짝 빛나고 있는 것이다. 이것은 이씨왕조와 김씨왕조가 정확히 일치하는 점이다.

6) 세계의 사회주의자들

블라디미르 레닌은 1920년 소련공산당 9차 대회에서 자신의 50회 생일을 축하하는 대표들의 연설을 듣다못해 퇴장해 버린 일이 있다. 그가 원한 것은 프롤레타리아 독재이지 한 개인의 우상숭배가 아니고, 그 자신이 우상숭배 되는 것을 결코 원치 않았던 것이다.

피델 카스트로, 그는 대부분의 공산 독재 국가들과는 달리 자신에 대한 우상화나 신격화 정책을 행하지 않았다. 쿠바 전역에는 체 게바라나 다른 혁명가들의 기념물이 만들어진 경우는 있어도 카스트로 자신과 그에 필적할 혁명가인 그의 동생의 기념물은 없다.

그는 그리도 오래고 완벽한 1인 지배체제에도 불구하고 권력을 자식에게 세습하지 않았다. 동생 라울에게 권력을 넘긴 것은 자신의 후광이 아니라 동생 라울 자체가 최고의 혁명가이자 제2의 개국공신이었기 때문이다.

카스트로는 생전에 평생 해진 옷에, 허름한 군복을 입었다. 지인이 찾아오면 스스로 프라이팬을 들고 요리를 하여 소박한 음식을 대접하기도 했다. 그는 마지막에도 자신을 기리는 동상이나 기념비조차 세우지 말고 개인 우상화를 금지하라는 유언을 남겼다. 사후 그의 유해는 화장 후 그의 고향이자 쿠바 혁명의 성공을 선언한 지역인 산티아고 데

쿠바에 있는 산타 이피헤니아 묘지에 안장되었다.

호치민, 그는 1990년 프랑스 식민치하 베트남의 가난한 시골에서 태어났다. 그는 평생을 조국의 독립에 헌신했다. 항상 민중들의 편에서 솔선수범하고 근검절약하는 생활을 한 것으로 유명하다. 1945년 나라가 해방된 후에도 결혼을 하고 가정과 자식이 생기면 욕심이 생긴다며 평생 결혼을 하지 않고 독신으로 살았다. 그가 30년 넘게 권좌에 있는 동안 이 생각과 행동에는 한 치의 흐트러짐이 없었다.

죽기 전 유언장에서 그는 "내가 죽으면 나를 화장하여 베트남의 남중 북부의 3군데 나의 재를 뿌려 주고, 장례식을 치르지 말라."고 지시했으며, 무덤도 만들지 말도록 했다. 전쟁으로 궁핍한 나라 살림을 축내고 싶지 않다고 했고, 단지 나를 추모하고자 하는 자는 그 마음으로 나무를 한 그루만 심어 주고, 그들이 쉬어 갈 수 있도록 작은 쉼터 하나만 만들어 달라고 했다.

체 게바라, 그는 스스로 "나는 민중 해방을 위한 투사이기를 원했지, 공산주의자가 되기를 원한 건 아니다."라고 했다. 성공한 혁명의 나라 쿠바에서의 2인자의 길을 포기하고 그는 또다시 새로운 혁명을 꿈꾸며 볼리비아의 밀림으로 들어간다. "무릎을 꿇은 삶을 살 바에는 차라리 서서 죽으리라."던 그는 정부군과 CIA수색대에 체포되어 총살당한다.

전 세계의 민중들이 김일성을 최악으로, 체 게바라를 최고의 가치로 숭상하는 이유는 간단하다. 자신을 죽여서 민중을 살린 자와, 민중을 죽여서 자신을 살린 자를 각기 달리 보는 것이 그 이유이다.

지금 김씨왕조, 그들은 그들만을 위한 전용 도로, 그들만을 위한 병원, 그들만을 위한 만수무강연구소, 그들만을 위한 기쁨조 만족조, 그들만을 위한 농장 운영, 가족 우상화 시설, 30여 개의 초호화 별장, 3

만여 개의 동상까지…. 끝이 없다.

7) 김씨왕조와 일제

• 김씨왕조와 일제

김씨왕조의 인간말살, 그것에 비하면 한 세기 전 일제의 그것은 그야 말로 새 발의 피다.

불과 1960년대까지만 해도 전 세계 140여 개국 중에서 유럽 등의 선진 20여 개 나라를 빼면 대부분의 국가에서 무단구금·고문 등이 자행되었다. 그러나 지금은 전 세계 그 어디서도 그런 일이 없다. 세상에서 유일하게 북의 김씨왕조에서만 무단 체포, 구금·구타·고문·강제노역·굶주림·때려죽이기·공개처형·생체실험 등이 자행된다.

- 일제가 이 땅에서 36년간, 독립군 3·1운동 기타의 경우로 구금·살해한 숫자를 모두 합해도, 김씨왕조가 70년간 전쟁 도발 및 인간 말살로 살해한 숫자의 100분의 1도 안 된다. 그리고 일제는 독립만세를 불렀다는 이유로 어린아이의 입을 잔혹하게 찢어 죽이지는 않았다(이승복과 비교).

- 100년의 세월도 더 이전, 일본의 총리대신 이토 히로부미를 쏴 죽인 안중근도 정상적인 법과 재판 절차에 따라 사형이 선고·집행되고 화장에 처해졌다. 그리고 당시로서는 체제도전에 해당하는, 독립운동을 한 도산 안창호, 최린, 여운형 등도 재판정에서 유연한 양형 기준에 따라 벌을 받았다(함석헌선집편찬위원회, 『들사람 얼』, 한길사, 2016, P174 참고). 그러나 한 세기 뒤, 지금 김씨왕조

에서는 전혀 아니다.

- 일제는 업자들을 동원하여 유료로 종군위안부를 운영했다. 그러나 김씨왕조는 "미처 귀국하지 못한 일본 사람들을 모두 한 수용소로 모으고 여자를 순번으로 징발해 내어 소련 군인에게로 보내기로 했다"(함석헌선집편찬위원회, 『들사람 얼』, 한길사, 2016, P235).

- 한 세기 전 일제는 아무리 중죄를 지어도 당사자만 잡아다가 법대로 처벌했다. 그러나 지금 북에서는 말 한마디 잘못하면, 철저한 연좌제 시행으로 쥐도 새도 모르게 전 가족이 인간 말살된다.

- 3 · 1운동에 여학생들이 일본 선생님 코앞에서 무리지어 "대한독립만세"를 외치고도 무사했던 시절이다. 한 세기 뒤, 세상이 180도 완전히 뒤바뀐 지금의 시간에 만일 북에서 여고생이 무리지어 "나는 죽어도 김씨왕조가 싫어요." 했다가는 그 즉시 쥐도 새도 모르게 온 가족이 인간 말살된다.

- 한 세기 전, 동경 2 · 8독립선언서의 조선 청년들, 죄명은 출판법 위반, 처벌은 최팔용 금고 1년, 앞에서 만세 부른 송계백 혼자만 고문을 받고 감방 생활을 7개월간 했다. 지금 북에서는 상상도 할 수 없는 일이다.

- 일제는 전쟁이 끝나자 생체실험을 중단했으나 김씨왕조는 이후 70년간 지속하고 있다.

- 한 세기 전, 일제는 수도인 경성(서울)에 사람들의 등급을 정해 출입을 금지시킨 적은 단 한 번도 없다.

- 한 세기 전 일제의 "서대문 형무소"는 죄인 그 자신만 가두는 곳이지, 온 가족을 함께 잡아들여 인간을 말살하거나 씨를 말리는 곳이 아니었다. 전 세계가 완전히 바뀐 100년 뒤 지금, 북에는 그를

종가의 귀환

빰치는 인간말살 시설들이 백배는 더 있다.

- 일제는 불교 · 기독교 등 종교를 믿었다는 이유로, 온 가족을 함께 말살하거나 씨를 말리지는 않았다.

- 일제 통치 기간, 조선의 건달들은 일본인 경찰간부를 두들겨 패고도 감방에서 조금 살다가 나왔다. 지금 만일 북에서 그러면 바로 총살이다.

- 일제 때는 아무리 극악한 죄인의 자식들도 돈만 있으면 서울 구경, 금강산 구경뿐 아니라 일본 유학도 가능했다. 그러나 김씨왕조에서, 죄인의 가족들은 영원히 인간말살의 지경으로 씨를 말린다.

- 한 세기 전, 일제 때는 이 땅 백성들이 먹고 살 길이 막막하면 만주로 간도로 이동하여 황무지를 일구고 목숨을 부지했다. 그러나 김씨왕조는 살길을 찾아 옛날 그 두만강을 건너면 바로 총으로 쏴 죽이고, 손 · 귀 · 코를 뚫어 철삿줄로 꿰어 잡아끌고 간다.

- 한 세기 전 일제는, 단군 이래 처음 이 땅의 성이 없는 모든 사람들이 성을 갖게 했고, 단군 이래 처음 이 땅의 모든 여인들에게 이름을 갖게 했다. 그러나 김씨왕조에서는 수십만 여성들이 먹을 것을 찾아 중국으로 탈북하여 인신매매, 강제결혼, 강제임신으로 노예의 삶을 살고 있다.

- 한 세기 전, 일제는 고문으로 사람을 죽여서 그 시신이 못 볼 지경이 되었을 경우, 쇠로 만든 관에 담아 봉해서라도 가족에게 보내줬다(권오설, 사회주의 광복운동가, 경북안동 풍산). 그러나 지금 북에서는 쓰레기 버리듯 뒷산에 대충 묻고 가족들은 영원히 모른다.

- 일제는 36년 동안 북에 세계 최고의 전력 · 기계 · 화학 등 공업시설을 완비, 한때 북이 공산사회 최고의 공산품을 만들고 "위대한

어버이 수령의 복지국가"가 되게 했지만, 김씨왕조는 거의 한 세기가 지나도록 수백만 인민을 굶어 죽게 하고 있다.

- 일제는 전쟁이 끝나자 조선인들을 돌아가게 했지만, 김씨왕조는 수많은 일본인들을 그대로 억류·감금하고 세계 최고의 전기·철강·조선 화학 기계 공장들을 돌리게 했다. 그리고 나중에도 일본인을 수시로 납치했다.

- 일제는 노역 중 남녀가 허락 없이 사랑을 했다는 이유로 총으로 쏴 죽이거나 때려죽이지는 않았다.

- 100년 전, 일제 때는 보다 자유로운 문학·예술 활동이 가능했다. 그러나 김씨왕조에서는 문학·예술·학문 모두가 김씨왕조 이념의 선전·선동 도구로 전락했다.

- 지금 매년 한국인 수백만 명이 마음대로 일본에 놀러가고 돌아 올 수 있지만, 김씨왕조가 통치하는 땅에는 전 세계인 그 누구도 감시자와 정해진 곳 방문 이외에는 그 어느 곳도 마음대로 돌아다녀서는 안 된다.

- 김일성은 그만의 위선 탐욕을 위해 6·25로 200만 동족을 죽인, 이후 수백만을 인간 말살한, 세계사와 단군 이래 최악의 전범이다. 실로 일제의 그것은 새 발의 피다.

- 조선민족 종가 고려인, 지금 깊이 생각해야 한다. 한 세기 전 일제가 우리를 옥죄고 있는지, 해방 후 한 세기 가까이 김씨왕조와 그 개들, 운 좋은 세대의 노예영혼들이 그들의 탐욕을 위해, 음양흑백·선전선동으로 인간·민족·일제를 빙자하여 우리를 옥죄고 있는 것인지.

- 이승만과 김일성

- 이승만은 해방 후 귀국할 때 미군(소련군) 장교가 아니었다.
- 이승만의 대통령 자리는 트루먼이 만들어 주지도, 아버지가 물려 주지도 않았으며 후에 이승만의 자신의 대통령 자리를 자식에게 물려주지도 않았다.
- 이승만은 "내 친구 트루먼"이라고 했지, "트루먼(스탈린) 대원수 만세!"를 외친 적이 없다.
- 이승만은 해방 후 1년도 못 되어 외세를 등에 업고, 민족세력을 말살하고, 1당 독재 지배체제를 구축하지는 않았다.
- 이승만은 해방 후 모든 국가행사에 이승만·트루먼(김일성·스탈린) 사진을 나란히 걸어 놓고 전 국민들에게 예를 갖추도록 한 적이 없다.
- 이승만은 북진통일을 외치면서도 38선을 오가는 사람들을 못 지나가게 막지 않았다.
- 이승만은 6·25 전, 종교가 다르다는 이유로 수천 명씩 집단학살하지 않았다.
- 이승만은 6·25 전, 반미 데모를 한다고 어린 학생들에게 총을 쏘고 학살하지도 않았다.
- 이승만은 6·25 전, 북으로 사람을 보내 무장폭동, 산 사람을 죽창으로 꿰고 생매장하고 껍질을 벗겨 죽이는 등 무자비한 살상을 시키지 않았다.
- 이승만은 초중고 학생들에게 자신의 가계 족보를 최우선 학습과목으로 강제하지 않았다.
- 이승만은 집집마다 안방에 자신의 사진을 걸어 두고 집에 불이 나도

사람이 타 죽어도 이승만 초상화부터 들고 나가라 하지도 않았다.

- 이승만은 자신에게 반대하는 사람들을 인간 말살하는 정치범수용소를 만들지도 않았다.

- 이승만은 전 국민이 오후 두 시간씩 자신숭배 사상학습을 하고 일터로 나가게 하지도 않았다.

- 이승만은 서울에 자기편만 모여 살게 하거나, 미운 놈을 아오지탄광으로 추방하지도 않았다.

- 이승만은 국민을 말 잘 듣는 순서대로 등급을 나누어 의식주 주거지를 차별하지 않았다.

- 이승만은 지리산이나 설악산 그 어느 큰 바위에도 "이승만 수령님 만세"를 새기지 않았다.

- 이승만은 그와 그의 아들 생일날을 국경일로 지정하지 않았으며, 한라산 최고봉을 "우남봉(이승만의 아호)"이라 부르게 하지 않았다.

- 이승만은 전 국토에 수만 개의 동상을 세우고 황금도금을 하고 숭배하게 하지도 않았다.

- 이승만은 솔방울로 폭탄을 만들지도, 가랑잎으로 압록강을 건너지도 않았다.

- 이승만은 자신을 욕하는 놈을 잡으려고 국민 셋 중 하나는 감시원 노릇을 하도록 하여 감옥국가를 만들지 않았다.

- 이승만은 자신의 통치에 대해 다른 의견을 갖는다고 "3대에 걸쳐 씨를 말리시오." 하지도 않았다(김일성).

- 이승만은 자신에게 반대하는 자를 잡아서 특수부대 살인실습용으로 쓰게 하지도 않았다(김정일).

- 이승만은 자신에게 반대한 사람들을 때려죽이거나 장기적출, 생

체실험 등을 하거나 그 시체를 가족 모르게 처분한 적이 없다.

- 이승만은 국민들이 굶주리는데 자신만을 위한 "만수무강연구소" 농장·공장을 운영하지 않았다.
- 이승만은 나라의 가장 예쁜 여성들을 가려 뽑아서 "기쁨조", "만족조" 등을 운영하지 않았다.
- 이승만은 국민들이 굶주리는데 세금으로 30여 개의 초호화 별장을 운용하지도 않았다.
- 이승만은 자신에게 충성하는 사람만 가려서 명문고 명문대에 입학하게 한 적이 없다.
- 이승만은 월드컵 8강전에서 4대 3으로 역전패하였다고 그 선수 인간과 가족을 "정치범"으로 몰아서 인간 말살한 적은 없다.
- 이승만은 서울에 구역을 정해 특권층이 사는 곳에 가난한 자의 출입마저 금지시키는 일은 하지 않았다.
- 이승만은 자기 나라 백성이 북쪽 사람을 만났다고 반역죄로 총살하지는 않았다.
- 이승만은 취임 초부터 독도와 대마도를 우리 땅이라며 신속히 미국 내 특유의 인맥과 능력으로 대응했지, 김일성처럼 두 번의 국제조약으로 확정한 우리 땅 만주대륙을 남의 것이 되게 하지는 않았다.
- 이승만의 집권 기간은 고작 10년을 조금 넘을 뿐이다. 이에 반해 김씨왕조는 3대를 상속하며 한 세기를 이어 가고 있다.
- 이승만이 지킨 "자유대한민국"은 전 세계의 모범국가로 발전했지만, "김씨왕조" 거의 한 세기 동안 세계의 우려 속에 세계사 최악의 "감옥국가"로 불리며 오늘을 지탱해 가고 있다.

– 이승만은 부하직원들이 저지른 부정선거로 인한 국민들의 한 번의 데모와 출혈에 "더 이상 사람들을 다치게 해서는 않되" "국민들이 원하면 물러나야지."라며 스스로 대통령직을 하야하고 하와이로 갔다. 김씨왕조의 최후도 부디 그럴 수 있기를 바란다.

8) 김씨왕조의 개가 된 영혼들에게

• 친일, 반민족

최서면(崔書勉) 국제한국연구원장은 학생 시절 백범 김구 선생의 개인 심부름을 했다. 그가 전하는 말에 의하면 어느 신문사 사장이 김구 선생에게 "선생님께서 빨리 친일파를 처단하지 않으셨기 때문에 나라가 이렇게 혼란하다."고 하자, 김구 선생은 "일본이 바로 이웃에 사는데 친일파는 많을수록 좋다. 없다면 만들어야지, 그게 무슨 소리냐. 내가 말한 것은 반민족적 친일파를 처단하라고 한 것이지, 언제 친일파를 처단하라고 했느냐?" 했다 한다.

실제로 해방 직후에는 "친일논쟁"이 아니라 "반민족행위자" 처벌을 논했다. 해방 후 "반민특위"의 조사대상 "반민족행위자"란, "군·경찰의 관리로서 악질적인 행위로 민족에게 해를 가한 자, 관공리였던 자로서 그 직위를 악용하여 민족에게 해를 가한 악질적 죄적이 현저한 자"이다. 핵심은 "악질적", "현저한"이었느냐의 여부이다. 즉, 없어진 나라에서 태어나고 자라고 공부하고 꿈꾸며 그 조직에 적응하여 정치·경제·관계·법조계·교육·문화 제반에서 활동하며 평범하게 살아온 것은, 같이 식민지 시대를 살아온 사람의 입장에서 볼 때 죄라 할 수가 없다는 말이다.

　대부분 반민족행위자 처벌에서 예를 드는 경우는 2차 세계대전 직후의 프랑스다. 프랑스는 독일의 히틀러 정권에게 치열한 전투와 수많은 피의 사상자를 내며 "강제점령"당했다. 그 짧은 기간에 어제까지 존재한 조국 프랑스를 등지고 독일에 협조한, 눈앞의 조국 프랑스를 정면으로 배신한 배신자들을 처벌한 것이다.

　프랑스는 단 한 판의 국가 간의 제대로 된 전투도 없이, 왕이 국권을 찬탈하는 자를 칭찬하고, 내각 총리대신이 청원하여 조약으로 나라를 내어 주고, 최고위층 고관들 76명이 합방의 공로로 작위와 은사금 토지를 받아서 36년간 하나가 된 경우가 전혀 아니다. 더구나 애초 없어진 나라에서 태어나고 자라고 공부하며 성장한 나폴레옹은 친이탈리아파, 친프랑스파 등으로 불린 적이 전혀 없이 그 공로에 따라 영웅으로 숭배하고 있다. 나폴레옹의 경우는 당시 박정희를 비롯한 이 땅의 수많은 젊은이들과 입장이 정확히 일치하는 경우이다. 한국과 프랑스의 경우는 실로 어처구니없는 엉터리 비교이다.

　오늘날 한국, 소위 ○○○○연구소에서의 "친일인물"이란, "식민통치기구의 일원으로서 식민지배의 하수인이 된 행위"라 한다. 즉 "반민특위의 악질 행위"가 아니라 없어진 나라에서 태어나고 자란 그들 직업 자체가 죄라는 것이다. 즉 나는 운 좋은 시대를 타고나서, 누군가가 건설한 10대 강국 국민으로, 굶지 않고 자라고, 단군 이래 처음 대학까지 다닐 수 있고, 누군가가 만들어 놓은 10대 강국의 주요 직장에 취직하고, 수시로 해외여행하며 사는데, 그들은 왜 나라도 정치도 공무원도 군대도 경찰도 학교도 대학도 국영기업도 은행도 연구소도 삼성도 공장도 자기 땅도 비닐하우스도 도시도 빌딩도 도로도 항구도 공항도 버스도 택시도 환경미화원도 인력사무소도 없는 세상에 태어났느냐는 것이다.

과거 박정희는 어린 시절을 생각하며 "우리들은 어머니 배 속에서 나오자마자 나라 없는 백성이었습니다. 우리말도 마음대로 못했고, 우리 이름 석 자도 마음대로 쓰지 못했습니다. 오늘날은 우리의 조국이 있지 않습니까?" 했다(조갑제, 『박정희11』, 조갑제닷컴, 2006, P126).

이것은 당시 없어진 나라에서 태어난 모든 사람들에게 동일한 것이다. 그런데 지금 운 좋은 세대 김씨왕조의 개들은, 100년 전, 애초 없어진 나라에서 태어나 자라고 꿈꾸며 취직하여 먹고 산 것 자체가 죄가 되는 것을 넘어서, 그 손자 · 증손자들에게까지 이름을 공표하고 딱지를 붙여서, 인간과 세상을 흑백으로 나누고 선전 · 선동해야겠다는 말이다.

여기서 정말 중요한 문제의 핵심은, 이 주장을 하는 자들은 지금 전 세계가 우려하는 북한의 "세계 최악 감옥국가", "처참한 인간말살"에 대해서는 모두가 단 한마디도, 전혀 문제 삼는 일이 없는 사람들이란 사실이다. 문제 삼기는커녕 김씨왕조가 하는 짓을 대변하다 못해 오히려 알아서 앞서 나가고 있다는 점이다. 실로 정상적인 인간들이 아닌, 진정한 김씨왕조의 개가 된 모습이다.

이들이 제시하는 민족은 어떤 민족이며, 인간은 어떤 인간이고, 또 그 기준은 도대체 누구를 위한 무슨 기준인가? 일제하에서 공무원 시험을 치고 다양한 부서에 근무한 공무원들, 그들 누구도 해방 후 김씨왕조의 개들처럼 산 사람을 껍질을 벗기고, 죽창으로 찌르고, 불태워 죽이고, 산 채로 파묻어 죽이지 않았다.

눈앞의 세계 최악의 인간 말살 강도 살인범을 단 한마디 말없이 그냥 두고, 100년 전 없어진 나라에서 태어나고 자라고 취직한 것 자체를 죄악이라는 무리들, 그 시대를 함께 살아온 사람들, 치열하게 광복운동을 한 사람들조차도 전혀 죄가 아니라고 하는데도, 100년 뒤에 새로운 기준을 제시하는 이들은 어떤 사람들이며, 도대체 이들이 선전·선동으로 지키고자 하는 것은 무엇인가?

일제통치하에 지주·선주의 아들로 태어나 호의호식하며 아버지 돈으로 동경으로 유학 가서 문학·철학·의학·과학·공학을 공부하여 시를 쓰고 논문을 쓰면 민족시인, 민족의사, 민족 철학자라 칭하면서, 그 어떤 돈도 배경도 없이 밥을 굶으며 공부하여 근근이 시험 쳐서 공무원 경찰이 된 것은 무조건 죄악이라는 이들의 논리는 도대체 무슨 기준에서 나온 것인가?

"법은 도덕의 최소한"이라 했다. 진정으로 나라와 민족을, 그리고 "우리"를 생각하는 사람들은 프랑스의 경우와 우리의 "반민족행위자" 처벌 기준에서 보듯이 모두가 공감할 수 있는 명쾌한 기준을 만들고 지켜야 한다. 애초 친중파, 친일파, 친미파, 친러파라는 말 자체를 죄로 삼는 것부터가 극단의 무지에 불순한 의도가 더해진 뭔가에 노예 된 정신 상태다. 이들의 노예영혼은 음양흑백으로 눈앞의 사람 국민 민족을 양분하여 그들만의 탐욕을 도모하고, "만절필동" "백두혈통"을 숭상하며 우리를 노예영혼의 길로 인도한다. "김씨왕조의 개들", 그들 무리들만의 이념 사상 편향된 기준으로, 인류 보편의 도덕에는 한쪽 눈을 감고, 누군가의 개가 된 영혼으로 한쪽 눈만 실눈으로 뜨고 민족 나라 그리고 국민을 빙자하는 것이야말로 "진정한 반민족행위"이다.

없어진 나라에서 태어나고 꿈꾸며 남의 말로 배우고 성장하여 취직하고 살아간 사람들, 그들은 명백한 반민족·반인륜 범죄의 기록이 없는 한 무죄다. 그들의 아픔은 후세인 우리 모두가 함께 아파해야 한다. 그것이 "반민특위"의 기준이며 그것이 정의다.

100년 뒤 지금, "김씨왕조를 짝사랑 숭배하는 개들"이 제시한 기준의 "친일"에는, 제일 먼저 그들 할애비·할미들을 적용·처단해야 한다. 그들은 이미 성장한 어른으로서 두 눈 뻔히 뜨고 나라가 남에게 넘어가는 것을 바라보고 있었고, 일제가 전국에 건설한 2,229개의 신사(神社)에서 1년에 몇 번씩 "천황폐하 만세"를 외치고, 태어난 아이들을 일본 이름으로 부르고, 일본말과 글로 배우고 꿈꾸고 자라게 했으며, 전시동원물자를 공출하라면 묵묵히 협조한 사람들이다. 지금 당장 그들 할애비·할미의 이름부터 그들이 만든 친일 인명사전 맨 앞에 올려야 한다. 그것이 그들 기준의 제대로 된 "친일청산"이다. 김씨왕조의 개들, 그들 조상부터 단죄하여 민족정기를 바로잡아야 한다.

• 강도 살인범과 경찰의 몽둥이 출처

지금 남쪽의 김씨왕조를 숭배하는 부역자·추종자·감염자들은, 전 세계가 우려하는 김씨왕조의 한 세기 가까운 극악무도한 반인륜 도발에는 단 한마디의 지적이나 비판적인 말이 없고, 모든 것은 반공을 주장하고 김씨왕조로부터 이 땅을 지켜 낸 이승만을 "나쁜 놈", "만 악의 근원"인 듯 선전·선동·교육하고 있다. 이는 입술에 민주 평화란 루주 바른 독사가 비상시에 비상호출을 한 파랑새를 물어뜯는 격이다.

이는 나중 정치에서 부하들이 한때 부정한 방법을 동원한 부정선거 등은 전혀 다른 문제이다. 김씨왕조에서는 단 한 번도 제대로 된 선거 자체를 한 적이 없고, 단 한 번도 부정선거 아닌 적이 없으니 아예 말할 것도 없다. 이마저도 국민들의 데모 한 번으로 물러나라 하니 "국민들이 물러나라하면 물러나야지."라며 순순히 물러났다. 해방 후 처음 70%의 좌익 지지 민심이 완전히 등을 돌린 것은, 대구·제주·여수에서 보여 준 그들의 무자비하고 참혹한 만행을 바라본 민심의 표현이다.

한때 철수한 미군을 또다시 이 땅에 불러들인 것도 김씨왕조이다. 반공 문제에 관한 미군정 및 이승만의 그것은 초기 사상자유, 공산당 자유, 유연 대처, 자율에서 서서히 민심의 변화와 함께 변한 것이다. 이는 북에서 김일성이 소련과 일체가 되어, 소련을 등에 업고, 민족주의자 조만식의 신속한 제거, 일당독재국가 건설을 완비한 것과는 완전히 대조된다.

남쪽에서도 북의 김씨왕조처럼 외세에 의존, 신속히 1당 독재체제가 수립되었다면 상황은 완전히 달라졌을 것이다. 북에서 초기 신의주 반공학생의거 등을 무자비하게 총격 진압했듯이 남에서도 그렇게 좌익을 말살했더라면 애초 대구·제주·여수의 반란은 존재하지도 않았고, 북의 김씨왕조처럼 완전한 침묵의 나라가 신속히 수립되었을 것이다.

브루스커밍스의 연구 결과, 1949년 10월 무렵, 빨치산 규모만 8만 9,900여 명, 빨치산 출몰 횟수는 1,330회나 된다고 했다. 임동원의 연구에 의하면 1948년 12월부터 1950년 4월까지 남로당 폭력투쟁에 의한 사망자만 3만6천 명이며, 그 외 부상자와 재산 피해는 이루 헤아릴 수 없을 지경이었다.

이승만 정부는, 1949년 정부예산의 60% 정도를 국방비와 치안 유지비에 썼다. 세금으로 거둔 액수는 국가예산의 5%에 불과했고, 국민 절대 빈곤과 문맹 상태에 미국의 지원하에 유지되는 나라였다. 이런 상황에서 "대구폭동", "제주 4 · 3반란", "여수 14연대 반란사건"이 발생한 것이다.

이 상황에서 이승만이 판단할 때 남쪽의 불법폭력혁명세력에 대해 대처하기 위해서는 어제의 일본경찰이 아니고는 사실상 아무런 인력이나 무기가 없는 상태였다. 그래서 집으로 간 일제 경찰출신들을 모두 재소집하고 복귀 명령을 내렸다. 사실상 공산 폭력 살인 분자, 김씨왕조의 개들이 일제경찰을 도로 부른 것이다.

이 상황에서, 당시 총병력 5만의 국군 중 3분의 2인 3만5천 명이 빨치산 토벌에 동원되고 있는 상황이었다. 이 상황에서 이승만은 "현재 대한민국은 반민족행위자 처벌보다는 공산세력 진압이 시급하며 공산세력을 먼저 진압하지 않으면 대한민국은 망한다." 했다.

해방 후 불과 몇 달 만에 스탈린을 등에 업고, 신속히 1당 독재공산체제가 확립된 김씨왕조에 의한 끝없는 대남 도발과 적화 시도에서 신생 대한민국을 지키기는 일은 실로 힘겹고 하루가 위태로운 일이었다. 해방 직후, 러시아의 의도대로 38선을 완전 차단한 김씨왕조는 대남공작에 자금지원을 지원하고 강동정치학원 출신 무장공작대 간부만 3,000여 명을 지속 남파하여 남쪽의 자유대한 건설을 뒤엎고 김씨왕조를 건설하려 혈안이 되어 있는 상태였다.

이 시기, 사실상 남쪽의 반민족행위자 청산의 기회를 날린 것은 이들 공산주의자들이다. 만일 이때, 이승만의 판단 미스가 있었다면 지금의 "세계 10대 강국, 대한민국"은 없고, 전국의 거리에는 김일성 동상만 번쩍일 것이다. 지금 이 책을 손에 쥔 우리들 중 누군가도 어느 산골짜기에서 연명을 위해 풀뿌리를 캐고 있거나, 탈북하다 잡혀서 손에 귀에 코에 철삿줄이 꿰어져 있을지도 모를 일이다.

——————— 종가의 귀환

이 주장은 또한, 마치 동네의 강력범·살인범이 경찰의 몽둥이 출처를 두고 세상에 시비를 거는 꼴이다. 경찰이 몽둥이를 직접 만들었건, 어디서 사 왔건, 빌려왔건, 설사 너무 급박하여 무단으로 들고 왔건, 그것은 강도·살인마가 관여할 일이 전혀 아니다. 여기서 강력범이 경찰의 몽둥이 색깔을 두고 흰가 검은가를 선동하여 주민들의 눈과 귀를 현혹하는 것, 그야말로 최악의 반인륜 우민화 선전·선동술이다. 민족과 민중에게는 눈앞의 살인범을 때려잡는 것이 최우선이다.

1949년 10월 25일부터 30일까지 좌익분자 자수 기간에 전국에서 33만 명이 자수했다. 이것은 6·25를 앞둔 박헌영의 "남침이 일어나면 남로당원 20만 명이 폭동을 일으킬 것"이라는 장담을 허언이게 한다.

1949년 7월 남로당은 각 지부에 "결정적 시기가 불원간 도래한다.", "각 지방당은 정권 접수를 위한 준비를 하라."고 지시했다. 김일성이 직접 파견한 성시백 등 거물간첩들은 제헌의원 198명 중 62명을 포섭했고, 입법·행정·사법, 주한미 대사관 등에도 깊이 침투하여 포섭을 완성한 상태였다.

사실상 국가전복 직전 상태에서 유일한 경찰 경험자인 일제경찰의 청산을 주장한 "반민특위" 활동은 여수 14연대 반란사건과 겹치는 시기였고, 제주 4·3사건 당시 이승만 정부는 국가보안법을 제정하고 각 분야에 침투한 공산분자들 색출하는 데 총력을 기울이고 있던 중 이었다. 경찰에서 일제경찰 경력자 제거는 사실상 신생 대한민국의 종말을 고하며 김씨왕조의 승리를 선포하는 것이었다.

지금도 이 땅 김씨왕조의 개들은, 이 상황에서조차 "완전한 민주주의를 했어야 하는데 이승만은 그렇지 못했다."라고 주장한다. 그러면 개들이 그렇게 숭상한 김씨왕조는 해방 후 한 세기가 되어가는 지금까지

단 하루라도 민주주의를 한 적이 있으며, 단 한 번이라도 민주적 절차
에 따라 제대로 된 투표를 한 적이 있기나 하나? 또 그리 주장하는 김
씨왕조의 개들은 단 하루라도 그 치하에서 민주를 실천하며 행복하게
살아 본 적이 있기나 한가?

  * 솔제니친(1970, 노벨평화상 수상자)
  **"세계에서 전체주의와 대치하여 방어의 제1선에 있는 어느 나라가 완
  전한 민주주의를 유지할 수 있을 것인가?"**

  • 반인륜범죄는 시효가 없다

영국의 시사주간지 "이코노미스트 인텔리전스 유닛〈EIU〉"이 발표한
2018 세계 민주주의 순서에서, 한국 10점 만점에 8점으로 21위, 미국
은 25위, 북한 167개국 중 최하위였다. 2019년 1월, 토마스 오헤아 킨
타나 유엔 북한인권 특별보고관은 "북한은 나라 전체가 감옥이다."라
고 했다. 실로 김씨왕조는 세계인권선언의 전문과 제1조부터 제30조까
지 모든 조항을 정면으로 위반하고 있는 반인륜 집단이다.

  1980년대 말 이후 사실상 전 세계 공산주의가 몰락해도 북의 체제가
공고한 이유는 체제 자체가 공산주의가 아닌, 전 인민에 대한 철저한
인간정신 억압·구속을 성취한 김씨왕조 우상화 체제가 견고하기 때문
이다.

  지금 세계와 남쪽이 분명히 해야 할 것은, 북한의 각종 수용소에서
반인륜 범죄 행위에 종사하는 자들, 그들에게 지금 그들의 행위는 나중
지구 끝까지 추적하여 처단될 극악무도한 반인륜 범죄자라는 사실 필
히 알게 하는 것이다. 그래서 그들의 만행을 잠시라도 빨리 중지시켜야

한다. 그들은 결코 "우리" 조선민족 종가 고려인이 될 수 없다는 사실을 분명히 알게 해야 한다.

그리고 이에 동조하는 남쪽의 "김씨왕조의 개들", 즉 해외에서 탈북자를 외면하고 지옥으로 되돌아가게 한 외교담당자, 탈북자단체 지원을 중단시킨 책임자, 미심쩍은 이유를 들어 탈북자를 북송한 담당자, 이들 모두를 대상으로 시급히 "개노릇 리스트"를 만들고 자료를 남겨야 한다. 녹음·녹화·기록 등 그들의 행위와 명부를 일일이 세세하게 작성·보관해야 한다. 그리고 때를 기다려야 한다. 반인륜 범죄에는 시효가 없다. 보관해서, 머지않은 장래 김씨왕조 몰락 시기에 한꺼번에 정리해야 한다.

현실정치에서 인간 생명 번영을 위해 눈앞의 악마와도 손을 잡고 타협 협조 하는 것과, 그들만의 이념 사상 탐욕을 위해 인간 생명을 수단시 하는 것은 명백히 구분 되어야한다.

김씨왕조의 천인공노할 악행은 전 세계 인구가 수십 년째 바라보고 있고, 수십만 탈북자가 전 세계 곳곳에서 증언하고 있다. 이를 모르거나 외면하는 이들은 이 땅의 "김씨왕조의 개들"뿐이다. 세계 최고의 위선 잔학한 무리들이다. 이제 김씨왕조 부역자·추종자들의 통일빙자가 아닌, 이 땅 주인 "민중들의 통일"을 시작해야 할 때이다. 한 세기 전 3·1운동 빙자가 아닌, 지금 이 땅의 인간·민중의 3·1운동을 시작할 때이다.

* 태영호

"통일은 노예해방투쟁이다."

IV

반역의 유산들

1. 민족사의 암세포(암3 병증)

1) 노예영혼(=카더라+밋슈미다+증오)

*단재 신채호

"우리 조선 사람은 매양 이해 이외의 진리를 찾으려 함으로써 석가가 들어오면 조선의 석가가 되지 않고 석가의 조선이 되며, 공자가 들어오면 조선의 공자가 되지 않고 공자의 조선이 되며, 무슨 주의가 들어와도 조선의 주의가 되지 않고 주의의 조선이 되려 한다. 그리하여 도덕과 주의를 위하여 조선이 있고 조선을 위하는 도덕과 주의는 없다. 아! 이것이 조선의 특색이냐. 특색이라면 특색이나 노예의 특색이다. 나는 조선의 도덕과 조선의 주의를 위하여 곡하려 한다."(박성수,『한국인의 역사정신』, 석필, 2013, P168)

*피히테

"자신의 자주성을 상실한 자는 동시에 시대의 흐름 속에 뛰어들어 그 내용을 자유롭게 결정할 능력도 상실한다. 그 자신의 운명까지도 외세에 의해 결정된다."

*고대 그리스 격언

"노예가 될 때 인간은 인간성의 절반을 박탈당한다."

* 함석헌

"조선, 고난의 원인은 주인공의 타고난 개성이 변질되었기 때문이다. 고난의 역사는 예정된 운명적인 것이 아니라 조선 사람들이 만들어 낸 운명이다."

* 안중근

"사람이 멀리 보고 생각하지 못하면 큰일을 이루기 어렵다(人無遠慮 難成大業)."

사람도 조직도 나라도 어디든 흠결과 장단점은 있다. 그러나 애초 그 근본이 잘못된 것은 전혀 다른 문제다. 인류 역사에서 가장 큰 재앙과 환란을 부른 것은 이념·사상·종교에 대한 잘못된 믿음에 그 원인이 있다. 편향된 종교·이념·학문은 병든 영혼들의 안식처고, 세상 모든 악마의 고향이다.

본디 인류의 역사 속 모든 가치의 기준에서 가장 소중한 것은 "생명" 과 "인간" 그 자체이며, 학문·이념·사상 등은 생명을 보조하는 하위 개념이었다. 그러나 학문·이념·사상·종교를 주창하는 이의 마음에 탐욕이 깃들면 주종은 뒤바뀌게 된다. 하늘을 가리키는 그들의 손가락 이 주가 되고 본디 하늘은 단지 빙자의 수단 도구로 전락하고 마는 것 이다.

본디 하늘은 절간의 처마 끝에 매달려 있지도, 교회의 유리창에 그 려져 있는 것도 아니다. 그것은 만인의 머리 위에 있고, 각기 스스로의 눈으로 봐야 한다. 정성 어린 독서와 깊은 사색이 그 하늘을 보다 푸르 게 하고, 그 태양을 보다 빛나게 한다.

이씨왕조 주자원리주의, 기독교원리주의, 김씨왕조원리주의, 이것들은 조선민족 종가 고려, 전래의 "홍익인간"으로 가는 "우리 길" 화백(쿠릴타이)과는 정반대의 길이다.

2) "카더라"

* 해의 비유(장님과 태양-소동파)

태어나면서부터 장님인 사람은 하늘의 태양을 알지 못하였다. 그리하여 눈이 온전한 사람에게 물으니, 어떤 사람이 장님에게 일러 "태양의 모양은 구리쟁반과 같아요."라고 하자, 장님은 쟁반을 두드리어 그 소리를 들었다. 훗날 종소리를 듣고서 "태양"이라고 생각했다. 또 다른 어떤 사람이 장님에게 "태양의 빛은 촛불과 같아요."라고 말해 주자, 장님은 초를 더듬어서 그 형태를 파악하였다. 그리고 후일에 피리를 손으로 만져 보고 그것을 태양이라고 여겼다(조규백 역주, 『소동파산문선』, 백산, 2011, P116).

오늘 대한민국의 국가 · 사회 모든 문제의 제일 많은 분쟁 사유가 바로 이것이다. 역사 · 정치 · 경제 · 국방 · 외교의 제반 문제에서 균형 잡힌 독서와 탐구로 사실적 자료를 자신의 사리분별의 근거로 삼는 것이 아니라, 누군가의 의도와 연출이 듬뿍 가미된 소설 · 영화 등을 사실로 역사로 받아들이는 감성적 노예영혼의 풍토이다. 역사 · 학문 · 자료는 없고, 음양흑백선악 감정 증오가 지배하는 이유이다. 이렇게 완성된 우민화의 토대 위에 음양흑백 정치선동은 최고의 빛을 발한다. 결국 인

간 삶과 국익 위에 이념 · 사상 · 종교가 있는 것이다. 전형적인 노예영
혼의 위선 · 탐욕이 지배하는 세상이다.

* 피히테

우리들의 감성적 생활의 지속이 방해받지만 않는다면, 사람들은 노예
상태에서조차도 익숙해지며, 시간이 지남에 따라 노예 상태에 애착을
느끼게 될 것이다. 이것이 복종 상태의 최대의 위험이다(황문수 역, 『독
일국민에게 고함』, 범우사, 2013, P221).

3) 음양흑백선악증오

* 로저 베이컨

**"인간은 스스로에게 진리라고 생각되는 것을 실제의 진리보다 쉽게
믿어 버린다."**

세계사 모든 원리주의, 종교 · 이념 · 사상의 환자 · 부역자 · 추종자
들, 그들 최고의 생존전략은 사람과 세상을 음양흑백선악을 구분하고,
그 한편을 증오로 타도하는 구도 속에서, 그들 위선 무리의 권익을 도
모하는 것이다. 이 사례들 최대의 피해자는 민중 삶이다.

그들만의 기준으로 판단 · 구분된 적은 언제나 절대 악이며, 타협과
협상은 변절이고 배신이다. 흑과 백으로, 나와 적으로 세상을 나누고
육신을 한쪽으로 던져 피의 열정을 발산하는 것이 아름다운 인생이라
생각한다. 애초 무지개와 실사구시는 설 자리가 없다. 그저 회색분자는

이단일 뿐이다. 그에 따라 공존 · 생산은 없고, 너와 나, 승과 패가 있을 뿐이다. 그래서 실리, 실사구시가 관심인 사람들은 만날수록 친구가 되지만, 이념 · 사상에 집착하는 사람들은 만나면 만날수록 적이 된다.

애초 흑백논리는 마음의 절반이 항상 기울어 있다는 것이다. 즉, 믿으려 하는 사람이 있을 때 거짓말은 성공한다. "자유로부터의 도피" 그것이다.

이 원리주의적 음양흑백선악을 움직이는 최고의 동력이 "증오"이다. 여기서 증오의 길은 호기심 · 탐구 · 이해 · 타협 · 공존 등이 아니고 아집 · 선전 · 선동 · 투쟁으로 승 또는 패로 결말이 난다. 그들의 승은 상대를 절멸하는 것이고, 패는 새로운 증오의 원천이 된다. "우리" 영혼의 상징이 있어야 할 자리에는 그들 감정과 증오의 상징이 자리 잡는다. 따라서 이들에게는 언제나 증오를 토대로 선전 · 선동 · 타도할 적이 반드시 있어야 한다. 적이 없으면 반드시 적을 만들어야 한다.

풍요로운 삶의 대초원은 하늘 속 땅속이 아닌 하늘과 땅이 만나는 곳에 있다. 하늘에서 내린 비는 땅속 깊이 스며들어야 하고, 땅에서 돋은 푸른 싹은 하늘을 향해 자라야 한다. 모든 것은 유연한 자세로 서로를 향해 다가가야 한다는 말이다. "증오", 이것은 민중 승리의 길이 아니라, 민중을 수단으로 "그들"이 승리하는 길이다.

4) 우상숭배 밋쓔미다

* 카포퍼

"인간이 사색하지 않으면 이념이 번창한다."

* 존 위컴(전 주한미군사령관)

"한국인들은 나그네쥐와 같다. 새로운 지도자가 나타나면 그에게 우르르 몰려든다."

* 마루야마 마사오(丸山 眞男)

송나라 유학자들은 성인을 "혼연한 하늘의 이치 그대로이며 한 터럭의 인간 욕망(人欲)의 사사로움도 없다."고 한 것은 "자신의 생각으로 성인을 엿본 것에 지나지 않는다." "그들은 자신들이 생각해 놓고서 그것이 곧 성인의 길이라 한다. 그러나 그것은 어디까지나 억지주장일 뿐이다. 마치 이쪽에서 성인들에게 인가(印可)를 내주는 것과도 같은 고약한 마음이며, 이는 참으로 지극히 당돌한 짓거리라 해야 할 것이다."(김석근 역, 『일본정치사상사 연구』, 통나무, 2011, P200)

조선민족 종가의 주인은 민중들이었다. 개인숭배·우상숭배는 반민족·반민중의 이단이다. 그들만의 성인을 만들고 받들어 모시는 우상숭배, 이것은 스스로 심신이 건강한 인간·조직·사회가 되기를 포기하는 것이다. 특정인의 동상, 특정인의 무덤 앞에 고개를 숙일 때는, 인류 보편의 가치 기준과 세계적 평가가 합당한지 비교·분석·평가해야 한다.

그것이 아니면 우상숭배 하는 것이다. 설사 그 위인이 보편타당한 세계적 가치를 이룬 성취자라 하더라도, 후세가 그 본연의 업무를 방기한 채, 위인을 빙자·탐욕하는 것을 일로 삼는 것 또한 우상숭배에 해당할 것이다. 그 정신으로는 인간·자연·역사를 관통할 혜안과 대안을 찾을 수도, 만들 수도 없다. 그들이 말하는 생명·사랑·평화는 뭔가의

자의적 선으로 그어진 "그들만의 이념 범위 내"의 것이다.

그들만의 이념과 상징, 그것은 길을 찾고 해결하는 것이 아니라, 실제로는 길을 가리고 덮어 버리는 것이다. 이씨왕조 주자원리주의, 기독교원리주의, 김씨왕조원리주의, 그리고 오늘 친ㅇ친ㅇ, 이들의 공통특징은 참 많다. 인간·생명·생존의 가치를 향한 피땀의 실천·생산은 하위에 두고, 그들만의 사상·이념·종교·명분을 우선으로 선전·선동한다. 인간·세상·역사를 흑백으로 판단하고, 위선도덕이 지배하는 곳에는 머지않아 반드시 퇴보와 재앙이 따른다.

5) 다른 것은 틀린 것, 모르는 것은 아닌 것

* 몽테뉴
"모든 사상은 목숨과도 바꿀 만큼 강하다."

* 장자
"자기가 옳다고 여기는 것에 따라 옳다고 한다면 만물이 옳지 않은 것이 없다. 자기가 그르다고 여기는 바에 따라 그르다고 한다면 만물이 그르지 않은 것이 없다."

우리는 가끔 주변에서 습관적으로 같다와 다르다, 맞다와 틀리다를 혼돈하여 "같다·틀리다"라 말하는 경우를 본다. 애초 다른 것은 둘 다를 이해하고 선택적 섭렵이 가능하고 타협·수용·조화·공존이 가능하다. 그러나 "틀리다"는 구분·부정·대립·분쟁 아니면 승과 패로 결론이 나는 경우가 많다.

음양흑백선악으로 인간·자연·역사를 둘로 나누고 나와 다른 것을 적으로 여기며 증오를 배경으로 둘 사이의 선을 분명히 하는 것은 히틀러에 이은 공산주의 정치투쟁에서의 핵심 투쟁 방식이다. 이익투쟁은 타협과 대안 제시가 가능하다. 그러나 이념·종교·사상은 타협이 어렵다. 그야말로 다른 것은 틀린 것이기 때문이다. 이념·사상·종교의 색안경을 쓴 사람에게 이 세상이 똑바로 보일 수가 없는 것은, 뭔가에 기대어 선 사람에게 세상이 똑바로 보일 리가 없는 것과 같다.

동식물에서의 보다 나은 품종의 개량종은 다양한 품종을 비교·분석, 그 장점들을 모으고 강화시켜서 나온 종류들이다. 여기서 만일 다른 것을 틀린 것으로만 바라본다면 장점을 서로 수용한 개량종은 나타날 수가 없는 정신구조, 즉 변화와 자기혁신을 통한 발전이 애초 불가한 정신구조이다. 이것은 중세 기독교원리주의, 이씨왕조 주자원리주의, 김씨왕조 원리주의에서 볼 수 있는 공통된 특징이다.

* 최치원

"도(道)는 사람에게서 멀리 있지 않고, 도를 찾는 사람에게는 국경이 없다."

6) 중국에서 온 우리 성씨들?

역사서 『삼국사기』, 『삼국유사』 등의 등장인물 대부분은 성이 없다. 그리고 성의 유무가 능력, 신분, 귀천의 차이를 나타내는 것도 전혀 아니었다.

이씨왕조 초기까지 성씨를 가진 사람은 인구의 약 20% 정도이다. 이씨왕조 후기에 이르러서야 절반가량의 사람들이 성씨를 갖게 된다. 일부 계층에서 통일신라 말기부터 당나라식 성을 받아들이고 후고려에 들어와서 본관을 정하기 시작했다. 17세기 말까지 성관을 가진 인구비율 50% 내외에 불과했다가 100년 뒤에는 90% 수준에 이른다.

18세기 중반 성만 같으면 동일한 조상에서 나왔다는 조상동원설(祖上同源設)이 대두했는데, "실제 15세기 초 15개의 본관이 있는 것으로 조사된 조(曺)씨의 경우, 조선 후기에는 거의 창녕조씨로 흡수되고 17개의 본관이던 전(全)씨가 천안과 옥천전씨로 크게 양분된다. 윤씨 본관 16개가 파평과 해평으로, 오씨 본관 11개가 해주와 동복으로, 백씨 본관 11개가 수원백씨로, 9개이던 황씨가 장수·창원·평해로 정리된다"(박홍갑, 『우리 성씨와 족보 이야기』, 산처럼, 2002, P132).

2010년 대한민국 성씨, 김해김씨 412만, 밀양박씨 300만, 전주이씨 260만이다. 1909년 일제통치시기에 민적부가 작성될 때, "새로 성을 갖게 된 사람들이 끼어들기를 하면서 김해김씨와 밀양박씨, 전주이씨가 가장 많았다"고 한다(박홍갑, 『우리 성씨와 족보 이야기』, 산처럼, 2002, P64).

이씨왕조 초기 신분은 연구자에 따라 다소 차이가 있으나 이씨왕조 전체로 볼 때 거의 절반이 넘는 인구비율이 노비인 노비국가이다. 이씨왕조의 노비가 대대로 세습됨에 반해 중국은 극소수 죄인에 한해 당사자 당대에 거쳤고, 일본의 경우는 나라에서 구조적으로 인간을 차별하는 노비는 아예 없었다. 18세기에 이르자 돈으로 사거나 사칭하여 전체 인구에서 양반 비율이 80% 가까이 이른다. 즉, 인구 절반 이상이 노비에서 족보를 통해 양반 왕족이 된 것이다.

여기서 한 가지 짚고 넘어가야 할 것은 "귀화성씨", "외래성씨"란 말이다. 현재 한국의 족보는 대략 절반 가까이가 귀화 성씨이다. 인구수로는 약 20%에서 절반 가까이 된다. 이것은 새로이 사람들이 이주해 온 것이 아니고, 애초 반도에 정착해서 살고 있던 사람이 성씨제도를 도입하는 과정에서 성자(姓字)만 빌려다 사용한 것이다. 중국에서 동래했다고 기록된 시조의 성씨가 학자들의 연구에서 사실로 증명된 경우는 거의 없고, 대륙에서 반도로 인구가 대량 이주한 사례도 전혀 없다.

오랜 시간 중화의 문명이 앞서 발달한 것은 사실이고, 고려의 후예들이 영향을 받은 것도 사실이다. 그렇다고 하여 우리들 자신을 "중국에서 왔다"라고 하는 것은 어불성설이다. 이것은 마치 우리가 일본을 말할 때 "한국이 전해 준", "우리가 전해 준"이라 말하는 것과 같다. 이는 마치 중학교 생물학 시간에 "원숭이가 인류의 조상이다"라는 말과 같은 것이다.

역사·문화에서 공통의 뿌리를 가졌다는 것과, 그 뿌리로부터 갈라져 나온 또 다른 이를 뿌리로 숭배하는 것은 전혀 차원이 다른 일이다. "중국에서 왔다?" 이 말은 내가 중국보다 "한 등급 낮은 곁가지 종류, 후계의 종류다."라는 말과 같다. 지금의 일본인들이 "한국이 전해 준"이라는 말에 극도로 예민하게 짜증을 내는 심정과 연결되는 것이다. 짜증을 내는 것이 정상이고, 스스로 "중국에서 왔다"고 말하는 것은 깊이 병든 "노예영혼"이 되는 것이다. 애초 중국이란 것은 존재한 적이 없다. "중국"이란 이씨왕조 이후 노예영혼들의 가슴에 새겨진 우상일 뿐이다.

그리고 중화의 주자가례와 종법제는 조선민족 고려인들의 인종 사회

가족구성의 근간을 병들인 위선도덕의 표본이다. 이씨왕조 이후 남녀 차별, 적서차별, 계부계모, 입양아 차별은 "우리, 만민평등"에 정면으로 배치되는 1만년 역사 홍익인간의 적이다.

족보 맹신 풍조, 함께 생각해 볼 일이다. 유전자와 무관하게 유럽성씨들이 '카이사르–세자르–케사르–시이저–카이저–짜아르'처럼 연결되고, '존–숀–요한–요한슨' 등으로 국경을 넘어 이어지지만 그들이 흥하고 망하고는 시대별로 각기 그들이 한 바에 따라 달랐다. 즉, 유전자 또는 성씨보다는 "나 또는 우리"가 지금 당장 무엇을 생각하고 어디를 바라보고 가느냐가 중요하고 그것이 승부를 가른다는 말이다. 따라서 족보가 아니라, 언제 어디서건 높푸른 하늘과 빛나는 태양을 바라보며 앞으로 가야 한다. 그곳에서 무한의 상상력 꿈 야성으로, 대지의 주인으로, 분명한 나의 길을 가는 것이 천손(天孫) 태양의 후예, "우리 길"이다.

2. 바짓가랑이 국방

* 박정희
"자주국방, 이것은 대통령 아니라 대통령 할애비라도 포기할 수 없는 것이다."

* 이순신
"반드시 살자 하면 죽고, 반드시 죽고자 하면 산다(必生則死 必死則生)."

1) 착한 국방(바짓가랑이 국방)

시진핑, 트럼프, 함께 "한국은 과거 중국의 일부였다." 이 말은 이미 그들의 외교회담 테이블 도마 위에 한국을 올렸음을 뜻한다.

고려반도의 운명이 주변국의 외교 테이블 도마 위에 오른 역사는 16세기 임진왜란 때부터이다. 16세기 임진왜란 당시에 도요토미 히데요시에 의해, 구한말 러시아의 남하를 막으려는 영국에 의해, 또다시 일본에 의해, 그리고 미소에 의해 오늘에 이르기 까지, 그리고 미국 싱크탱크인 랜드(RAND)연구소가 내놓은 고려반도 분할 안이 있다. 이것은 북한 급변사태 발생 시 중국군 개입에 따른 고려반도 분할 안 4가지를 상정한 것이다. 이것은 중국 인민해방군이 실제 검토하고 있는 시나리오에 의거한 것으로 알려졌다.

여기서 "북한 급변사태 종료 후 한국이 통일을 이룩하고, 중국군의 완전 철군을 유도하려면 한국군이 북한 전역을 장악하고 안정화할 만한 독자 작전능력을 시급히 향상시켜야 한다."는 랜드연구소의 지적은 결코 먼 미래, 남의 이야기가 아니다. 일단 유사시 압록강·두만강 전편에 전개할 강력한 육군은 반드시 건설·유지되어야 한다. 이것을 망각한 병력 감축은 사실상 국방을 없애는 것이고, 또 하나의 분단과 외침을 자초하는 것이다.

흥망성쇠가 무한 반복되는 냉엄한 국제 정치 환경에서 동맹이란 서로 힘을 보태 도울 수 있는, 즉 함께 싸워 더 큰 적을 이길 수 있는 나라들의 이야기이다. 그렇지 못한 나라의 입에서 나온 동맹이란 말은 사실상 기대고, 줄을 선 것이란 말과 다름 아니란 것을 역사는 수없이 증명하고 있다.

자신을 지켜야 할 무력을 남에게 의존하는 나라는 주체성·야성·생명력의 근본이 병들게 된다. 국방을 말할 때, 미국 또는 중국을 먼저 말하는 사람, 먼저 두려움으로 지금의 우리가 "무엇을 해야 하나"가 아니라 "무엇을 할 수 있나"를 찾는 것은 결국 국방하지 않겠다는 것이다.

사방을 둘러보고 잠재적 위협에 대비, 일단 최선의 결정을 하고 그다음 목숨을 걸고 대책·방법·시간을 찾는 것이 국방이다. 박정희처럼, 이순신처럼 말이다.

주변 상황의 눈치부터 보고 난 다음 우리가 할 수 있는 것을 찾는 것, 이것은 착한 국방이다. "착한 국방"은 제대로 된 국방이 아니다. 그들은 "우리의 길"보다 "그 누군가"의 길을, 그들의 질서에 순응할 것을 먼저 생각하는 무리들이다. 노예, 환자, 반역자들이다. 미국 눈치, 중국

———— 종가의 귀환

눈치를 먼저 보고 말하는 자들은 일단 유사시 끝까지 싸우다 이 땅에 피를 뿌리고 쓰러질 사람들이 아니고, 여차하면 미국으로 중국으로 빌붙고 도망갈 사람들이다. 목숨 걸고 지켜야 할 땅이라면 반드시 "먼저 결정하고 방법을 찾아야" 한다. 그것이 자주국방, 생존의 길, 고려의 길이다. 이 순서가 바뀌는 것은 명백히 국방이 아니라 국방을 빙자하는 것이다.

지금의 동북아, 핵 없는 국방은 복싱 선수가 라이트훅, 스트레이트, 모두를 포기하고 잽만 가지고 링에 오르는 것이다. 즉, 애초에 승리·방어는 포기하고 게임을 시작하는 것이다. 남들은 한 손에 핵을 들고 한 손에 펜을 들고 테이블 앞에 앉는데, 나는 펜만 두 개 들고 옆에 서서 공정한 대화를 기대한다? 인간·자연·역사의 순리를 완전 무시한 무지의 극치다.

일단 유사시 며칠 내로 원자탄을 벽돌 찍듯 찍어 낼 준비가 된 일본은 미국의 동맹이 맞다. 미국과 중국이 앉으라면 앉고, 서라면 서는 국방, 그것은 착한 국방, 바짓가랑이 잡는 국방이다. 바짓가랑이를 잡은 손은 주인의 머리와 가슴으로부터 아주 멀리 있다. 주인이 다급할 때 쉽게 뿌리치고 놓친다.

2) 전쟁 반대 평화 정착

"전쟁 반대 평화 정착" 이 땅 김씨왕조의 노예들이 참 좋아하는 말이다. 김일성이 6·25를 도발할 때, 우리가 전쟁을 찬성해서, 우리가 평화 정착을 싫어해서 도발을 하고 200만을 죽이고 500만을 부상당하게 한 것이 결코 아니다.

전쟁과 평화는 동전의 양면이다. 준비 능력 의지, 즉 힘에 의해 모든 양상이 결판난다. 전쟁 수행 능력과 항전 의지가 커져 가면, 그에 비례하여 평화도 커져 간다. 침략자들은 우리들의 찬성·반대가 아니라, 준비된 힘과 의지의 강약을 보고 도발 여부를 판단한다.

"전쟁 반대 평화 정착" 이 말은 전쟁과 평화에 관한 우리의 이성적 가치 기준과 혜안을 흐려 놓고, 사실상 우리의 준비와 의지를 무력화시키는 말이다. 실로 우리 사는 길이 아니고 죽는 길이며, 노예영혼들이 우리를 노예가 되는 길로 이끄는 말이다.

3) 김씨왕조와 핵 그리고 비핵화

북한의 핵과 미사일 개발은 그 자체로는 침략도 도발도 아니다. 오히려 남들이 갖는 것을 억지로 갖지 못하게 하는 미국이 도발하고 있는 것이다. 정상·비정상을 따진다면, 덩달아 없음에 마음을 두고 미국에 편드는 한국이 비정상이다. 누가 건드리면 정면 대응하겠다는 것, 김정은은 분명 국방을 한 것이다.

김씨왕조가 잘못된 것은 반인륜·반민족·반민중 그 체제와 정권의 존재 자체이지, 국방정책이 아니다. 평소 그 어떤 전략이나 무기 준비도 없이, 주변의 상황이 위급해지면 누군가의 바짓가랑이를 더 쎄게 잡겠다는 생각만으로 위기를 모면할 생각을 하는 것은 제대로 된 국방이 아니다. 자연 그리고 인간의 역사를 보면 그 답이 자명한데도 국방 말만 나오면 일단 겁부터 내면서 주변 누군가의 눈치를 살피는 것, 실로 치명적인 질병이다.

핵과 미사일, 함부로 쏘는 것도 비정상이지만, 목숨이 위험해도 쏠 수 없는 것은 더 비정상이다. 러시아를 능가하는 산업생산력의 세계 10대 강국, 세계 최고의 원자력운용기술을 갖고도, 핵을 만들지도 만들기 일보 직전의 상태의 준비도 의지도 없는 나라, 일단 유사시 천하의 얼간이가 될 수 있다. 그렇게 당하고도 아직도 정신을 못 차리고 "음양 흑백 증오"를 무기 삼고 있는 것이다.

방향을 정확히 하고 수단과 방법을 찾는 것이 국방이다. 수단과 방법에 한계부터 인정하고 방향을 정하는 것은 국방이 아니라 국방 빙자이다. 흔히들 겁 많은 노예영혼들은 "한국의 핵개발"하면 세계적 무역국가에 가해질 경제적 제재를 두려워한다. 그러나 이는 참으로 가련한 생각이다. 실질 경제대국에 제재를 가하기도 어렵지만 설사 제재를 가한다 하더라도 길어야 5~6개월 정도이면 끝날 일이다.

그 기간에 우리는 재처리시설을 비롯한 모든 핵 관련 원하는 시설·장비를 완벽히 다 갖출 것이다. 여야합의로 사전준비가 치밀하거나 새로운 기술이 동원되면 그 기간은 절반 이하로 줄어들 수도 있다. 어느 과학자의 말을 명심해야 한다.

"한국의 과학기술력에 총동원령만 내리십시오. 일본보다 더 빨리 단 한 번의 핵실험도 없이 수백 개의 원자탄을 최단시간에 만들어 내겠습 니다."

이스라엘은 이미 오래전 완비했고, 일본은 원료 재처리 투발수단 시뮬레이션 모두 99.99% 완비된 상태이다. 심지어 베트남도 2014년 초

미국과 원자력협정에서 사용 후 핵연료 재처리가 암묵적으로 허용되었다. 이것은 미국에게 일본과 베트남은 중국·러시아를 방어하는 핵심 동맹이지만 한국·대만은 그 질서에 순응해야 할 졸(卒)들이란 말이다. 100년 전 그대로다.

적정한 시점에, 한미원자력협정은 폐기-수정-무력화-무시, 그도 아니면 "예쁘게" 모셔져야 한다. 핵위협 말만 나오면 습관적으로 미국 핵에 기댈 생각부터 하는 이들이 있다. 이것은 가장 위험한 생각이다. 확실한 타깃이 되면서 사용은 남의 손에 맡기는 것이다. 일단 유사시 내 통제력을 벗어난 바위덩어리를 머리 위에 두는 것이다. 전형적인 노예영혼들의 생각이다. 크고 위험하고 위력이 대단한 것일수록 확실한 내 통제 아래 두어야 한다. 그것이 국방이다.

이 세상에서 원자탄이 가장 필요한 나라는 고려반도의 나라다. 설사 없더라도 스위치 하나만 누르면 대량 생산이 가능한 시스템이 지금의 일본 정도로 완비되어 있어야 한다. 1592년 일본군이 부산 상륙 후 도성 한양을 점령하는 데는 21일이 걸렸다. 아마도 동북아 현대전은 해공군은 길어야 10시간, 육군은 3일이면 모든 전장에서의 승패는 결판 날 것이다. 이런 시대에 "몇 달 만에 만들 능력"이 있는 것과 "싸울 준비, 발사 준비"가 된 것은 전혀 다르다. 일단 유사시에는 개전과 동시에 "만들 능력" 자체가 수십 분간의 제일 첫 공격에 완전히 사라질 것이다.

가장 좋은 방법은 일본과 협력, 동시에 핵무장을 시도하는 것이다. "미국은 동맹 일본은 아니다?" 이것은 자살골이다. "우리 생존"을 위해서는 그 어떤 경우에도 일본을 적으로 돌려서는 안 된다. 핵무장 타이밍에 관한 일본과의 진지하고 조심스런 대화가 필요하다.

——————— 종가의 귀환

한국·일본을 동시에 제재할 나라, 국제기구는 지구상에 없다. 전략핵으로 중무장해 서로를 건드리지 못하게 하는 것은 모두를 위한 최선의 국방정책이다. 피 흘리고 싸워 이길 필요도, 점령할 필요도 없으니 말이다. 고려반도를 거대한 불침항모로 만들어야 한다. 재래식 탄두로 핵탄두를 상대할 수 있다는 생각은 달려오는 코끼리에 맞서서 이쑤시개로 대적하겠다는 것과 다를 바 없다.

애초 비핵화가 그렇게 좋은 것이면 미국부터, 중국부터 해야 할 일이다. 한반도 비핵화라는 말이 우리에게 시대적 상황에 따른 전략 전술일 수는 있다. 그러나 전략·전술은 호주머니 속이나 가방 속에 있어야지, 영혼이 믿음이 되어서는 곤란하다. 그것은 사는 길이 아니라 죽는 길이다. 국방은 생명이요 주권이다.

오늘의 세계, 지금은 원리(Principia)가 지배하는 세상이 아니고 혼돈(Chaos)이 지배하는 세상이다. 이것을 알면서도 어제의 따스한 자리의 그 체온을 잊지 못한 채 주변을 맴도는 것은 참으로 목숨을 건 우매함이다. 인간 박정희가 목숨 걸고 발전시킨 원자력산업은 에어컨만 많이 켜려고 한 것이 아니다.

4) 이솝우화, 생존의 말씀들

• 생존의 말씀들

  * 오비디우스

  "인간은 누구나 저 자신의 신이 되어 저 자신의 뜻을 집행하지 않으면 안 된다. 운명의 여신은 행동하는 자를 돌볼 뿐 기도만 하는 자를 돌보지는 않는다."

* 유대인 속담

"보복할 능력이 없는 자에게 정의는 없다."

* 테미스토클레스

"대등한 군사력을 갖지 않고는 공동의 이익을 위한 논의에서 대등한 발언권을 가질 수 없다."

* 아킬레우스가 헥토르에게(일리아스에서, 호메로스)

"사자와 인간 사이에 좋은 맹세가 있을 수 없고, 늑대와 새끼 양이 사이좋게 나란히 살아갈 수는 없다."

* 단테의 「신곡」, 지옥문에서 베르길리우스의 말

"여기서는 모든 의심을 버려야 하며, 두려움도 모두 없애는 것이 좋다."

• 이솝우화
   * 사자와 야생당나귀

사자와 야생당나귀도 공통의 목표가 있을 때는 함께 동맹이 될 수 있다. 그러나 그 일의 성취 후 결과물을 앞에 두고는 힘이 모든 것을 결정한다.

* 늑대와 개들의 화해

야생의 늑대가 양 떼를 지키는 개들을 동족이라며 설득한다. 고생하고 뼈다귀만 얻어먹지 말고 함께 양들을 먹자고, 솔깃해진 개들이 문을 열자 늑대는 제일 먼저 개부터 물어 죽인다.

* 발에 밟힌 뱀과 제우스

뱀이 자꾸 사람들 발에 밟히자 제우스에게 가서 불평했다. 제우스가 뱀에게 말했다. "네가 너를 맨 처음 밟은 사람을 물었더라면 두 번째 사람은 너를 밟으려 하지 않았겠지."

* 항해자들

엄청난 폭풍우를 만난 승객들이 침몰의 위기 앞에 온갖 간절한 언행을 다한다. 그리고 돌아서서 언제 그랬냐는 듯 모두 잊고 다르게 행동하자, 강직한 선원 한 명이 하는 말. "친구들이여 우리는 즐기되 어쩌면 다시 폭풍을 만날 수도 있는 사람들처럼 즐깁시다!"

• 필자의 메모들

   * 지당한 소원은 말없이 즉석에서 실행으로 옮겨야 한다.
   * 도움 요청은 반드시 간섭을 부른다.
   * 슬퍼할 때, 분노할 때, 칼을 갈 때, 그 각각이 구분되지 않으면 현명하다 할 수 없다.
   * 지금 당장 이길 수는 없어도 누구보다 많이 배우고 준비할 수는 있다.
   * 뼈대와 의지가 취약한 민족은 외풍에 의한 고통이 길고 오래다.
   * 나약해져 가는 만큼 친구들도 멀어져 간다.

* 동물계에서는 언제나 사자가 옳다.

* 두려움은 인간을 허약한 사시로 만들지만, 용기는 밀려오는 모든 역경을 밟고 지나가게 한다.

* 악수를 하려면 키가 비슷해야 하고, 비밀을 나누려면 신뢰 가능한 사람이 되어야 한다.

* 반드시 움직일 것이라는 믿음은 분명 누군가의 충분한 조롱거리가 될 수 있다.

* 일단 유사시 피 흘릴 준비를 하고 있는 국민만이 보다 진전된 자유를 누릴 수 있다.

* 증오와 두려움은 혜안과 명찰을 가로막는 눈앞의 가장 두터운 장벽이다.

* 외교가 국방을, 혀가 총칼을 대신할 수도 있다. 그러나 혀가 실패했을 경우 총칼의 대안이 없는 것은 애초 국방이 없는 것이다.

* 이빨 없이 짖어 대는 개를 겁낼 동네 건달은 한 명도 없다.

종가의 귀환

3. 대한(大韓), 어디에 쓰는 이름인고?

1) 역사 속의 한(韓), 삼한(三韓)

• 광개토대왕비 속의 한(韓)

광개토대왕비 속의 반도남단 나라 이름들은 백제(백잔), 신라(매금), 왜(倭) 또는 한예(韓濊)로 크게 구분할 수 있다. 그리고 정확한 위치 판단을 할 수는 없으나 왜 또는 한예의 속, 또는 그 일대에 여러 개의 한(韓)이 있다. 여기서 "임라가라"는 나라 이름이 아닌 무슨 대표 지역의 명칭으로 보이며, 왜가 신라를 치려고 건넌 것은 바다(海)가 아니라 강(江=낙동강)으로 보면 모든 것이 명쾌해진다.

그러나 비문의 이 부분은 조작된 것으로 의심된다. 지금의 충북 옥천, 전남 동부, 경남 김해에 이르는 삼각 지역을 왜(倭) 또는 한예(韓濊)의 영역으로 보고, 그 일대에 작은 한(韓)들이 있었다고 보면 타당한 것이다. 이것이 모든 출토 유물들과도 정확히 일치한다.

• 중국 고대역사서 속의 삼한(三韓)

『후한서』 한(韓)에는 세 종족이 있다. 첫째는 마한이요, 둘째는 진한이요, 셋째가 변진이다. 마한은 서쪽에 있는 54국으로 북쪽은 낙랑과 남쪽은 왜와 접해 있다. 진한은 동쪽에 있는 12국으로 북쪽은 예맥과 접해 있다. 변진은 진한의 남쪽에 있는 12국으로 남쪽은 역시 왜와 접해 있다. 『삼국지』 「위서」 「오환선비동이전」에 따르면, 왜와 한(韓)은 대방에 속했다. 그중 독로국은 왜와 접해 있고 12국에는 각기 왕이 있다.

중국의 고대 역사서에 끝없이 나열된 반도남단의 기록은 대부분 위와 대동소이하다. 명백히 왜와 한은 반도의 남단에 있다고 한다. 한 가지 확실한 것은 반도남단의 청동기 한(韓)들은 북에서 밀려드는 부여(백제 · 예 · 신라)의 철기문명 앞에 차례로 망하고 사라져 갔다는 점이다.

문제는 지금의 "우리"의 뿌리를 어디에다 두느냐 하는 점이다. 필자의 주장처럼 유전자 유물 신화에 따라 북방의 조선본류 부여 · 고려에 두느냐, 아니면 이들에 밀려 사라져 간 고대의 반도남단 청동기 · 한(韓)에 두느냐이다. 참고로 지금의 일본은 분명히 한(韓)을 밟고 지나간 남부여(백제 · 예 · 왜)의 유전자 · 신화 · 언어 · 습속을 그대로 간직하고 있다. 한(韓)은 결과적으로 왜(倭)에게 두 번 짓밟힌 나라이다.

『한서』에 "맥(貊)은 동북방에 있으면서 삼한에 속한 것은 모두 맥족이다.", 즉 대륙의 동북방을 삼한(三韓)이라 부르고 있다. 후고려시대에는 아예 거란 · 금 · 고려를 삼한으로 불렀다는 기록도 있고, 『요사(遼史)』에서는 한주(韓州)가 바로 고리국이라 이르고 있다. 참고로 고리국은 요하의 북쪽에 위치해 있고 부여와 고려(고리=무코리)의 시원이 된 나라이다.

이처럼 『환단고기』 등 여러 사서에서 "한"은 대륙을 지칭한다. 그러나 그것은 확실한 역사자료 근거를 구성, 대외로 주장하는 것은 전혀 다른 문제이다. 밖으로 나가 집안을 대표하는 사람이 되려면 일정 수준 자라야 한다. 그 전까지는 분명한 어른들이 나가 집안을 대표해야 한다. 현실적으로 분명한 우리 역사는 조선 · 고려이며, 세계인들 앞에 한(韓 · 桓)을 주장하는 것은 분명하고 객관적인 역사자료를 토대로 신중한 자세로 해야 한다.

대륙의 한, 그들은 제대로 성장하여 그 자료를 남긴 고대국가가 아니었다.

• 달의 궁전(지리산 달궁)

서산대사가 남긴 글, 『황령암기』에는 다음과 같은 기록이 전한다.

"지리산 반야봉 좌우에 두 고개(嶺)가 있으니 황령과 정령이다. 옛날 한나라 소제왕이 즉위한지 3년 만에 마한의 왕이 진한과 변한의 난리를 피하여 이곳에 도성을 쌓을 때 두 고개에 황장군과 정장군이 공사감독을 하였으므로 그 성(姓)을 따서 고개 이름을 지었다."

지금도 이 지역에 남겨진 이름 달궁, 성삼재, 정령치, 황령암 등으로 확인된다. 전해 오는 말에 의하면, 1928년 여름 어느 날 대홍수 때 마을 아래 물길이 휩쓸고 지나가 파인 자리에서 왕궁터가 발견되었는데 직경 1.5미터 정도의 시루 하나와 청동제로 보이는 숟가락 수십 개, 동경(銅鏡) 두 개, 화살촉과 쇠붙이들이 빗물로 파헤쳐진 땅속에서 나왔다 한다. 지금의 "달궁터"에는 그 시대를 알려 주는 궁전터와 몇몇 주춧돌, 석제들이 소박한 안내 간판과 함께 수풀 속에 가려 있다.

삼한(三韓), 시간을 두고 삼한이 반도의 남단에 존재한 것은 부인할 수 없는 사실이며, 이들은 북쪽에서 밀려드는 부여의 철기문명, 철갑기마병에 밀려서 멸망해 간 것도 분명한 사실이다. 여기서 "달의 궁전"은 삼한 중 제일 컸던 마한의 종말을 이야기하는 것이다.

마한을 멸망시킨 것은 백제(=남부여=왜)이며 그들은 신라와의 오랜 투쟁에서 패하여 일본열도로 건너갔고, 백제왕의 계보는 지금 그대로 일본의 황실로 이어지고 있다.

2) 대한, 한국, 한반도

단재 신채호는 1897년 대한제국으로 국호가 변경되자, "칭제건원이나 자주독립 선언은 우리의 주체적인 역량보다는 일본이 한국을 침략하기 위한 전 단계 작업으로 우선 대청(大淸) 종속 관계를 단절시키고자 하는 배경에서 진행되면서 대한제국의 운명은 늑대를 피하려다가 승냥이를 만난 격이 되었다."고 했다(김삼웅, 『단재 신채호평전』, 시대의 창, 2016, P94).

즉, 자주적 의사에 의해 스스로 선택한 이름이 아니었다는 뜻이다. 단재 신채호의 이 말은 당시의 주변 역학 과계, 그리고 힘의 균형추 이동을 보면, 애초부터 그 "대한"이 누구에 의한 누구의 대한이었는지는 그 이후에 진행된 일들을 보면 자명하게 드러난다.

즉, 1876년 강화도조약 이후 하나하나 일본의 전략대로 엮어져 들어가던 중 탄생한 이름이다. 당시 대부분의 신하들 노론, 사실상 그들은 이미 일제의 신하가 되어 있었고, 일제의 뜻에 고종의 입을 빌려 불러본 이름일 뿐이다. 모든 정치적 사건이 그렇듯, 그 사건, 그 이름이 어디에 활용되는지, 그로 인해 누가 실제 이득을 보는지를 보면 그 이름의 주인이 누구인지는 분명해진다.

대한제국(大韓帝國), 일본이 우리를 그들 누각의 지붕 위에 올리면서, 사다리를 치울 준비를 하고 바라보며 미소 짓던 이름이다. 즉 조선민족 · 고려 · 고려인을 희롱하는 말이자, 대일본제국(大日本帝國)의 짝퉁 이름이다. 그렇게 그들은 한(韓)을 두 번 점령했다.

대한, "칸, 한(干 汗 韓)"이라는 단어 자체가 무한의 우주적 시공(時空)을 포함하는 말이다. 여기에다 대(大)자를 붙이는 것은 극도의 무지, 무시의 표현 행위이다.

대륙의 주인 조선민족 종가 고려, 신라, 백제, 후고려, 그 어디에도 대자가 들어가는 나라 이름은 없다. 대한(大韓), 이것은 탈조선, 탈고려, 즉 있는 그대로의 역사적 실체로부터 우리를 멀어지게 하는 것이다.

1919년 3 · 1운동 이후, 대한민국임시정부 그해 4월 10일, 임시의정원 개국식에서 국호는 대한(大韓), 정체(政體)는 공화제를 의미하는 민국(民國)으로 하여 오늘날의 대한민국이 되었다. 당시 의정원(=국회) 회의에서 신석우의 대한민국 제안에 여운형은 반대한다.

"대한이란 말은 조선 말엽 잠깐 쓰다가 망한 이름이니 부활시킬 필요가 없다."

나중에 해방 후 우파의 대한과 좌파의 조선을 두고 논쟁하다, 미군정하 이승만이 주도권을 장악하면서 대한으로 결정되고 오늘에 이른다.

애초 한국(韓國)이란 말은 광개토대왕비와 『일본서기』 유라쿠 천황(=백제 문주왕의 동생)편에 등장한다. 여기서 한국은 모두가 반도남단의 소국 중 하나의 이름이다. 그리고 '한국 사람'이란 호칭이 역사에 처음 등장하는 건 1897년 12월 2일자 독립신문에서다. 그해 10월 12일 대한제국이 선포되면서 '조선 사람'을 대신할 호칭으로 만들어진 것이다.

1948년 '대한민국'이 출범한 이후에도 한국 사람은 아주 보편화된 호칭은 아니었다. 조선일보 기사에도 한국 사람이라는 표현이 처음 등장한 것은 1962년 9월 22일 기사에서다. 한국 사람이란 말이 생긴 것은 실로 최근의 일이다.

문제는 이 말이 하는 역할이다. 이것은 "윤동주의 사례"에서 명확히 드러난다. 옛 북간도, 지금의 중국 용정시에 남아 있는 그의 생가와 묘지에는 "중국 조선족 애국 시인"이란 큰 글씨가 새겨져 있다. 이에 대해 일부 한국의 학자들은 중국이 윤동주를 조선족 · 중국인으로 규정하려는 "동북공정의 일환"이란 견해를 밝힌다. 심지어 일부는 "오히려 윤동주가 왜곡되고 정치적으로 이용만 당하고 있다."고 생각하기도 한다.

윤동주를 연구하여 박사 학위를 받은 사람이 몇 명이건 그것은 지금 한국의 사정이다. 중국은 중국이고, 일본은 일본이며, 한국은 한국이다. 즉, 조선민족은 조선민족이고 한국인은 한국인이다. 역사 · 지역 · 문화의 시공에서, 하(下)반도의 내 위주로 이름과 범주를 정하고, 주변과 공간을 향해 "너희들 왜 나를 기준으로 봐주지 않니?" 한다고 하여 주변 그 누구 하나 신경 쓸 사람, 지역 국가는 아무도 없다.

이것은 마치 우리의 동해(East Sea)를 전 세계인에게 기준 삼고 그들 모두에게 동해(East Sea)라 부르라는 것과 같은 것이며, 백두산을 두고 "한국 것"이라 말하는 것과 같다. 실로 시공의 논리, 이성적 사고력이 땅에 닿은 형국이다. 백두산은 그 동네 사람들 것이고, 동해(East Sea)는 그 동네 사람들 기준에 맞는 동해여야 한다.

로마에 가서는 로마법을, 국제사회에서는 그에 맞는 기준을 제시해야 한다. 수천 년 조선민족, 중국은 정확히 표기했다. 그리고 망자의 국적은 국제법에 따를 일이다. 윤동주가 조선족 중국인도, 북조선인도 아닌 "한국인"이라면 합리적인 국제법 기준에 따라 논리와 행동을 전개하면 될 일이다. 단순 음양흑백선악 감정에 기준한 사고는 애초 국제법 기준과는 거리가 멀고 실현 가능성도 거의 없다.

만주대륙, 그곳은 조선 땅, 고려 땅, 중국 땅은 맞지만, 단 한 번도 "한국 땅"이었던 적은 없다. 역사 속의 분명한 국가로서의 한국·한국인, 그것은 어디까지나 하(下)반도의 이야기일 뿐이다. "한반도", "한국인"을 자처하면서 옛 조선, 고려(고리=무쿠리)를 보고 "우리"라 말하는 것은 어디까지나 그들의 한쪽 바짓가랑이를 붙잡는 짝사랑에 불과하다.

우리가 중심을 옮겨야 한다. 한, 한국을 역사 속 그 자리에 두고 "조선민족 종가 고려"로 가야 한다. 바다를 연못에 담을 수는 없어도, 연못은 그것이 몇 개이든 바다에 담을 수 있다. 우리의 바다는 조선, 고려다.

한반도(=하반도), 이 말은, 민족의 고대강역, 유전자, 유물자료, 문헌자료, 신화, 정신과 영혼, 종가의 상징인 하늘과 태양, 민족의 총체적 고대역사, 그 모두를 부정하는 말이다. 이것은 반도사관, 식민사관, 동북공정, 주자원리주의의 최종 승리·완성을 나타내는 말이다. 만일 이 말의 주인공들이 북조선을 흡수하면, 그것은 통일이 아니라, 굴종의 확산, 일부 병든 민족혼의 번성을 의미하는 것이다.

눈앞의 소지품 하나도, 들고 쓰는 연장의 이름도, 나라와 그 터전의 이름도, 그 사람들과 주변인들, 그리고 역사적 실체에 맞는 이름으로 불러야 한다. 조선, 고려가 옳다.

4. 종가 반역의 꽃, 태극기

1) 황준헌

황준헌, 그는 청의 주일 공사관으로 우리들에게는 『조선책략(朝鮮策略)』의 저자로 익히 알려져 있다. 그는 처음으로 청의 속국 조선에게 국기에 관해 언급한 사람이다. 그는 "조선은 청에 주청을 올려 해군과 육군의 모든 군의 군기는 중국의 용기를 그대로 따라 사용하고, 이를 전국의 기의 표지로 사용하도록 하라."(김상섭, 『태극기의 정체』, 동아시아, 2001, P70) 했는데 이는 사실상 청의 "용기"를 조선의 국기로 사용하도록 속국에 지시한 것이다. 이후 조선은 청의 이홍장에게 주청을 올리기를,

"우리 조선 선박에는 본래 기의 표지가 없어 지금 논의하여 만들고자 합니다. 황준헌이 귀국에 주청하여 중국의 용기를 그대로 따라 사용할 것을 주장하고 있는데, 중국의 선박에 사용하고 있는 기의 그림은 어쩌하며 우리나라는 어떤 색, 어떤 도식을 사용하면 마땅하겠습니까?"(김상섭, 『태극기의 정체』, 동아시아, 2001, P71)

이에 이홍장(1881년 2월 2일)은 다음과 같이 답했다.

"지금 귀국의 왕이 사용하고 있는 기는, 말하는 바에 의하면 용을 그

264 ——————————— 종가의 귀환

린 네모난 기라고 하니 이것 또한 중국의 용기와 비슷하므로 지금부터 이 용을 그린 기를 국기로 사용해도 좋다. 이것을 선박의 기표로 사용하도록 하라."(김상섭, 『태극기의 정체』, 동아시아, 2001, P72)

그러나 이것은 국기로 사용되지는 않는다. 참고로 청의 용기에는 태양과 용이 그려져 있다.

2) 마건충과 김홍집

마건충은 조미수호통상조약 당시 청나라 사신이다. 애초 황준헌은 태양과 용이 그려진 청의 용기를 조선에서도 그대로 국기로 사용하라고 지시했었다. 그러나 나중 마건충은 제후국에게 청나라 도교의 상징 문양을 국기로 하라고 지시한다.

1차 회담(1882년 4월), 그는 김홍집과의 회담(필담)에서 조선에 국기의 필요성을 강조했다. 여기서 그는 조선은 일본과 비슷한 국기(아마도 태양을 그린 듯)를 사용하지 말고, 중국과 유사한 국기를 사용할 것을 강조했다. 여기서의 대화는 처음부터 종주국과 속국 간의 대화다.

"국기에 대한 일은 그대가 유의하시기 바랍니다."(김상섭, 『태극기의 정체』, 동아시아, 2001, P78)

하여, 그는 국기를 만드는 일은 매우 중요하고 귀국하여 자세히 정부와 의논할 것이라 하여 사실상 조선의 국기를 마음대로 만들지 말 것을 경고한다.

2차 회담, 여기서 사실상 조선의 국기를 결정·지시하는 그의 말.

　　"지난번에 이 일을 의논한 후에 생각했습니다. 바탕을 여전히 흰색을
　　사용하고 가운데는 태극도를 사용하고 바깥 둘레에는 팔괘를 사용한다
　　면 조선팔도의 수와 꼭 맞는다고 생각했습니다. 팔괘는 순수한 흑색을
　　사용하여 드러내고 태극은 반은 홍색, 반은 흑색을 사용하고 기의 둘레
　　는 홍색으로 장식한다면 어떻겠습니까? 다만 이것은 이 사람 개인의 의
　　견이므로 귀국하여 당연히 우리 정부에 알릴 것입니다."(김상섭, 『태극
　　기의 정체』, 동아시아, 2001, P80)

이에 대한 김홍집의 대답.

　　"가르침을 받들겠습니다. 저 역시 당연히 저의 조정에 알리겠습니
　　다."(김상섭, 『태극기의 정체』, 동아시아, 2001, P80)

　여기서 서로 조정에 알린다는 말은 당시 모든 관행에 따라 "종주국
조정에 보고한다."와 "속국으로서 따르겠다."는 말이다. 즉, 종주국의
지시와 제후국의 수용으로 국기가 완전 결정되었음을 말하는 것이다.
이날 마건충은 사실상 명·청나라에서 오랜 기간 도교 상징에 쓰이던
〈고태극도〉를 조선의 국기로 쓰도록 지시한 것이다.

　여기서 한 가지 반드시 생각해야 할 것은, 조선은 분명히 "일본 것과
비슷한 것"(아마도 태양)을 사용할 준비를 하고 있었다는 점과, 마건충
이 일언지하에 거부하며 청나라의 오랜 도교 상징 문양 등으로 쓰이는

〈고태극도〉를 조선의 국기로 사용하도록 단호히 지시했고, 김홍집이 이를 따랐다는 점이다. 이는 청의 속국에서 하늘·태양을 상징으로 삼는 것은 불가하다는 말이다. 그들의 깃발은 태양과 용이 그려진 깃발이었다.

3) 영국인 선장과 박영효(일본으로 가는 배)

김홍집의 조정 보고 뒤 불과 4개월 후, 박영효가 임오군란의 뒤처리 사죄사절로 일본에 간다. 왕복 여비가 없어 일본공사 하나부사 요시타다에게 빚을 내어 출발한 그가 탄 배는 1882년 일본이 영국에서 구입한 메이지마루호이고 선장은 영국인이다.

그는 이때 마건충이 국기 하라고 지시한 청의 도교 상징 문양 고태극도를 고종의 명을 받아 가면서 다시 그리게 된다. 여기서 그는 영국영사 에스턴과의 대화 중 그 배의 선장이 세계 각국의 국기에 조예가 깊다는 말을 듣는다. 여기서 영국인 선장 제임스의 의견에 따라 팔괘는 조잡하고 불분명하며, 다른 나라가 제작하기도 어려우므로 4괘로 줄이고, 4괘의 위치도 기의 네 모퉁이에 배치했다. 이렇게 하여 마건충이 지시한 청의 도교 상징 〈고태극도〉는 메이지마루호 영국인 선장 제임스에 의해 새로이 도안·완성되고, 아무런 뜻도, 정확한 이름도 없이 일본 땅에서 처음 사용하게 된다.

가운데 회전 문양은 그 유래를 살펴보면 대략 처음은 불교 등에서 수행자의 깨어 있는 정신·지혜 등을 상징하는, 언제나 눈을 뜨고 있는 두 마리의 물고기를 나타내는 것이었다. 몽골의 국기 등에서 아직 그대로 사용되고 있는 이것은 두 눈의 표시가 없이 불교신앙(석가족)의 상징으로 사용된다. 이것은 다음 해 1883년 고종에 의해 국기로 반포되고, 이후 조금씩의 변화는 있으나 근본은 그대로다.

이렇게 하여 남이 강요한 깃발을, 정확한 의미도 모르고, 자국의 정신 역사와 전혀 무관한 것을, 또 다른 남이 임의로 대충 개조한 것을, 남의 나라에서 처음 사용하게 된 것이다. 이것을 두고 지금 이 땅에서 "태극기"라 이름하며, 중화의 주역과 주자학의 온갖 이치를 구구절절 덧붙이는 것 자체가 하나의 코미디이자 민족적 · 국가적 비극이라 할 수 있다.

이 사실은, 조선민족 종가고려의 1만 년 역사 · 유전자 · 유물 · 신화 · 정신 · 영혼과 전혀 무관하며, 정면 배치되는 민족사의 치욕이자 굴종이다. 이씨왕조 주자원리주의, 그 사대맹종의 노예영혼을 고스란히 담은 것이라 할 수 있다.

4) 도교의 상징 문양

마건충이 김홍집에게 준 것은 명나라 조중전의 고태극도이다. 이것은 본디 원대의 도교대사 황공망의 "복희선천시화지도"에서 유래한다. 주역의 팔괘와 불교에서 깨어 있는 정신을 상징하는 눈을 뜬 물고기 두 마리의 회전 문양을 도교에 받아들여 상징으로 삼은 것이다. 이 회전 문양은 지금 몽골의 국기에도 그대로 들어 있다. 이것은 오랜 도교의 상징 문양으로, 애초 태극이라는 이름과는 전혀 무관하다.

명나라 초 조중전이 고태극도라 이름 한 것은 주돈이의 태극도와 구별하기 위해 고(古)를 넣은 것이다. 즉, 여기에 태극이라는 이름이 붙은 것 자체가 하나의 짝퉁이다. 또 이씨왕조에서 태극기라고 한 이유는 마건충이 준 조중전의 고태극도를 시킨 그대로 따른 것이다.

- 주돈이의 태극도(太極圖說)

아래는 주돈이의 본래 태극도(太極圖)이다.

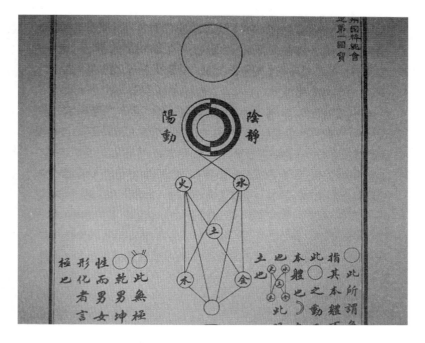

〈주돈이의 태극도〉(이황, 『퇴계선집』, 현암사, 1993, P311)

역학에 근거한 성리학적 사고체계를 가장 정확히 나타낸 것이 주돈이의 위 태극도이다. 흔히 주자학에서 태극이라는 말은 역(易)이 음과 양의 2진법으로 상호변이하기 전의 상태를 말하며, 그 전개 원리는 정확히 2진법이다. 이것은 불교의 회전 문양이 나타내는 윤회사상과는 전혀 다른 차원의 사고체계이다. 이것은 그림 도형으로도 정확히 구분된다.

그림 맨 위의 가운데 둥근 원이 혼돈·미분의 상태 그대로 태극이며, 그다음이 음과 양 2진법으로 한 번은 동·양, 또 한 번은 음·흑으로 정확히 양분되어 진화한다. 이것이 상호작용하여 각기 음과 양에서 수금화목토의 오행으로 나아가는 것을 표현한 것이다.

주돈이의 이 태극도 그림이 반도에 유입된 시기는 서기 1314년 때부터인 것으로 본다.

이후 이 주자학적 사고체계의 근간은 이 땅에서 만고불변의 우주질서 인륜도덕으로 맹신된다. 태극과 음양은 위선자들에 의해 그들 사상 이념을 기준(태극)으로 음양흑백선악으로 진화한다. 민족사 최악의 정신질환이 되는 이것은, 엄격한 화이(華夷) 구분을 시작으로 모든 인간 차별의 출발점이 된다. 이는 마치 플라톤의 "동굴의 비유"가 현상과 이데아에서, 중세 기독교의 정통과 이단, 선과 악, 천사와 악마로 나아가는 것과 같다. "태극음양", 실로 "암3" 노예영혼의 씨앗이자 뿌리다.

5) 태극기?

• 태극이라는 말

"태극"이라는 말은 공구(孔丘)가 복희·주문왕·주공으로 이어져 온 『주역(周易)』을 풀이한 「계사전」 상편에서 처음 사용했다. 공구는 『주역』

「계사전」에서 "역(易)에 태극이 있다."고 말한 것뿐이다. 역은 단지 음양의 기 변화일 뿐이며, 바로 음양의 변화하는 이치가 곧 태극이라는 뜻이다. 이후 『장자』의 「대종사」 편에도 용어가 등장한다(在太極之先而不爲高). 이는 장자가 사람의 죽고 사는 운명을 이야기하다가 하는 말이다. 여기서 장자와 공구가 각기 말한 태극의 뜻은 같은 뜻, 같은 용도로 사용한 것으로 보기 어렵다.

이후 시대에 따라 태극에 대한 구체적 해석은 다양하다. 한대(漢代)에는 혼돈미분의 원기를, 위진시대에는 역의 중심인 허무본체로 인식했다. 이 말이 보편적 철학용어가 된 것은 남송의 유학자 주희(朱熹)에 의해서이다. 『주자대전』에서 주희는 태극에 관해 이같이 설명하고 있다.

"천지간에는 다만 동(動) 정(靜)의 양단이 있어 끊임없이 순환하는 것일 뿐 다른 것은 없다. 이것을 역(易)이라 한다."

즉 만물 순환의 근원, 본원이란 뜻이다. 여기서도 대개의 유학자 의견처럼 음양이 동정으로 표현되어 2진법으로 나타난다. 앞의 주돈이의 태극도설 그대로다.

이 땅에서 "태극"이라는 말은 후고려 말 주자학 전래 이후 목은 이색의 『동문선』 등으로부터 나타나기 시작한다. 그러나 이것은 어디까지나 "우리"의 전통·역사와는 무관한 주자학의 범주 내의 사변 철학적 이야기를 통해서이다.

- 불교(석가족)의 회전 문양

불교(=샤카족, 석가족)의 삼색 회전 문양은 불교의 여러 상징 문양 중 하나이다. 기원전 544년부터 불교의 법륜 속 상징 문양 등으로 다양하게 사용되어 왔다. 산스크리트어로는 "다르마챠크라 프라바르타나(dharmacakra-pravartana)의 회전", 영어로는 "간킬(Gankyil)"이라 부른다. 두 가지 이름 모두 유교의 태극이란 말, 그 상징 문양과는 아무런 상관이 없다.

이는 가운데 삼색 회전 문양이 포함된 "담마짝까(Dhammacakka)"라 불리는 불교 법륜의 회전 문양과 함께 불교권의 여러 나라의 국기와 학교, 사회단체의 문양으로 활용된다. 현재의 몽골 국기, 티베트 국기 등에 있는 회전 문양도 석가족 불교의 그것이지, 주역·유교·성리학과는 아무런 상관이 없다.

이 문양이 상징하는 바는 "사고의 개입이 없는 순수하고 완전한 행위를 의미하는 무아전위의 우주일체가 역동적으로 움직이는 것"이다. 즉, 불교 윤회사상의 핵심 상징 문양이다. 이는 곳에 따라 2색으로 남녀, 눈을 뜬 물고기를 상징하기도 하는 것으로, 잘 때도 눈을 감지 않는 모습, 즉 지혜와 방심하지 않는 마음을 상징하는 것이다.

고대의 기록으로 조선민족의 기원은 알타이 천산일대의 천축, 샤카족(석가족)과 연결된다. 일만 년 민족사와 샤카족, 퉁이 등의 이동 경로에 따라 전 세계로 퍼져 갔고 다양한 유물 이름으로 확인된다.

불교의 회전 문양이 우리나라에 나타나는 것 가운데 최고 오래된 것이, 3세기 전후의 김해 대성동고분군의 파형동기, 7세기 초 백제시대의 목제품에 그려진 것으로 전남 나주 복암리 고분군 인근의 제철유적에서 발견된 것이다. 이후 신라 신문왕 2년(682년)에 세워진 감은사 금당터의 석제에 새겨진 것이 있고, 그 이후에는 고려·조선의 불교유적을 위주로 다양하게 발견된다.

불교의 회전 문양이 중국의 유학 도교서적에 등장하는 것은 명(明) 건국(1368년) 이후부터이다. 우리나라에 "태극"이라는 말이 들어온 것은 고려 말 성리학(주자학)의 전래와 함께 목은 이색의 『동문선』 등에서 나타난다.

회전 문양을 3태극·2태극 등 주역에서 공구(孔丘)가 말한 태극이라는 말과 함께 쓰는 경우가 있는데, 이것은 전혀 타당하지 않은 말이다. 유교 주역의 태극은 주돈이의 태극도에서 보듯 2진법으로 음양이 상호 변환, 오행으로 진화하는 것이다. 즉 주역의 태극이라는 말은 불교의 삼색 회전 문양, 윤회사상과는 전혀 어울리지도 않고 애초 무관한 것이다. 이 회전 문양에다 주자학의 여러 학설을 들이대는 것 자체가 극단의 역사적 무지에 철학적 무지를 더한 것이다. 이것은 일종의 "집단역사혼수상태", "집단철학혼수상태" 그리고 "카더라"를 신봉하는 "노예영혼"의 결과라 할 수 있을 것이다.

"한국에도 학문이 있습니까?"

- 주역의 8괘

주역 속의 8괘는 고대 점치는 풍습, 알타이 일대의 양뼈, 대초원지대의 소뼈, 장강 일대의 거북등뼈를 불에 태워서 그 갈라짐을 보고, 인간사의 길흉화복을 점치는 것에서 동이족인 복희가 점치는 도구로 만든 것이다. 복희가 최초 만든 것은 8괘이다. 이후 주(周)문왕, 주공, 공구(孔丘) 등에 의해 64괘로, 또 그 괘(卦)와 각각의 효(爻)마다 뜻과 설명이 추가되어 주역(周易)으로 발전한다.

오랜 세월이 흐르면서 수천 명에 이르는 중화의 유학자들이 그 변화·발전에 관여하고 또 각기 해석을 달리하기도 한다. 이것이 나중 고난에 처한 남송의 유학자들, 특히 주희(朱熹)에 의해 불교·도교 등 다양한 사상의 수용으로 주자학(=성리학)으로 정립된다. 이것은 중화 중심의 세계관 구성과 그들 천자 중심의 자존과 대외 지배사상을 확립한 것이다. 따라서 모든 역학의 해석도 중화중심의 세계관에 따라 전개된다.

이 사상을 이씨왕조 500년 사대모화의 주자원리주의자들이 맹종하며 신봉한 것이다. 이씨왕조 말기 마건충이 김홍집에게 국기를 하라고 준 것은 그들 중화사상의 변두리 한 조각인 도교의 상징 문양을 준 것이고, 이씨왕조는 맹종·수용한 것이다. 그 문양의 핵심은 팔괘이다.

애초 마건충이 국기 하라고 줄 때의 팔괘의 의미는 "조선팔도를 상징"한다고 했다. 그런데 한없이 서글픈 일은 이 8괘를 영국인 선장이 대충 그려 4괘로 줄여 그려 놓으니 이 또한 "밋쓔미다"하기 시작한 것이다. 주역 팔괘 중 4괘 승배, 그에다 스스로 주저리주저리 주역의 주자학적 내용을 달아서 중화의 정신을 머리에 이고 신봉하고 있다. 실로 개탄스럽기 그지없는 일이다. 그 주자학의 종주 주희(朱熹)는 그 중화

중심의 주자학(성리학)적 사상으로 우리를 "사람과 짐승의 중간에 있는 것들"이라 했는데도 말이다.

지금 시중의 태극기 관련 서적들 10 중의 9는 그런 책들이다. 한 나라의 국기는 초등 1학년 정도의 사고력이면 이해가 가능한 "우리의 상징"이어야 한다. 2천 년 넘게, 수천의 중국 유학자들이 계승·발전시킨, 그들도 각기 견해를 달리하기도 예사인 유학, 특히 폐쇄적 중화주의 표현인 주자학(성리학)적 해석을 이 땅의 어린이들에게 강요하는 내용들, 실로 참담한 일이다.

마치 주인나리가 필요에 따라 허리에 차기도, 발에 신기도 한 도구 연장을, 아랫것에게 머리에 쓰고 다니라고 주니, 감지덕지하며 머리에 쓰고 가보로 삼고 후세에 강요하는 꼴이다.

· 복희(伏羲)는 한국?

복희(伏羲), 그는 지금 중국의 유교경전 『주역(周易)』의 시원이 되는 점치는 도구 8괘를 처음 만든 사람이다. 그는 노자·공구·묵자·진시황·당태종 등과 더불어 동이족이다. 고대 중화의 역사는 동북쪽 동이족이 개창하고 발전시켰음은 이 책 앞의 여러 곳에서 확인했다.

대륙의 역사, 원(元)과 청(淸)처럼 조선민족(=동이족)이 직접 내려가서 지배·경영한 경우가 아니더라도 수많은 왕조의 개창자들이 동이족이다. 이루 열거할 수 없을 정도이다. 그러나 아무리 많은 영국 사람들이 미국으로 건너가서 나라를 건설하고 동일 언어로 그 나라의 주축이 되어도 영국인들과 세계인들은 결코 그 미국인들을 영국인이라 부르지는 않는다. 즉 영국인들 그 누구도 미국, 미국인을 "우리 영국"이라 하지 않는다는 말이다.

고대 옛 조선민족의 출발지는 천산 일대, 문명 발원지는 지금의 북경 일대이고, 그 땅은 이후 백제(남부여) 땅에서 전고려 땅이 되었다. 후고려 시대 원(元)의 대도(大都), 지금의 북경인구 절반은 고려인들이었다. 실제로 중원의 장강 이북 수많은 이들은 동이족의 후예들이란 말이다. 그러나 그들은 한국에서 가지 않았다. 그에 반해 지금 일본 인구의 80% 전후는 반도에서 건너간 조선민족이다.

여기서 필자는 "조선민족 종가 고려"라는 말을 쓰는 것이다. 본래의 신화 · 습속 · 유전자 · 언어 · 유물 · 역사기록 모두로 구분 가능한 명백한 동이족 본류가 우리들이다.

지금 이 땅에서 복희 공구를 보고 "우리", "한국인", 주역을 보고 "우리 것"하는 것은 거의 제정신이 아닌 처사다. 공구(孔丘)를 중심으로 만들어진 존주대의(尊周大義), 복희의 팔괘를 이어받아 만든 주역(周易)은 명백히 중국문화, 중국 것이다.

『환단고기』에서 말하는 역사는 환국 조선문명이 아시아대륙 역사의 시원이 됨을 밝히는 것이지, 지금의 유라시아 모두를 보고 "한국 것"이라 말하는 것이 아니다. 『환단고기』「태백일사」「삼신오제본기」에 구환의 종족이 나뉘어 5종이 되고, 그 피부색으로 구분한 것을 보면, 유럽 · 아프리카까지 모두가 포함된다. 자신을 "한국"이라 칭하면서 사방 모두를 보고 "우리", "한국"하는 것은 실로 시공의 차원이 구분되지 않는 "역사혼수상태"다.

압록강 건너의 동족을 오랑캐로 철저히 매도하고 배척하면서, 복희를 보고 우리라 말한 "이씨왕조", 그들은 완전한 이이제이(以夷制夷) 노예영혼의 소유자들이다.

만일 복희 · 공구가 20% 한국이면, 도요토미 히데요시, 이토히로부미, 아베는 80% 한국이다. 지금 일본인구의 80%는 반도계, 즉 명백한 부여(백제·왜·신라)의 후예 조선민족이다. 유전자·언어·신화·습속·유물·역사기록 모두가 증명한다. 심지어 고려(고구려)가 망하고 그 왕위계승권자인 보장왕의 아들인 왕자 약광(若光)은 일본으로 갔고, 백제의 마지막 왕자 부여풍도 일본으로 가서 천지천황이 되었다. 지금의 일본 황실은 거의 2000년 이상 옛 남부여(백제)의 황통을 그대로 이어 오고 있다.

히로히토, 아키히토 천황은 우리에게 스스로 명백히 백제의 후예라고 말했다. 그러나 중화의 복희·공구·노자·진시황·당태종 등은 그 어디에도 부여·고려계라는 말이 없다. 어디서 출발하여 어느 경로를 통해 중원으로 갔고, 중원에서 몇 대를 조상 대대로 살았는지, 어떻게 피가 섞이고 이어졌는지 알 수 없는 노릇이다. 그들과 우리는 언어도 완전히 다르다.

특히 동이 출신 중화인 복희는 점치는 도구 팔괘만 발명했을 뿐 그 이후의 64괘와 다양한 해석, 주자학이론들과는 전혀 무관하고 이후 수천 명 중화의 학자들이 연구하고 집대성한 주역은 분명히 중화의 정신문명 집합체다. 『주역』이 그들의 오경(五經), 경전에 포함된 것 자체가 한(漢)에서 한무제 동중서 사마천으로 "중화주의"를 만들고, 그 이전 "조선문명"을 완전히 뒤엎고 말살하면서 그 상징이 되는 것이다.

『환단고기』 등에 따라 "우리"를 무한 확대하면 지금 이라크·러시아·인도·불가리아도 모두 한국이다. 정신 차려야 한다. 역사에서 "흐릿한 우리"란 곧 "우리"가 없다는 말이다. 따라서 주역과 성리학의 해석들을 늘어놓으면서 "우리 복희" 운운하는 것은 거의 "역사혼수상태", "노예영혼"의 결정판이다. 이는 마치 지금까지 일본인들이 수상한 모든 노벨상을 두고 그들이 반도에서 갔으니 그 노벨상도 모두 "한국 것"이라 말하는 것보다 열 배는 더한 망언이다. 그나마 일본인들 80% 는 조선반도에서 건너가기나 했지, 복희·공구 등은 그 누구도 만주대 륙 조선반도와는 상관이 없다.

소위 지금의 태극기를 설명하는 구차한 내용들은 모두가 주역 속 또 는 성리학적 해석으로, 모두가 중화 중심의 배타적 사변논리를 맹종하 는 어이없는 것들이다. 특히 팔괘가 아닌 사(4)괘는 복희가 아닌 영국 인 선장이 일본배 위에서 임시변통으로 뜻도 모르고 대충 그린 것에 불 과하다.

최초 원자탄 제작의 단초를 제공한 아인슈타인이 오스트리아 출신 유대인이라고 하여, 이스라엘 사람 그 누구도 아인슈타인을 이스라엘 사람, 미국의 원자탄을 "우리 것"이라 말하지 않는다. 여러 나라 출신 의 수천 명 과학자가 원자탄을 만드는 데 동원되었듯이, 팔괘와 존주대 의가 2천 년 이상 수천 명 중화의 학자들 손을 거치고 중국의 주자학(성 리학)으로 완성되어 반도로 전파되었다. 그 정신문화의 결과, 주희(朱 熹, 주자)는 우리 동이(東夷)를 "사람과 짐승의 중간에 있는 것들"이라 했고, 지금은 "한국은 과거 중국의 일부"라 말한다.

"특수상대성이론"은 오스트리아 출신 유대인 아인슈타인의 것이고, "팔괘(八卦)"는 고대 동아대륙 동이 출신 중화인 태호복희의 것이다. 둘 다 "이스라엘"도 "한국"도 전혀 아니다. "복희는 한국", 이 말은 실로 이씨왕조 500년, 중화의 존주대의 사변논리를 맹신·맹종한, 노예영 혼의 유전자가 그대로 살아 있음이다.

• 태극전사?

국가대표선수들의 국제 경기가 있는 날, 흔히 듣게 되는 말이 "태극
전사"란 말이다. 이것은 그야말로 1만 년 민족사의 정체성과는 전혀 무
관한 "역사혼수상태"의 말이다. 조선민족 고려혼의 후예들이면 당연히
"태양의 전사들" 또는 "태양의 후예들"이라 해야 정확한 말이다.

8괘 숭배에다 영국인 선장이 대충 그린 4괘 숭배는 나와 내 조상의
머리와 영혼은 버리고, 방계 사촌의 손가락·발가락을 가문의 상징으
로 삼는 격이다. 심지어 일부에서는 인위로 주역의 4괘와 회전 문양 중
2개만 그린 범종을 제작하여 그 근본은 밝히지도 않은 채 "고려범종"이
라 이름 지어서 민족과 역사를 우롱하는 해괴한 일까지 저지르기도 했
다. 실로 개탄스런 일이다. 본디 중화와 일본은 조선민족의 방계들이
며 조선민족 종가 고려의 핵심 상징은 하늘과 태양이다.

마건충·김홍집·박영효·영국인 선장 이후, 일제하의 수많은 순국
선혈들, 해방 후 대한민국의 오늘이 있게 한 수많은 이들의 땀과 피,
그들의 거룩한 가치는 있는 그대로 소중한 것이지, 그들의 입은 옷의
색깔에 의해 좌우되는 것이 아니다. 일만 년 민족사 조선민족·고려의
역사를 이어 온 수많은 선조들의 거룩한 가치를 공구의 "태극"이라는
말, "태극기"라는 것이 대변할 수도, 좌우될 수도 없다. 중화의 속국,
노예영혼의 나라 이씨왕조, 그 상징 "태극기", 이것은 결코 "우리"가
아니다. 조선민족 퉁이(Tungi) 종가 고려, 일만 년 정신·영혼·신화·
문화의 한결같은 상징은 하늘과 태양이다.

고난에 처한 시대, 함께 피땀을 흘리다 보니 감성적으로 친해진 것
과, 1만 년 조선민족 종가 고려, 본래의 우리 영혼의 상징인 것과는 분
명히 구분되어야 한다. 즉 근원이 의심스러우나 한 시절 고난을 함께한

벗과, 1만 년 중 잠시 떨어져 있던 본래의 내 아버지·할아버지 얼굴이 헷갈리면 안 된다는 말이다.

옷과 깃발은 어릴 때, 어려울 때, 그리고 다급하면 좀 부족해도 입고 사용할 수가 있다. 그러나 정신 차리고 성장하여 제 위치에 오면 반드시 갈아입고 제대로 된 우리의 상징을 높이 들어야 한다.

V

생각하는 백성이라야 산다

운 좋은 세대

세계사 꿈과 발자국

16세기 이후 이씨왕조와 일본

적을 미워하지 마라, 판단력이 흐려진다

한일 노벨상 100대0을 향하여

우리 역사를 모르게 하라!

명료한 말 속에 길이 있다

외국군대의 손을 잡고 휴전선을 넘지 마라

1. 운 좋은 세대

1) 전국 어디서든 시키는 대로만 하면

"조국근대화(祖國近代化)", 1961년 5 · 16 당시, 한국 1인당 국민소득
82달러, 아프리카 가나 179달러, 세계최빈국, 육군중령이 한 달 월급
받은 돈으로 몽땅 쌀을 사서 4인 가족이 2주 먹으면 되고, 남은 2주는
구걸 또는 도둑질을 해서 살아야 하는 나라.

경부고속도로, 포항제철, 조선소, 자동차, 전자, 중화학공업, 이 모
두를 일방적으로 밀어붙이며 자본과 국력을 집중시켰던 인간 박정희가
반대자들로부터 항상 들었던 소리 "독재자"이다. 쥐를 잡아 그 가죽을
수출하고, 여성들 머리카락으로 가발을 만들어 추출하여 천신만고 끝
에 수출 목표 3억 불을 달성한 날, 옆자리 참모에게 "이봐 임자! 수출
목표 100억 불을 달성하려면 어떻게 해야 하지?" 이 말을 들은 참모들
은 순간 놀라 정신이 혼미해졌다 했다.

세계 최단 시간, 초고속 성장에 가장 공평한 분배, 단군 이래 처음으
로 민중들의 의식주 해결, 고등교육을 받고, 자신의 노력만으로도 개
천에서 용이 나고, 선생 · 의사 · 검사 · 판사 · 교수 · 군수 · 장관 · 국회
의원 · 사장이 될 수 있었던 나라, 전 세계 정치경제학자들은 학문적 설
명이 불가하니 "한강의 기적"이라 뭉뚱그려 말했다.

그리고 1980년대 이후, 단군 이래 처음 교육받은 민중들, 중학교 ·
고등학교에서 공부로는 꼴지를 해도, 전국 어디 가서든 시키는 대로만

하면, 집 사고 차 사고 결혼하고 주말을 즐기고 해외여행이 가능한 세대, 단군 이래 처음, 세계사에서도 극히 정해진 몇 나라에서만 가능했던 일이다. 그 위에 황제노조 철밥통, 데모 몇 번으로 평생 세금 위에 노니는 무리들…. 실로 하늘이 내린 때를 만난 세대이다.

그러나 세계는 지금, 1960년대 불쌍한 나라 한국에 장충체육관을 지어 준 아시아의 선진국 필리핀은 아직도 1억 인구 중 1천만이 해외 노동자로 진출해서 먹고살고 있으며, 전 세계 15억 인구가 하루 1달러 미만의 기아에 허덕이고 있다.

지금 한국의 "운 좋은 세대" 가치기준은 "맛있다, 예쁘다, 재미있다", 즉 "다다다"이다. 오늘날 모든 TV방송은 "다다다"가 압도한다. 전 세계에서 박정희와 한국경제를 공부하는 것은 "다다다"가 아니라 "다다다"를 있게 한 그 뿌리, 여정을 배우고자 하는 것이다. 유구한 역사, 주변의 예측 불가 열강들 속, 우리의 갈 길은 아직 멀다.

2) 나 운 좋은데 네가 왜?

• 동남아 놈들?

"동남아 놈들" 어느 공장에서 일을 하다 필자가 들었던 말이다.

이 말을 듣는 순간 웃음이 나왔다. 속으로 '그래, 너 한국놈아. 네가 저들보다 잘난 게 뭐가 있니?'라고 물어보고 싶었다. 실제 그는 사장의 아는 사람 소개로 공장에 들어와 최저임금에 조금 더 올려서 급여를 받았고, 대졸에 하는 일은 동남아인들보다 못했다. 한 가지 확실히 그가 뛰어난 것이 있다. 바로 "운"이다. 좋은 공장이 많이 있는 나라에 태어났고, 가까운 사람 소개로 공장에 들어왔고, 비행기 타고 몇 천 리를 날아온 사람들보다 돈을 더 받을 수가 있으니 말이다.

여기서 장하준 교수의 많은 지적들이 생각났다. 선진국의 운전기사들이 동남아 아프리카 운전기사보다 운전을 잘해 돈을 더 받는 것이 아니고, 선진국의 공무원들이 아프리카 공무원보다 더 능력이 있거나 더 성실해서 돈을 더 받고 세계여행을 할 수 있는 것도 아닐 것이다.

아프리카의 어느 나라 부동산 업자보다 한국의 부동산 업자가 돈을 더 버는 것, 그것이 어찌 그만의 능력이겠는가? "나 운 좋은데 네가 왜?"

• 다다다세대

과거 운 좋은 시대에 태어난 로마의 병사들은 훈련을 점점 더 게을리했고, 전장의 오랜 필수 장비인 갑옷·방패·전투모 등 무거운 장비들도 무겁다는 이유로 쓰지 않고 전장에 나서고, 전투력을 전혀 발휘하지 못하다 결국은 패망했다.

이런 일은 똑같은 의도로 우리에게서도 다양한 모습으로 나타난다. 세금 위의 교육자가 학생의 학교 수업을 오전에 세 시간 또는 네 시간 하는 것이 좋은지를 세금으로 연구 용역을 주고, 학생들의 의견이 주로 반영된 연구 결과에 따라 오전 수업을 세 시간으로 하여 학생들의 학습 만족도가 높아졌다고 자화자찬하는 경우도 여기에 해당할 것이다. 오전 수업 세 시간은 학생보다 가르치는 사람들이 더 좋아할 것이다.

이것은 대개 인류역사에서 문명의 발달에 따라 인류 자신이 힘겨움을 회피하고 안락을 향해 가는 일정한 경향이 있다. 그러나 내 외부 환경과 미래가 그에 부합하느냐의 문제는 전혀 별개다. 이렇게 회피된 힘겨움 다음에 등장하는 것이 오감만족의 "다다다(맛있다, 예쁘다, 재미있다)"이다. 안락해진 육체적 상황에서 오감의 효과적인 자극이 최대 관심사가 된다.

여기서 흔히 간과되기 쉬운 것이 인간·자연·역사에 대한 효과적 이해 참여능력의 감소 여부이다. 폭넓은 독서와 깊은 사색, 육체적 능력을 요구하는 영역은 단순 오감 자극의 영역과는 전혀 다른 세상이다. 따라서 눈앞에서 벌어지는 많은 영역의 문제들에 대한 반응도 단순 오감에 바탕한 "싫다, 좋다"로 나타나게 된다. 여기서는 무지개도 쉽게 희거나 검은 것으로 판단되고, 때로는 다수결로 희거나 검은 것으로 판단된다. 내일에 대한 심오하고 담대한 마스터플랜, 생존의 가치보다는 음양흑백의 선전·선동이 특효를 발하고, 그 책임은 나중의 누군가가 지게 된다. 본격적인 정체 현상, 상대적 퇴보가 시작되는 것이다.

* 블레이크

"즐거움에 젖어 버린 사람에게는 밝은 내일이 오지 않지만 즐거움에 이별의 입맞춤을 한 사람은 불멸의 일출을 보게 된다."

* 칸트

"우리가 다른 동물처럼 타락을 추구하고 고통을 피하려 든다면 이는 진정으로 자유로운 것이 아니다. 오직 식욕과 기타 욕구의 노예로 행동하는 것일 뿐이다."

3) 운 좋은 세대의 교양과 상식

몰라도 나는 옳다 밋쓔미다. 자기 자신을 우상숭배하며 세계 보편 사실적 능력이 있는 건지, 단지 운이 좋은 건지 분간이 되지 않는 사람들이다(아래의 예시된 경우 해당자는 거의 586 대졸자다).

"나는 그리 생각하지 않는데"(희다 검다 밋쓔미다) ┃ 우연한 저녁식사 자리, 식당의 TV를 보다가 역사 이야기가 나왔다. 이런저런 이야기 중 필자가 "백제어=일본어"라고 말하자, 앞사람 대뜸 "나는 그리 생각 안 하는데…." 했다. "그 생각에 무슨 근거나 자료가 있습니까?" 하자 한 마디도 말이 없었다. 얼마 후 우연히 그의 집에 갔다. 집에는 단 한 권의 책도 없었다.

"희다 검다 밋쓔미다." 지금 이 땅의 가장 큰 진리이다.

"우리 신랑만 그러나 뭐? 다 그러는데."(내로남불) ┃ 필자가 창원의 "동그랑땡" 앞 ○○백화점 리모델링 현장에서 일을 할 때다. 퇴근 시간 함께 일한 여성 동무가 우연히 하는 말, 자기 신랑은 집에서 저녁 먹고 다시 가서 퇴근 지문을 찍는다 했다. 어디 근무 하냐니까 그 근처 ○○에 근무한다 했다. "그것은 세금 도둑질 아니냐?"라고 말하자 그녀는 "우리 신랑만 그러나 뭐! 다 그러는데." 했다. "다 그런다"에 할 말이 없었다.

우연히 지리산 이야기 중(내가 옳다 밋쓔미다) ┃ 필자가 "옛날에 혼자서 5월 첫날에 장터목 부근에서 밤에 낙엽과 비닐우의 하나 덮고 자다가 얼어 죽는 줄 알았다." 했다. 한 사람이 나중 당일의 산청읍내 날씨를 조회 후, "영상 17도인데 어찌 사람이 얼어 죽느냐?" 했다. 할 말이 없었다. 환절기의 평지 낮과 해발 1,600여 미터의 밤 온도 차이, 천왕봉 북사면의 깊은 계곡에는 6월 초까지 얼음이 있고, 지리산의 주능선의 밤

5월 초 10월 말을 어찌 쉽게 한마디로 설명할 자신이 없었다. 그냥 웃었다. 그 자리, 그 사람 말이 진리였다.

나는 안다(나는 안다 밋쓔미다) | 10여 년 전, 필자가 지리산을 300여 번째 갔을 때다. 일행은 6~7명, 그중 여성 동무 2명은 지리산을 60~70여 번 오른 경험자들이었다. 천왕봉 꼭대기에서 동쪽을 내려다보며 그 두 사람에게 설명했다. 저기 S자의 위가 천잠마을, 그 왼쪽 구석이 정순덕 출생지, 저기 덕산 개울가 작은 기와집이 남명조식선생 산천재…. 이렇게 설명하는 순간 뒤에서 갑자기 한 사람 왈, "저것은 덕산이 아닙니다. 덕산은 여기서 보이지 않습니다." 그 사람은 첫 번째 지리산을 필자와, 두 번째도 필자와, 세 번째는 다른 이들과, 그리고 그날 네 번째 또 필자와 지리산을 오른 사람이었다. 그 사람의 "덕산 아닙니다."에 세 사람은 조용해졌다. 그중 여성 동무 한 사람은 고향이 그 일대인 사람이었다. 도합 400여 번이 넘는 지리산 경험과 그 동네 사람 한 명이, 지리산을 4번째 온 한사람 앞에 조용해졌다. "저것은 덕산이 아닙니다."

"어! 나 대학 나왔는데."(나는 교양인 밋쓔미다) | 필자가 우연히 TV 해외여행 프로그램에서 잠시 본 것이다. 동남아 어딘가를 여행하는데 진행자는 경상도 사투리를 쓰는 사람이었다. 첫눈에 뭔가 절제되지 않은 언행에 어색함이 화면 가득했다. 주변에는 백인 남녀 몇 명이 있고, 현지인이 음식을 만들고 있는데 한국의 진행자가 음식 가까이서 손으로 집어 먹으며 언행이 어색하자 백인 남성이 기분 나쁜 듯 한마디 했다. "당신은 발달된 것이 소화기밖에 없나?" 순간 누군가 옆에서 통역을 했고, 그 말을 들은 진행자 왈 "어! 나 대학 나왔는데." 했다. 순간 그 진행자와 그가 나온 대학을 쥐구멍에 밀어 넣어 버리고 싶은 생각이 들었다.

"배낭은 ○○가 **좋습니다**."(나는 안다 밋쓔미다) | 어느 날 ○○산에 혼자 큰 배낭을 메고 비박을 갔다. 1000여 고지 능선에서 우연히 당일 산행 가벼운 차림의 여성 한 분을 만났다. 필자보다 서너 살 위인 듯 보이는 그녀와 잠시 함께 걸으며 대화가 오갔다. 그녀는 참 아는 것이 많았다. 특히 클래식음악에 조예가 깊었다. 잠시 후 그녀의 지도가 시작되었다. "텐트는 ○○가 좋습니다. 배낭은 ○○가 좋습니다. 침낭은 ○○가 좋습니다." 필자는 ○○장비가 좋은지보다, 어느 계절 어느 산의 어느 위치가 일출·일몰 풍경이 아름다운지에 관심이 많다. "지금까지 가 보신 곳 중 가장 기억에 남는 좋은 곳이 어디어디인가요?" 물었다. 필자는 고교 1학년부터 지금까지 비박 횟수가 200여 회를 족히 넘는다. 남부 지방 산들 정확한 비박 위치 몇 곳의 장단점을 이야기하자, 그녀는 이야기 주제를 다른 곳으로 돌렸다.

깊고 넓은 대화는 모범 답안을 낼 가능성이 크지만, 일방적 지도는 단견 편견이 가미될 가능성이 크다. 신라 천년의 비밀, 인류역사 최고의 의사결정 시스템 "화백(쿠릴타이)"은 다른 말로 "넓고 깊은 대화"다.

2. 세계사 꿈과 발자국

1) 엘리자베스와 셰익스피어

엘리자베스 1세(1553~1603). 그녀는 25세에 왕으로 등극하면서 스스로 결혼을 포기하고 조국 잉글랜드와 결혼했음을 공표했다. 재임 중 수많은 시련을 국익으로 승화했고 그녀의 이름은 세계 곳곳에 남겨져 있다.

참혹한 종교탄압의 피로 점철된 시대를 뒤이어 왕위에 오른 그녀는 신교를 영국의 국교로 선언하였다. 로마교황으로부터 파문과 왕좌 박탈 협박을 당하면서도 그녀는 가톨릭에 대한 그 어떤 종교탄압도 하지 않고 관용적인 종교정책을 폈다. 이전에 종교적 사유로 끝없이 시행되던 화형은 없어지고, 영국은 대립이 아니라 포용으로 하나가 되어 갔다. 이 시기 유럽대륙에서는 이단 화형에 끝없는 종교분쟁과 전쟁이 이어졌다.

그녀의 시대는 대항해 시대이다. 영국에서는 국가적 합법적 해적선이라 할 수 있는 "사략선"들이 전 세계를 누비며 약탈을 자행했다. 존 호킨스, 프랜시스 드레이크, 월터 롤리 등이 당시 대표적인 사략선 선장들이다. 네덜란드와 스페인의 수많은 선박을 해상에서 약탈했다. 스페인에서 항의가 들어오면 그녀는 영국과는 전혀 상관없는 일이라고 발뺌했다. 사략선의 수익금은 왕실과 거의 절반씩 나누었고, 그러고도 드레이크는 투자자들에게 투자금의 4,700배의 이윤을 안겨 줬다.

그녀의 치세는 그야말로 현실은 드레이크, 이상은 셰익스피어, 현실을 바탕으로 이상을 향해 가는 담대한 여정에 그 선장이 엘리자베스였다.

  셰익스피어, 그는 유럽이 이단과 화형의 참혹한 종교적 분쟁 전쟁으로 짙은 구름이 드리워진 시대를 살아간 사람이다. 그러나 그는 엘리자베스 1세의 치세를 배경으로 종교적 억압에 구애됨 없이 자유로운 인간의 이야기를 폭넓게 남겼다. 수많은 그의 작품은 연극 등에서 다양하고 자유로운 인간상을 그려 냈으며, 심지어 왕을 부정적으로 묘사해도 억압받지 않았다.

  극장에서 〈햄릿〉이 공연될 때 극중 배우가 관중석에 앉은 절대군주 엘리자베스 1세 여왕을 바라보며 "약한 자여, 그대 이름은 여자"라고 소리쳐 외쳐도 여왕은 대수롭지 않게 바라보며 연극을 감상했다. 그러나 이후 크롬웰이 집권하자 제일 먼저 한 일이 셰익스피어가 배우 겸 극작가이며 주주인 글로브극장의 폐쇄였다.

  ## 2) 나폴레옹과 프랑스혁명

  1789년경 프랑스, 몇 해 연이은 극심한 흉작, 혹한에 얼어붙은 세느강에는 곡물 수송이 막혀 곡물 가격이 2배에서 4배로 치솟았고, 굶주린 시민들은 구걸하고 훔치다 못해 귀족의 대영지에서 밀엽을 하고 감시인을 습격하는 일까지 발생했다. 급기야 1789년 4월 파리에서는 폭동이 발생했다.

  에드먼드 버크는 『프랑스혁명고찰』에서 "1789년에 혁명을 일으킨 사람들은 모든 것을 선악의 차별 없이 덮어놓고 부수어 버렸다. 신중·숙고·선견이 100년이 걸려서 건설한 것 이상의 것을, 분노·광포는 반시간이면 허물어 버린다."고 기록했다.

바스티유감옥, 민중들은 바스티유가 왕의 폭정의 무고한 희생자들로 꽉 차 있다고 생각하였다. 그러나 실제로는 점령 당시 해방된 죄수는 7명뿐이며 그중 5명은 사기범 죄인, 2명은 정신이상자였다.

1793년 공화국 군과 방데 사람들의 전투 후 남긴 한 장교의 기록에는 시체들 중에는 병사들이 옷을 벗기고 겁탈한 후 죽여 버린 벌거벗은 여자들이 많았다고 했고, 나중 근위대 해산 후 상퀼로드 젊은 여인들은 젊은 근위대 병사들의 시체에서 성기를 잘라 간다.

애초 국왕 루이 15세는 구제도의 악폐를 시정하기를 거부했다. 귀족과 성직자 계급은 신중히 전통적 특권을 지켜 가면서 세금의 일부를 부담할 것을 거절하였다. 불공평한 과세와 무능한 정부에 대한 반감은 농민·노동자 계급 사이에서 자라나고, 그들의 분노는 계몽사상가의 사상으로 체계화된다.

프랑스는 파리폭동 후 주변국 여러 나라들에게 따돌림당하고 궁지에 몰리게 된다. 거리에는 수많은 사람들이 신발도 옷도 없이 배고픔을 달래기 위해 땅 위에 있는 온갖 쓰레기들과 잡동사니들을 뒤졌다. 당시 한 여행자의 기록에 의하면 라인강 연안에 나가 있는 프랑스 병사들은 극도의 비참한 상황에서 신발도 양말도 모자도 없었고, 하루에 1,000여 명씩 본국으로 탈영하는 일이 발생했다고 한다.

나폴레옹, 그의 고향은 코르시카, 그의 출생 1년 전 루이 15세 때 이태리에서 프랑스로 병합되었다. 그의 출생 때 이름은 이탈리아어로 나폴레오네 디 부오나파르테이며, 9세에 입학한 학교의 말은 프랑스어,

그에게는 외국어였다. 평소 군인이 꿈이던 그는 27세에 장군이 된다.

젊은 장군 나폴레옹은 병사를 이끌고 이태리로 진군한다. 이유는 간단하다. 헐벗고 굶주린 병사들에게는 부유한 도시를 약탈할 기회를, 위기에 처한 파리 총재정부에게는 엄청난 돈과 재물을 보내, 서로의 입지를 강화할 수 있다.

실로 놀라운 총재정부의 재정작전 수행 의도와 나폴레옹의 군사적 재능은 일주일에 여섯 번 승리하고 약탈하기도 했다. 1500년 된 수도원과 궁전들이 주 약탈 대상이다. 수백만 리브르가 파리 총제정부로 보내지고 파리에서는 더 많이 약탈하라고 독촉한다. 심지어 일방적 약탈 전쟁을 멈춘다는 휴전협정을 빌미로 500만 리브르의 전쟁 보상금과 전쟁 물자를 확보하기도 했다. 파리는 온통 나폴레옹과 병사들에게 열광했다. 굶주리던 백성들에게는 빵이 지급되었다.

나폴레옹은 이탈리아 거장들의 그림 수십 점, 엄청난 돈과 보석을 총재정부에 맡기며, 총재정부가 자신을 계속 믿어 준다면 이탈리아는 당신들의 것이라는 편지를 보낸다. 그는 계속 진군하라는 답장을 받고, 교황과도 협정하여 2,100만 리브르와 수많은 예술품을 받는다. 추가로 약탈한 고대 이탈리아의 300백 점의 미술 명작들은 파리박물관으로 보내진다. 전선의 다른 장군들이 지지부진할 때 홀로 명성을 드높인 나폴레옹, 그가 당시에 한 말, "오직 나 혼자만이 민중의 대표"이다.

나중 이집트로 진군하면서는 100명 이상의 고고학자를 동반한다. 그는 먹거리가 뭔지를 정확히 알고 있었다. 그러나 그는 그가 진군한 모든 곳에 기존 체제를 뒤엎고 자유와 평등이라는 새로운 깃발을 꽂아 그의 침략과 약탈을 포장한다. 파리의 개선문은 사방을 정복하고 약탈하여 돌아와 황제가 된 그를 기념하여 세운 것이다.

3) 스페인과 네덜란드

피레네산맥 위 강력한 프랑스, 동쪽에 신흥 오스만투르크의 강성, 그 간의 동쪽 무역로가 차단된 스페인과 포르투갈에게 새로운 무역로 · 항로 개척은 국가적 사활이 걸린 문제였다. 당시 강력한 중앙집권 왕조 탄생과 함께 디아즈, 바스코다가마, 콜럼버스 등의 이름이 빛을 발한다.

1492년 콜럼버스가 신대륙을 발견한다. 스페인은 당시 새로운 자원의 보고를 선점하여 최고의 국운 상승의 기회를 맞는다. 엄청난 양의 금 · 은 등 각종 재화가 스페인으로 유입되었다. 그들이 발견한 페루의 포토시은광은 300년간 전 세계 은 수요량의 절반을 공급하며 8만 명의 원주민과 노예들이 사망했다. 그 은의 3분의 2는 필리핀을 거쳐 중국으로 유입되고 비단 · 도자기 무역으로 세계는 하나의 무역권으로 성장했다.

당시 통일왕국을 이룬 펠리페 2세, 그는 나라와 민중의 부강한 삶에 마음이 있지 않았다. 종교적 원리주의, 즉 가톨릭의 종주국이 되고자 했다. 그는 종교재판소의 권유에 따라 그간 스페인의 경제를 지탱해 온 무슬림과 유대인을 추방하고 개신교도들을 박해했다. 이에 따라 자본과 기술을 가진 지식인 · 기술자 · 금융업자 등이 스페인을 떠났고, 스페인은 몰락의 길에 들어선다. 실용과 경제 산업보다 종교적 원리주의 무력에 의존한 그들의 상징 무적함대 아르마다는 칼레해전 단 한 판의 전투에서 몰락한다.

이즈음 네덜란드의 젊은이들은 인도로 가는 포르투갈 배에 승선하여 몰래 항로를 기록하고 여행기를 출판했다. 이는 나중에 아시아로 가는 지침서가 된다.

국토 3분의 1이 해수면보다 낮은 나라, 유럽 전역에서 모여든 도망자와 은둔자들, 인구 200만 전후의 나라. 그러나 이들은 실용정신으로 무장하고 자기 혁신과 근검절약, 담대한 도전으로 세계 최고의 상업 무역국가를 건설하고 최강의 100년 왕국을 건설한다.

그들의 실용정신과 근면성실함은 청어 어업과 가공무역으로 그들 산업의 토대를 놓았고, 전 유럽에서 내몰린 종교적·정치적 망명자들을 흔쾌히 받아들였다. 누구에게나 종교적 자유가 보장되었다. 유럽 전역에서 사람·지식·기술·자본이 네덜란드로 모여들었다. 120척이던 그들의 상선은 어느덧 2만 4,000여 척이 됐고 유럽 전체 상선의 4분의 3을 보유하게 됐다. 보석·직물·담배 등 고(高)이윤의 산업과 무역의 중심지가 되었다. 주식회사 제도가 도입되고, 무역·산업·해운·금융 부문에서 네덜란드는 세계 최고·최강이 되었다.

4) 스탈린과 속도

* 푸쉬킨

"몽골족은 러시아에 수학도 아리스토텔레스도 가져오지 않았다."(스페인에 대한 회교도의 오랜 지배와 문화적 영향에 반해, 몽골족의 250년 러시아 지배를 비유하며)

표트르 3세 시대의 러시아, 러시아의 귀족들은 서유럽 특히 프랑스에 매료되어 친불 일변도의 대외정책과 귀족제일주의 문화를 만들었다. 그들 귀족은 프랑스어를 주로 하여 농민들과는 말도 같이 쓰지 않았다. 귀족과 농민 사이에는 깊은 골짜기가 있었다. 그 뒤 알렉산더 치세, 이 간극을 메우고자 하는 스페란스키의 모든 제안은 실패로 돌아간다. 이후 공산혁명에 성공한 레닌은 "죽지 않으려면 자본주의 국가들을 따라잡고 앞질러라."고 말했다. 그 뒤를 이은 스탈린의 1931년 2월 4일, 스탈린의 연설은 우리에게 많은 생각을 하게 한다.

"경제개발의 속도를 늦추는 것은 패배하는 것을 의미합니다. 우리는 패배하기를 거부합니다. 과거 러시아의 역사에서 뒤떨어졌기 때문에 끊임없이 침략당했습니다. 몽골의 칸들, 터키의 고관들, 스웨덴의 봉건 영주들, 폴란드와 리투아니아의 지주들, 영국과 프랑스의 자본가들, 일본의 남작들에게 패배했습니다. 러시아가 군사 · 문화 · 정치 · 농업 · 산업적으로 뒤처졌기 때문에 침략당했던 것입니다. 우리를 치는 것이 이익이 되니, 그들은 우리를 친 것입니다."

5) 송나라의 꿈

송대(宋代)의 관료 조여적은 제번지(諸蕃志)라는 저서를 남겼다. 송대(宋代)의 중국인들은 동남아시아 전역뿐 아니라 실론 · 인도 · 중동 · 동아프리카, 심지어 시칠리아 같은 지중해의 일부까지도 알고 있었다.

아랍의 상인들은 스페인 지중해에서 아프리카 북부에서 유라시아 대륙을 북으로는 내륙 실크로드를 이용하여, 바다 · 해양 · 동남아를 거쳐 중국 · 한국 · 일본까지, 내륙 깊숙이 도자기 · 비단모피 · 향료 그리고 다양한 중국의 상품들을 교역했다. 중국에서 4년을 보낸 한 아랍상인이 남긴 기록에는, 그가 단 한 번의 폭풍에 12척의 배를 잃었지만 도자기와 알로에를 실은 열세 번째의 배로 모든 것을 만회했다고 했다.

10세기 전후는 이슬람의 황금시기로 송나라와의 해상무역이 번창했고, 이때는 후고려의 대외무역도 전성기에 이른다. 당나라 때 광저우 한 개이던 무역항은 송나라에 이르러 아홉 개가 된다. 그러나 이 무역 절정기의 송나라가 몽골의 침략에 패망한 것은 서구에 앞서 산업사회로의 이행을 저지당한 비극의 출발점이라는 것이 많은 역사학자들의 견해다. 나라가 아무리 번성해도 그에 맞는 군사력이 동반되지 않는 것이 얼마나 허무한지를 보여 주는 사례다. 그들이 만든 화약무기는 200년 후 서양의 전쟁기술을 총·포·발사체 등으로 획기적으로 변화시킨다. 이 시기 송은 경제 기술뿐 아니라 예술·철학·문학에서도 절정을 이루었다.

나중 유학의 나라 명나라, 사상 유례가 없는 정화의 대선단은 그 누군가의 실용, 삶의 애착을 싣고 간 것이 아니라, 위로부터의 중화주의 이념을 싣고 갔다.

6) 쑨원의 강연

쑨원(孫文)은 중국 근대화의 선구자격인 사람이다. 그는 1924년 일본 고베에서 강연을 했다. 그는 1905년 러일전쟁의 끝날 무렵 유럽에서 수에즈 운하를 통해 귀국했다. 그곳에서 그는 러일전쟁에서 일본에 패한 러시아군인들이 부상당한 채 유럽으로 돌아가는 것을 보고, 자신들이 싸워 이긴 것처럼 기뻐하는 아랍인들을 보았다.

그로부터 20여 년간, 유럽인의 지배에 저항하기 시작한 이집트 · 페르시아 · 터키 · 아프가니스탄 · 인도 등의 독립운동에 불이 붙었다. 그는 일본이 러시아와 싸워 이긴 것이 전 아시아 민족의 독립운동의 시발점이 되었다고 했다. 그러나 이후 일부 유럽인들과 싸워 이긴 일본이 새로이 아시아의 지배자가 된 냉엄한 세계사는, 지금의 우리가 평소 어디에 신경을 집중해야 할지 명확한 기준을 제시한다.

7) IMF와 사다리 걷어차기

대한민국 1990년대 후반 IMF 경제망국 시기, 당시 언론에 자주 보도되던 말이 "단군 이래 최대의 국난"이란 말이다. 그러나 여기에는 단서를 하나 덧붙여야 정확한 말이 된다. "전시(戰時) 또는 그에 준하는 사태를 제외하고"라고 말이다.

수천조 원을 오가는 가늠할 수 없는 경제적 손실, 그 기간 2천여 명의 경제적 사유로 인한 자살, 수없는 사람들의 이혼과 그에 따른 IMF 고아 발생, 하루 100개 이상의 회사가 도산, 심각한 국가경제 성장 동력 상실 등, 그 피해는 이루 헤아릴 수가 없다.

세계최빈국에서 최단 시간에 선진산업시설을 확실히 구축한 한국, 1970년대 이후 박정희 스타일을 그대로 모방한 중국을 제외하면 아직도 전 세계에는 비교 상대가 없다. 5 · 16 이후 당시까지 지속해 온 고도성장, 최소화된 대외부채 등은 "누군가의 권유", "어떤 이념 이론"이 아니라 철저한 실사구시를 토대로 "스스로의 살길"을 "피와 땀으로" 개척했기 때문이다.

음양흑백 정치선동과 허망한 정치경제이론은 아래 에이브리험 링컨의 이 한마디에서도 충분한 교훈을 찾아야 한다. 당시 링컨은 자유무역을 하라는 영국의 압력에 "한 200년 정도 보호무역을 해서 거기서 얻을 수 있는 장점을 다 취한 다음에 미국도 자유무역을 할 것이다."라 말했다.

서구의 선진국들, 무자비한 침략 · 지배 · 약탈 · 보호무역으로 세운 경제에 누가 옆에서 모방을 하면 그들은 "내가 했던 대로 하지 말고, 내가 말하는 대로 하라."며 간교한 정치경제학자들의 입까지도 동원한다. 즉, 그들이 애써 부여잡고 한 단계 오른 사다리를 뒷사람이 오르지 못하게 치우고자 하는 것이다.

그러나 이것은 한국의 인간 박정희와 현명한 경영자들에게는 통하지 않았고, 한국경제는 만난을 뚫고 최단 시간에 사다리를 올랐다. 그러나 선진국의 이 간교한 술책이 가장 잘 통하는 무리들이 있다. 바로 실사구시가 아닌 종교 · 이념 · 사상적으로 음양흑백의 원리주의적 기준을 가진 정치선동가들이다.

1990년대 중반 한국은 신중한 계획도 세우지 않은 채 자본시장을 대폭 개방했고, 부자가 아니면서도 1996년 OECD에 가입했다. 당시 한국 1인당 국민소득은 OECD 평균의 3분의 1 수준이었다. 그리고 부자 나라처럼 행동했다. 전 세계는 한국이 너무 일찍 샴페인을 터뜨린다고 우려했다. 그리고 바로 IMF 외환위기가 닥쳤다.

당시 정부는 파국의 불과 며칠 전까지도 상황 파악조차 하지 못했다. 이를 두고도 국내외의 신자유주의자들은 이것을 과거 탓 남 탓으로 돌리며 실사구시의 자강원리보다, 남들이 권하는 이론에 귀 기울이며 떠밀려 행동했다. 그 와중에 다행히 정권은 다시 실사구시를 표방한 이들에게 넘어가고 원만히 뒤처리가 되었다. 당시 비슷한 여건의 다른 나라에 비해 신속히 정상 궤도로 회복된 것은, 한국의 탄탄한 제조업 산업 기반이 회생의 원동력이란 것이 세계의 대체적인 평가였다.

　세계사 속의 위선자들, 내가 피와 땀으로 무엇을 만들고, 우리가 무엇을 할 수 있나를 찾기보다, 그들만의 종교 · 이념 · 사상에 바탕하여 눈앞의 현실을 음양흑백으로 재단하여 국민감정을 선전 · 선동한다. 그들 앞에서 "우매한 민중"은 영광의 대상이 아니라 희생과 뒤 책임의 대상이다.

3. 16세기 이후 이씨왕조와 일본

한국과 일본은 애초 하나의 민족(부여)에서 7세기에 둘로 분리되었다. 세계의 모든 동양사학자, 양국의 모든 출토 유물은 역사적 사실 그대로를 말한다.

유럽에서 영국이 그러하듯 섬나라의 생존 습성 중 하나는 해적질이다. 반도는 열도의 수천 번 해적질을 매번 단번에 격퇴함으로써 언제나 국가적 자존을 지켰다. 그러나 16세기에 이르러 상황은 완전히 변한다. 국력과 전투력에서 아예 상대가 되지 않은 지경에 이른 것이다. 당시 국토는 백두산의 정북쪽으로 간도를 포함, 일본보다 우리가 더 넓었다. 중화의 노예영혼이 된 이씨왕조의 시대, 20세기 초에는 급기야 조선민족 종가 고려의 땅이 처음으로 완전 멸망과 함께 이름마저 없어지고, 일본은 수천 번의 침략 끝에 분리 후 처음으로 그들 조상의 고향 땅 고토(古土)를 단 한 번의 국가 대 국가의 전투 없이, 단 한 명의 병력 손실 없이 완전 지배한다. 이 장에서는 그 원인 분석을 시도한다.

1) 주자학(성리학)을 대하는 자세

이씨왕조와 주자학에 관해서는 앞에서 많이 논했다. 여기서는 그 핵심 근간이 된 두 사람의 생각만 간략히 되짚어 본다.

* 이이(李珥)

"(우리나라가) 비록 이름은 외국이지만 실은 동방의 한·제나라·노나라일 따름이며 화하(華夏, 중국)와 동방(조선)은 합하여 일가를 이루었다. 하늘에는 두 해가 없고 백성에는 두 임금이 없다. … 제후국으로서의 소임이 무겁게 되어 실로 만세의 그지없는 영광이다." (고전국역총서, 『율곡집1』, 1989, P290)

* 송시열(宋時烈)

"하늘이 공자에 이어 주자를 내셨으니 참으로 만세에 도통(道統)이다." "주자 이후로는 일리(一理) 일자(一字)도 밝혀지지 않은 것이 없다." "주자의 글에는 한 글자 한 문장도 이치에 어긋남이 없다. 말씀마다 모두 옳으며 일마다 모두 마땅한 분이 주자이다."(김우현, 『주자학 조선 한국』, 한울, 2012, P70)

• 일본의 경우

일본은 애초 특정의 사상·학문에 맹종은 없고, 수용·연구·장단점의 비교·분석을 통한 선별 수용이 가능한 주체적 정신문화를 가졌다. 일본은 주자학과 함께 양명학을 받아들이면서 주자학을 비판하는 고학파와 유교 전체를 비판하는 국학파가 잇달아 출현, 나라와 백성의 현실을 개선하는 도구로서의 학문을 스스로 발전시켰다.

야마자키 안사이(山崎闇齋)는 "청나라를 중국이나 중화로 부르는 것에 반대한다. 각 나라의 입장에서 자신이 있는 곳이 중국이고 그 외는 야만이라 할 것이다. 만약 중국이 일본을 복종시키기 위해 전쟁을 일으켜 오제·순제·문제·무제 등의 황제들이 대장이 되어 쳐들어와도 들

불·화살로 맞서서 이를 쳐부수는 것이 옳은 일이다. 예와 덕으로 복종시키려 해도 신하가 되지 않는 것이 좋다. 이것이 춘추의 도이며 천하의 도라 하겠다."했다(김우현, 『주자학 조선 한국』, 한울, 2012, P170).

18세기 초반 주로 대중들에게 보급된 석문심학(石門心學)의 자세는 다음의 문장으로 요약된다.

"부처의 법으로 얻는 마음과 유교의 도로써 얻는 마음이 어찌 서로 다른 두 개의 것일 수 있겠는가. 어떤 도를 통해 마음을 얻는다 할지라도 그 마음으로 어찌 정치를 행하고 또 천하 국가를 다스린다면 무슨 해로움이 있겠는가. 나아가 부처·노자·장자의 가르침도 이른바 마음을 닦는 연장이므로 결코 버려서는 안 될 것이다. 어떤 법도 버리지 않고, 어떤 법에도 사로잡히지 않고 하늘과 땅을 거스르지 않는 것을 요체로 삼는다."〈마루야마마사오〉(김석근 역, 『일본정치사상사연구』, 통나무, 2011, P268)

구마자와 반잔(熊澤蕃山)은 "고대 중국의 도덕만 답습하는 유학은 죽은 학문이다."라며 물리치고, 일본의 풍토와 역사에 부합하는 유학을 제창하였다(구태훈, 『일본근세사』, 저팬리서치21, 2016, P185).

이토 진사이(伊藤仁齋)는 주자학은 불교 선종사상이나 노장사상과 융합된 것으로 중국 고대 성인의 가르침이 아니라고 주장하였다. 주자학의 이론은 치밀하지만 현실 사회와 괴리되었고 또 사람의 일상생활에 도움이 되지 않는다고 비판했다(구태훈, 『일본근세사』, 저팬리서치21, 2016, P347).

2) 국민들의 삶(문화, 생활)

이 땅의 금속활자는 애초 일반 민중들의 지식 대중화, 서민문화와는 거의 무관했다는 것이 대체적인 견해다. 그리고 나중 "조선글"이 새로이 정비되어 "훈민정음"이란 이름으로 새로이 반포되어도 언문·반절·암글 등의 이름으로 비하·천시되었고, 절반 이상이 노비가 된 이씨왕조의 민중들은 문화생활과는 완전 무관하였다.

그리고 구한말 시기까지 대부분의 민중들은 문맹이었고, 일제의 지배 기간에 일부 초등학교를 다닌 남자들은 글자를 알고, 1950년대의 군대에서는 20대 초반의 징병자들에게 글을 가르치는 것이 주 업무 중 하나였다. 1960년대까지 여성들은 거의 대부분 문맹이었다. 세계최빈국에서 5·16 이후 근대화가 시작되고 경제가 성장하면서 단군 이래 처음 본격적인 대중교육이 시작되었다.

그러나 일본은 16세기, 도쿠가와 이에야스의 통역관 예수회의 사제 후앙 로드리게스의 기록에 따르면, 도요토미 히데요시 시대에 이미 거의 "나라 전체가 비단옷을 입었다. 농민과 여자들도 비단 띠를 둘렀으며 그중 형편이 좀 더 나은 사람은 비단옷을 입었다."고 한다.

임진왜란이 발발한 그해, "1592년 간행된 『광익서적목록대전』에는 7,200여 서적의 목록이 게재되어 있다. 이 시기 출판소와 서적상이 연이어 개업하고, 이제까지 지배층이 독점했던 문자와 지식이 민중에 보급되기 시작하였다"(구태훈, 『일본근세사』, 저팬리서치21, 2016, P329).

"1595년에는 근대 인쇄술로 이솝우화집이 번역·출판되었다. 민중들에게는 1일 3식이 일반화되었고, 일반 민중들의 옷도 고급스러워지고 사치스러워졌다. 17세기 말, 이미 출판이 대중화되었고, 에도에만

6천 명이 넘는 출판업자에 1만 권이 넘는 책이 출판되었고, 민중들은 각기 경제력을 갖추고 독자층을 형성했으며, 중국을 능가하는 도시들이 발달했다"(구태훈, 『일본근세사』, 저팬리서치21, 2016, P330).

1719년 일본에 통신사로 간 신유한의 『해유록』에는 오사카에서는 "관광하는 남녀들이 양쪽에 담처럼 늘어섰는데, 모두 비단옷을 입었다(문소영, 『못난 조선』, 나남, 2015, P174). 민간에서 특이한 책과 각종 문집을 간행한 것이 조선의 1백 배가 넘어 일본의 풍부한 출판문화에 감탄하고 있으며, 이때 이미 중국 남경에서 수입한 서적이 1천여 종 이상이나 된다."고 기록하고 있다.

후고려에는 노비가 극소수였고 이씨왕조 태종대에는 7할 이상의 농민들이 자기 소유의 농지를 갖고 있었다. 그러나 성종대(1457~1494)에 이르면 농민의 80%가 때려죽여도 되는 노비로 전락한다. 이씨왕조와 일본, 아예 차원이 다른 세상이다.

일본, 에도시대부터 교육열 높았던 일본은 메이지 이전 문맹률이 50% 이하로 19세기 초 세계 최고 영국의 50%를 능가하는 세계에서 가장 개화된 민중들의 나라였다. 그리고 17세기 중반 이후 일본, 1774년 서양 서적 최초로 해부학서적이 번역된다. 이후 난학은 양학(洋學)으로 불리며 전 분야에서 본격 도입된다.

한국과 일본, 민중 절반 이상이 노예인 나라, 애초 노예 없는 나라, 민중들의 하루 3끼의 밥 먹는 것, 문자해득과 문화생활, 학문의 차이는 거의 300~400년 차이가 난다. 오늘날 한국과 일본, 노벨상 획득 수의 차이는 결코 단순한 원인이 아니다.

─────────── 종가의 귀환

3) 경영능력(국가 전략과 전술)

* 비스마르크

"30년 뒤 일본은 강하고 중국은 약해질 것이다. 일본인 가운데 유럽을 유람한 자들은 학업을 토론하고 관제를 강구하여 돌아가 행했다. 중국인 가운데 유럽을 유람한 자들은 어느 공장의 선박이나 대포가 이로운지, 어느 공장의 물건이 값싼지를 물어 구매하여 썼다. 강약의 근원은 거기에 있다."(소공권,『중국정치사상사』, 서울대출판부, 2014, P1231)

• 기본자세

애초 일본은 자기의 의지에 따라 7세기부터 견수사 · 견당사를 파견하여 대륙을 연구, 따라잡기에 신경을 썼다. 그들의 살아 있는 감각은 1853년 페리함대가 동경만에 도착하고 15년 만에 구제도를 타도하고 명치정부를 수립 · 신속하게 대응하여 새로운 생존의 길에 들어선다.

이것은 중국이 최초의 영국 외교사절단 메카트니경 일행이 1793년에 도착한 후, 118년 뒤, 1911년에서야 구체제를 타도하고 신해혁명으로 신체제를 수립하는 것과도 대비된다. 일본은 아편전쟁의 결과를 보고 세상이 어찌 움직이는지 신속히 파악 · 대응했고, 1840년대 이후 서양 방적기, 제철, 기계, 무기공장 등 서양식 산업 군비체제를 강화했다.

세상의 사상 · 이념 · 흐름에도 민감하여 일본은 러시아혁명 세력에게 지금 돈 5천억 원을 비밀리에 제공하고 오래고 주도면밀한 공작으로 그것을 성공으로 이끈다. 이런 일들은 어디까지나 오랜 정치경제의 안정을 토대로 한, 개화되고 자주적인 중산층의 존재, 상식과 안목을 가진 다수의 민중계층의 존재 여부가 곧 사회 변동의 힘이란 것을 보여 준다.

　오랜 주자원리주의 노예영혼의 지배로, 사실상 압살 직전의 민중 삶을 이어 오다 해방 후 16년, 5 · 16 정변 이후에야 자주적 근대화가 시작된 한국에게는 꿈같은 이야기다. 섬나라 일본은 근대화 메이지유신으로부터 단 30년 만에 중국(1895년), 러시아(1905년)를 물리치고 강국이 된다.

　• 정보와 전략 전술

　1582년 마카오에 도착한 마테오리치는 처음 불교승려 옷을 입고, 중국말과 글을 배우고, 나중 중국 내륙으로 들어가기 위해 유학자의 옷으로 갈아입었다(김우현, 『주자학 조선 한국』, 한울, 2012, P127). 이러한 정보 · 작전 · 감각은 애초 우리의 경우 고려(고리, 무쿠리) · 백제 · 신라에서 국가 운영에 일상화되어 있던 것이다. 그러나 이씨왕조에 이르러 영혼이 병들자 완전 망실된 것이다. 이에 반해 일본은 옛 남부여(=백제)의 정신을 그대로 이어 왔다. 이는 1850년 샤쿠마 쇼잔의 아래 말에서 확인할 수 있다.

　"오랑캐들의 풍속을 제어하는 데는 오랑캐들의 사정을 아는 것보다 중요한 일이 없으며, 오랑캐들의 사정을 아는 데 있어서는 오랑캐들의 말에 능통하는 것보다 긴요한 것은 없습니다."(김석근 역 「일본정치사상사연구」 통나무 2011 P478)

　이씨왕조, 중국의 거대한 배가 표류해서 해안에 도착, 선원들이 배를 포기하고 육로로 귀환해도 그 배를 연구하거나 제작법을 배우려 하지 않고 해당 관리들에게 불태워 버리게 했다. 임진왜란 직전 남해안에서 기이한 모습의 왜군의 사체가 발견되고 선조가 정확한 상황 파악을 지시하자, 신하들 가운데 누구 한 명 상황을 아는 이가 없고 대책도 없었다. 심지어 구한말 영국이 러시아의 남진을 막기 위해 거문도를 점령하고 중국에 통보하고 중국이 이씨왕조에 통보하자 조정에서는 그 누구 한 명 거문도를 아는 이도 없고 "우리는 우리 땅을 침략당한 적이 없습니다."라는 실로 어처구니없는 답변을 보낸다.

• 신무기를 대하는 자세

1543년 규슈 남쪽 섬에 포르투갈의 배 한 척이 왔고, 그 배의 포르투갈인들은 조총을 갖고 있었다. 그 섬의 도주는 총 두 자루를 사들이고 가신들에게 화약 만드는 법을 익히게 했으며, 칼을 만드는 장인에게는 총을 만들게 했다. 이렇게 획득·생산·대량 보급된 총으로 1575년 오다노부나가는 3,000명의 조총부대를 양성, 교대사격 전법으로 나가시노전투에서 기마병 중심의 다케다 군대를 격파하고 전국시대의 종말을 고한다.

중세의 기마대 군대와의 결전에서 신기술을 지닌 소총부대의 완전한 승리는 전장에서 새 장이 열렸음을 의미했다. 뒤를 이은 도요토미 히데요시는 소총과 전술을 더욱 발전시킨다. 이는 나중 유럽의 전투 전술로 역수출된다. 우리가 영화에서 보는 나폴레옹 전투 등의 연대전술은 그 뿌리가 일본이고 역수출된 것이다. 이 시기 일본에 온 예수회 선교사 하비에르는 "지금껏 발견한 민족 중 최고이며 내 생각에는 이교도 가운데 그들보다 뛰어난 민족은 찾아보기 어려울 것이다."라며 감탄했다고 한다.

• 이순신과 신립

이순신은 포로로 잡혔다가 구조된 조선인들을 자신이 직접 심문하고 철저히 조사하여, 왜군에 관한 정보를 상세히 파악한 후 전투에 임했다.

임진왜란 초기 조정에서는 일본군에 관한 정보가 전혀 없을 때, 일본군에 잡혔다가 탈출해 온 사람이 있었다. 그를 통해 일본군에 관한 정보를 상세히 파악할 수 있었다. 그러나 그는 정보부터 얻어 내자는 선조의 뜻과 다르게, 적에게 항복을 했고 살아 돌아왔다는 이유로 주자원리주의 신하들의 뜻에 따라 신속히 처형되었다.

신립장군이 충주에 도착했을 때, 적은 이미 조령을 넘은 상태였다. 군관 한 사람이 눈앞에 적이 있다는 상황을 보고하자, 신립은 군사를 미혹하게 한다며 그의 목을 베어 조리돌렸다. 적들은 이미 코앞에 와 있었고 바로 그날 탄금대 전투에서 신립의 군대는 거의 전멸당했다.

유승룡이 지방순회를 다녀온 신립장군에게 "왜군들은 조총이 있는데 어찌 왜군을 만만히 볼 수 있단 말이요?"라 묻자 신립은 "왜병들이 조총을 가졌지만 그게 쏠 적마다 다 맞는답니까?"라고 태연히 대답했다고 한다. 나중 탄금대 전투에서 신립은 그의 믿음대로 8만여 병력의 재래식 돌격전에서 고니시유키나가의 8천 소수병력의 밀집사격술에 걸려 단 한 차례에 거의 전멸당하고, 자신은 자결한다.

유승룡은 임란 직전 함선에서의 화력전에 관한 전투교범인 『증손전수방략』을 구해 이순신에게 전해 주었고 이순신은 이를 세밀히 연구한 후 "참으로 만고에 기이할 전술이다."라고 말하며 나중 그의 해상전투에 적극 활용한다. 해전에서는 통상 기함이 최선두에 서지 않는다. 그러나 이순신은 사천해전, 명량해전, 노량해전 등에서 최선두에 섰다.

그에 반해 1748년 통신사 역관으로 일본에 갔던 박상순이 일본에서 조총 두 자루를 사 왔을 때도 호기심은 보이면서 아무도 연구 · 생산에는 관심을 보이지 않았다.

• 하멜표류기

1653년 8월 16일, 네덜란드 배 한 척이 제주도에 난파한다. 그 배에는 네덜란드 선원 36명이 타고 있었다. 이에 이씨왕조는 한번 들어온 외국인을 나라밖으로 내보내지 않는다며 억류하고, 그 어떤 자초지종 상황 파악도 없이 이들을 죄인취급, 친위병 노릇, 여기저기 옮겨 다니며 유배지 생활, 잡초 뽑고 청소하고, 심지어 하루에 180미터 새끼를 꼬게 하고, 나무를 해오는 등의 일로, 전라도 강진 · 여수 등지의 병영에서 13년 28일 동안 억류 생활을 시킨다.

그러나 일반 대중들과 승려들은 주자원리주의자들과 달랐다. 그들은 외국인들에게 친근히 대했고 외국에 대해 호기심이 많아 그들의 이야기를 듣고 싶어 했으며, 밤새도록 이야기해도 좋아했다. 그러다 그중 8명의 선원이 1666년 9월 14일, 나가사키로 탈출한다.

일본은 이들이 나가사키에 도착하자 그간의 일들을 상세히 조사한다. 선원들 각자의 신상명세, 과거 행적, 이동 경로, 탈출 과정, 이동 선박의 대포 등 화물 장비 내역, 조선의 상세 지리 정보, 성체를 비롯한 국방시설, 군함 보유 현황과 재원, 군사 전투장비 현황, 복식, 각종 작물 생산 현황 등 모든 것을 상세히 파악한다(김태진 역, 『하멜표류기』, 서해문집, 2016, P78~88).

4) 대외무역과 교류

박제가(朴齊家)는 『북학의(北學議)』에서 "송나라 배가 고려에 올 때 중국의 남부 명주에서 7일이면 황해도 예성강에 도착했는데 조선에 와서는 지난 400년 동안 다른 나라의 배가 단 한 척도 오지 않았다."는 기록을 남겼다(김우현, 『주자학 조선 한국』, 한울, 2012, P64).

그뿐만 아니라 이씨왕조 500년, 단 한 명의 학자도 중국이나 일본으로 유학가지 않았고, 단 한 명의 상인도 중국·일본 또는 더 멀리 배를 띄워 나아간 사람은 없었다. 그리고 그 어떤 서양의 배가 해안가에 닿아도 이씨왕조의 대답은 한결같았다.

"우리는 제후국으로 상국의 허락 없이 절대 외국과 교류할 수 없습니다."

그러나 일본에서는 임란 발발 10년 전인 1582년, 일본 소년 4명이 동남아와 유럽을 여행하고 펠리페2세와 로마교황을 만나고 9년 만에 일본으로 귀환하기도 한다.

오다노부나가가, 도요토미 히데요시의 뒤를 이은 1630년대 도쿠가와 막부가 쇄국정책을 수립하고 기독교 선교사를 모두 추방하면서 대외무역도 치명적인 타격을 입는다. 그러나 나가사키의 작은 섬 데지마에서 네덜란드인에 한해서만 무역과 통상을 허용했다.

이미 100여 년 전 아메리카대륙이 발견되고 촉발된 대항해시대는 일명 모험과 약탈의 시대라 할 수 있다. 신세계에서 유입된 대량의 은으로 촉진된 무역에 유라시아대륙은 내륙과 해상의 유통망에 활력이 증대하고 세계는 급속히 하나의 경제권으로 만들어져 갔다. 16세기 후반, 일본은 활발한 국제무역을 통해 국부를 축적하고, 소총을 자체 생산, 16만 명의 군대를 유지한 경제력 등 전쟁수행능력에서 이씨왕조와는 아예 비교 상대가 아니게 된 것이다.

1600년 이후 일본의 무역선은 동남아로 진출하고, 베트남 등 각지에는 일본인 10여만 명이 집단 거주하며 자치촌을 형성했고, 일본에는 1만여명의 동남아 사람들이 거주했다. 그들의 무역선은 100톤에서 800톤 규모로 다양했고 선장은 서양의 전문가를 고용했다. 이 시기 일본에서 대단한 은광이 발견되고 중국과 서로 직접 무역을 꺼리던 두 나라는 마닐라 · 마카오를 중개지로 은과 비단을 주로 하는 다종다양한 중개무역을 전개한다.

중국의 경우도 왕조마다의 일시적인 제한의 경우를 제외하면, 한나라 이후 대외 교역로는 항상 열려 있었고, 일본 역시 전반적인 개방은 아니지만 대외 정보 취득과 최소한의 교역로는 언제나 열려 있었다. 16세기 중반에 이르자, 중국 · 일본은 서구와 본격적인 무역 교류를 하고 도자기 · 은 등을 상품으로 그 대상은 포르투갈 · 스페인 · 네덜란드 · 영국으로 점차 확대되었다.

애초 일본의 도자기 산업은 임란 당시 잡아간 조선의 도공들이 그 출발이다.

"조선인 도공 이삼평은 1616년 일본에서 조선식 백자 생산에 성공한다. 이후 일본은 1640년 자기에 붉은 기법이 선명하게 드러나는 아카에 (赤絵)기법이 개발되면서 조선풍의 자기와 중국풍의 자기가 결합되어 일본풍의 자기가 탄생하였다. 이 독자적인 기술로 자기에서 일본은 조

선을 앞서게 된다."(구태훈, 『일본근세사』, 저팬리서치21, 2016, P178)

사쓰마번은 조선인(도공)마을의 지도자를 가신의 대열에 편입시키고, 도선인 도공을 무사의 신분에 준하는 신분으로 대우하였다(위의 책, P179). 17세기, 영국에서는 중국산 도자기 한 점 값이 노예 7명 값에 해당했다.

1644년 명나라가 망하고 무역이 기울자, 유럽 상인들은 일본에 중국 스타일의 도자기를 주문한다. 당시 일본은 그 능력이 없어 만금을 주고 청나라 경덕진에서 기술자를 사 와서 기술을 전수받은 후 돌려보낸다. 이후 일본의 채색도자기는 유럽세계를 완전 지배한다. 이후 청나라 강희제시대 다시 전개된 청나라의 경덕진 도자기는 유럽의 변화된 일본 취향에 맞추어 일본 스타일의 채색도자기를 제작해야 하는 종주국의 굴욕을 맛본다.

이씨왕조 개창 후 600년, 세계사에 조선·고려는 없었다. 1961년 5·16 이후 젊은 군인들의 주도로 담대한 도전, 만난을 이기며 "한강의 기적", "세계 10대 강국"이 만들어지기까지는.

4. 적을 미워하지 마라, 판단력이 흐려진다

"사슴을 쫓다가 태산을 보지 못한다(逐鹿而不見泰山, 축록이불견태산)."

1) 영화 〈대부(代父)〉에서

1983년 3월 2일 마산, 거의 하루 종일 보슬비가 내렸다. 초등학교 1
학년 2학기 이후 고등학교 3학년까지, 단 한 번도 학교 숙제를 해 간
적이 없는 필자가 대학교에 입학한 날이다. 정오가 지난 시각 시내의
강남극장, 평소 흑백TV에서 서부영화를 즐기다가 극장의 커다란 화면
에 컬러로 상영되는 영화 〈대부(代父)〉를 봤다. 당시까지 본 수십 편의
서부극을 모두 합친 것보다 충격이 컸다.

그날 이후, 평소 그렇게 흥얼거리던 서부영화 음악들, 그들 위에는
언제나 대부의 주제곡이 흘렀다. 게리쿠퍼, 존웨인, 스티브맥퀸…. 서
부영화 주인공들, 그들 위에는 언제나 말론 브란도(Marlon Brando)가 있
었고 그의 한마디면 모든 것이 끝났다.

"나는 그에게 거부할 수 없는 제안을 할 걸세!"

그리고 나이 20대를 지나며 얼마간의 시간이 흐른 후 〈대부(代父)〉의
2편과 3편을 보게 되었다. 영화의 무게가 처음의 1편만큼은 아니었지

만, 그 속의 명대사는 정확히 기억에 남았다.

　〈대부(代父) 2〉에서는 "친구는 가까이 적은 더 가까이 둬야 한다."
　〈대부(代父) 3〉에서는 "적을 미워하지 마라. 판단력이 흐려진다."

　그리고 나이 50을 전후하여 지금의 이 책을 머릿속에 구상하면서 다시 한 번 전편을 보았다. 거의 30년 세월의 시간차를 두고 보는데 또다시 그 명대사들이 정확히 귀에 들려왔다. 그러면서 눈앞에 정확히 보이는 것이 일본(日本)이었다.

　언젠가 김대중 전 대통령은 생전에 "우리의 정치인들은 누구나 일본을 국내 정치적으로 이용하고픈 유혹에 빠지기 쉽다."는 취지의 말을 한 적이 있다.

　필자는 앞에서 지적한 민족사의 암세포 3종류로부터 가장 멀리 있으면서, 실사구시(實事求是)·국리민복(國利民福)에 가장 집중한 대통령 두 사람을 꼽으라면 박정희, 김대중, 두 사람을 꼽는다. 이 두 사람은 민족사 가장 어려운 시기 온갖 난관을 뚫고, 온갖 음해와 모욕을 뚫고, 진흙 위에 연꽃을 피운 사람들이다. 그 어떤 종교·이념·사상·학문에도 흔들리지 않는 "홍익인간"의 길이 무엇인지를 정확히 알고 있었던 사람이다.

　위 〈대부(代父)〉의 경우를 생각하면 누구보다 난세를 겪은 두 사람은 "우리"에게 다가오는 "거부할 수 없는 제안"이 무엇인지를 정확히 알고 있었고, 친구는 가까이 적은 더 가까이 두었으며, 결코 그 어떤 경우도 마음속의 증오에 눌려 세상을 음양흑백으로 바라보지 않았다. 누군가가 골목에 집중하면 광야로 눈을 돌렸고, 누군가가 흑백을 소리쳐 외치면 마음속에 태양을 그렸던 사람들이다. 누군가 눈앞의 한일 문제에 집중하면 민족사적·세계사적 시각에서 내다볼 줄 알았다.

우리가 진정 태극음양·흑백증오에 눈이 어두워져 이 원리들을 반대로 행할 때, 우리는 이미 진 것이다. 그리고 또 한 번의 치욕은 단지 상황과 시간의 문제일 뿐이다. 증오는 승자의 길이 아니라 패자의 길이다. 이기려면 포용하고 안고 가야 한다. 큰놈이든 작은놈이든 안고 보면 그곳에 급소가 있다.

인간·자연·역사, 불변의 진리 중 하나는, 약자는 그 어떤 경우에도 스스로 적을 만들어서는 아니 된다는 점이다. 강자, 그들은 언제 어느 때고 주변 그 누구와도 무한 빅딜이 가능하다. 그들을 향한 무한 증오는 "우리"를 외교 무대의 주인이 아니라, 외교 테이블 도마 위의 생선이 되게 할 것이다. 16세기와 구한말의 그날들처럼. 그렇게 당하고도 또 같은 상황을 만드는 것은, 누가 우리를 망하게 하는 것이 아니라, "우리" 스스로 망하는 것이다.

박정희·김대중·이건희는 승자의 길을 갔고, 운 좋은 세대 배부른 친ㅇ친ㅇ는 음양흑백증오, 패자의 길을 자초하고 있다.

* 안중근

"사람이 멀리 보고 생각지 못하면 큰일을 이룰 수 없다(人無遠慮難成大業, 인무원려난성대업)."

* CIA, 6·25 중국병력 배치도

"우리가 받은 거의 모든 보고서는 우리의 적들로부터 나왔다."

2) 야! 너 일본, 사과 한번 해 봐(정권 바뀔 때마다)

* 레비스트로스(『슬픈 열대』의 저자)

"선조가 한 일 때문에 우리가 비난받을 수는 없다."

필자의 경우 일본의 식민지배에 대한 사과 문제가 언급될 때마다 떠오르는 것이 1990년 5월 일본의 아키히토 천황이 일본을 방문한 노태우 대통령에게 과거사와 관련해 표현한 말 "통석(痛惜)의 염(念)"이다. 그러나 이 말은 우리가 통상적으로 쓰는 표현이 아니어서 한때 진정성 논란이 제기되기도 했다. 그러자 일본 외무성에서는 와다나베 보도관이 기자들에게 천황의 사죄 발언 중 "통석의 염"은 "사죄한다"는 뜻으로 받아들여도 좋다고 설명했다. 영어로는 "deepest regret"이며, "깊이 뉘우치다, 아주 유감으로 생각한다."라고 해석해도 좋고, "apologize" 즉 "사과하다, 사죄하다"로 받아들여도 좋다고 공식 발표했다.

일본의 장관 이상급 정부대표가 한국에게 과거사를 사과한 건수는 1965년 시나 에쓰사부로 외무장관의 이동원－시나 공동성명으로부터, 아베 신조 총리가 2015년 8월 14일, 전후 70년 담화(아베 담화)까지, 대한민국 외교부가 정리한 일본의 과거사를 반성한 언급 사례는 총 39회이다.

한국의 문희상은 국회의장으로, 2019년 2월, 아키히토 일본천황을 "전쟁범죄 주범의 아들 일왕"으로 지칭하며 위안부 피해자들에게 직접 사과해야 한다고 말했다. 이에 대한 일본의 대답은 고노 외무상의 "말조심하라"는 경고성 발언이었다.

"한일합방" 그 자초지종은 우리들만의 기록이 아니라 주변국과 전 세계가 알고 있는 세계사의 희한한 한 장면이기도 하다. 나라 대 나라로서는 단 한 판의 전투 없이, 사실상 총리대신의 한일합방청원과 단계적 조약으로 나라를 넘기고, 한국의 고종은 을사조약 당사자 이토에게 서로 좋은 일이라며 수고했다고 위로의 말을 건네고, 합방 후 정부의 고관대작 76명은 작위와 은사금을 받고, 한쪽에서는 일부민중들이 의병 투쟁을 벌이고….

일본의 36년 한국 지배를 두고 그 사죄를 손자까지 해야 하는지 증손자까지 해야 하는지 아니면 자자손손 2~3년에 한 번씩 해야 하는지, 정확히 아는 이는 아무도 없다. 그러나 필자의 생각에는 그 어떤 경우에도 직접 당사자가 아닌 경우에는 절대 지켜야 할 것이 상호 예절이다. 상대방의 이름(중황제 일왕)도 정확히 부르지 않는 한국의 일부 음양흑백 정치선동가들, 특히 김씨왕조의 O들에게 일본의 손자·증손자·고손자들이 사과하는 일은 결코 없을 것이다.

근래 30년, 가장 국익을 우선시한 김대중 전 대통령 시절, 당시 오부치 일본수상이 한 사과의 말을 보자.

"식민지배로 인해 한국 국민에게 많은 손해와 고통을 안겨 줬다는 역사적 사실을 겸허히 받아들이며 통절한 반성과 마음으로부터 사죄한다."

그러나 오부치 총리의 이 사과가 있기 전 김대중 대통령은 일본 방문에 앞선 인터뷰에서 "천황이 방한하실 때 한국 국민이 따뜻하게 환영할 분위기를 만들고 싶다."고 했다. 그렇게 하여 김대중 오부치는 "상호선린우호관계"를 다짐했고, 그곳에는 서로의 경제·민생·국익의 승리가 있었다.

문희상과 김대중, 두 사람이 각기 걸어간 길은 서로 차원이 다르다. 39회의 일본의 사과 사례들 중 그 누구도 문희상처럼 말하는 한국인에게 사과를 한 일본인은 없다. 증오로 증오를 유발하는 것, 그것은 과거사 정리, 화해로 가는 길이 아니라 새로운 전쟁의 시작이며, 국력 성장에 후진기어를 넣는 일이다.

언론에서 본 한 일본 젊은이가 생각난다. "그러면 한국이 일본과 한판 붙어 보잔 말이냐?" 그렇다. 정권이 바뀔 때마다 사과를 한 판식 받아 내는 것, 나의 언행에 상관없이 무조건 일본이 사과하게 하는 것, 그 방법은 한 가지밖에 없다. "한판 붙어서 이기는 것".

한때 그 누구도 범접 못 할 세계 최강 소니(Sony)를 완전히 제압한 이건희는 일본을 그렇게 대하지 않았다.

* 『사기서(史記書)』에서

"만물은 예에 의해서 번창하며, 좋고 싫음은 예에 의해서 절도에 맞고, 기뻐하고 화내는 것은 예에 의해서 합당함을 얻게 된다. 이러할 때 사람들은 유순하고 현명해진다."(김원중 역, 『사기서』, 민음사, 2016, P57)

3) "암3" 공통의 적, 일본

필자는 앞에서 민족사의 반역, "암세포3"을 지적했다. 그리고 이들의 특징도 수없이 지적했다. 그리고 또 한 가지 특징을 여기서 지적하면, 그 셋은 일본을 공통의 적으로 삼는다는 점이다. 이씨왕조주자원리주의자, 일부기독교원리주의자, 김씨왕조원리주의자, 이들에게 일본은 확실하고 분명한 적이다.

- 이씨왕조주자원리주의자

나는 중화에 조용히 꼬리를 내렸는데, 너 일본, 왜 중화에 개처럼 꼬리를 내리지 않니? 우리는 중화의 중심을 향해 한없이 우러러 보며 숭배하는데 바다 건너 전해 간 너희들은 왜 반도를 향해 다소곳한 마음을 갖지 않니? 조선민족 고대의 천자(天子) 호칭들, 칸 · 천왕 · 천황 · 천자, 고려 · 월남 · 서하 · 모두가 천자를 칭했지만, 우리는 이미 600년 전 중화에 꼬리 내리면서 스스로 폐기 · 망실했는데, 너희들은 왜 2천여 년 한결같이 천황(天皇)을 숭배 · 보존하며 지켜 가고 있니? 내가 중화의 노예 된 영혼으로 그렇게 "중황제 일왕"이라 말하지 않니?

- 일부기독교원리주의자

일본 너, 왜 우리처럼 이스라엘 신화문학을 사실로 역사로 신봉하지 않니? 왜 성경을 경전(經典)으로 받아들이지 않고, 성서(聖書) 운운하며 예수를 "밋쓔미다" 하지 않니? 이 땅에서는 진작 민족 전래의 정신 · 영혼을 망실케 하고, 성경이 사실상 "우리 역사"로 역할을 하는데, 너 일본! 왜 씨알이 먹히지 않니?

- 김씨왕조 원리주의자

일본아, 너 알지 않니? 우리들 노예영혼 무리에게는 정신적으로 반드시 분명한 적이 하나 있어야 한다는 것을. 우리들 영혼의 중심, 김씨왕조를 지키기 위해서는 반드시 네가 우리의 적이 되어야 하는 거야. 거의 한 세기 세계 최악의 김씨왕조 범죄를 덮고 선전 · 선동하는데, 너

보다 더 만만한 것이 어디 있겠니? 반도의 민중들은 말이야, 네 얘기만 하면, 이성 50% 감성 50%에서 갑자기 감정 90% 이성 10%의 정신상태가 되거든. 내 어찌 너를 건드리지 않겠니? 그리고 말이야, 너를 건드리면 이 세상 그 무엇보다 정말 효과가 좋거든. 그야말로 일거양득이야. 손 안 대고 코 풀고, 장돌 하나에 참새 두 마리야. 나라가 병들든 말든 그것은 나중 일이야. 우리의 음양흑백 선전·선동에 빠르게 반응해 주는 네가 정말 고마워. 너를 향한 증오 선동으로 내가 알밤을 좀 챙기면 너도 알아서 챙길 것이 충분히 있지 않니? 일본아, 고마워!

4) 착한 나라 나쁜 나라?(자피노 코피노)

자피노(Japino), 코피노(Kopino), 이는 일본과 한국의 남자들이 필리핀에 체류하며 필리핀 여성들과의 사이에서 낳은 2세들을 칭하는 말이다. 현재 코피노가 약 4만여 명, 자피노가 약 10만여 명으로 알려져 있다. 코피노의 출생 사유는 유학생, 업무적 사유로 체류, 일부 성매매 등 다양하다.

많은 경우 한국인 아빠가 남긴 것은 함께 찍은 사진과 간단한 메모뿐이고, 실제의 연락처는 없다. 아이들의 아빠는 다양한 경로로 찾아서 추적하면 회피하는 경우가 대부분이다. 이들이 친자관계를 확인하고 양육비를 지급받는 경우는 극히 일부다. 이렇게 한국 남성들이 두고 온 아이들이 문제가 된 것은 10여 전 전부터다. 일부 외국의 잡지에도 그 실상이 상세히 소개되기도 했다.

코피노 문제는 근본적으로 필리핀의 국민감정을 상하게 하는 문제다. 국가적으로 중요한 문제란 뜻이다. 그러나 대한민국 정부는 그간의 다양한 국내외의 문제 제기에도 불구하고 그 어떤 적극적인 대책이 없다가 최근에서야 친자 확인을 받은 이들에 한해 비자발급을 쉽게 하는 조처를 내놨다. 최근 5년간 한국에 코피노 인지소송을 하여 승소한 건수는 58건, 이중 한국국적을 취득한 것은 4건이다.

반면 일본 자피노의 경우, 일본정부는 20명의 변호사를 두고 친자관계 확인, 양육비 지급 등 자식으로서의 모든 권리 행사를 안내받을 수 있다. 이들은 직업교육과 취업은 물론, 일본어 교육, 일본에 취업도 가능하다. 필리핀 내의 10만 명 자피노가 일본의 적극적인 지원하에 이렇게 성장하고 있다.

5) 증오와 "암3"

필자는 우리의 민족사가 무한한 상상력과 꿈, 웅혼한 기상과 불멸의 야성에서 초라한 노예영혼으로 병든 원인 3가지를 앞에서 들었다. 그들 핵심 되는 심리적 증상이 음양흑백선악으로 나타난다고 말했다. 그리고 그 최고의 밑천은 "증오"이다. 필자가 말한 이 증오를 가장 정확하게 설명한 사람이 독일의 니체다. 니체는 『도덕의 계보학』에서 "증오"에 관해 이같이 설명한다.

"고귀한 인간은 자기 자신을 신뢰하며 살아가는 반면에, 원한을 품은 인간은 솔직하지도 순진하지도 않으며 자기 자신에 대해 정직하지도 진솔하지도 않다. 고귀한 종족이란 그들이 지나간 모든 발자취에 '야만인'

이라는 개념을 남겨 놓은 자들이다. 모든 고상한 도덕은 자기 자신을 의기양양하게 긍정하는 데서 생겨나는 반면, 노예도덕은 애당초부터 외부적인 것, 다른 것, 자기 자신이 아닌 것을 토대로 한다. 노예도덕이 생기기 위해서는 언제나 먼저 반대세계·외부세계가 필요하다. 원한을 품은 인간은 '악한 적', 즉 악한 사람을 마음에 품고, 그것을 기본개념으로 하여 그기에 그것의 잔상이나 대응물로 '선한 인간'을 생각해 낸다. 고귀한 인간은 '좋음'이라는 기본개념을 먼저 자발적으로 생각해 내고 거기에 비로소 '나쁨'이라는 관념을 만들어 낸다."(홍성광 역, 『도덕의 계보학』, 연암서가, 2013, P46~49)

니체의 이 지적은 필자가 지금까지 민족사의 암3의 특징을 지적할 때 정확히 해당되는 내용이다. 그중 특히 오늘날 "김씨왕조원리주의자들"이 인간·세상·역사를 바라보는 시각과 그 심리에 정확히 일치한다. "다른 것은 틀린 것, 모르는 것은 아닌 것", "음양흑백·증오·남 탓" 등이다.

역사 속 아무리 준비되고 용감한 자들도 일단 싸움을 앞둔 때는 정확한 타이밍을 본다. 그러나 승부·승리와 상관없이 증오로 뭉친 무리들은 때와 장소를 가림이 없이 적을 자극하고, 각자가 나름대로 알아서 선전포고를 한다. 따라서 증오는 준비 상태와는 상관없이 싸움을 시작하는 것이며, 능력과 무관하게 전선을 확장하는 것이다. 증오는 눈앞의 대상에 대한 생각·방법·시간·도구·방향, 모든 것의 선택 범위를 좁힌다. 증오의 표시와 도발은 "암3" 그들이 하고 눈앞의 실리를 챙기며, 그 책임은 민중과 후손들이진다.

일본과 수천 번 제대로 싸워서 격퇴하고 이긴 고려의 그 정신·영혼은 외면하고, 스스로 병들어 딱 한 번 먹힌 것만 선전·선동하는 것, 이것은 지금 이 땅 수많은 사람들의 영혼이 깊이 병들어 있다는 증거이다. 조선민족 종가 고려에 대한 정신·영혼의 반역이자 반동이다. "암3"의 원리주의적 증오는 패배, 좌절 그리고 고난을 부르는 지름길이다.

* 미움(『데미안』에서)

"우리가 어떤 사람을 미워한다면, 우리는 그의 모습 속에 바로 우리들 자신 속에 들어 남아 있는 그 무엇인가를 보고 미워하는 것이지, 우리들 자신 속에 있지 않은 것, 그건 우리를 자극하지 않는다."(헤세, 『데미안』, 민음사, 2015, P152)

6) 미국은 동맹, 일본은 아니다

* 도널드 트럼프

"사업에 감정이 개입할 여지를 만들지 마라, 당신은 패하게 될 것이다."

* 윈스턴 처칠

"과거와 현재가 싸우면 미래를 잃는다."

* 비스마르크

"외교관에게 가장 위험한 것은 근거 없는 환상이다."

* 최고의 외교 속언

"영원한 적도 동지도 없다. 국익만이 영원하다."

문재인, 그는 대통령 취임 4개월 후 2017년 9월 유엔총회 참석차 미국 뉴욕을 방문한다. 이때 한미일 정상업무 오찬 때 트럼프와 아베의 면전에 대놓고 "미국은 동맹, 일본은 아니다."라고 말한다. 아베와는 첫 대면 자리였다. 첫 대면에 참 지독한 인사다. 한일 수교 이후 그간의 수천 명 양국 외교관·정치인·민간인들이 쌓은 공든 탑이 일시에 와르르 무너지는 소리다.

그 후 3개월 뒤, 3박4일 일정으로 중국을 첫 방문한다. 그는 베이징대 학생들 앞 연설에서 중국을 "높은 산봉우리"라고 하면서 "한국은 작은 나라지만 중견 국가로서 그(중국) 꿈에 함께할 것"이라고 했다. 정상적인 한 나라의 국가수반으로서는 전혀 타당하지 않은 말이다.

필자는 이 말에서, 시진핑이 말한 "과거 한국은 중국의 일부"인 그 시대, 이씨왕조에서 이이(李珥)가 했던 말이 정확히 생각났다.

"(우리나라가) 비록 이름은 외국이지만 실은 동방의 한·제나라·노나라일 따름이며 화하(華夏, 중국)와 동방(조선)은 합하여 일가를 이루었다. 하늘에는 두 해가 없고 백성에는 두 임금이 없다. … 제후국으로서의 소임이 무겁게 되어 실로 만세의 그지없는 영광이다."(고전국역총서, 『율곡집1』, 1989, P290)

문재인의 그 일이 있은 후, 중국은 일본·베트남 등 주변국 그 누구에게도 하지 않는, 외교의전에서 한국대표에게만 "낮은 의자"를 연속

제공했다.

현재 한국과 일본의 군사능력, 첩보위성, 일단 유사시 핵능력, 잠수함, 독자적 GPS능력, 액체 고체로켓능력, 특히 우리가 5년간 노력하여 ○○○km레이더도 못 만들어 지금 새로 시작해야 하는 처지에, 지금 일본의 장거리 레이더, 군사위성, 각종 미사일 능력 등은 전혀 우리의 적수도 아니고, 단기간 내에 적수가 될 가능성도 없다. 군사전문가들의 시뮬레이션 결과에 따르면, 한일 전면전 가상하에 바다 위서 해·공군이 맞붙으면, 불과 3시간 내에 둘 중 하나는 바다 위에서 완전히 사라진다고 한다. 경제와 전쟁은 축구와는 다른 것이다.

구한말 미국 대통령 루스벨트, 그는 영국과 함께 러시아의 남진을 막기 위해 일본에게 전쟁비용을 대주었고, 취임 초부터 "조선은 자치능력이 없다. 나는 일본이 조선을 지배하는 것을 보고 싶다. 미국은 조선에 대해 책임질 일이 없다."고 했다(김우현, 『주자학 조선 한국』, 한울, 2012, P270). 그러면서 그들은 조선을 일본에 넘기고 자신은 필리핀을 가졌다.

구한말의 그 군사능력, 특히 정치능력은 상대적으로는 전혀 변한 것이 없다. 지금 미국과 일본의 관계는 100년 전 그들이 함께 손잡고 청나라와 러시아를 상대하며 한국과 필리핀을 나눠 갖던 그때와 똑같다. 그런데 지금 누가, 누구 앞에, 누구보고, 동맹이다 아니다 하고 있는 것인가?

혹시 그 말은 도덕적 기준에서 한 말일까? 반인륜범죄로 치자면 일본의 그것은 미국의 2천만 종족 근절, 원주민 인간 개조작업 등에 비하면 실로 새 발의 피다. "미국은 동맹 일본은 아니다." 혹시 이 말을 깊이 국익을 생각해서 작전상 한 말일까? 그러면 비스마르크의 이 말을 들이대고 싶다.

"주변의 3개 국가와는 항시 우호적이어야 한다." "정치가는 어떤 감정
에도 흔들리지 말아야 현명한 정책을 실시할 수 있다."

혹시, 도덕적 기준도, 국익 기준도 아니면, 그만의 무슨 이념, 주의
기준일까? 만일 그렇다면, 당시 트럼프가 그 자리에서 했던 말 그대
로, 필자도 할 수 있다. "이해한다."

5. 한일 노벨상 100대 0을 향하여

"한국에도 학문이 있습니까?" 외국에서의 어느 학회에서 외국학자가
한국의 어떤 학자에게 대놓고 했다는 말이다. 운 좋은 세대"다다다", 음
양흑백선악, 세계 대학 순위…. 실로 깊이 새겨들어야 할 말이다.

* 빅토르위고

"이 세상의 사물들과 인간들의 마음을 이중의 빛으로 보지 않는 자는
아무것도 참다운 것을 보지 않고 아무것도 알지 못하고 있는 것이다."

* 맹자

"책을 읽고 그대로 믿는 것은 차라리 책을 읽지 않는 것만 못하다."

1) 나그네쥐와 지리산동호회

* 존 위컴(전 주한미군사령관)

"한국인들은 나그네쥐와 같다. 새로운 지도자가 나타나면 우르르 몰
려든다."

처음 이 글을 보면서 상당히 기분이 나빴다. 군 시절 잠시 함께 근무
했던 미군들 생각이 나기도 했다. 그러면서도 이 말은 오랫동안 머릿속

에서 사라지지가 않았다. 아마도 아래의 경우를 비슷한 시기에 함께 보았기 때문인 듯하다.

필자는 지리산을 사랑한다. 30년 세월 참 많이도 올랐다. 오르는 것만이 아니라 지리산에 관해 읽고 보는 것도 좋아한다. 40대 후반 거의 매주 지리산만 갈 때였다. 가끔 보는 모 지리산 동호회 홈페이지에서 있었던 일이다. 2천여 년 세월 반도남단의 민중들과 생사를 함께한 커다란 산이니, 그 이야기는 시작도 끝도 없다. 어느 때부터 홈페이지 속의 한 사람이 지리산의 과거를 밝혀내기 시작했다. 처음에는 나름 철저하게 문헌자료에 충실하게 글을 올렸다. 동조자가 늘어났다.

그러나 차츰 뭔가 이상해져 갔다. 문헌자료·고고학·유물자료로 뒷받침되지 않는 주장들이 등장하기 시작했다. 이미 알려진 인기와 이름에 동조자 숫자는 크게 늘어났다. 공무원·학교교사·대학교수 등 동조자들이 다양했다. 필자는 지리산만큼이나 책도 좋아한다. 한두 건이면 그냥 넘어가겠는데 갈수록 태산인 듯했다. 문창대, 영신사지, 말달린 평전, 창불대, 가섭대, 좌고대··· 뭔가 이상한 기분이 들어 도서관에 갔고 관련 책 3권을 빌려 읽었다. 단 이틀 만에 모든 것이 엉터리로 확인되었다. 몇 곳은 문헌자료를 따라 두 발로 유적을 직접 확인도 했다.

아주 참담한 기분이 든 것은 그 주장자 때문이 아니라, 말없이 따르고 존경의 글을 쓰며 맹신하고 "밋쓔미다" 하는 그 많은 사람들 때문이었다. 필자가 볼 때 동조자 대부분은 대졸에 교사, 교수 등 다양했다. 이 일과 함께 머릿속을 떠나지 않는 말이 "한국에도 학문이 있습니까?"였다.

이후 필자의 계속되는 독서에서 지리산에서의 작은 우려는 단지 "작

　　　　　　　　　　　　　　　　　　　———————— 종가의 귀환

은 우려"로 끝나는 것이 아니라, 조선민족 종가 고려의 "대 재앙"임을 혼자 조용히 확인하게 된다.

2) 무지개가 흽니까, 검습니까?

* 단재 신채호
"역사는 나와 나 아닌 것의 투쟁이다."

하늘·산·들·바다, 인간·세상·자연·역사, 그 어디에도 희거나 검기만 한 것은 없다. 희거나 검은 것은 오로지 "암3, 원리주의자" 그들 가슴속에 존재할 뿐이다. 아래는 "암3, 원리주의자"그들이 세상을 바라보는 법이다.

"한일합방이 합법입니까, 불법입니까?"
"4·19가 의거입니까, 혁명입니까?"
"5·16이 혁명입니까, 쿠데타입니까?"
"5·18이 민주화운동입니까, 광주사태입니까?"
"일본이 이웃입니까, 적입니까?"
"미국이 착합니까, 나쁩니까?"

필자가 판단할 때, 동학, 3·1운동, 3·15, 4·19, 5·16, 5·18의 공통 뜻은 "우리"와 "우리 아닌 것"의 투쟁이다. 그들은 모두가 잘 배운 사람들도, 정치학을 전공하여 삼권분립에 조예가 깊은 사람들도, 인권

전문가도, 탐욕 한 민주·반민주 정치투쟁가도 아니다.

오늘도 민중들의 눈앞에서 "우리"를 화나게 하는 일들은 그렇게 복잡하고 어려운 일들이 아니다. 아주 간단히 그냥 우리가 해야 할 일과, 해서는 안 되는 일들을 두고 화를 내고 "우리가 저러면 안 된다."라고 말하며 목소리를 높이는 것이다. 즉, 그들은 그냥 소박한 우리의 이웃들이었을 뿐이다. 그러나 이것은 필자의 생각이고, 다른 모든 이들도 누군가의 음양흑백으로 선전·선동되거나 재단된 것이 아닌, 실재 그대로의 모든 객관적 상황을 세세히 나열하고, 각기 그만의 눈으로 그만의 색깔로 역사적 사건들을 바라볼 수 있어야 한다.

다양한 생각, 다양한 색깔, 다양한 선택지는 우리의 사고를 넓고 깊고 풍요롭게 한다. 누군가의 선전·선동에 자극된 영화 등 문학예술에 기울어, 쉽게 희다 검다 증오로 표시되는 사고, 독서와 사색에 바탕한 그만의 시각이 결여된 감정적 사고에서는 학문의 씨앗이 자랄 수 없다.

지금도 필자는 5·18을 마음대로 본다. 우리의 숭고한 "민중항쟁" 또는 "투쟁"으로 보다가 "하나의 사건"으로 곰곰이 바라보기도 하고, 때로는 애초 없었으면 좋았을 "불행한 사태"로 보기도 한다. 누구든지 "음양흑백 정치투쟁" "민주화 운동"이라고 보는 것은 자유이지만, 민주화운동으로만 보라고 "강요하는 것"에는 절대 동의하지 않는다. 그것은 우리의 이상도, 우리의 길도 아니다.

아마도 그들은 이 땅과 민중들이 불의와 외세에 부당하게 지배당하는 것도 거부했지만, 누군가 특정의 사상·종교·이념에 바탕하여 인간·세상·역사를 음양흑백으로 재단하며, 탐욕을 도모하는 것도 원치 않았을 것이다. 살아 있는 민중들의 마음이 각기 무지개처럼 자유롭고, 생기 가득한 그런 세상을 원했을 것이다.

노벨상은 무지개가 흰지 검은지를 가장 잘 아는 이에게 주는 상이 아니다.

3) 한국에도 학문이 있습니까?

필자는 학문을 하는 학자가 아니다. 따라서 학문이 무엇인지에 대한 평소의 개념 정립도 희미하고 주관적이다. "학문"을 사전에서 찾으니 "어떤 분야를 배우고 익힘 또는 그 지식"이라고 되어 있다.

영국은 1859년부터 1948년까지 인도를 지배·통치했다. 이 기간 중에 영국이 한 일 중 하나가 약 100년여에 걸쳐 "산스크리트-잉글리시 사전"을 만든 것이다. 실로 대단한 국가적 집중력·끈기·열정이다. 영국은 이 연구에서 산스크리트어는 알타이어, 터키, 인도, 유럽 언어의 뿌리이자 동서언어의 뿌리라 했다. 그리고 이 언어를 쓰던 사람들은 사라졌다고 했다. 그러나 근래의 연구에 의하면, 지금 고려반도의 전라·경상·함경 사투리, 일본 만주어의 뿌리이자 모태가 바로 산스크리트어로 알려졌다.

알아보니 실제 필자가 어릴 적 시골에서 쓰던 경상도 사투리가 거의 그대로 산스크리트어였다. 구루마, 어이샤, 에이샤 등은 만년을 이어 온 본디 우리말이다. 구루마는 1만 년 역사 조선민족 고려(=고리=구루)족이 바퀴를 발명하고 대량수송을 통해 고대문명을 개창한 상징이 되는 것이다.

실로 달구지·영차 등이 누가 언제 지어낸 말인지 궁금하다. 특히 "영차"는 한창 힘을 쓰다가 "영"하는 소리를 제대로 내면 도로 힘이 빠진다. 결코 지혜로운 조선민족의 고유 언어가 아니다. 폐기해야 한다. 아마도 "한글", "서울"처럼 일제통치시기를 전후하여 누군가가 임시변통으로 대충 지어내고 "카더라+밋쓔미다"가 더해진 말일 것이다.

"카더라+밋쓔미다"는 학문, 노벨상과는 정반대의 길을 간다. 호기심에 범어—한국어 사전을 찾으니 아직도 만들어진 적이 없는 것 같다. 영국과 일본의 상황을 생각하니 참담한 기분이 들었다. 역사적으로 한일 양국의 민중들이 하루 3끼 밥을 먹고, 책을 읽고, 문화생활을 하며 학문을 접한 것에는 300~400여 년의 차이가 난다. 우리가 5 · 16 이후 민중들이 본격적으로 교육받고 학문을 접하기 시작했음에 반해, 일본의 그것은 이미 17세기를 전후하여 시작되었다. 한일 노벨상 획득 차이는 결코 단순한 이유가 아니다.

일본, 그들이 외부의 뭔가, 누군가가 들어오면 무슨 생각으로 어찌 대하는지는 이 책의 앞장에서 "주자학을 대할 때" 그리고 『하멜표류기』 속, 일본으로 탈출한 사람들을 어찌 대하는지로 정확히 알 수 있었다. 그리고 지금 한 · 중 · 일 동양 삼국에서 쓰고 있는 정치 · 경제 · 사회 · 법 · 행정 등 제반의 학문용어들은 대부분 일본학자들이 일본 땅에서 만든 일본말들이다.

"중화인민공화국" 중 중화를 뺀 5자는 일본말, "조선민주주의인민공화국" 중 조선을 뺀 9자 4단어가 일본말이다. 우리가 일상생활에서 쓰는 민주 · 주의 · 헌법 · 민법 · 형법 · 상법 · 철학 · 과학 · 물리 · 생물 · 화학 모두가 정확한 일본말이다. 그러나 이는 돌이킬 수 없는 지난 일이다. 지금 현재 진행형의 한일 학문의 격차를 정확히 나타내는 것은 바로 노벨상 수상자 수의 차이라 할 수 있다.

일본은 2018년 기준으로 학문으로만 28명, 평화상 1명, 총 29명의 노벨상 수상자를 배출했다. 정치적 사유가 가미된 평화상을 제외하고도 순수 학문으로만 28명의 노벨상 수상자를 배출한 것이다. 이 중에는 물리학상이 11명, 화학상이 9명, 생리 의학상이5명, 문학상이 3명이다. 한국인은 아직도 학문으로 노벨상을 수상한 사람이 단 한 명도 없다. 한국의 관심 있는 사람들은 간혹 이 격차의 원인을 장인정신, 현장중심사고 등에서 찾는다. 필자도 이 생각에 공감은 하나, 실제는 더 큰 원인이 있다고 본다. 바로 앞에서 지적한 "암3"다.

한국과 일본, 애초 1300년 전까지는 동족이었고, 유전자 · 문화 모두가 같은 상태에서 불과 600여 년 전 후고려까지도 서로가 종교 · 상무정신을 비롯한 삶의 문화 특성이 비슷했다. 이 시기까지 생산되어 일본에 보존된 일본의 모든 역사적 유물 · 명작들을 자세히 보면 반도에서 생산된 것의 품질이 월등하다. 즉, 현장 중심 장인정신 자체가 한 수 위였다는 말이다.

그러나 이씨왕조가 들어서면서 서로의 정신세계 자체가 완전히 달라진다. 사대모화 · 위선문치 · 음양흑백 · 노예영혼이 고려반도의 정신세계를 완전히 억눌러 변형시킨 것이다. 앞장에서 그 변화 과정을 대략 살펴봤다. 이후 일부에 기독교원리주의가 더해졌고, 지금은 근대화 이후, 운 좋은 세대의 많은 이들은 주자원리주의에 김씨왕조원리주의가 더해진 복합증상을 나타내고 있다.

영어를 몰라도 영어에 대한 지식으로 압도할 수 있고, 세상일은 음양흑백으로 명쾌히 할 수 있으며, 도덕과 상식을 결해도 내 편이면 희고 정당하다. "너 따위가 뭔데?"라는 사고 바탕 위에 일본의 학문적 사유가 컬러색이면, 한국의 운 좋은 세대 사유형식(思惟形式)은 흑백이다. 나만의 상상력, 나만의 꿈, 나만의 사유공간을 갖지 못하고, 또 이를 향한 집중력 야성에 전력투구하지 못하고, 음양흑백에 편승·빙자·증오하는 것에 너무 익숙해 있다.

그 결과 해방 후 한 세기를 향해 가도 아직도 식민사학 운운하고, 일상생활용어를 두고 일본말 운운한다. 나의 피 땀 사랑으로 채울 정신공간에, 빙자 남탓 증오의 노예영혼이 체질화 된 것이다. 전형적인 "암3" 병증이다. 이씨왕조주자원리주의, 일부기독교원리주의, 김씨왕조원리주의, 이 셋은 우리가 아니라 우리를 망실하는 정신적 암세포다. 흑과 백의 색으로는 무지개를 영원히 그릴 수가 없다. 이 "암3"를 "우리"라 말하고서는 한일노벨상 100대 0은 그리 어려운 일이 아니다.

6. 우리 역사를 모르게 하자

(犬之史學=노론사학=식민사학=강단사학=노예사학)

* 존 카터 코벨(Jon Carter Covell)

"미국인인 나는, 일본식 교육을 받고 그 학문 방식을 계속 견지하는, 서울의 몇몇 엘리트 교수들과는 의견을 달리한다."

* 조지오웰

"과거를 지배하는 자가 미래를 지배하며, 현재를 지배하는 자가 과거를 지배한다."

1) 우리 역사를 모르게 하자!(역사왜곡의 90%는 스스로)

"조선인이 자국의 역사와 문화를 모르게 하라." 이 말은 제국주의 일본총독 사이토 미노루가 했던 말이다. 일제의 초대총독 데라우치는 "조선인들에게 일본 혼을 심어 주어야 한다."고 했다. 합방이 시작되자 20여만 권의 고사서가 수거되어 불태워지고 일부는 반출되어 일본 정창원에 보관된다. 이후 일본은 반도사 왜곡에 심대한 노력을 기울인다. 이 시기에 활동한 이들이 이마니시류, 쓰다소기치 등이다.

이후 조선인들을 참가시킨 "조선사편수회"가 만들어지는데, 1922년 이완용 · 권중현 · 박영효 · 이윤용 등이 참여한다. 이후 이ㅇㅇ, 신ㅇ

○, 최○○ 등이 가세한다. 이들에 의해 그간 500년 이씨왕조의 노예사관(=노론사관=식민사관)은 일본의 학문적 토대 위에서 더욱 공고해진다. 해방이 되자 이들 조선사편수회의 반도인 학자들은 서울의 유명 S대를 중심으로 대한민국의 역사학계를 주도하게 된다. 이들에 의해 이씨왕조 주자원리주의와 일제의 식민사학, 중화의 반도사학은 제대로 기틀을 갖추고 착실히 후세에게 교육된다.

이후 이들은 나라의 세금으로 운영되는 각종 역사학회와 각종 위원회를 완전히 장악하여, 이 땅의 역사 자체를 "중화의 노예", "일제의 노예"로 만든다. 심지어 마오쩌둥, 주은래마저도 인정하지 않는 기자동래설(기자조선)이 마치 역사적 사실인 양 맹신되고, 일본·중국의 대부분 학자들도 인정하고, 수많은 자료가 증명하는 백제와 신라의 대륙역사는 아예 무시하여 아닌 것이 된다.

"조선인이 자국의 역사와 문화를 모르게 하라." 제국주의 일본총독 사이토 미노루의 이 말은 지금 한국에서 스스로 실천되고 있다.

2) 매국노와 견지사학(犬之史學)

『구당서』「동이열전」에 평양에 대해 이르기를 "동쪽으로 바다를 건너 신라에 이르고 서북으로 요수를 건너 영주(營州)에 이르며 남쪽으로는 바다를 건너 백제에 이르고 북쪽으로는 말갈에 이른다."고 한다. 이 평양이 지금의 평양일 수는 없다.

한나라의 동중서·사마천 이후 중화의 역사서들이 조선민족 고려의 역사 기록을, 인명·지명·내용 등 그 무엇도 본디의 것을 제대로 기록한 경우는 거의 없다. 구한말에 이르자 그 중화의 의도에 일제의 의도가 더해진다.

제일 큰 것이 후고려 국경이 본래의 요하에서 신의주 · 원산 라인으로 옮겨진 것이다. 북경 일대에 있던 한사군은 지금의 평양에 있었던 것으로, 거란과 국경분쟁이 있던 요하 · 심양 위의 철령은 반도로 옮겨진다. 기자조선 · 위만조선은 단 한 번도 제대로 된 고증 없이 일제의 의도대로 학교 교과서에 실렸다. 이 시기 역사조작의 주인공 일제의 세키노 다다시는 그의 일기에서 "북경의 골동품상에서 한나라시대 낙랑의 유물을 미친 듯이 사들여서 조선총독부에 보냈다."고 자신의 일기에 기록했다. 그리고 한사군은 지금의 평양에 있었던 것으로 조작된다.

이것이 엉터리로 드러나자, 일제 식민사학의 계승자 한국의 강단사학계에서는 본디 평양의 낙랑이 요서로 옮겼다는 교차설을 주장했는데, 이는 조선사 왜곡의 중심, 일제의 조선사편수회 소속 이마니시류가 『조선반도사』에서 주장했던 것이다.

한때 국민세금이 47억이 투입된 국책연구재단에서 중국의 동북공정 논리를 그대로 대변했다. 만주대륙을 비롯하여 끝없이 쏟아지는 유물들을 무시하고, 단군조선은 없다고 주장하고, 한국사 강역의 축소에 전념한다.

위의 경우들은 한국 세금으로 중국의 동북공정, 일제식민사학을 하고 있는 이 땅의 학자들이다. 지금 우리 후세가 공부하는 한국사 교과서는 이들의 주장대로 만들어지고 있다. 이들에게 사실 확인을 요청하고 문제를 제기하면 이들의 대답은 간단하다. "우리는 토론하지 않습니다." 결국 적은 우리 안에 있다.

앞에서 말한 "암3", 이것은 살아 있는 생명들이 두 발은 이 땅에 있으면서 정신 · 영혼은 다른 곳에 두고, 자신이 아닌 다른 것을 주인으로 섬기며 노예 역할을 하는 자들을 말한다. 이씨왕조와 구한말은 그들의 전성기다. 이것은 과거 특정 시점만의 이야기가 아니라 현재 진행형이다. 특히 역사 분야가 심각하다. 정치와 언론은 우리의 잎사귀와 가지를 병들게 하지만, 역사의 왜곡은 우리의 뿌리까지 모든 것을 부정 · 왜곡하여 "우리"를 "우리"가 아니게 한다.

도요토미 히데요시의 군대는 7년 만에 철수했고, 이토 히로부미의 후예들은 36년 만에 철수했다. 그러나 이 땅의 견지사학자들, 그들은 영혼으로 도요토미와 이토 그리고 우리를 "사람과 짐승의 중간"이라 한 주희(朱熹)를 신봉하는 자들이다. 이들은 중화와 일제가 바라는 대로 "우리"의 영혼을 죽여 "그들"을 추종한다.

중국은 우리의 한강 이북을 중국의 것으로 표기한 동북공정 지도를 미 상원에 보내 인정을 요청했다. 미 상원은 한국에 반박할 기회를 줬다. 그러나 이 땅의 세금 위 견지사학자들은 이를 다시 중국의 의도 그대로 미국에 확인시켜 줬다. 이것은 일단 유사시 중국이 북한을 점령해도 된다는 확약을 한 것이다.

우리는 특히 세금 위의 역사 관련 국책연구기관들의 예산 · 인원 · 업무 전반의 심사 · 평가 · 기록 등에 대한 내용을 100% 공개해야 한다. 만일 이 땅에 진정한 나라의 정보기관이 있다면 반드시 중국과 일본의 자금이 이 땅 역사학계 매국노들을 향한 자금줄로 흘러들고 있는지의 여부와 그 상세 내역을 정확히 파악해야 한다. 위에서 지적한 우리 역사에 대한 오늘의 결과는 충분히 합리적 의심을 해 볼 여지가 있게 한다.

만일 법적 근거가 없다면 시급히 관련법을 마련해야 한다. 그 법은 진실로 국가보안법이 될 것이다. 이완용과 76명도 평소의 월급보다 나라를 넘기고 일제로부터 받은 은사금 작위가 몇 천 몇 만 배는 되었다. 민족의 영혼과 나라를 파는 일은 암세포 노예영혼들에게는 가장 돈 되는 일이다.

만일 그들 중 누군가 학비는 국민세금으로 받고, 중국에게 일반장학금, 일본에게 특별장학금을 받는 자가 있다면, 그는 지금 우리 앞에 가장 빛나는 사람일 것이다.

3) 부마국, 삼궤고구

"고려는 몽고의 부마국", 학교 교과서에서 배운 말이다. 이 말의 내용을 상세히 알아보면 이씨왕조 주자원리주의자들의 실로 어이없는 궤변이다. 즉, 뭐 눈에 뭐만 보인 것이다. 후고려와 원나라는 상호 형제국이었고 원의 대도(북경) 인구 절반은 고려인들이었다. 결혼동맹은 고려에서 먼저 제안했다. 당시 유라시아대륙 그 어느 나라도 원과 결혼동맹을 맺고 대등한 관계를 유지한 나라는 없다. 고려와 원은 상호 동등하게 결혼동맹을 맺었다. 서로 20만여 명의 여인들이 결혼을 목표로 국경을 넘었고, 갔다가 마음에 들지 않으면 돌아왔다. 고려의 처녀들은 원의 황실과 귀족의 아내가 되었고, 과부들은 평민들의 부인이 되었다. 세계제국 원나라도 고려의 부마국이었다. 서로의 황실 왕실의 어머니와 딸이 고려, 몽고 여인들이었다. 지금도 몽골에서는 고려를 "어머니의 나라"라 부른다.

이씨왕조 임금 이도, 그는 16차례나 직접 여인들을 골라서 명나라에 진상(貢女)했다. 그 진상된 여인들은 결혼을 하러 간 것이 아니다.

이씨왕조, 이 가련한 노예영혼은 삼궤고구, 삼궤구고두(三□九叩頭)란 말에서도 정확히 드러난다. 이씨왕조의 인조가 청나라 황제에게 행했다는 항복례의 하나를 말하는 이것은 청나라에서 요구한 것도 아니고, 심지어 인조에게 흰옷으로 갈아입으라고도 하지 않았다. 흰옷으로 갈아입고 땅에다 머리를 대며 항복례를 행한 것은 청나라 용골대가 시킨 것이 아니라, 이씨왕조 노예영혼, 그들의 "노예영혼 표시"였을 뿐이다. 심지어 이마가 피투성이 운운하며 학생들을 증오하게 하는 것은 "이씨왕조 주자원리주의" 그 노예영혼을 오늘의 후세들에게 강제 주입 교육하고 있는 것이다.

청은 애초 우리를 조상의 나라로 대했다. 노예영혼으로 명을 상국으로, 청을 오랑캐로 대하다가 환란을 자초한 것이다. "부마국, 삼궤고구", 이것은 역사가 아니라 이씨왕조 주자원리주의자, 그들과 그 후예들의 가련한 노예영혼의 천박한 읊조림이다.

7. 명료한 말 속에 길이 있다

* 토마스 홉스

"인간정신의 빛은 명료한 말이다."

* 헨리 키신저

"같은 말을 다르게 쓸 때 외교 문제가 발생한다."

* 아베드 콩디야크

"우리는 말을 통해서만 생각할 수 있다." "언어는 진정한 분석적 수단
이다."

1) 이스트 씨(동해, East Sea)

한때 국내에서 신토불이(身土不二)라는 말이 유행하자 미국으로 수출
하는 농산품에도 크게 표기하여 수출을 한 적이 있다. 그러나 이것은
주변의 지적에 곧 시정되었다.

"이스트 씨", 잊을 만하면 언론에 한 번씩 나오는 말이다. 영어로는
"East Sea" 그 뜻은 "동쪽에 있는 바다, 즉 동해(東海)"다. 글과 말의 뜻
으로만 보면 아무 문제가 없다. 어린아이도 모두가 이해할 단순명료한
말이다. 그런데 이것이 문제가 된다. 문제의 핵심은 그 쓰임새가 잘못

되었기 때문이다. 모든 방향을 나타내는 말은 그 기준점이 명확해야 한다. 나의 오른쪽, 너의 위쪽 등 그 누구의 동서남북·전후좌우를 명확히 해야 하는 것이다. 이것을 무시하고 전 세계를 향해 내 마음대로 방향을 말하려면 내가 세상의 중심 기준임을 증명해야 한다. 모두를 굴복시켜서 꿇어앉아 항상 나를 우러러 보게 하든지, 모두의 생명줄을 쥐고 그 누구든 항상 배가 고프면 나를 바라보게 하든지 둘 중 하나를 해야 한다.

주변의 떠들썩한 코미디는 별생각 없는 행인들의 주위도 끈다. 중국은 2000년대 초반 우리의 "이스트 씨"가 국제적으로 문제가 될 때 그들은 신속히 "일본해(Sea of Japan, 日本海)"로 명칭을 정했다. 그들은 그들의 동해가 있고 거기에 더해 남의 동해까지 같은 이름으로 불러서 14억 인구를 헷갈리게 할 필요가 없기 때문이다.

유럽·아프리카·북미·남미·호주 심지어 마다가스카르인들도 이스트 씨(East sea)는 그들 땅의 동쪽 바다를 말하는 것이다. 멀리 한국과 일본 땅 가운데의 바다를 두고 동해(East sea)와 일본해(Japan sea, Sea of Japan) 둘 중 하나를 선택하라면 정상적인 사람들의 대답은 명백하다. 우리가 전 세계로 유무형의 상품을 수출할 때는 그들에게 필요하고 쓸 만한 물건을 권유해야 한다. 바라보면 머리가 아프고 어지러운 물건을 사라고 권하는 것은 세계인을 괴롭히는 것이다. 그것은 결국 우리가 망하는 길이다.

일본은 전 세계인에게 필요한 물건을 권유했고, 우리는 전 세계인을 헷갈리게 하는 물건을 권유했다. 그 결과 세계인의 대답은 간단하다. 언제나 전 세계로 나가는 상품을 쓸 만하게 만들 책임은 우리에게 있다. 각종 지리 학술용어도 마찬가지다. 우리가 지구 곳곳의 남들에게

종가의 귀환

권하려면 "Korea sea" 또는 "Sea of Korea"가 합당하다.

본래 우리는 넓고 깊은 사색과 호연지기를 연마하여 인생과 나라를 풍요롭게 하는 정신문화 역사를 가지고 있는 민족이다. 그러나 어느 순간 그 민족정신의 근원을 망실하는 종교 · 이념 · 사상으로 인간과 세상을 태극음양 · 흑백선악으로 판단하는 습관이 우리 유전자에 새겨졌다. 전 세계를 향해 나가는 이스트 씨(East sea)도 일본해(Japan sea) 대비 음양흑백선악 옳다 아니다로 판단하고, 전 세계인에게 그런 답을 요구하는 것이다. 필자가 앞에서 지적한 "암3", 이 정신적 암세포의 근원을 정확히 드러내는 경우라 하겠다.

주변국과의 외교분쟁이 발생하고, 역사적 · 사실적 문제가 이슈가 되고, 또 누군가의 그런 말이 문제가 되어도 그 어느 누구도 역사적 · 학문적 사실적 토대 위에 실사구시 여부를 정확히 확인하고 판단하려 하지는 않는다. 오히려 인간 · 세상 · 자연 · 역사를 향한 학문적 장인정신과 담대한 도전은 반드시 음양흑백 · 선악호불호의 "암3" 기준을 통과해야 목숨이 부지된다. 여기서 "노벨상" 또는 "한국에도 학문이 있습니까?"로 가는 길의 명운이 결정된다. 이씨왕조주자원리주의, 일부기독교원리주의, 김씨왕조원리주의가 이룩한 우민화(愚民化), 노예영혼의 완전한 승리다.

"이스트 씨 밋쓔미다!"

2) 일본으로부터 독립한 나라

아마도 필자가 고등학교 3학년 때인 듯하다. 언론에 독립기념관 건립에 관한 이야기가 자주 보도되더니 어느 날 학교에서 독립기념관 건립 성금을 모금한다고 했다. 1인당 천 원씩 내는 것을 기본으로 하되 더 내도 상관은 없다고 했다.

당시 "독립기념"이라는 말은 필자의 기분을 상당히 나쁘게 하고, 미약하나마 내가 가진 민족적 자존심을 와르르 무너지게 했다. 당시 내가 아는 "독립"이란 말의 뜻은, 아이들이 자라서 어른이 되고 부모로부터 떨어져 나가 세상을 스스로 살아가는 것, 새들이 부모가 먹이를 주는 둥지를 떠나 자립하여 스스로 살아가는 것, 오래도록 하나로 있던 나라 또는 그 국민들이 분리되어 나가서 새로운 나라를 만드는 것 등으로 생각되었다. "일본으로부터의 독립", 이 말은 일본을 우리의 조상나라, 할아버지의 나라로 받들어 모시는 것이었다. 이 말은 있을 수가 없고, 있어서도 안 되는 말로 생각되었다.

학교에서 "독립기념관건립 성금 모금"의 이야기가 나오자 몇 명은 내 생각과 비슷한 말들을 했다. 대략 절반 이상의 친구들이 천 원씩 성금을 내었고 몇 명은 2천 원을 내기도 했다. 성금을 내지 않은 친구들은 나를 포함하여 20여 명 정도 되었던 것 같다. 일과를 끝내는 종례 시간, 담임 선생님이 확인을 했다. 반장이 결과를 보고하자 의아한 눈빛으로 교실 뒤쪽을 한번 휙 둘러봤다. 나와 정확히 눈이 마주쳤다. 내가 손을 들었다. "선생님, 저는 내기 싫습니다." 그러자 "왜?" 하고 선생님이 물으셨다.

"우리가 일본으로부터 독립한 나라라고 말하는 것은 일본을 조상 나라, 할아버지 나라로 모시겠다는 것 아닙니까? 국사 시간에 배울 때마다 일본은 우리의 졸병 나라라고 해 놓고 이게 말이 됩니까? 굳이 하고 싶으면 '광복'이라는 정확한 말도 있지 않습니까?"

순간 잠시 생각을 하시던 선생님 말씀. "그래, 니 말이 참 정확한데, 그쟈? 그런데 이걸 나라에서 한다 카고, 학교에서도 모금을 하고 있으니 선생인 내가 니 보고 머라 카겠노? 나는 달리 할 말이 없다. 고마, 니 소신끝 해라." 그리고 나는 성금을 안 냈고, 반에서는 모두 20여 명 정도가 안 냈던 것 같다.

"독립기념", 이 말을 가장 자랑스럽게 쓰는 나라가 미국인 듯하다. 영국을 주로 하여, 유럽에서 모든 어려움을 뚫고 신천지를 찾아서 대서양을 건넌 사람들의 후예, 원주민 2천만을 종족근절하고 이룩한 그들의 나라, 세계에 모범이 될 자유와 인권의 가치를 내보인 그들, 최고의 번영으로 세계를 압도한 그들, 이 번영의 시작은 영국과 유럽의 구시대로부터 단절을 선포하고 싸워서 그들만의 새 세상을 시작한 것이다. 그 시작의 이름이 곧 독립이고 탄생이다. 구시대와도, 전 세계의 그 누구와도 다른 그들만의 새 번영의 이름이 곧 독립이다.

필리핀의 독립기념, 미국과는 전혀 상황이 다르다. 한국 같은 오랜 역사도 없지만, 미국처럼 하나로 뭉쳐 구시대 주변과 차별하여 스스로 싸워 이겨서 탄생한 것도 아니다. 7천여 개의 섬으로 이루어진 바다 지역, 스페인 펠리페2세의 점령으로 사실상 하나의 가치를 공유하는 나라가 되고, 2차 대전 후 제대로 된 국가로서 첫출발을 했다. 필리핀 그 이름 자체가 스페인의 펠리페2세를 뜻하는 것이다. 그들의 "독립기념"은 고귀한 탄생이자 역사의 첫출발이다.

한국, 학교에서 베울 때는 5천 년 역사라고 배웠는데, 스스로 책을 보고 알아보니 1만 년 역사가 맞다. 일본은 남부여(백제)로 동족이다가 1300여 년 전에 분리되었다. 실로 일본이 조선민족으로부터 독립한 나라다. 조선민족 종가 고려는 일본의 수백 척을 동원한 수천 번의 도발 ·

해적질을 그때마다 단번에 격퇴했다. 이씨왕조에서 스스로 병들어 딱 한 번 36년, 국가 대 국가로 단 한 판의 싸움도 없이 도장 찍어 나라를 넘겨주고 36년간 통치당했다. 그런데 일본으로부터 독립한 나라라니?

10세기 전후에야 역사가 시작되고 수십 년씩 서로 지배당하기를 예사로 한 유럽의 여러 나라들, 몽고에게 250년 지배당한 러시아, 아랍인에게 700년을 지배당한 스페인, 역사 절반을 북방의 조선민족에게 점령당한 중국 등, 그들 누구도 자신들을 "누구누구로부터 독립한 나라"라고 말하지 않는다. 특히 우리의 경우는 우리의 상황에 정확한 "광복"이란 말이 있다. 우리는 분명히 재독립 또는 광복이라 말해야 하고, "일본으로부터의 독립"이라는 말은 1만 년 조선민족 종가 고려의 영혼을 망실한 노예영혼들이 할 수 있는 말이다. 즉시 폐기되어야 한다.

명료한 언어는 맑은 정신·영혼의 상징이다. 명료하지 않은 뜻, 혼란한 감정이 섞인 불분명한 언어의 남용은 개인과 사회의 정신적 혼란, 개념·주체성·영혼을 마비시키는 것이다. 영어에도 통일과 재통일, 독립과 재독립의 명확한 말들이 있고 모두 그렇게 정확한 단어를 사용한다.

나라의 주체성과 정신·영혼이 관련된 말은 재론의 여지없이 명료하고 분명해야 한다. 한국(마한)은 1600여 년 전 일본(=남부여=백제)에게 지배·점령당한 것이 맞고, 100여 년 전 또 한 번 "대한"으로 포장하여 집어삼켰다. 그러나 고려는 전혀 아니다. 어떻든 지금의 반도는 일본으로부터 독립한 나라가 아니고 일본의 36년 지배로부터 광복 또는 재독립한 나라다.

"조선민족 종가 고려 1만 년 역사"라는 말에서는 자부심과 긍지의 정신·영혼이 자라고, "일본으로부터 독립한 나라"라는 말에서는 제일 먼저 "증오"가 자란다. 분명하지 않은 언어, 애매모호한 말들의 승자는 "고려인 우리"가 아니고 "노예영혼의 암3" 그들이다. 이 둘은 서로 가는 길이 다르다.

나라와 도시의 중요 지점에는 스스로 망해, 딱 한 번 일본에 36년 지배당한 기념물이 있어야 할 것이 아니라, 1만 년 역사와 수천 번 단호히 격퇴한 조선민족 종가 고려, 우리 본래의 정신·영혼의 상징이 있어야 한다.

* 마쓰모토 세이초(松本淸張, 1909~1992)

"천황가의 조상이 남조선으로부터 일본으로 건너왔으며, 일본과 조선은 같은 민족으로 일본이 조선에서 갈라져 나왔다."(김운회, 『새로 쓰는 한일고대사』, 동아일보사, 2010, P53)

즉, 정확히는 일본이 조선에서 독립한 나라다.

3) 중황제(中皇帝) 일왕(日王)

역사 속 그 어디에서도 중황제(中皇帝) 일왕(日王)이란 것은 존재한 적이 없다. 필자는 앞에서 중국이라는 나라는 그 역사가 고작 100여 년이라고 했다. 그리고 중국이라는 이름의 나라는 황제가 통치하는 나라가 아니라 정확히 그 이름은 처음 "중화민국"이었다. 그리고 지금의 중국(중화인민공화국)인 14억은 그 봉건황제의 세상을 부정하고 새 세상을 연 마오쩌둥을 가장 소중히 여긴다.

지금 우리들의 마음속 수많은 "중국"들은 반도에서 굴종의 표시로 자신을 낮추고 중원의 나라들을 높여 부르는 노예영혼의 유산이다. 일본은 정확히 중화민국이 생기기 전 중원의 나라들을 "지나(支那)"라고 불렀다. 정확히는 애초 당(唐)황제 · 송(宋)황제 · 고려(高麗)황제 · 명(明)황제는 있어도 중(中)황제는 없는 것이다. 중국, 중황제란 단지 이씨왕조 이후 반도의 노예영혼들의 마음속 우상으로 존재하는 것뿐이었다.

참고로 조선민족 종가(만주와 반도)도 그 계승자의 마지막 나라 후고려(王建)가 지금의 요하(구려하)에서 반도까지 통치할 때까지도 천손(天孫)을 자처하고 천자(天子)와 황제(皇帝)라 칭하고 자부했다. 그런데 우리의 역사는 뿌리부터 뜯어고쳐졌다.

일본의 경우, 정확한 것은 일본에서 일왕(日王)이란 것은 애초 존재한 적이 없다. 일본(日本), 이 말은 고대 남부여(=백제)의 후예들이 대륙 동부 · 반도 · 열도를 함께 경영하다 대륙과 반도를 잃고 열도에 완전히 안착하면서 8세기, 의자왕의 아들 부여풍(=천지천황)시대에 만든 이름이다. 그 뜻은 조선민족 1만 년 역사 속 하늘 · 태양을 그대로 나타내는 말이다. 지금 일본의 황실은 길게는 동명의 부여 건국으로부터 2200년, 아무리 짧게 잡아도 2000년은 넘게 변함없이 지속해 온 것이다. 일본의 황실이 백제(=남부여) 그대로라는 역사 자료는 끝이 없다.

"중황제 일왕", 역사적 사실, 맹종과 증오, 주인과 노예영혼, 이 극명한 어와 아의 차이를 나름대로 분석하면 다음과 같다. 첫째, 이씨왕조의 건국과 함께 중화에 사대 맹종하는 노예영혼이 반도를 완전 지배 · 압도하면서, 수천 년 본래의 민족혼이 사라지고, 강 건너는 오랑캐, 바다 건너는 왜놈, 스스로 알아서 기는 "분리하고 통치하라(Divide and Rule), 이이제이(以夷制夷)"의 천박한 노예영혼이 체질화된 것이다.

둘째, 광개토대왕의 비문에서 보듯이 민족 본래의 야성과 지배 정복이 체질인 일본인들이 저지른 끝없는 해적질 약탈이다(부여어=백제어=일본어).

셋째, 지금 반인륜 김씨왕조의 악행을 감추고 존재 의미를 미화하기 위해, 그 노예영혼들이 저지르는 대일 무한 증오 표출이다. 특히 일제 36년은 그들에게 너무 좋은 먹거리를 제공한다.

이 셋을 기본으로 하는 반도인들의 일본을 바라보는 심리는 전체적으로 우호적이기 어렵다. 여기서 종합적인 또 하나의 큰 원인을 찾아보면 다음과 같다.

조선민족 종가의 마지막 주자 후고려처럼 왜놈들이 언제든지 쳐들어오면 수천 번을 붙어 싸워서라도 모조리 격퇴를 할 자신감이 있느냐의 여부이다. 그러나 나약한 노예영혼으로 인간과 세상을 음양흑백선악으로 보고, 붙어 싸워 이기는 "힘 기르기"에 집중하는 것이 아니고, 흑백을 분별하는 "위선문치"에 집중하면 상황이 달라진다.

미국과 일본은 그렇게 대규모로 원자탄까지 동원해서 붙어 싸우고도 서로 증오하지 않는다. 그것이 서로에게 길이 아님을 알기 때문이다. 당시 이씨왕조는 이미 스스로 망해 있었고, 임금 고종은 영관파천·일관파천·아관파천을 시도했다. 중화에 500년 사대 맹종하던 이씨왕조는 주변국 누구나 먼저 집어삼키면 되는 나라였다. 당시 우리주변의 모든 전투는 우리를 누가 차지할까를 두고 그들끼리 싸운 것이지, 단 한판도 우리가 그 누구와 싸운 것이 아니다. 결국 국가 대 국가로 단 한판의 전투도 없이, 도장 찍어 나라를 일본에 넘겼다.

지금 반도에서 대일 증오 선동의 선두에 서서 선동하는 자들은 지난 30~40년 산업현장에서 실무에 종사하며 일본과 정면 대결을 펼치고

승(勝) 또는 패(敗)를 경험한 사람들이 아니다. 세세히 보면 금방 알 수가 있다. 그들은 대부분 실사구시(實事求是)가 아닌 그들만의 종교 · 이념 · 사상으로 무장, "실사구시를 빙자"해 온 사람들이다. 즉, 그들은 종가 "고려의 후예"들이 아니라 "암3의 후예"들이다. "암3"의 "중황제 일왕", 이것은 조선민족 종가 고려의 길이 아니다.

* 피히테

"살아 있는 언어를 사용하는 민족의 경우, 정신적 발달이 생명 속으로 스며들지만, 그렇지 못한 민족의 경우에는 정신적 발달과 생명은 제각기 다른 길을 가게 된다."(황문수 역, 『독일국민에게 고함』, 범우사, 2013, P83)

8. 외국군대의 손을 잡고 휴전선을 넘지 마라

* 호메로스

"만일 인간이 자기 운명보다 더 많은 고통을 당했다면, 그것은 신들 때문이 아니라 자기 마음속의 장님 때문이다."

1) 원숭이가 관(冠)을 쓰면 나라가 위태롭다

* 클라우제비츠

"야만국민의 경우 이성의 형성이 허약하며 항상 열정이 이성을 지배하고 있다."

국제 외교현장에서는 수십 년, 수만 명의 외교관 · 민간인 · 전문가들이 간절한 노력으로 성취한 일들도 정치인 한두 명, 하나의 정권의 일시적 선전 · 선동이면 모두 와르르 무너지는 경우가 있다. 백 년 걸려 쌓은 탑도 건달의 난행으로 허무는 데는 잠시면 된다. 대체로 이 경우 그들이 추구하는 바는 실사구시 · 민생 · 부국강병이 아니라, 그들 위선 · 탐욕한 선동가들의 정치적 이익이다.

그들만의 이념 · 종교 · 사상에 바탕한 음양흑백선악의 원리주의적 사고가 지배하는 세상에서는 지혜 · 지성 · 혜안, 전문가들의 오래고 집요한 외교적 전략 · 전술보다 희고 검은 색깔 · 색채, 네 편 내 편, 선동·타도·투쟁이 주제어가 된다. 이런 무리들의 정책·정권의 나라를 진정한 동맹으로 여기는 주변의 나라는 없다.

그들도 오랜 신뢰·정책·전략으로 대하는 것이 아니라 단기 국익에 치중한 교묘한 술책으로 대한다. 이것은 현명한 6학년이 1학년 앞에서 방정식 이야기보다 더하기 빼기 이야기에 집중하는 것과 같다. 오랜 민족적 신화와 영혼이 아닌 그들만의 이념·사상·정략으로 뭉친 무리들은 반드시 눈앞의 이익과 공포에 쉽게 제압당한다. 밖에서는 이익을 좋아하는 자는 이익으로 유인하고, 위난을 두려워하는 자는 협박으로 제압할 수 있다.

2) 외국군대의 손을 잡고 휴전선을 넘지 마라

"체제를 수호하라", 등소평이 천안문사태를 강제 진압하면서도 중국의 지도층에게 누누이 강조한 말이다.

중국, 그들이 지금 지구상에서 가장 두려워하는 적은 일본도, 미국의 항공모함도 아니다. 중국의 핵심지도부가 가장 두려워하는 것은, 한국인의 자유로운 기질과 촛불이 압록강·두만강을 사이에 두고 동북삼성에 자유로운 왕래를 하는 것이다.

스스로 영혼이 병든 이씨왕조 이후, 구한말, 우리는 주변 4강 그 누구로부터도 자유로울 수가 없다. 그 이유는 지금의 주변 4강 그 누구든 외교 테이블 앞에서 어깃장을 놓고, 그들 간 빅딜의 모양새를 바꿀 힘이 있기 때문이다. 주변 4강 누군가와 완전히 적이 된 것은 이미 우리 스스로 무덤을 판 것이고 외교 테이블 도마 위에 오른 것이다. 무한의 대일 증오 표출, 이것은 난세 완전한 자살골이다. 국제 외교무대에서 영원한 적도 동지도 없고, 오로지 국익만이 진리임은 잊어서는 안 된다.

우리가 정성 어리고 치밀한 외교로 4강 중 그 누구와도 친하면, 4강은 그 누구도 우리를 가까이 두려 할 것이고, 우리가 그 누구 하나와 적이 되어 외교 테이블 위에 오르면, 4강 모두는 신속히 한 손에는 계산기를 다른 한 손에는 나이프를 들 것이다. 세계 외교사의 기본이자 과거의 숱한 우리의 역사다.

한국과 미국의 평양 점령 시나리오, 중국의 통일 대비 고려반도 분할 시나리오, 이 둘을 생각하면 마치 구한말 대한제국이 일본과 청나라의 힘을 빌려 동학군을 토벌했던 경우가 떠오른다. 물론 지금의 김씨왕조와 구한말의 동학군은 민족정신사 측면에서 완전히 존재의 본질 자체가 다른 경우이다. 그러나 한 가지 같은 점은 그것이 제거된 이후 이 땅에서 전개될 외세의 역할이다. 결코 다르다고만 할 수 있는 일이 아니다.

한 세기 가까운 분단, 북의 모든 기간시설의 접수 · 확인 · 평가 · 사후처리는 민족의 자주적 판단과 역량으로 시행해야 한다. "김씨왕조" 그 자체의 모든 사후처리도 이 땅 주인인 민중들의 전체 여론을 기준으로 대처할 일이다. 강한 도발능력을 가진 북의 위협에 한미가 국익을 위해 함께 대처하는 것과, 도발능력을 상실한 평양에 함께 손잡고 들어가 미군이 평양을 장악 · 수색 · 검색 · 조처 · 주둔하는 것과는 전혀 다른 문제이다. 제거되어야 할 것은 "김씨왕조"이지 "2천5백만 고려인의 피 · 땀 · 영혼"이 아니다.

이제 더 이상 이씨왕조의 이명합방도, 한일합방도, 미국 · 중국에의 맹종도 안 된다. 조선민족 종가, 고려·신라·백제의 방식이 되어야 한다. 사대는 어디까지나 외교 전략·전술적 차원이지 더 이상 정신·영혼을 팔아서는 안 된다.

지금의 남쪽 5천만 사람들이 김일성 동상에, 김정은에게 충성을 맹세하며 고개를 숙일 수 없듯이, 북쪽의 2천5백만 고려인들에게도 이씨왕조의 이도(李祹)·이이(李珥)가 새겨진 돈을 쓰게 하고, 태극기를 바라보며 맹세를 하게 해서는 결코 아니 된다. 그것은 통일이 아니라 굴욕의 연장이고 예속의 확장이다. 본격 성장을 앞둔 호랑이 새끼에게 여우 젖을 먹이고, 꽉 조이는 여우가죽 옷을 입히는 것이다. 더 이상 조선민족 종가 고려의 땅에 노예영혼이 깊은 뿌리를 내리게 해서는 아니 된다.

통일은 외세의 힘을 빌려 한쪽을 점령하고 그 한쪽의 이념과 사상을 강요하는 것이 아니라, 남북 민중들의 넓고 깊은 대화로 그간의 잃어버린 "우리"를 찾는 것이다. 우리의 이상은 그들만의 사상·이념·음양흑백·민주반민주 정치투쟁이 아니라, 실사구시에 바탕한 넓고 깊은 대화의 화백(쿠릴타이)을 통한 "홍익인간" 실현이다. 외국군대의 손을 잡고 휴전선을 넘는 일은 결코 없어야 한다. 한걸음 늦어도 정확히 앞을 보고 걸어가야 한다.

VI

종가 부활의 길

1. 살아 있는 고려 혼, 단재 신채호

(우리는 누구인가?)

* 조지 산타야나

"역사를 모르는 자, 역사에 휩쓸려 가리라."

1) 이씨왕조의 이단(異端)

이씨왕조가 개창되면서부터 기존 역사서의 왜곡 · 변조, 명나라에 대한 사대모화 · 맹종 · 노예영혼의 시작, 고사서수거령을 통한 민족의 상고사 완전 말살, 이후의 끝없이 지속되는 가혹한 민족정신의 말살로 사실상 그들만의 "소중화"는 완성된다. 이후 그 누구도 사대모화 · 소중화의 길을 정면으로 막아서는 목소리를 내는 사람 · 학파는 없었다.

단재 신채호, 그는 비록 망국의 시기이기는 하지만 과거 소수 실학자들과도 차원이 다른 목소리를 낸 사람이다. 그는 폭넓은 독서와 연구로 이씨왕조의 역사 속 반민족적 행태들을 정면으로 비판했다.

먼저 왕조의 시작과 더불어 모든 언행과 서술의 근원이 되는 춘추필법(春秋筆法)을 두고 용서할 수 없는 역사 왜곡이라 비판했다. 그리고 그는 세조 · 예종 · 성종대의 3번에 걸쳐 저지른 고사서 수거 말살을 확인하고 지적했다. 그들이 수거 · 말살한 역사서, 『신지비사』, 『삼한고기』, 『해동고기』, 『삼국사』, 『고조선비사』, 『대변설』, 『조대기』, 『삼성기』, 『삼성밀기』, 『통천록』, 『지공기』, 『표훈천사』, 『도증기』, 『지화록』

등을 확인했다. 단재는 단지 『삼국사기』, 『삼국유사』, 『제왕운기』만 남은 것을 두고, 그 전하고 전하지 않는 이유는 사대주의를 밑바탕으로 하였느냐 아니냐에 달렸기 때문이라고 했다.

그리고 그 사라진 역사서들이 대부분 단군조선과 그 이전의 역사전승에 관계되는 기록임이 확실하다고 봤다. 그러나 남은 3종의 역사책도 처음 저자의 그것이 아니라 완전히 왜곡된 것이란 사실은 당시의 단재는 몰랐던 것 같다. 참형에 처한다는 가혹한 조처에도 불구하고 일부의 역사서가 살아남아 오늘날 『환단고기』란 이름으로 전해지고 그 기록들이 옛 조선의 강역에서 출토되는 유물들과 거의 정확히 일치하고 있음을 알면, 지하의 단재도 실로 기뻐할 것이다.

단재는 임나일본부의 부정과 함께 이씨왕조가 나라의 기원으로 여긴 기자조선을 부정했는데, 이는 사실상 이씨왕조의 역사 인식 자체를 전면 부정하는 것이었다. 이 시기 단재의 『독사신론』은 근대 민족주의사학의 시작이라 할 수 있다. 그는 이씨왕조의 사대주의를 통렬히 비판하며, 중화에 사대 맹종한 존화사관은 조선민족을 노예로 만드는 역사라 했고, 일제의 반도사관·식민사관에 처음으로 정면 대응한 사람이다.

2) 망해 가는 나라에서

20세기 초반에 이를 즘, 단재의 생각은 당대를 풍미하던 "사회진화론"에 크게 영향을 받은 듯하다. 그는 "경쟁은 인류의 천성이자 생활의 자본"이라 했는데, 이는 아마도 이씨왕조에서 고착화된 사농공상의 유교적 신분질서에 정면으로 대항하며, 위선문치의 오랜 습속을 민중들의 피땀에 기반 한 상농공사의 세상으로 바꾸려 한 것으로 보인다.

그는 스스로 단발을 결행하고 향리에서는 한자무용론을 주장하며 신교육·신사상에 열중했다. 그리하여 황성신문, 대한메일신보 등에서 논설전문기자로 일하며, 국민적 봉건 인습·청산과 국민계몽, 근대적 교육을 통해 제국주의적 침탈에 대항하고자 했다.

나라의 흥망에 있어서도 민족정신·국가정신을 우선이라 여기던 단재는 당시의 일부 제국주의 일본에 동조하는 이들에게 "국가는 주(主)요 동양이 객(客)이거늘 오늘날 동양주의 제창자들을 보면 동양은 주가 되고 국가는 객이 되어⋯."라고 정확히 지적했다.

1906년 안창호·양기탁·이동녕 등과 함께 만든 전국 최대 규모의 비밀 항일단체 신민회의 핵심 간부로 활동한다. 국권상실기에 그의 생각은 처음 사회진화론에서 "을지문덕전" 등에서 보듯 영웅사관에서 점차 나라와 국가의 운영 주체를 민중으로 보는 민중혁명사관으로 진화하는 듯하다.

단재는 1897년 대한제국으로 국호를 변경한 것을 두고 이같이 말했다.

"칭제건원이나 자주독립선언은 우리의 주체적인 역량보다는 일본이 한국을 침략하기 위한 전 단계 작업으로 우선 대청(大淸) 종속관계를 단절시키고자 하는 배경에서 진행되면서 대한제국의 운명은 늑대를 피하려다가 승냥이를 만난 격이 되었다."(김삼웅,『단재 신채호 평전』, 시대의 창, 2016, P94)

단재는『대한매일신보』가 1910년 4월 친일파의 손에 넘어가자 신문사를 떠났고, 그해 봄 망명한다.

3) 고토(故土)를 그리며

단재는 언제나 나라와 민족을 말하면서 정신과 사상을 강조했다. 그는 우리 민족의 "낭가사상"을 중요시했는데, 이것은 당시 박은식의 "혼", 정인보의 "얼" 등과 대비되는 것이다. 그는 전고려의 조의선인(皂衣先人), 고려도경의 재가승(在家僧), 신라의 화랑 등이 여기에 속한다고 했다. 이즈음 그가 한 말이다.

"전에는 이같이 강하더니 이제는 이같이 약하며, 전에는 그리 용맹스럽더니 이제는 어찌 그리 둔한고. 슬프다. 용의 씨로 미꾸라지가 되고, 범의 종자가 개로 변하여 신성한 인종이 지옥으로 떨어지니 … 슬프다. 아깝도다."(임중빈, 『단재 신채호』, 명지사, 1998, P114)

"어진 자는 작은 나라로 큰 나라를 섬긴다는 주의로 외국 구적에게 아첨하는 자도 영웅이라 칭하였으며, 심지어 적국과 창귀가 되어, 본국을 오히려 해하는 자도 영웅이라 칭하여, … 사적에 흔히 이런 사람이 많으니, 내 이러므로 영웅이라 하는 두 글자를 위하여 한 번 통곡할 만하도다."(임중빈, 『단재 신채호』, 명지사, 1998, P115)

이는 지금 필자가 이씨왕조를 두고 "나라 민족 역사 그리고 민중도 죽고, 위선자 그들의 이름만 반짝이는 나라다." 하는 말과 일맥상통하는 듯하다.

망해 버린 조국을 떠난 단재는 우리의 고토(故土) 만주를 찾아간다. 여기서 민족의 옛 유적들을 답사하며 민족사를 향한 그의 각오는 더욱 굳어진다. 이 시기 만주 각지에서 학교를 세우고 광복운동이 전개되고 있을 쯤 그가 저술한 『조선사』가 그 교육교재가 되는데, 지금은 전하지 않는다.

넓고 깊은 독서와 사서 연구, 그리고 유적답사로 새로이 형성된 민족사관으로 그는 "여진 · 선비 · 몽고 · 흉노 등은 본시 우리와 동족이었고, 일본은 본시 우리의 강보에서 자라난 후진민족이었다."고 생각했다(박성수, 『한국인의 역사정신』, 석필, 2013, P170). 그리고 그는 "흉노 · 여진 · 선비 · 몽고 그리고 일본이 모두 우리에게서 분리해 나간 민족인데 어찌하여 다시 합하지 못하겠는가?"(박성수, 『한국인의 역사정신』, 석필, 2013, P191)라고 했다. 여기서도 『남북조』에서 말한 한(漢) 이후 조선은 각기 다른 이름으로 불렀다는 기록을 유념해야 한다.

단재의 이 생각과 주장은 지금 당장, 역사문헌자료, 유전자 분석, 언어 · 습속 연구 등으로 충분히 뒷받침될 수 있는 사실들이다. 민족의 흩어진 유적들이 중국인들의 손에 훼손되는 것을 보고도 어찌하지 못함을 안타까워하면서, 여기서 집안 현을 한번 둘러보는 것이 김부식의 『고려사』를 만 번 읽는 것보다 낫다 했다. 그러고는 우리의 민족사를 똑바로 써서 시들지 않은 민족정기가 영원히 빛나기를 기원했다.

단재는 청나라 건륭황제의 『흠정만주원류고』가 신라의 후예들의 기록임을 확인했고, 북경 근처의 수많은 고려진 · 고려성을 확인했다. 또 산동 사람들이 우리와 똑같다고 보았는데 이는 옛 남부여, 백제 그리고 신라의 옛 땅으로 1만 년 민족사 대부분 동안 우리 땅, 우리 민족이었으니 당연한 것이다. 이 시기 형성된 그의 만주 (전)고려 중심의 사관의 핵심은 이씨왕조 500년 "소중화" 사대모화의 노예영혼에 대한 전면 부정이요, 웅혼한 민족사의 부활 그 시작이고자 하는 것이다.

4) 망명지에서

망명길에 그는 안정복의 희귀 친필 원본『동사강목』20권을 가지고
간다. 그는 이것을 토대로 민족사를 똑바로 써서 자유독립을 만들려는
굳센 결의를 다진다. 단재는 이 결의를 토대로 망명지에서『조선상고
사』를 집필한다.

어렵게 길을 달려 망명지 산동반도의 청도에 도착하고 여러 애국지
사들이 모여 "청도회담"을 했다. 그곳에 모인 이들의 의견은 다양했는
데, 대체로 힘을 기르고 때를 기다리자는 쪽, 즉각 무장투쟁에 나서자
는 쪽으로 나뉘는데, 단재는 즉각 무장투쟁을 하자는 쪽이다. 단재는 2
만여 회원을 가진 광복회에 참여했고 부회장으로 활동한다. 여기서 광
복회원들이 독립자금을 징수할 때 반드시 첨부됐던『광복회 통고문』,
『광복회 고시문』등은 단재가 집필한다.

여기서의 단재는 항시 빈곤에 처했는데, 북경의 관음사 승려로 1년여
를 생활한다. 그즈음 평소 친분이 있던 북경대학 교수 이석증의 소개로
중국사의 방대한 보고『사고전서(四庫全書)』를 수개월에 걸쳐 독파한다.

1919년 이승만은 미국에서 "연합국들이 장차 한국의 완전독립을 보
장한다는 조건하에 일본의 현 통치에서 한국을 해방시켜 국제연맹의
위임통치하에 두는 조처를 취할 수 있도록" 해 달라는 내용의『청원
서』를 파리강화회의에 제출한다(김삼웅,『단재 신채호 평전』, 시대의 창,
2016, P221).

단재는 이승만의 위임통치를 들어 그의 임정 국무총리 선출에 단호
히 반대 회의장을 퇴장한다. 그는 평소 완전독립·자주독립, 초지일관
무장투쟁·독립전쟁을 주장했다. 이즈음 김구는 "지금 우남(이승만 아

호)을 없애면 임시정부가 망합니다." 했고 결국 임정을 대통령제로 개편하고 이승만을 대통령으로 추대하자, 단재는 임정을 떠나 완전히 결별한다.

단재는 그가 떠나기 전 돌보던 조카딸의 결혼 때문에 만 리 길을 밀입국으로 조국을 찾는데, 여기서도 그가 반대하는 친일파와 결혼한다는 이유로 조카딸과도 의절한다. 그렇게 상해임정을 떠난 후 홀로 북경에서 순한문 잡지 『천고(天鼓)』를 발행하는데, 이는 중국인들에게 한국의 독립과 역사를 알리기 위함이었다.

단재는 누구에게 의지하는 성격이 아니어서 항시 곤궁한 생활을 했다. 이 시기 그는 무정부주의활동에 관여했는데, 그 자금 활동의 일환으로 대만으로 가던 중 대만의 기륭항에서 일제의 경찰에 체포된다. 뤼순감옥에서 건강 악화로 생사의 위기에 처했어도 친일파의 종친이 보호자 선정하는 것을 거부하고 끝내 옥사한다.

5) 살아 있는 민족혼

단재, "우리 조선 사람은 매양 이해 이외의 진리를 찾으려 함으로써 석가가 들어오면 조선의 석가가 되지 않고 석가의 조선이 되며, 공자가 들어오면 조선의 공자가 되지 않고 공자의 조선이 되며, 무슨 주의가 들어와도 조선의 주의가 되지 않고 주의의 조선이 되려 한다. 그리하여 도덕과 주의를 위하여 조선이 있고 조선을 위하는 도덕과 주의는 없다. 아! 이것이 조선의 특색이냐. 특색이라면 특색이나 노예의 특색이다. 나는 조선의 도덕과 조선의 주의를 위하여 곡하려 한다."(김삼웅, 『단재

단재는 일찍이 이씨왕조의 기자조선 숭배, 고사서수거령과 역사 말살을 지적했고, 그들의 노예영혼을 질타했다.

타고난 언론인이던 그는 시(詩)의 중요성을 강조했다. 시(詩)란 것은 민족 언어와 정신의 본질이며, 강성한 국민은 시부터 강성하며, 문약한 국민은 시(詩)부터 문약하다 하여, 문학과 예술에도 우리 민족 고유의 생명의 기운이 살아 있어야 함을 역설했다.

일제와의 투쟁에서도 "남의 나라 노예가 되어 사느니 차라리 적과 싸우다가 온 국민이 태백산만큼 백골을 쌓는 것이 나을 것이다."(박성수, 『한국인의 역사정신』, 석필, 2013, P178)라 하여 그의 기개를 보였다.

단재는 우리 고유의 민족정신을 찾으면서 선교(仙敎)의 중요성을 강조했는데 "선교(仙敎)가 우리 고유의 것이라는 증거가 허다하다.", "천선(天仙)·국선(國仙)·대선(大仙)이란 명칭이 삼국시대 이전부터 이미 있다.", "선교(仙敎)는 중화에서 불교·도교가 유입되기 이전부터 이미 있었다."고 했는데(박성수,『한국인의 역사정신』, 석필, 2013, P154) 이는 고운 최치원의 말에서도 확인된다. 고운 최치원은 일찍이 난랑비 서문에서, "나라에 현명한 도가 있으니 이름하여 풍류(風流)라 하였는데 그 가르침의 시원에 대해서는 선사(仙史)에 자세히 기록되어 있다."고 했다.

단재는 옛 조선으로부터의 우리 고유의 선교(仙敎)를 소중히 생각했고, 속세를 벗어나 구복과 장생을 추구하는 중화의 도교(道敎)와는 분명히 구분했다. 고운과 단재의 이 생각을 그대로 증명하는 고대의 역사서가 있다.

『산해경』에는 (옛)조선인을 두고 "조선인은 군자(君子)라 하면서 서로 양보하고 다투지 않았다."고 기록하고 있고, 동방삭의『신이경』에는 (옛)조선인을 가리켜 "동방에 사람들이 살고 있으니 남자는 모두 흰 띠에 검은 관을 썼고 여자는 다 색옷을 입었다. 언제나 겸손하여 말씨가 험하지 않으며 서로 칭찬은 하되 험담하지 아니하고 누가 환란이 있는 것을 보면 죽음을 무릅쓰고 구휼했는데 얼른 보면 어리석게 보이지만 이들을 부르기를 선인(仙人)이라 한다."고 기록하고 있다(박성수,『한국인의 역사정신』, 석필, 2013, P222).

이 기록들은 망국의 시기에서 단재가 한 말 "현실에서 도피하는 자는 은자이며, 굴복하는 자는 노예이며, 격투하는 자는 전사이니, 우리는 이 삼자 중에서 전사의 길을 택해야 한다."라는 것과 그대로 일치한다. 여기서 말한 선교(仙敎), 이것은 곧 조선민족 고유의 "우리 길", "홍익인간(弘益人間)"의 길이다.

6) 죽어서도 사는 사람

* 단재 신채호

"역사를 잊은 민족은 미래가 없다."

단재는 망명한 지 18년 만에 체포, 10년 형을 확정받고 뤼순감옥에서 8년 동안 고단한 감옥살이를 했다. 감옥 생활 중 잠시의 휴식시간에도 독서를 했고『조선 사색당쟁사』,『육가야사』등을 저술하려는 시도를 했다. 그러다 뇌일혈로 쓰러졌고, 서울의 가족들은 형무소에서 보낸 "신채호 뇌일혈", "의식 불명 생명 위독"이란 전보를 받고 감옥으로 달려간다.

"병실인지 감방인지 모를 어떤 독방에 안내되었다. 여기도 화기라고
는 조금도 없고 시멘트 바닥에 다다미 몇 장, 그리고 홑이불 정도밖에
안 되는 얄팍한 이부자리 그 속에 아버지께서 드러누워 계셨다."(김삼
웅, 『단재 신채호 평전』, 시대의 창, 2016, P410)

생의 마지막이 될 그 시간 잠시라도 더 같이 있게 해 달라는 가족의
애원은 면회 시간이 다 되었다는 이유로 거부되었다. 오랜 망명 생활
향년 57세, 단재 신채호는 차가운 시멘트 바닥에서 홀로 조용히 생을
마감한다. 평소 자신이 죽으면 시신이 왜놈들 발길에 차이지 않도록 화
장하여 바다에 뿌려 달라는 바람과 달리 화장 후 한 줌의 재가 되어 고
국으로 돌아왔다.

일찍이 단재는 나라의 망국 앞에 매천황현의 자결 소식을 듣고 "신성
한 죽음은 시비(是非)도 잊으며 훼예(毀譽, 비방과 칭찬-필자 주)도 잊고
오직 나의 사랑하는 바를 위하여 피를 머금고 칼이나 총 머리에 엎어지
는 죽음이니라."고 하였다(김삼웅, 『단재 신채호 평전』, 시대의 창, 2016,
P424).

단재의 죽음 소식을 들은 벽초 홍명희는 "살아서 귀신이 되는 사람이
허다한데, 단재는 살아서도 사람이고 죽어서도 사람이다."라고 했다.

* 우파니샤드
"영혼, 그것은 파괴되지 않기 때문에 파괴할 수 없다. 속박되어 있지
않고 떨림이 없으며 상처 입지 않는다."

2. 민중의 산하 피로 피운 꽃 이름, 이현상
(이 땅 주인은 누구인가?)

1) 나의 이상은 결국 승리할 것이다

1967년 10월 9일 볼리비아 밀림 속 체 게바라, CIA와 볼리비아 수색대에 체포된 다음 날, 최후 진술에서 건물 바닥에 손목과 발목이 모두 묶인 상태의 체 게바라는 "나의 이상은 결국 승리할 것이다."라고 했다.

남미 아르헨티나 태생, 의대 졸업, 친구와 함께 오토바이로 남미 전역을 여행하다 서구의 거대자본과 탐욕한 정치인들에 짓밟혀 신음하는 수많은 빈민과 원주민들을 보고 인간 해방을 꿈꾼 체 게바라, 카스트로와 함께 쿠바 혁명에 성공하고 장관직 등 보장된 행복을 뒤로하고 또다시 인간 해방을 꿈꾸며 스스로 찾아든 볼리비아 밀림 속, 그는 애초 작전에 실패할 경우 그가 빠져나갈 퇴로를 아예 만들지 않았다. 처음부터 그의 생각은 작전 성공을 하거나 실패하면 싸우다 죽거나 둘 중 하나가 있을 뿐이었다.

살아서도 인간, 죽어서도 인간, 영원히 아름다운 참인간의 아름다운 모습이다.

이씨왕조 500년 민중의 절반 이상이 노예, 인간 이하의 인간들, 양반들이 사소한 이유로 때려죽여도 무죄인 나라였다. 고려반도 현대사에서 공산세력, 그 극도의 잔혹한 만행들, 고립무원 최악의 상황에서, 빨치산 남부군 사령관 이현상은 인간 사랑의 참모습을 보여 주었다. 이현상이 뒤집어엎고자 한 것은 오늘의 자유대한이 아니라, 이씨왕조 민중의 절반을 때려죽여도 되는 노예가 되게 한 세상, 그들만의 종교 · 사상 · 이념으로 외세와 작당한 위선 · 탐욕한 자들이 민중을 압살하는 그 세상이다.

해방 후 16년, 지주 · 선주 · 일제장학생들의 민주빙자 · 반공빙자 난행에 국민들은 세계 최빈국 기아선상에 허덕이는 나라, 5 · 16 새벽 사랑하는 처자식을 아끼는 후배 박태준에게 맡기며 "내가 실패하여 형장의 이슬로 사라지거든" 돌보아 달라고 부탁하고 집을 나선 인간 박정희, 변심한 장도영의 수방사군대가 가로막아 한강다리 돌파가 지체되자, 빗발치듯 날아드는 총탄을 향해, 해병대원들에 앞서 무심한 듯 뒷짐 지고 앞장서서 적진을 향해 걸어가던 인간 박정희의 모습 그것이다.

인간 박정희가 뒤집어엎고자 한 세상도 오늘의 자유대한민국이 아니라, 그들만의 종교 · 이념 · 사상의 탐욕으로 뭉쳐, 민중 생명을 수단으로 삼고 도탄에 빠지게 한 그 정치쓰레기들의 세상이며, 그를 뒤엎어 위선의 "사농공상"이 아니라, 민중의 피와 땀이 주인 되는 "상공농사"의 세상을 만들고자 한 것이다. 이현상 · 박정희, 그들의 꿈은 하나였고 가는 길이 조금 달랐을 뿐이다. 그들의 머릿속에는 단 하나 "홍익인간"이 있었을 뿐, 다른 모든 사상 · 이념 · 종교의 단어들은 단지 수단이고 방법이었을 뿐이었다.

오전 11시 15분, 사령관은 체 게바라를 사형하라는 명령을 내렸다. 체 게바라는 비 오듯 날아든 무수한 총탄을 맞고 쓰러졌다. 나중에 프랑스의 사르트르는 체 게바라를 두고 "우리 시대의 가장 완벽한 인간"이라 했다.

2) 당적 과오요, 당적 죄악입니다(민중 속으로)

이현상, 그는 부잣집 아들로 태어나 정해진 엘리트 코스의 인생을 포기하고, 스스로 고단한 사회주의의 길을 들어선 사람이다. 그의 머릿속에는 언제나 억압·착취에 고통받는 민중·민족이 있었다.

그는 해방 후 북에서 40대 늦은 나이에도 정해진 모스크바 유학과 고급 간부의 길을 두고, 대남 침투요원을 기르는 강동정치학원에 자원하여 젊은이들과 침투·유격·폭파 등의 훈련을 받고 사실상 사지(死地)인 남으로 향한다.

1949년 아직은 김일성의 본격적인 우상화가 시작되기 전이었고, 박헌영 등 기존의 조선공산당 세력이 공존·협업하고 있는 시기였기에 이현상은 김일성의 배웅을 받으며 남으로 향한다. 그는 남쪽에서 지하활동과 각종 무장투쟁에 관여한다.

1949년 10월 19일, 대한민국이 건국된 지 불과 65일 만에 여수에서는 최신 무기로 무장한 1개 연대병력인 "14연대 반란사건"이 일어난다. 그들은 일시에 잠자던 장교들을 몰살하고, 여수 경찰관 50여 명이 집단 학살되고, 순천의 400여 명의 경찰을 포함한 공무원 등 총 900여 명을 집단 살해한다.

특히 순천경찰서장을 나무에 거꾸로 매달고 눈알을 뽑고, 죽창으로 찌르고 차 뒤에 매달고 죽을 때까지 비포장도로를 달리고 나중 휘발유를 뿌려 불을 지르고 태워 죽인다. 체포된 경찰관 일부는 산 채로 모래 구덩이에 생매장되고, 일부는 집단 학살당했다. 당시 순천 일대에서 반란군에게 학살당한 양민이 1,134명, 행방불명자 818명, 사살된 반란군 392명, 기타 인근에서 반란군에게 학살당한 이들도 수백에 이른다.

10월 22일, 이렇게 참혹한 만행으로 당시 순천역 일대에는 무수한 시체가 널브러져 있었다. 이때 순천역 앞에 나타난 이현상, 그는 "당적 과오요 당적 죄악"이라고 소리친다. 이는 아마도 1927년 중국 호남성 민중봉기의 잔학성을 보고 어안이 벙벙해진 마오쩌둥의 상황과 비슷했던 듯 보인다. 이후 이현상은 평소 "여수병란은 당의 명령도 없이 우발적으로 일으킨 사건으로서 엄청난 인민을 희생시킨 당적 죄악"이라며 질책했다(안재성, 『이현상 평전』, 실천문학사, 2014, P466).

이는 당시 제주 4·3반란을 바라보는 박헌영의 생각을 정리한 문건에서도 증명된다.

"우리나라는 땅이 좁다. 중국대륙에서처럼 장기지구전은 안 된다. 군사행동은 단기에 직격적으로 성공시키지 못하면 혁명은 성공할 수 없다. 도리어 후유증만 남기는 결과가 된다. 단기에 직격적으로 결말을 내려면 단시일 내에 서울 중앙을 제압해야 되는데 동학란도 홍경래의 난도 중앙에서 멀리 떨어진 변방에서 난을 일으켰기 때문에 실패할 수밖에 없었다."(안재성, 『이현상 평전』, 실천문학사, 2014, P225)

그리고 이현상은 어떻든 혁명무력인 14연대 잔여 병력을 이끌고 지리산 문수골로 들어간다. 지리산으로 들어가며 계속한 말에서 그의 혁명과 인간에 대한 명확한 기준을 알게 된다.

"어떤 이유가 있더라도 인민을 함부로 죽이거나 괴롭히면 안 됩니다. 설사 우리에게 반대하는 사람이 있더라도 정당한 인민재판의 절차를 거쳐서 심판해야 합니다." "전투 중에는 죽일 수 있지만 포로로 잡으면 절대 죽여서는 안 됩니다. 이것은 인민의 군대가 지켜야 할 가장 중요한 규율이며, 이를 어기는 대원은 인민의 이름으로 혁명의 이름으로 처단될 것입니다." "민족통일과 계급해방을 선전하고 선동하고 조직하는 것이 우리의 임무인 것입니다."(안재성, 『이현상 평전』, 실천문학사, 2014, P261)

그의 이러한 생각은 이후 보여 주는 김씨왕조, 그리고 빨치산들의 참혹한 만행과는 많은 차이가 있다.

3) 아! 지리산

빨치산, 1946년 9월 총파업 이후 산에 들어가기 시작한 야산대의 무장투쟁이 그 시작이다. 북의 정권이 신속히 수립되고 6 · 25를 향한 북의 대남공작이 본격화되면서 전국의 빨치산은 체계적이고 조직화된다. 그러나 예상 못 한 여수 14연대 반란으로 그 잔여 병력이 지리산으로 찾아들면서 지리산의 빨치산 투쟁은 본격화된다.

파르티잔, 나폴레옹군대 20만을 뒤에서 묶어 놓은 5만의 스페인 유격대, 나폴레옹과 히틀러를 상대한 러시아군, 일본군을 상대했던 마오쩌둥의 군대, 체 게바라의 투쟁도 이렇게 참혹한 환경은 아니었다. 트럭으로 물자를 지원받고, 농사를 지으며 민중들의 협조를 받던 이들과는 전혀 다른, 특히 김일성처럼 고작 몇 명 데리고 한두 번 붙어 싸우다 러시아로 도망을 가고 소련군이 되는 것과는 전혀 다른 차원에 처해진다.

지리산이 큰 산이라 하나 반나절만 걸으면 어느 쪽이든 평지에 이르는 사방이 포위된 땅, 그리고 당시 사방이 민둥산 시절, 그나마 겨울에

되고 낙엽이 지면 앙상한 가지 하얀 눈 위에서 사람 움직임과 발자국은 그대로 드러나는, 그야말로 독 안에 든 쥐의 형국에 처해진다. 여기서도 이현상의 방침은 확고하다.

"인민은 이 세상의 주인입니다. 인민에게 피해를 끼치면 안 됩니다. 말 한마디라도 공손하게 하고 콩 한 톨도 거저 뺏으면 안 됩니다."

그는 6 · 25 전쟁 중 혼란 속 북으로 향하다 이승엽으로부터 남쪽의 인민유격대를 통합 · 지휘하라는 명령을 받고 다시 지리산으로 향하다 1950년 11월 10일 남부군을 창설한다. 이때 남부군의 규율은 다양하고 엄격했는데 상부의 명령 없이 인민의 물품을 강탈한 자, 인민의 가축을 강탈한 자, 인민을 공갈 협박한 자 등은 사형에 처했다.

그러나 비좁은 땅. 보급이 끊겨 굶주림은 결국 약탈이 되고 피를 부른다. 물고기와 물의 관계가 되어야 할 주민들의 협력으로부터도 완전 고립, 남과 북 모두로부터 빨리 사멸되어야 할 존재로 전락해 버린다. 그들은 총에 맞아 죽고, 굶어 죽고, 얼어 죽으며 "인간 해방" 그 먼 꿈만 제각기 가슴에 안고 지리산 아흔아홉 골, 그 골마다 능선마다에 쓰러져 간다.

4) 총을 든 자들의 최후

필자는 지리산 · 빨치산 하면 제일 먼저 떠오르는 이름이 이현상과 정순덕이다.

빨치산은 크게 3종류의 사람들로 분류해 볼 수 있다. 첫째, 일제 때부터의 이념적 이론에 기초한 남로당계 사람들. 둘째, 6 · 25 때 남쪽으로 쳐들어온 인민군으로 인천상륙작전 때 길이 막혀 주저앉은 사람들. 셋째는 다양한 이유로 인근의 주민들이 입산하여 빨치산이 된 경우이다.

정순덕은 세 번째의 경우로 지리산 천왕봉 동쪽 삼장면 내원 출신이다. 가난한 산골에서 16세의 어린 나이에 인근의 대포리로 시집을 간다. 그러나 얼마 못 가 6 · 25가 발발하고 인민군이 들어온다. 이때 순박한 남편 성석조는 인민군의 청년단에 가입하고 활동했는데 소위 부역자가 된다. 이에 그녀도 가끔 그에 동반된 부녀회 활동도 한다. 그러나 얼마 못 가 인민군은 쫓겨 가고 다시 국군이 진주하면서 부역자 색출과 처벌이 시작되자 남편 성석조는 산으로 도망을 간다. 이후 남편을 내놓으라는 군경의 닦달에 시달리던 그녀는 남편을 찾으러 나서고 입산을 하게 된다.

산에서 잠시 남편을 만나기는 하나 곧 헤어지고 그녀의 빨치산 생활은 본격화된다. 그즈음 그녀는 배신자로 지목된 한 남자가 빨치산에게 잡혀 산에서 산 채로 귀가 잘리고 배가 갈리며 창자를 쏟고 죽어 가는 모습, 경찰의 심부름을 한 것으로 의심되는 임산부가 산으로 잡혀 와서 산 채로 배가 갈리고 산달이 다 된 아이가 튀어나와 꾸물대다 죽임을 당하는 참혹한 상황을 목격한다. 처음 후방 업무를 하던 그녀는 차츰 교육을 받고 빨치산 전사로 변해 간다. 그즈음 6 · 25를 전후해서 인민군에 협조한 일 등으로 수많은 사람들이 입산을 한다.

전쟁 중 북의 김일성은 미군이 북에다 전폭기로 하는 일들을 남에서는 빨치산들이 하도록 지속해서 독촉한다. 교량 폭파, 통신전선 절단,

시설물 파괴…. 그들의 일은 끝이 없다. 이에 토벌군의 공세는 더해지고 급기야 휴전회담이 시작되면서 전방의 정규육군 약 4만여 병력이 동원되어 지리산을 에워싼다.

이 시기 산에서의 가혹한 시련의 시간 앞에 북에서 온 거물급 공산 간부들이 가장 먼저 투항·귀순하고, 서울의 이론가 출신들도 차츰 사라지는데, 남로계 책임자들과 토종 빨치산들은 최후까지 투쟁을 이어 간다. 향토에서 이루어진 그들 오랜 원한의 삶과, 산에서 고립된 피의 투쟁은 그들 스스로 돌이킬 수 없는 길을 가게 한다. 당시 토벌군은 적극적으로 귀순을 유도했고, 또 귀순자들의 처벌을 최소한으로 하여 극도로 관대하게 했다.

휴전협정에서 남쪽의 빨치산들을 돌려보내 주겠다는 남측의 제안에 북의 김일성은 아예 외면을 한다. 그러나 최후까지 신념과 원한으로 뭉쳐진 그들은 1952년 1월 11일, 압도적인 국군 토벌대에 몰리고 몰리다 지리산 남쪽 대성골 상단 작은새개골로 모여든다. 완전히 포위된 그들 800여 명은 전투기의 협조를 받는 국군의 포위총격, 집중포격, 하늘에서 투하되는 휘발유 드럼통…. 고요했던 지리산의 계곡 하나는 피의 아비규환·생지옥으로 변한다. 그렇게 이틀간의 불구덩이 속에서 빨치산의 주력은 가라져 갔다.

여기서 쌀 한 줌으로 계곡 상부 바위틈에 붙어서 일주일을 버틴 정순덕은 살아남는다. 남과 북 모두로부터 신속히 제거되어야 할 존재로 전락한 그들은 이미 세상 그 어디에도 설 자리가 없다. 극소수 살아남은 그들은 소위 망실공비가 되어 근근이 생명을 이어 간다.

1955년 당국은 지리산에 공비가 완전히 토벌되었음을 발표한다. 이를 믿고 쌍계사 뒤의 아늑한 산지에 터를 일구던 부부와 9살 딸로 구성된 가족은 3명의 망실공비 정순덕 일당에게 칼로 무참히 살해당한다. 이후 1963년 최후의 빨치산으로 체포된 정순덕은 나중의 증언들에서 옆에서 이루어진 무수한 만행들을 증언했지만, 그 자신의 손에 피를 묻힌 이야기는 단 한마디도 하지 않는다.

그녀가 증언한 빨치산의 사람 죽이는 법은 대구폭동, 제주4 · 3반란, 여수 14연대반란사건 그대로다. 거기에 더해 총 칼로 죽이기에는 지겹다는 이유로 열 명가량의 포로를 몽둥이나 돌로 무참히 때려 "골통이 깨지고" 육신이 부러지고 터져 죽게 한 경우도 증언했다. 입산 당시에 순박하고 어린(16세) 시골댁이었던 그녀는 최후의 빨치산으로 체포된 당시(28세)에는 산중에서의 오랜 실전과 학습으로 공산주의 이론과 실제에 고도의 전문가가 되어 있었다. 그리고 그녀는 각종 증언에서 항상 "우리들"이라고 했지, 자신만은 홀로 구경꾼이었다는 말은 결코 한 적이 없다.

1949년대 이래 5년여에 걸친 소백산 · 지리산지구 공비토벌의 교전 횟수 10,717회, 전몰군경 수 6,333명, 빨치산 사망자도 대략 1만 명 전후로 추정된다.

5) 가장 선한 인디언은 죽은 인디언(폐진입가廢眞立假)

김일성, 그는 스탈린의 전폭적인 지원하에 북에서 신속 · 정확하게 민족주의 세력들을 제거하고 일시에 권력을 잡았다. 그러나 그것은 어디까지나 안으로는 기존의 조선공산당, 중국파, 소련파가 공존하고, 밖으로는 소련의 영향력하에 있는 것이었다. 그러나 그는 6 · 25 그 참혹한 전란을 통해 모든 국면을 스탈린처럼 한손에 장악할 기회를 얻는다. 대외적으로는 중소 등거리외교로 특정의 영향력을 완전 차단하고, 안으로는 친중·친소파 그리고 조선공산당 세력에게 전쟁 패전의 책임을 덧씌워 완전히 제거하고 스탈린의 그것 같은 강력한 1인 독재체제를 구축한다.

스탈린의 그것이 순수 마르크스 레닌주의가 아니듯, 김일성에게는 일제 때부터 순수 마르크스 레닌주의를 신봉하며 조국광복운동의 한 형태로 조직을 형성한 박헌영 등 조선공산당의 무리 자체가 이미 거추장스런 존재로 전락하고 있었다. 그들은 모두 패전의 책임에다 미제간첩 종파분자 등의 극악한 죄명을 뒤집어쓰고 모조리 처단당하게 된다. 6·25전, 박헌영, 이승엽, 이현상…. 그들은 박헌영과 주변 몇 명을 제외하면 누구보다 앞장서서 남한 해방을 위해 강동정치학원에 자원하여 게릴라교육 등을 받고 남쪽에서 유격전 도중 사살되었다.

이현상과 빨치산 부대원들, 그들은 한겨울 밤이면 영하 20도를 오르내리는 혹한에, 해발 천5~6백 미터의 지리산 능선 계곡을 하루에도 몇 번씩 오르내리고 토벌대에 쫓기며 총탄에 맞아 죽고 굶어 죽고 얼어 죽으면서도 결코 굴하지 않았다. 그들이 지키고자 한 "인간 해방", 이 땅이 "민중들의 세상"이 될 그날을 그리며 계곡마다 능선마다에 뜨거운 피를 뿌렸다.

이 시기 대한민국정부는 모든 기록에서 확인할 수 있듯이 빨치산들을 아주 관대하게 대했다. 군사법정은 양민학살의 협의가 없는 한 극형을 가하지 않았다.

1953년 7월 27일, 휴전협정은 타결된다. 2년여의 긴 시간 동안 사실상 포로 송환과 그 방법이 주 의제였다. 그중 북의 김일성은 단 한 번도 남의 유격대 이야기를 언급한 적이 없다. 오히려 "미군 측에서 지리산과 오대산 일대의 유격대 천여 명을 안전하게 보내 줄 테니 데려가라 해도 김일성은 일체 무반응이었다. 그렇게 남쪽의 유격대에 대해서는 그 어떤 합의 사항도 없었다. 그들은 전쟁포로로서의 최소한 국제법상의 대우를 받을 권리도 완전 상실한다"(안재성, 『이현상 평전』, 실천문학사, 2014, P534).

실제 지리산 빨치산 출신 『남부군』의 작가 이태, 그는 이 상황을 두고 이같이 말한다.

> "만일 북한당국이 인명의 소중함을 알았다면, 아니 추호의 동지적 정의(情誼)라도 있었다면, 그 절망 속 생명을 구출할 노력을 기울였어야 했던 것이다." "…정치적 목적 또는 무관심으로 인해 만에 하나 살아남을 가능성이 없는 생명들을 구하지 않고 방치했다는 것은 다시없는 배신이며 인간을 수단시하는 잔학 행위라고 나는 생각한 것이다."(이태, 『남부군』, 두레, 2016, P9)

그렇게 북의 고향으로 갈 수도 없는 그들, 남과 북 모두로부터 버려지고 제거되어야 할 가련한 운명이 되어 버린 그들, "지리산 빨치산" 그들은 그냥 그렇게 하나둘 지리산이 되어 갔다.

그 즈음 소련파 허가이와 중국 연안파 무정 등도 완전 제거·숙청되고 김일성의 옆에는 이제 그 누구도 정치적으로 신경 쓰이는 상대는 없는 상태가 된다. 그렇게 미제간첩·종파분자·분파주의자라는 이름으로 해방 전부터 조선공산당세력과 중소에서의 기존 세력을 완전히 제거한 후, 본격적인 스탈린식 철권통치와 개인우상화 작업을 시작하게 된다. 김일성은 이제 불퇴전의 불멸의 용장이 되고, 가랑잎으로 압록강을 건너고, 솔방울로 폭탄을 만드는 우상화가 일사천리로 진행된다.

이것이 성공하여 나중에는 남쪽에도 5만여 신자를 두게 되고, 1970년대는 서울의 석간신문을 당일로 평양에서 볼 수 있게 된다. 애초 순수 조선공산당 출신들은 미군과 소련군 모두를 해방군이라 칭했음에 반해, 김씨왕조를 신봉하는 무리들은 철저하게 소련군은 해방군, 미군은 점령군으로 맹신·증오한다. 실로 김씨왕조의 개가 된 영혼들이다.

6) 이현상 바위(빗점골 합수내 흐른바위)

지리산 빗점골 "합수내 흐른바위", 이것은 지리산 종주 구간 토끼봉과 연하천 사이의 남쪽, 왼골·산태골·절골, 세 골짜기가 하나로 만나는 지점에 있는 3~4미터 높이의 위가 평평한 바위 이름이다. 이 지점부터 대성골이 만나는 지점까지가 빗점골, 빗점골과 대성골이 만나서 섬진강에 이르기까지의 구간이 화개동천으로 불린다.

대성골 상단 작은새개골에서 최후의 일격을 받고 사라진 지리산 빨치산의 주력군, 그러나 그 지도부가 포위망을 뚫고 살아남아 피한 곳이 빗점골 상단 절터골 일대이다. 북에서 진행되던 남로당 제거 작업과 해방 전 중국 출신·소련 출신의 무정·허가이 등이 제거될 즘, 이곳 지리산에서도 이현상 제거 작업이 시작된다.

1953년 8월 26일, 빗점골 5지구당 조직위원회 회의에서는 남로당 출신의 인사들에게 덧씌워졌던 그 죄명들이 이현상에게도 그대로 씌워진다. 당시 5지구당의 유격지도부 부부장 문남호, 기요과 부과장 이형련이 생포되고 여러 문건이 입수된다. 연이어지는 회의에서, 1953년 9월 6일, 5지구당 결정서 9호의 주 내용은 다음과 같다.

"반당 · 반국가적 파괴 암해분자 · 종파분자인 박헌영 · 이승엽 반역도 당의 잔재와 영향을 근절 · 청소하기 위한 제반대책에서, 제5지구당의 조직적 사상적 정리를 53년 9월 10일까지 마칠 것을 이현상에게 책임 지운다."(차길진, 『빨치산토벌대장 차일혁 수기』, 기린원, 1990, P226)

이 시점 토벌군 측에서 확보된 문서와 진술을 종합하면 전남도위원장 박영발의 주도하에 회의가 주도되었다. 이현상의 직계이며 당시 남부군 최강의 주력부대이던 경남도당 유격부대장 김지회 부대는 전남도당 관할의 일개 군당인 구례군당 지도를 받게 되었다. 이현상의 완전 무력화와 더불어 그간의 사실상 최강의 주력부대와 이현상 직계 경호대원들이 박영발의 휘하로 배속된 것, 이것은 사실상 북과의 직접 소통, 그 뜻이 없고서는 불가능한 업무 정리에 해당한다.

이 당시 이현상 전속부관인 고송균이 생포되었는데 그의 진술에 의하면 전남도당 박영발은 이현상과 독자적인 노선을 걸었다. 나중 이현상의 마지막 경호대인 이인중 · 김진영 · 김운석이 생포된 뒤에 한 진술에서도 이현상과 전남도당의 사이가 나빴음을 증언했고, 그들은 의지할 수 있는 경남도당으로 갈 생각이었다고 진술했다.

이현상이 무장해제를 당하고 평당원으로 강등되어 사실상 감금 상태에 처하고, 이현상 직계, 최강의 주력군을 이끌던 이영회가 모든 병력을 내주고 묵묵히 따를 수밖에 없는 상황이란 북의 직접 지시가 아니고는 있을 수 없는 것이다. 이 회의에서 이현상은 모든 비판이 자기에게 쏟아져도 아무런 변명이나 타인을 향한 비판도 없이 묵묵히 담배만 피웠다. 당시 이현상의 목에는 거액의 현상금이 걸리고 군과 경찰은 그를 잡기에 혈안이 되어 있었다.

이 무렵 이현상의 호위대원 두 명이 경찰에 체포되는데, 이들의 말을 토대로 경찰 토벌대는 3,000여 명의 병력을 동원하여 빗점골을 에워싼다. 그러던 중 경찰 수색대에서 고위급으로 추정되는 빨치산의 시체를 발견했다는 보고가 들어온다. 이현상의 직전 호위대원 두 명을 대동한 경찰은 빗점골 상단 합수지점에서 깨끗이 씻은 몸으로 새로 입은 하의와 신발, 상의는 아직 입지 않은 상태에서 가까운 지점에서 발사된 듯 정확히 등 뒤에서 앞으로 관통한 총상을 입고 엎드려 숨겨 있는 이현상을 발견한다. 그러나 정확한 사망 시간은 알 수가 없었다.

평양 신미동 애국열사릉 이현상의 가묘에는 "1953년 9월 17일 전사"로 새겨져 있다. 그러나 남쪽의 경찰이 발표한 사망 시간은 "1953년 9월 18일 오전 11시 11분"이다. 공식적으로는 이 시각 경찰 수색대와 빨치산의 치열한 교전 중 이현상이 사살된 것으로 기록되었다. 한편 육군 측에서는 그들의 수색대가 그 이전 시각 이현상을 사살했다고 주장한다. 양측은 치열한 공치사 논란 끝에 군경합동조사반이 파견되기도 하나 결국 경찰의 주장에 신빙성이 더해지고 관계 경찰은 태극무공훈장을 받게 된다.

여기서 우리는 당시 경찰토벌대장 차일혁 총경의 수기에 주목해야 한다. 이 시기 이현상은 평당원으로 강등되어 조만간 경남도당으로 이송될 예정으로, 반감금 상태에 있었고, 사망 원인이 된 총탄은 정확하게 뒤에서 가슴까지 관통한 것이며, 깨끗한 군복바지와 군용농구화의 깨끗한 차림의 외양에, 아무런 교전이 없는 상태에서 버려져 있는 이현

상의 시체가 발견되었다. 이 상황에서 차일혁은 다음과 같이 기록하고
있다.

"나는 우리 수색대가 이현상을 죽이지 않았다면 누가 죽였을까 하는
의문이 머릿속을 떠나지 않았다. 평당원으로 강등되어 거의 감금 상태
에 있다가 경남도당으로 이송되어 가던 중 사살된 것이라면 빨치산 내
부에서 그를 죽인 것이 아닐까 하는 생각마저 들었다."(차길진, 『빨치산
토벌대장 차일혁 수기』, 기린원, 1990, P246)

여기서 등 뒤에서 정확히 앞가슴으로 관통한 총상, 그 주변의 지형지
물을 생각하면, 권총을 들고 접근하는 이현상을 칼빈총으로 사살했다
는 육군 측의 주장은 신빙성이 전혀 없다. 당시 육군참모총장 백선엽
도 "육군의 주장보다 차일혁의 수기에 신뢰를 두고 있고, 북의 남로당
숙청과 관련이 있다."고 생각했다(백선엽, 『실록지리산』, 고려원, 1992,
P354,358).

당연히 주목되는 곳은 하나밖에 없다. 남쪽의 발표와는 다르게 하루
앞의 날짜가 기록된 평양 애국열사릉의 사정에 의문이 갈 뿐이다.

합수내 흐른바위 상단, 이현상의 시체가 발견된 그곳은 전투 중인 전
투원이 오를 곳이 전혀 아니다. 즉 육군 측 주장대로 "전투 중, 손들
어!, 다가오고," 그런 장소가 전혀 아니다. 세 방향은 트이고, 그중 두
방향은 바위 아래 골짜기, 숨어서 총을 쏘는 곳이 아니라 집중사격의
타깃 또는 사형을 집행하기 좋은 드러난 장소다. 깨끗하게 씻고 새로
갈아입은 줄이 선 바지, 새 신발, 그리고 윗도리를 입지 않은 맨몸은
고도로 단련된 빨치산의 전투 복장이 전혀 아니다.

저서 『남부군』의 작가 이태, 그도 북한으로부터의 지령에 의해 내부에서 처형됐을 가능성을 제시하며 그 가능성의 위에서만 평양의 가묘 묘비 "53.9.17 전사(戰死)"가 이해될 수 있다고 밝혔다. 따라서 북의 공식기록이 그렇게 된 것은 그들만의 내부보고 계통에 의한 것으로밖에 볼 수 없다 했고, 그러면서 그는 "이현상은 지리산 빗점골에서 박영발(전남도위원장) 등 교조주의자들에 의해 단죄되고 뒤이어 수수께끼의 총탄에 쓰러진다."라고 했다(이태, 『남부군』, 두레, 2016, 302).

그리고 이현상의 가묘에 쓰인 글은 "조선혁명가"가 아닌 "남조선혁명가"일 뿐이다. 즉, 북과는 무관하다는 말이다.

북미대륙, 19세기 중후반 가장 선한 인디언은 죽은 인디언이듯이, 1953년 휴전회담 그 시각, 가장 영웅적 빨치산은 죽은 빨치산이었을 것이다. 누군가에게는.

7) 박영발 비트에서

박영발, 전남 도위원장 겸 유격대 사령관, "그는 일제 때부터 건설노동자로서 투쟁하고 남로당의 주요 직책을 역임하며, 해방 후 박헌영의 추천으로 모스크바 동방노력자공산대학 6개월 과정을 마쳤고 공산주의 이론에도 투철한 자였다"(이태, 『남부군』, 두레, 2016, 308).

일제하 조선노동당의 간부들이 대체로 중류 이상의 가정에서 태어나 고등교육을 받은 사람들임에 비해 박영발은 해방 이후 부상한 기본계층 출신들로 친김일성 성향의 교조주의자로서 기존의 남로당 핵심들과는 성분이 판이한 사람들에 속했다.

1951년 5월 송치골회의에서 남부군 출범과 함께 사실상 이현상이 남쪽의 빨치산 총수가 되어 군을 사단제로 개편할 때도 박영발은 이를 거부하고 이현상의 휘하에 들지 않았다.

박영발 비트, 반야봉 동쪽 폭포수골 상단 깊은 산속 바위 속 동굴, 이곳은 박영발이 전남도당위원장이자 유격대장으로서 1953년 10월부터 다음 해 2월 군경에 포위되어 권총으로 자살할 때까지 은둔한 곳이다. 체구가 큰 필자는 끝까지 기어 들어가기도 어려운 깊은 동굴 속, 지금의 시중 건전지와는 규격이 좀 다른 듯 보이는 아주 오래된 것들이 숱하게 버려져 있고, 강철 철삿줄을 이용한 시설의 흔적들이 그대로 있다.

1951년 4월에 빨치산 부대장 최정범은 지나는 트럭에서 차량용 배터리를 탈취, 뱀사골의 전북도당에 공급했다. 이태의 수기 『남부군』에도 남부군이 1951년 가을 달궁 주둔기에도 박영발은 고학진 무전사가 받아 낸 것이 틀림없는 아주 최근의 자료들을 가지고 있었고,(이태, 『남부군』, 두레, 2016, P413) 그해 가을 악양 보급투쟁을 앞두고는 그 중앙통신을 봤다고 했으며, 전체적으로는 비참한 종말을 예견하는 속에서도 그들 중 일부는 전쟁이 끝나면 북으로 당당히 철수하여 "공화국 영웅"이 될 것을 꿈꾸고 있었다 한다. 다음은 마지막 빨치산 정순덕의 증언이다.

"1953년 초까지 무선통신을 위한 자동차 배터리를 보급해 달라는 특별 주문이 있었다며 북의 중앙당과 무선교신이 가능했으리라 생각했다."(정충제, "실록정순덕 中』, 대제학, 1989, P68)

그리고 "평양발 모스통신에 바탕한 〈전북로동신문〉은 1953년 12월까지 발행되었다"(이태, 『남부군』, 두레, 2016, P514).

필자가 확인한 무수한 폐배터리 등, 여러 정황으로 보아 박영발은 이 현상의 최후 시간은 물론이고 그 이후 1954년 2월 여기서 군경에 발각, 권총 자살할 때까지 외부의 누군가와 무선통신이 가능했다는 사실은 충분히 짐작할 수 있다. 외부(평양)와의 통신, 그것이 없고서는 앞의 "합수내 흐른바위"의 일들은 그 무엇으로도 설명되지 않는다.

8) 홍익인간 친구들

차일혁, 그는 전북 김제에서 태어나 학창 시절인 17세에 조선인 교사를 괴롭히는 일본인 형사를 두들겨 패고는 중국으로 망명한다. 중앙군관학교 황포분교 정치과를 졸업한 후, 항일투쟁을 위해 조선의용대에 들어가 팔로군과 함께 항일 유격전을 전개한다. 귀국 후에는 당시 악명을 떨치던 일제 고등계형사 두 명을 권총으로 쏴 암살하기도 한다.

6·25가 발발하자 유격대를 결성해 북한 공산군과 싸우는데 당시 물자가 부족해 짚신을 신고 전투를 했고, 기강마저 해이한 정식 경찰도 아닌 전투경찰을 이끌고 연전연승하며 혁혁한 전공을 세운다. 차일혁은 제대로 된 적 빨치산대장 이현상과의 한판 정면승부를 고대하다 무주구천동 일대에서 이현상과 첫 교전을 벌이나 차일혁의 패배로 끝난다. 이후 차일혁은 정식 경찰에 특채되어 빨치산 토벌대장에 임명된다.

그는 이후 화엄사를 불태우라는 상부의 명령을 거부한 것으로 유명하다. 그는 "절을 불태우는 데는 한나절이면 충분하지만 절을 세우고 유지하는 데는 천년 세월도 부족하지 않은가?"라 했다 한다. 화엄사에 이어 천은사 쌍계사를 불태우라는 명령에도 불복하여 감봉 처분을 받기도 한다. 그는 사살보다는 귀순을 유도해 빨치산의 목숨을 많이 살린 것으로 유명하다. 차일혁은 이현상처럼 전투 중이 아니면 적을 잡더라도 죽이지 아니하고 최대한 인격적으로 대해 이념과 증오보다 생명을 소중히 여겼던 사람이다.

이현상의 시신은 경찰과 주민들에 의해 신흥마을까지 옮겨져 차에 태워진다. 빨치산대장 이현상을 그렇게 만날 용의가 있다던 이승만 대통령도 죽은 이현상은 만나기를 거부한다. 서울로 간 그의 시신은 창경원에서 일반에 전시된 후 유족에게 인계하려 하나 "집안을 망쳐먹은 놈"이라며 가족들은 인수를 거부한다.

빨치산 남부군사령관 이현상, 주변 수많은 피의 중심이고 원망의 대상이던 그의 시신은 차일혁에 의해 다시 지리산 남쪽으로 옮겨진다. 남북 모두로부터 버림받고 초라하게 식어진 이현상의 시신은 차일혁에 의해 화개동천과 섬진강이 만나는 하얀 백사장, 단아하게 쌓인 장작더미 위에 뉘어진다. "인간 해방", "민중 해방"을 꿈꾼 치열하고 고단했던 그의 인생 여정이 드디어 휴식의 시간을 맞은 것이다.

그의 호주머니 속 간직해 온 작은 염주는 차일혁에 의해 식어 버린 그의 두 손에 곱게 쥐어진다. 장작더미에 불길이 오르고 한사람 칠불사 스님의 독경 소리가 하얀 백사장 섬진강 물결 따라 흐른다. 차일혁은 불꽃이 잦아든 자리 앙상하게 남은 몇 조각 뼈들은 수습하여 자신의 철모를 벗어 그곳에 담고는 M1소총 개머리판으로 빻기 시작한다. 바라보는 수많은 눈길들을 뒤로하고 차일혁은 섬진강 푸른 물에 하얀 가루가 된 이현상을 뿌린다. 둥근 철모를 다시 머리에 쓴 차일혁은 그의 허리춤에서 권총을 뽑아 푸른 하늘을 향해 3발의 예포를 발사한다.

씻지 못할 최악의 죄명을 덧씌워 살아 있는 그를 매장했던 북에서는 그가 죽자 애국열사릉에 가묘를 만든다. 한편 차일혁이 섬진강에서 이현상을 화장해 주고 권총으로 예포까지 발사했다고 알려지자 사방에서 비난이 빗발친다. 그를 향해 계속되는 비난에 차일혁은 다음과 같이 호통으로 대응한다.

> **"죽은 뒤에도 빨갱이고 좌익이 있나? 같은 민족에 내 고향 내 이웃 내 친척일지도 모르는 일, 당신 같으면 죽어서도 공비토벌 다니겠소?"(차 길진, 『빨치산토벌대장 차일혁 수기』, 1990, P260)**

초기 방준표 등의 빨치산부대가 무도한 약탈과 포로 학살을 자행했음에 반해, 이현상은 생포한 군경에게 생명을 보장하고 귀가 여비를 지급했다. 수많은 빨치산을 귀순으로 유도했던 차일혁은 그들에게 집으로 갈 여비를 지급했고, "전투 중 노획한 소 두 마리를 신문광고를 내고 주인을 찾아 줬다"(차길진, 『빨치산토벌대장 차일혁 수기』, 1990, P127).

이 땅 현대사, 가장 어려운 시기, 서로가 상대를 죽여야 하는 최악의 조건에서 만난 두 사람, 이 두 사람은 음양흑백·선악증오, 그들만의 이념·종교·사상의 눈으로 인간을 바라보지 않았다. 사람을 사람으로 먼저 본 뒤 그다음을 논했다. 실로 최악의 난세에 "홍익인간"을 실천한 아름다운 사나이들이다.

9) 개들은 가라!(김씨왕조 부역자 추종자 감염자들에게)

최정범, 그는 지리산 빨치산 부대장출신으로 책자 『지리산 달궁비트』의 주인공이다. 아래는 그의 책 서문에 있는 말이다.

"당신은 정말 공산주의자였나?"

"나는 지체 없이 대답한다. 그렇다."

"그러면 당신은 지금 북한체제를 지지한다는 말이냐?"

"나는 망설임 없이 대답한다. 아니, 절대 아니다."

그가 해방과 분단의 현장에서 배운 공산주의는 "만인이 차별 없이 평등하고, 그래서 인민이 풍족한 삶을 구가하는 세상"이었다.

그는 단언한다. "내가 목숨 바쳐 이루고자 했던 세상과 지금 북한 체제는 닮은 구석이 전혀 없다."(최정범, 『지리산 달궁비트』, 한울, 2016, P7)

블라디미르 레닌은 폭력으로 뒤집어엎어서 인민들의 세상을 만들라고 했지, 권력자 하나를 우상숭배하라거나 그를 기준으로 모든 인민을 도구 · 수단으로 삼으라고 한 적은 없다.

김씨왕조를 숭배하며, 그것을 기준으로 사람 · 세상 · 역사를 음양흑백으로 나누어 증오하고, 전 세계가 우려하는 그 가혹한 감옥국가로부터 탈출한 사람들을 되돌아가게 하여, 인간 말살당하게 하는 자들에게, 이 땅의 주인은 사람 · 생명 · 민중이 아니고, 김씨왕조라는 뜻이다.

김씨왕조의 개들, 인간 · 생명 · 민족을 수단 · 도구로, 우상숭배 · 탐욕을 도모하는 것은 반인륜 · 반민중 · 반민족이며, "조선민족 종가 고려", "홍익인간"의 적이다.

3. 세계사를 바꾼 고려인, 인간 박정희

(어디로 가야 하나?)

1) 없어진 나라에서

• 박정희와 나폴레옹

나폴레옹, 그의 고향은 지중해의 섬 코르시카다. 코르시카는 본래 이탈리아 땅이었다가 그가 출생 1년 전 루이 15세 치하에서 프랑스에 병합되었다. 그의 출생 시 이름은 이탈리아어로 나폴레오네 디 부오나파르테였다. 9세에 그가 입학한 학교의 언어는 프랑스어였고, 그에게는 외국어였다. 나콰이오네, 나폴레옹은 자기 이름을 코르시카식으로 발음하여 아이들의 놀림감이 됐다. 박정희와 나폴레옹은 여러 면에서 닮았다. 식민지에서 출생하여 외국어로 자랐으며 병정놀이를 좋아하고, 작은 키에 사관학교 졸업, 포병장교 출신, 쿠데타로 집권했다.

쿠데타란 말을 만든 사람도 나폴레옹이다. 장군이던 그는 1799년 11월 9일 30세이던 그는 군 병력을 동원하여 의회(500인회)를 해산하고 제1통령에 취임했다. 나중에 엘바섬을 탈출한 그는 또 한 번 왕정을 뒤엎었다. 그는 16년 동안, 박정희는 18년 동안 집권했다.

어쩌면 그는 수백만 프랑스 유럽 젊은이의 목숨을 앗아간 용병대장이다. 수많은 전쟁에서는 물론이고, 러시아 침략 하나만 보더라도 60만이 넘는 병력 중에서 프랑스로 살아 돌아온 병력은 고작 3천 명이었다.

로마의 황제 카이사르, 그도 로마에 합병당한 부족출신이다. 로마는 혈통·문화·종교·배경 무관하게 두루 만민을 수용했고, 로마인들 스스로도 자신들을 혼혈인이라 생각했으며 수용 · 포용에 관용적이고 개방적이었다.

어쩌면 정신 · 영혼에 있어서도 닮았는지 모른다. 박정희는 이씨왕조 전래의 사대모화 · 음양흑백의 정신에 전혀 오염되지 않고, 1만 년 조선민족 본래의 상무정신 · 실사구시 · 담대한 야성을 그대로 지닌 사람이다.

나폴레옹은 중학교에서 교사가 이전의 영웅들 중에서 카이사르 등 예수를 믿지 않은 자들은 모두 지옥에 갔다고 가르치자, 이를 충격으로 받아들이고, 말도 안 되는 소리라며 그때 이후로 기독교를 믿지 않았다.

나폴레옹은 무력으로 사방을 지배하고 약탈했다. 그러나 그의 말발굽 소리는 유럽의 많은 이들의 마음을 정복했다. 괴테, 하이네, 베토벤…. 예부터의 인간차별 관습 · 악습을 뿌리치고 자유 · 평등의 새바람을 몰고 온 것은 분명 새 시대의 한 획을 그은 것이다.

박정희, 나폴레옹의 그것과 너무 많이 닮았다. 한 가지 다른 점은 20세기까지, 그 이전의 세계사에서는 침략 · 지배 · 약탈로 하나를 죽여서 그 토대 위에 번영과 문명을 창조하는 것이었다면, 박정희는 "하면 된다. 근면자조협동, 잘살아 보세!"로 그 누구도 지배 · 약탈하지 않고 세계사에 새 역사를 열었으며, 전 세계 대부분의 민중들과 정치경제학자들이 이를 배우고 따른다는 점이다. 만일 나폴레옹이 이 땅에서 태어났더라면 그는 오랑캐, 왜놈 그리고 친일파에 독재자가 되었을 것이다.

박정희는 대구사범 졸업 후 문경보통학교에서 교사 생활을 했는데, 이 시기 제자들의 기억을 종합하면, 수업 시간에 보초를 세우고 우리말로 수업을 진행하고, 음악 시간에는 심청전과 황성옛터를 가르치고, 군인이 꿈이었던 사람이다. 나중 6 · 25 때는 육군본부 전투정보과에 있으면서, 적의 남침 시기와 적의 주공·조공 방향까지 정확히 예측했다. 4·19 시기에는 부산의 군수기지사령관으로 근무하면서 계엄군의 실탄 지급을 막았고, 시민을 고문한 사찰계 형사를 체포·구속하여 학생과 시민의 편에 선 사람이다.

혹자는 식민시대 지배국에서 교육받고 광복된 나라를 부강하게 한 사람들을 꼽을 때, 싱가포르의 이광요, 말레이시아의 마하티르 등도 꼽으나 그들은 애초 박정희의 비교 상대가 아니다. 그들은 단지 박정희의 멘티(mentee)들일 뿐이다.

2) 민주 반공빙자, 일제 장학생들의 나라

• 세계에서 가장 못사는 나라(1961년)

6·25 후, 맥아더는 "이 나라를 재건하려면 100년은 걸릴 것이다."라고 말했다. 1960년대, 영국의 어떤 기자는 "한국에서 민주주의 꽃이 피기를 기대하는 것보다, 쓰레기통에서 장미꽃이 피는 것을 기다리는 것이 낫다."고 말했다. 맥아더와 그 외신기자는 한국의 "암3" 감염자들처럼 세상을 태극음양·흑백선악으로 보는 사람들이 아니고, 여러 나라들과 비교하여 그냥 눈에 보이는 대로 말한 것뿐이다.

전 세계에서 가장 못사는 나라였던 1961년도 한국의 예산 52%, 외환보유고의 90%가 미국의 원조에 의존한 것이었다. 공무원 월급 줄 돈이 없는 나라, 직업군인들은 산에서 벌채를 하여 숯을 구워 팔아 그 돈으로 가족을 먹여 살려야 했던 나라, 전국 유일의 체육관 장충체육관은 당시 아시아의 두 번째 선진국이었던 필리핀의 원조로 지어진 것이었다. 전체 국민들의 살림살이는 아프리카 우간다보다 못했고, 해방 후 한국인 문맹률은 78%, 1950년대 한국인 평균 문자 해독률은 당시의 에티오피아보다 낮았다.

시립영아원의 갓난아기들 7할은 가난 때문에 버려진 아이들이고, 산모가 못 먹어 젖이 나오지 않고 우유라고는 꿈도 꿀 수 없는 형편에 아기를 버리는 것은 예사였고, 세계사에 기록될 최고의 고아수출국이었다. 그리고 태어난 아이의 3분의 1 이상은 3세 이전에 죽어서 한밤중 애장골에 묻혔다. 1961년 강원 춘천 일대 양공주들은 한 번 미군을 상대할 때마다 양담배 한 갑을 받았는데, 당시 춘천 경찰서장이 양공주수를 줄이자 이후 한 번 상대할 때마다 10달러로 올랐다. 그럼 쫓겨난 여성들은 어디로 갔을까? 1960년대, 이 땅 20대 여성 중 거의 열에 한 명이 몸을 팔아 자신과 가정을 꾸려 나가야 하는 비참한 나라였다.

당시 미군 주둔지에는 총격사건이 잦았는데, 사람들은 목숨을 걸고 미군물자를 훔쳐 장터에 내다 팔아 생계를 유지해야 했다. 그리고 훔칠 능력이 없는 주변의 주민들은 미군이 먹다 버린 이빨 자국 난 소시지로 꿀꿀이죽을 끓여서 연명했다. 읍내의 굶주린 아이들은 술지게미라도 얻어먹으며 배를 채웠고, 마을마다 길가에 넘쳐나는 애·어른·거지들은 1970년대 중반 새마을운동으로 완전한 식량 자립이 되고서야 없어졌다. 새마을운동 이전까지 수천 년간 존재한 "보릿고개"란 말은 봄에 보리가 생산되기 전 굶어 죽는 어려운 시기에 산과 들에서 풀뿌리를 캐서 연명하는 것을 말한다. 1960년 한국 농업인구는 전체 직업인구의 80%, 2010년에는 8%가 되었다. 이씨왕조 민중들 평균수명은 35세, 1960년 평균수명은 45세였다.

인간 동면, 1962년 박정희 의장은 10여 명의 육군대위에게 전국 농촌시찰 특명을 내렸는데, 그중 한 명이 노태우 대위이다. 그는 설악산 미시령 근처의 어느 마을 화전민이 하루에 감자 한 두개만 먹고 잠만 자며 긴 겨울을 보내는데 의외로 건강하다고 기록했다.

1961년, 휘발유 한 방울 스스로 생산 못 해 전량 수입했다. 철저한 배급제에, 군대도 미국이 주는 석유를 받아쓰는 비참한 형편의 나라였다. 당시 2천 5백만 인구, 95%의 민중들은 그렇게 살았다. 그러나 일제 때부터의 지주 선주 귀족인 사람들은 그때에도 차를 갖고 유학을 하고, 아주 큰 목소리로 "민주주의, 반공주의"를 외쳤다. 그들은 그 소리만 크게 질러도 세금 위에서 살 수 있었기 때문이다.

"홍익인간", 5%의 꿈과 95%의 밥과 생명을 앞에 두고 어디로 가야 하나?

• 이런 정치, 이런 나라

해방 후, 좌우로 나뉜 정치판과 무능한 위선자들, 도망간 일제가 떠넘긴 경제시설 · 토지 · 어선을 불하 받아, 지주 · 선주 · 귀족으로 여전히 일제하의 그것에 의지한 여야의 일제 장학생들과 그 후예들, 시대가 바뀌자 한쪽은 반공으로, 한쪽은 민주로 모여 패거리를 이루고, 국민을 빙자하며 세금 위에 노닐고, 300~400년 전 일본의 상황보다 못 한 이 땅 민중들의 상황을 무능으로 바라보며 허송세월한 무리들의 시대가 해방 후 16년이다.

이들은 6 · 25 전쟁 때, 군경이 전투에 이용할 차를 빼돌려 후생사업을 하여 탐욕을 도모했고, 전선이 남으로 밀리자 그 돈으로 부산항에 일본으로 도망갈 배편을 준비시켰던 자들이다. 여기에는 여야가 없다. 일제하의 지주 · 선주들, 그들이 새로 탄 것은 민주 또는 반공열차였다.

그 와중에 처가에서 보내온 한 트럭의 고무신을 나눠 주고 선거를 하여 국회의원이 된 젊은이도 있고, 4·19로 세상이 바뀌니 여세를 몰아 군 작전지역에서 숯을 구워 팔아 부정부패의 극단으로 나아간 사람도 있다. 지리산 재석봉의 고사목은 이렇게 생겨났다.

4·19를 기준으로 깡패가 국회의사당을 점령하는 시대가 지나가자, 젊은 학생들이 몽둥이를 들고 국회 단상을 점령하여 맨손·맨발로 휴전선을 넘어 북한을 해방한다고 아우성을 치고, 초등생들이 학업을 팽개치고 길거리에서 데모를 하며 북으로 가자고 소리치기도 했다. 이에 4·19로 들어선 민주당 정부는 데모규제법과 반공임시특별법을 만든다.

1961년 당시에 군대에서는 "처자식을 굶겨 죽이지 않고 먹여 살린 장교들은 모두 도둑놈이다."라는 자조 섞인 말이 유행이었다. 이 시기 육군대학 이석재 중령의 경우도 월급을 몽땅 털어 쌀을 사면 15일을 먹고, 나머지 15일은 굶어야 하던 시절이다. 낮에는 육사에서 강의를 하고 밤에는 고시공부를 하다 발견한 것들 중에는 나라가 일제로부터 해방되고 16년이 지나도록 조선총독부법령, 미군정법령을 번역도 하지 않고 일본어·영어로 나라를 다스리고 있는 여야의 정치인들을 생각하며 "이런 민간인 정치인들이 나라를 맡고 있는 한 국민들은 꿈도 없는 자포자기의 생활을 할 수밖에 없다."고 결론을 내린다. 이후 나라를 뒤집어엎기 위해 다양한 경로로 동지들을 규합하러 다니다 김종필을 만나고 그를 통해 박정희를 만나게 된다.

3) 5 · 16, 종가재건의 위대한 출발

· 붉은 눈에 선글라스

"담이 작으면 군자가 아니요, 독하지 않으면 장부가 아니다(量小非君 子 無毒不丈夫)."

1950~1960년대 정치인 · 관료 · 대학 등이 해방 후 거의 실질적인 변화가 없는 동안 군대는 달랐다. 짧은 기간 동안에 6 · 25를 겪고 세계 최강 · 최고 선진집단인 미군과 함께 싸우고 협력하며, 60만 대군은 선진적이고 독보적인 조직이 되어 갔다. 당시 손에 잡을 무기는 미군이 주었지만, 그 외의 모든 것은 부족했다.

그들은 스스로 재료를 구해 막사를 짓고, 길을 닦고, 그야말로 안 되면 되게 하는, 무에서 유를 창조하는 집단이 되어 있었다. 국민 대부분이 문맹일 때 병사들은 군대만 가면 글을 배우고 책을 읽을 수 있는 사람이 되었다. 1961년까지 도미 유학 장병 수는 7천 명이 넘었다. 그들은 하버드와 미국대학의 최신 기획, 예산제도, 선진산업관리시스템 등을 배웠고, 일제통치시대를 벗어나지 못하는 정치 · 대학 · 관료사회를 훨씬 앞서 선진화되었다.

4 · 19에서도 선진화된 군부는 발포 거부, 진압 포기, 계엄하에 오히려 고문경찰들을 잡아다 구속하여 경찰이 무력화된 것도 우연이 아니다. 그러나 미국에 군사유학을 다녀온 장교도 월급을 받아 그 돈으로 몽땅 쌀을 사면 4인 가족이 2주를 먹고 나머지 2주는 누군가에게 구걸을 하거나 도둑질을 해야 했다. 이렇게 잘 교육되고 훈련된 60만의 거대한 군부가 울분에 차서 출구를 찾고 있었다. 군내에서는 여기저기 곳

곳에서 공공연히 혁명 이야기가 오가는 시대였다.

박정희는 미국 포병학교에서 6개월간 유학했다. 그는 평소 누군가와 술을 마실 때 외에는 평생 손에서 책을 놓지 않는 사람이었다. 그가 가는 곳마다에서 대부분의 사람들이 동지가 되었다. 1949년 그가 좌익 숙군 작업에 의해 사형의 위기에 처했을 때, 한 치의 흐트러짐 없는 자세로 초연히 앉아서 도움을 요청하자, 당시 백선엽 장군은 자신도 모르게 "도와드리지요."라는 말이 나오더라 했다.

박정희는 실제 병력을 움직이는 직책을 그렇게 많이 경험하지 않았다. 5 · 16 거사 당시에도 2군 부사령관으로서 실제 병력은 전혀 지휘할 수 없는 위치에 있었다. 그와 뜻을 같이한 대부분 장교들은 박정희 앞에서 그들이 먼저 "혁명"을 말한 사람들이다.

1961년 박정희는 43세, 자발적으로 자신도 동참하겠다던 박태준에게는 "내가 나중에 실패하여 형장의 이슬로 사라지거든 자네가 내 가족을 좀 돌보아 주게."라고 부탁을 한다.

5 · 16 새벽 당일 거의 며칠을 밤잠을 설친 그는 실제 한강다리를 돌파할 병력인 해병대가 있는 곳으로 간다. 그 시각 애초 동참을 했던 장도영의 수방사군대가 맞은편에서 저지사격을 하여 한강 돌파가 지체되자, 그는 잠시 한강다리 난간에서 먼 곳을 쳐다보고는 곧바로 빗발치듯 날아오는 총탄 방향 쪽으로 초연히 뒷짐 지고 앞에서 걸어간다. 그 뒤에 곧이어 해병대원들의 돌격이 있고 상황은 신속히 종료된다.

당일 뉴스가 나가자 전국 곳곳에서 혁명 환영 데모가 이어졌다. 당시 총리 장면, 그는 1961년 5월 16일 새벽, 몇 발의 총성을 듣고 총리관저 반도호텔에서 아무렇게나 옷을 주워 입고 근처 미CIA 서울지부장의 집 문을 두드리다 반응이 없자, 혜화동 카르멜수녀원으로 도피하여 2박 3

일을 숨어 있다 나온다.

5 · 16 당시 장면정부는 합법적인 정부였다. 그러나 당시 대통령도 야당도 군인들도 그리고 학생, 시민들 그 누구도 이 정부를 지키려 하지 않았다.

• 국민들의 절대적 지지를 바탕으로

우리 국내에서 큰일이 발생하면 언제나 가장 신속히 반응하는 곳이 미국이다. 당시 미군 방첩대 여론 조사에서는 서울시민 60%가 쿠데타를 지지했다. 당시 성균관대 학생운동권 출신의 『사상계』의 김승균 편집장은 서울의 민심이 기대 반 걱정 반이라고 했다. 그러나 지방의 반응은 뜨거웠다. 신문에는 곳곳에서 이어지는 환영 데모를 보도했다.

광주에서는 숭의고등학교 학생 1,000여 명이 쿠데타를 환영하는 데모를 했는데, 이로 인해 교장이 "옥외집회위반" 혐의로 계엄사령부에 구금되기도 했다. 전주에서는 시민들은 모두 거리로 뛰어나와 인산인해를 이루었다는 보도도 있다. 그리고 서울 시내의 인터뷰에서는 "좌우간이 무위 무능한(장면)정권 아래서 굶어 죽을 수는 없지 않습니까?" 길거리의 한 상인은 "배불리 먹여만 준다면, 박 의장은 민족의 태양이 될 수 있다."라고 한 기사가 있다(허문영, 『김지하와 그의 시대』, 블루엘리펀트, 2013, P67).

1960년대 초반 지식인들의 여론을 잘 엿볼 수 있는 잡지가 『사상계』다. 함석헌, 그는 5 · 16 직후 『사상계』 〈5 · 16을 어떻게 볼 것인가?〉에서 4 · 19와 5 · 16을 동일선상에 두고 "학생이 잎이라면 군인은 꽃이다."라 말했다.

아래는 5 · 16 직후 6월호 사상계 권두언에서 장준하가 한 말이다.

> "사치 퇴폐 패배주의 풍조가 이 강산을 풍미하고 이를 틈타 북한의 공
> 산도당들은 내부 혼란 조성을 백방으로 획책하여 왔다." "4 · 19혁명이
> 민주주의 혁명이었다면 5 · 16혁명은 부패와 무능과 무질서와 공산주의
> 의 책동을 타파하고 국가의 진로를 바로잡으려는 민족주의적 군사혁명
> 이다. 따라서 5 · 16혁명은 우리들이 육성하고 개화시켜야 할 민주주의
> 이념에 비추어 볼 때는 불행한 일이요 안타까운 일이 아닐 수 없으나 위
> 급한 민족적 현실에서 볼 때 불가피한 일이다."(허문영, 『김지하와 그의
> 시대』, 블루엘리펀트, 2013, P69)

총을 들고 한강다리를 건너 나라를 뒤집어엎은 군인들, 그들은 야당
정치인들이 1,000원짜리 점심식사를 할 때 100원짜리를 주문 배달시
켜 냄비우동에 노란 무 몇 조각으로 끼니를 때우며 밤샘해서 일했다.
두 눈은 충혈되고 과로로 쓰러지는 이들이 속출했다.

이를 두고 당시 윤보선 대통령은 "다른 사람들이면 10년이 걸릴 일들
을 10일 동안에 해 놓으니 찬양하지 않을 수 없습니다."라고 말했다고
한다.

• 나라의 100년 앞을 보고 가자(國家百年大計)
박정희, 세계 가장 못사는 나라, 여성들 머리카락을 잘라 가발을 만
들어 팔고, 전국의 도지사에게 쥐잡기 할당량을 내려 쥐를 잡아 그 가
죽을 수출하는 등으로 수출목표 3억 불을 달성한 날, 옆자리 오원철 수

석에게 한 말이다.

"임자, 수출 목표 100억 불을 달성하려면 어떻게 해야 되지?"

보통 사람이면 3억 불 다음에는 6억 불 또는 10억 불이 목표인데, 생각의 차원이 다르다.

1965년 청와대 상황실, 사방 벽면에는 각종 경제 상황, 조세 징수 상황, 무역 동향, 각종 공장의 계획·건설·완공 상황 등 모두를 한눈에 파악하도록 직접 그리고 관리했다. 박정희는 기자들의 불시 질문에 보지도 않고 모든 통계·계획·숫자를 외우고 답변했다. 그는 기자들에게 이렇게 가면 1970년대에는 미국의 원조를 받지 않는 자립경제 달성이 가능하다고 했다.

과학입국, 국가 차원의 기술진흥 5개년 계획 등은 당시 세계적 사례가 없던 일이다. 교육입국, 처음부터 교육이 경제발전을 이끈 게 아니고 경제발전으로 굶주림을 탈피한 후, 일단 밥을 먹으면서부터 부모들이 자녀를 학교에 보내기 시작했고, 이후 교육과 경제발전이 동시에 진행되기 시작했다. 인간 박정희가 대한민국 경제와 교육을 함께 건설한 것이다.

남북 대치 상황, 1968년 한 해 동안 542건의 대남 도발이 있었고, 군사분계선 돌파를 시도한 무장게릴라만 1,087명, 후방침투에 성공한 게릴라 175명이다. 이 상황에서 미국 에그뉴 부통령은 "향후 5년 내 미군 완전 철수"를 이야기했다.

1960년대 남한 해군함정의 평균 속도는 12노트, 북의 해군함정 평균 속도는 25노트였다. 자주국방을 외친 박정희에 의해 1971년 12월, 청

와대 대접견실에는 최초의 국산병기들이 전시되었다. 60㎜ 박격포, 로
켓포, 기관총, 소총 등이다.

　* 정주영
　"잠잘 거 다 자고 어느 세월에 선진국 따라잡나?"

4) 유신, 10대 강국을 향한 국가총동원체제

　* 몽테스키외
　"이 세상 모든 국가에 적합한 정치제도란 존재하지 않는다."

・ 국가총동원체제(정치적 자유 일시유보)
　* 오원철
　"중화학공업 건설을 위해서 유신체제를 선포해 국력을 조직화하고 능
률을 극대화했다."

　* 김광모(중화학공업 추진상 애로)
　"전 세계적으로 우리가 본받을 수 있는 적정 모델을 찾을 수 없었다
는 점. 개도국에서 선진국으로 도약한 나라도 없었고, 우리처럼 중화
학공업을 추진한 나라도 없었다. 최고통수권자의 의욕과 강력한 정부
가 없었으면 불가능한 일이었다."(경제기적편찬위원회, 『코리안미러클3』,
2015, P163)

"박정희의 유신체제는 한국이 고도 경제성장을 위해 치러야 했던 대가였다."(허문영, 『김지하와 그의 시대』, 블루엘리펀트, 2014, P237)

세계에서 가장 못사는 나라에서, 쥐를 잡아 그 가죽을 팔고, 쥐잡기 목표를 미달한 충북도지사가 잘리는 천신만고 끝에 수출 목표 3억 불을 달성했다. 그날 박정희는 오원철 수석에게 "임자 수출목표 100억 불을 달성하려면 어떻게 해야 하지?"라고 물었다. 오수석의 대답은 "중화학공업을 발전시켜야 한다."였다. 그러나 문제는 많았다. 2차 대전 후 실행에 성공한 나라도 없고, 또 10여 년 필요 기간에 정치적 안정과 국력의 집중이 반드시 필요했다.

철강 · 기계 · 석유화학 · 전자 · 조선 · 자동차 · 원자력 · 비철금속 등을 세트로 갖추는 일은 전 국민이 하나로 뭉쳐 국운을 걸어야 하는 일이었다. 정상적인 방법으로는 불가능한 일이다. 지금까지의 세계사가 증명한다. "우리의 생존 삶"을 위해 "정치 발전을 10년 유보"한 것이다. 이는 운 좋고, 배부른 세대 그들만의 "음양흑백호불호"와는 전혀 다른 길이다. 이때 건설되는 모든 공장들은 애초 수출을 목표로 세계 최고를 지향한다.

1971년 4월 27일 실시된 대통령선거에서 박정희는 야당의 김대중 후보에게 94만여 표차로 이기고 대통령에 당선된다. 그의 기대에 비해서 근소한 표 차이였던 듯하다. 당시 국면은 월남전이 한창 진행 중이고, 북의 끝없는 도발, 미군 철수 계획, 경제의 고속성장 등으로 요약할 수 있다.

1972년 10월 17일, "대통령특별선언"으로 유신은 시작된다. 헌정 중단, 국회 해산, 정치 활동 금지, 열흘 이내 새 헌법안을 공고하며, 한 달 이내 국민투표에 부쳐 확정, 그날로 전국에 비상계엄을 선포, 박정희는 육군보안사령관을 불러 20여 명 가까운 야당 정치인들을 즉시 잡아들여 조사를 하라고 지시했다. 사실상 또 하나의 쿠데타였다. 유신 체제의 핵심은 대통령을 직선에서 간선으로 바꾸고 그 권한을 대폭 강화한 것이다.

박정희는 새로운 유신 헌법안에 대해 능률을 극대화하여 안정과 번영의 기조를 굳게 다져 나갈 우리에게 가장 알맞은 제도라 했다. 이후 박정희는 "고도성장을 지속해 나가기 위해서는 중화학공업을 집중 육성하고 국력을 집중"해야 함을 여러 번 강조했다. 이 시기 전후 야당의 김대중은 "예비군 폐지, 군 복무 기간 단축, 병력 감축, 중화학공업 폐지, 경부고속도로 건설 반대"를 주장했다.

그러나 정치적으로는 누가 봐도 비정상인 이 조처가 사실상 "한강의 기적, 10대 강국" 그 토대가 된다. 중화학공업 기획단이 출발하고 항만 조성, 용수 확보 계획, 전력에너지 계획, 내륙 수송 계획, 배후 지역 계획, 산업기지화 계획…. 이 모든 법률·제도는 사실상 기존의 법체계와 입법시스템으로는 사실상 불가능한 일들이다. 이에 따른 중화학 공업 추진의 자금 조달도 정상적인 국회심의와 의결 시에는 불가능한 것들이며 이는 유신이라는 특수체제하에서 법적·제도적 뒷받침이 된다. 이 모두는 지금의 국회와 행정에서 보듯 그냥 두면 각종 인허가 등등 하세월, 무책임에 사실상 불가능한 것들이다.

특히 『국민투자기본법』 등은 사실상 대통령에 의한 국내금융기관의 가용자본 총동원령을 내린 것이다. 거의 준 전시상태에서나 가능한 것들이다. 그리고 그 기간에 박정희가 추진한 대부분의 일들은 야당과 학계는 물론 여당 정부당국의 주무부서까지가 모두 반대한 일들이다. 경부고속도로 · 국토종합개발 · 철강 · 조선 · 화학 · 원자력 · 기계 · 전자 · 자동차 · 비철금속 · 공업단지건설 · 탱크 · 자주포 · 함정 · 잠수함 · 전투기 · 미사일 · 핵무기 · 가로림만프로젝트 등 그가 구상하고 시도한 모든 일들은 주변 거의 모두가 반대한 일들이다.

서울 소재 일부 대학 교수들은 수업 시간에 학생들의 반대 데모를 선동하며 박정희와 정책입안자들을 "미친놈", "돌아이"라 욕을 했고, 서울대 상대 교수들은 만장일치로 경부고속도로 건설을 반대했으며, 야당 의원들은 단체로 고속도로 건설 현장에 드러누워 가로막고 반대했다.

박정희는 각 분야 최고 전문가들의 의견을 참고했고, 독자적 판단으로 정치와 경제를 한쪽으로 몰아 단호하게 세계 최고를 향해 밀고 나갔다. 이 상황은 그 누구도 "독재"라는 말 이외의 단어로 간단히 설명하기 어렵다. 그 결과도 마찬가지다. 전 세계의 정치경제학자들도 선택할 단어가 없고, 학문적 설명이 불가하자 단지 "한강의 기적"이라고만 했을 뿐이다.

이렇게 하여 그가 수출 목표 3억 불을 달성한 날 오원철 수석에게 물었던 수출 목표 100억 불은 1970년 10억 불을 넘어 7년 만에 달성됨으로써 서구의 300년 근대화가 이 땅에서 단 20년 만에 이루어진다.

이 여정에서 혹자는 지역균형개발을 이야기했다. 전 세계 국가들의 경제개발 시기, 영국 런던 일대, 네덜란드 암스테르담 일대, 미국 뉴욕 등 동부, 일본 동경만 일대, 중국 상하이를 중심으로 한 동부 연안, 모두가 특정 지역을 우선하여 일정한 수준에 도달한 다음 균형개발로 갔다. 1970년 전후 당시의 이 주장은 무지에 기반한 정치적 선전 · 선동이다.

• 긴급조치 1호

유신헌법의 핵심은 대통령을 직선에서 간선으로 선출하고 그 권한을 대폭 강화한 것이다. 1970년대, 당시나 지금이나 고등교육을 받은 사람이면 누가 봐도 정상이 아닌 이 체제에서도 전체 3천만 국민은 거의 하나로 뭉쳐 "잘살아 보세!"에 일로매진했다. 그러나 야당과 학계에서는 지속적으로 반대를 하고 데모를 했는데 그 인원은 5만여 명이고 모두가 서울에서의 이야기다.

이에 박정희는 유신 기간 내내 계엄령, 대학휴교령, 긴급조치 등이 이어진다. 5천 년 가난을 뚫고 잘살아 보고자 하는 3천만 민중의 열정과 집중력이 대단한 만큼, 유신이라는 정치체제도 결코 정상일 수 없었다는 이야기다.

이에 지속되는 야당 학생들의 데모와 저항에 박정희가 발효한 〈대통령 긴급조치 1호〉를 보자.

1. 대한민국 헌법을 부정 · 반대 · 왜곡 또는 비방하는 일체의 행위를 금한다.
2. 대한민국 헌법의 개정 또는 폐지를 주장 · 발의 · 제안 또는 청원하는 일체의 행위를 금한다.
3. 유언비어를 날조 · 유포하는 일체의 행위를 금한다.
4. 전 1 · 2 · 3호에서 금한 행위를 권유 · 선동 · 선전하거나, 방송 · 보도 · 출판 · 기타 방법으로 이를 타인에게 알리는 일체의 언동을 금한다.
5. 이 조치에 위반한 자와 이 조치를 비방한 자는 법관의 영장 없이 체포 · 구속 · 압수 수색하여 15년 이하의 징역에 처한다. 이 경우

에는 15년 이하의 자격 정지를 병과할 수 있다.

6. 이 조치에 위반한 자와 이 조치를 비방한 자는 비상 군법회의에서 심판·처단한다.

7. 이 조치는 1974년 1월 8일 17시부터 시행한다.

1971년부터 1979년까지 이러한 조처들에 구속과 구류에 처해진 사람들은 총 2,697명이다(신복룡, 『한국정치사상사下』, 지식산업사, 2012, P806).

민족의 생존과 민중의 삶이라는 측면에서는 세계 최빈국에서 세계 10대 강국으로의 대약진의 시간이지만, 정치적 자유라는 측면에서는 실로 암흑기라 할 것이다. 이는 나중 중국 등소평의 "정치는 당이 인민은 경제로"에 그대로 이어진다.

당시 서울 소재 대학에서는 교수들의 선동하에 학생들은 경쟁적으로 데모를 하고, 데모가 심하여 교도소에 가게 되면 순교자·애국자로 여겨지던 시절이다.

김지하, 그는 1974년 "민청학련사건"에 연루되어 긴급조치 4호 및 국가보안법 위반, 내란 선동죄 등의 죄목으로 사형을 선고받았다. 당시 김지하의 사형 구형에 대한 강신옥 변호사의 떨리지만 단호한 목소리다.

"과연 법은 정치나 권력의 시녀가 아닌가 하고 느낀다. 지금 검찰관들은 나랏일을 걱정하는 애국 학생들을 빨갱이로 몰고 사형이니 무기니 하는 형을 구형하고 있다. 이는 사법살인 행위가 될 수가 있고 … 피고인들과 뜻을 같이하여 피고인석에 앉아 있겠다."(허문영, 『김지하와 그의

시대』, 블루엘리펀트, 2013, P35)

강신옥 변호사는 일주일 뒤, 그 변호를 이유로 법정모욕죄로 구속된
다. 변호사가 변호한 일로 구속된 것이다.

김지하는 다음과 같이 회상한다.

"내가 지난날 그처럼 질기게 박정희와 그 정권에 대들었던 것은 물
론 민주주의 민족통일 사회개혁에 대한 신념 때문이었다. 그러나 그보
다 더 중요한 동기가 있다." "복수다. 그들은 내 아버지를 수차에 걸쳐
전기 고문하여 고혈압으로 반병신 되게 만들었고, 어머니 머리끄덩이
를 감고 잡아 제쳐 몇 차례나 졸도하게 만들었다. 숨어서 그 소식을 전
해 들은 내가 다짐한 것은 내 목숨을 걸고 박정희를 쓰러뜨리겠다는 복
수의 맹세였다."(허문영, 『김지하와 그의 시대』, 2013, P101) "그런데 이
상한 일이다. 1979년 늦가을 어느 날 정오에 서대문 감옥에서 박정희가
죽었다는 방송을 들었다. 그 순간 내 마음에 일어났던 일, 무상했다. 인
생무상, 권력무상. 나는 마음속으로 빌었다." "잘 가시오. 나도 곧 뒤따
라가리다."(김지하, 『타는 목마름에서 생명의 바다로』, 동광, 1991, P15)

김대중, 이 시기 납치·투옥·가택연금 등 가장 고난에 처한 사람이
다. 이 시기 그가 한 말 중에서 가장 표본이 될 만한 말이다.

"행동하는 양심이 돼야 한다. 행동하지 않는 양심은 악의 편이다. 무
엇이 옳은지 알면서도 무서워서, 손해 봐서, 시끄러워서 양심에서 도피
하곤 한다. 그런 국민들의 태도 때문에 의롭게 싸운 사람들이 죄 없이

세상을 뜨고 여러 가지 수난을 받는다."

그리고 막상 10 · 26으로 총탄에 의해 박정희가 사망하고 유신이 종식되어, 일부에서 "봄이 왔다"며 좋아하자 그가 한 말이다.

"민주주의는 쿠데타나 암살로 되는 것이 아니라, 국민의 힘으로 이루어져야 진정한 민주주의입니다." "우리의 투쟁 방법은 비폭력적 적극투쟁이라는 간디나 킹목사의 방법이 가장 적합하다."(김택근, 『김대중 평전』, 사계절, 2012, P139)

실로 그들만의 사상 이념에 바탕 한 음양흑백이 아닌, 조선민족 종가 고려인의 지혜 · 지성이 뭔지를 제대로 이해한 사람의 말이다. 그리고 그는 나중에 다음과 같이 말한다.

"국민은 항상 옳다고는 말할 수 없다. 잘못 판단하기도 하고 흑색선전에 현혹되기도 한다. 엉뚱한 오해를 하기도 하고, 집단 심리에 이끌려 이상적이지 않은 행동을 하기도 한다. 그럼에도 불구하고 우리에게는 국민 이외의 믿을 대상이 없다. 하늘을 따르는 자는 흥하고 하늘을 거역하는 자는 망한다고 했는데, 하늘이 바로 국민인 것이다."

평소 주변의 지인들에게 박정희가 100년 앞을 보고 가자 했음에 반해, 김대중은 국민보다 반걸음만 앞서 가라고 했다. 그리고 그는 나중 누차에 걸쳐 말했다. "나는 박정희 전 대통령과 진정으로 화해했다."
그리고 이 시기, 서울의 석간신문을 당일로 평양에서 구독이 가능하게 한 약 5만여 명의 김씨왕조 부역자들이 있었고, 그들만의 종교적 신념으로 뭉쳐 세상·인간·역사를 음양흑백으로 양단, 무한 정치투쟁의 대상으로 삼고, 그들은 영원한 선, 박정희는 영원한 악으로 삼으면서, 국회에서 논의된 기밀 사항을 당일 해가 지기 전 쪼르르 달려가 CIA에 고자질해 바치며 탐욕을 도모한 무리들도 있었다.

• 국민들의 절대적 지지를 바탕으로

유신체제, 이것은 당시나 지금이나 누가 봐도 정상적인 정치체제가 아니다. 그럼에도 불구하고 당시 국민들은 하나로 뭉쳤고 새마을운동과 중화학공업으로 전 국민이 "잘살아 보세", "하면 된다."에 매진했다. 그러나 야당·학생 등은 지속적으로 반대 데모를 이어 갔다. 그 인원은 1970년대 전체 5만 명 정도에 이른다. 지속되는 이들의 반대에 박정희는 유신헌법 찬반 국민투표를 실시한다.

"국민투표를 하지! 해 봐서 지지가 나오지 않으면 내가 물러나지. 나가면 될 것 아닌가?"

그는 대국민담화에서 국민들이 유신체제의 역사적 당위성을 인정하지 않고 현행 헌법의 철폐를 원한다면 그것을 대통령에 대한 불신임으로 간주하고 즉각 대통령직에서 물러날 것이라 했다. 이즈음, 야당과 민주회복국민회의는 즉각적으로 국민투표전면거부 결의를 했다.

국민투표를 4일 앞둔 2월 8일, 윤보선 전 대통령, 김대중 김영삼은 "국민행동강령"을 발표, 투표 거부를 종용했다. 언론들은 야당과 재야의 투표거부운동을 대대적으로 보도했다. 당시는 지금 같은 대규모

—————— 종가의 귀환

여론 조작이 없던 선거에서 국민투표율은 79.8%, 유신헌법 지지율은 73%였다. 아래는 애초 유신헌법을 제정할 당시에 기한을 정하자는 의견에 대해 박정희가 하는 말이다.

"헌법을 고치고 체제를 고치고 하는 것이 필요하면 해야 할 일이다. 이런 어려운 국내 여건을 극복하기 위한 비상체제로 유신헌법을 만들지 않았는가? 그런데 이것을 언제 끝내고 내가 언제 그만둔다는 것을 내외에 선포하면 그날부터 내 말 듣는 사람이 없어지고 다음 차례가 누구인가, 또 그다음 사람한테 모든 것이 몰려가 결국 유신체제라는 것이 기껏한 6년, 내가 대통령 더 해먹기 위해 만든 결과밖에 되지 않는 것 아닌가?"(허문영, 『김지하와 그의 시대』, 블루엘리펀트, 2014, P443)

당시의 야당 모 정치인은 박정희를 두고 "해 먹는다"라고 말했고, 새마을운동도 박정희가 정권 연장을 위해서 한 것이라 했다. 실로 뭐 눈에 뭐만 보인 것이다.

이렇게 그의 사실상 두 번째 쿠데타도 국민들의 확실한 추인(追認)을 받는다. 이후 유신정국은 안정기를 이어 간다. 그때도 이 나라의 주인은 국민들이었다.

• 담대한 도전, 중화학공업

1972년부터 1979년 유신시기, 중화학공업, 새마을운동, 유신독재, 한강의 기적, 10대 강국 건설, 고려반도남단의 역사가 그야말로 탱크를 타고 굉음을 내며 태산준령을 거칠게 타고 넘는 시간이다.

포항제철 건설을 시작으로, 교육진흥, 경부고속도로 건설 등의 종합

국토개발이 동반되는 대역사의 시간이다. 이때 건설한, 철강 · 기계 · 조선 · 전자 · 자동차 · 석유화학 · 방위산업 · 원자력 등 중화학공업은 이후 직전 세계 최빈국이었던 나라를 세계 10대 강국으로 밀어 올리게 된다. 이 기간산업을 기반으로 1980년대에는 연평균 10.5%의 경제성장을 이룩한다. 이는 세계 200여 국가들 중 1등이었다. 이런 세계 최고의 기술 집약산업을 세트로 가지고 있는 나라는 미국 · 일본 · 독일 · 한국 정도다. 이를 두고 전 세계는 박정희의 한국경제를 "한강의 기적"이라 말한다.

유신과 함께 시작된 박정희의 중화학공업육성정책은 달리 말하면 군사작전에 비유될 수도 있고, 사방의 반대세력에게는 사실상의 선전 포고가 유신이었던 샘이다. 그 추진 방법은 박정희의 완전 주도적 발상에, 많은 경우 고독한 결단을 동반했고, 현장에서 직접 진두지휘하는 야전군 사령관이 되었다. 청와대 상황실은 전투부대상황실이고 모든 상황은 일일 체크되었다. 그의 업무 추진은 지시 5%에 현장 확인이 95%이다.

석유위기로 세계가 휘청거릴 때 사실상의 1인 지배체제인 한국은 가장 발 빠른 대응으로 그 위기를 기회로 삼아 돌파했다.

"전 세계가 1차 오일쇼크에 허덕일 때 석유파동에 가장 취약한 구조를 가진 나라인 한국은 석유 값이 1년 사이 4배나 폭등했다. 그 와중에 1973년 한국의 경제성장률은 13.2%, 석유파동을 정면으로 받은 1974년은 8.1%. 1973년 광공업 성장률은 27.7%, 수출은 1973년 전년 대비 98.6%, 1974년에는 수출 38.3% 신장했다."(조갑제, 『박정희11』, 조갑제닷컴, 2006, P100)

모두 세계 신기록, 한마디로 기적이다. 당시 전 세계가 석유자원은 몇 십 년치밖에 남지 않았다고 할 때 박정희는 석유위기도 일시적일 것이라고 확신하고 중화학공업 위주의 수출 주도 경제정책을 그대로 밀고 나갔다. 이렇게 불과 십수 년 만에 공무원에게 월급 줄 돈이 없는 세계 최빈국에서 세계적인 공업국가, 세계 10대 강국의 근간이 수립되었다.

1970년대 중반을 기점으로 북한에 대비한 국력은 완전히 압도하는 형국이 된다. 그 기간 4차 중동전쟁으로 석유 값이 4배로 뛰고, 전 세계가 마이너스성장을 기록하는 때, 당시 경제기획원장관의 대책 보고가 마음에 차지 않던 박정희는 직접 난관돌파작전을 진두지휘한다. 가혹한 석유파동에 외환보유고마저 바닥나 가자 단호한 의지로 오일달러를 찾아 중동 진출을 독려한다. 전 세계가 휘청거릴 때 그는 세계 신기록을 연속 수립한다.

수출이 10억 불에서 100억 불이 되는 데 걸린 시간은 서독 11년, 일본 16년, 한국은 그 난관을 뚫고 7년 만에 달성한다. 1970년대 당시, 세계에서 가장 의욕적이고 열심히 일하는 국민, 미군보다 더 효율적인 군대, 세계에서 가장 효율적이고 작은 정부(새마을 담당관 1명), 세계에서 가장 개천에서 용 나기 쉬운 나라, 1970년대 후반 경제적 평등이 실현된 기회 균등의 나라, 전 세계 개도국 그 어떤 나라에서도 감히 흉내도 낼 수 없는 일들이 그의 독자적 추진으로 완성된다.

- 1970년대 후반 주변에 남긴 말들
  * 박상범의 증언(10 · 26 현장에서 총상을 입고도 살아남은 경호실 수행계장)
  1978년 3월, 구미관광호텔에서, "내가 집권 18년 됐지? 지금 정리를 하고 있는데, 20년 되는 해에 전격 하야하고 떠나야겠다. 어때? 그러는

게 좋겠지?" "툭 던진 말이 아니라는 게 표정에서 느껴졌습니다."(허문영, 『김지하와 그의 시대』, 블루엘리펀트, 2013, P445)

* 김용태 (1975년 공화당 원내총무 회고록)

1975년 포항종합제철 확장공사 준공식 참석차 내려가는 차 안, 서로 허심탄회한 이야기를 하는 중에, "1980년에는 나도 대구로 내려가 훈장 노릇이나 해야겠어. 그때면 누가 정권을 받아도 기틀이 잡혀 있지 않겠어?"(조갑제, 『박정희11』, 조갑제닷컴, 2006, P275)

* 김정렴(1969.10~1978.12, 대통령비서실장)

박정희는 유신헌법개정 비밀 연구 작업을 지시했다. 그 내용은 1980년 초에 하야 하고, 후계자는 김종필로 하되 미리 김종필을 국무총리로 임명한 뒤, 자신의 하야 후 김종필을 대통령권한대행으로 한다는 것이었다. "그때까지 주한미군 철수에 따른 안보상의 대비를 해 놓고" "물러나 나도 좀 쉬어야겠고, 애들 시집장가도 보내야겠다."

* 임방현의 증언(1970~79년, 사회담당 특보와 대변인)

1978년 유신헌법으로 두 번째 당선 후 박정희의 말, "혼자 나가서 1등 하니 쑥스럽구먼." 하시고는, 방 모퉁이 테이블로 모두 앉게 하고는 "80년대 들어가면 바로 개헌을 해야겠다."면서 세부적인 계획을 설명. 임전 대변인은 단순히 툭 튀어나온 말이 아니라 흉금에 깊이 들어 있던 생각이었다는 느낌을 받았다 했다(허문영, 『김지하와 그의 시대』, 블루엘리펀트, 2013, P445).

종가의 귀환

1970년대 후반, 경제부총리 남덕우의 증언에 따르면 박정희는 "이제 유신체제가 한계에 다다라 다음 단계인 민주사회 건설에 들어가야 한다." 했고, 비서실장을 역임한 김정렴도 그의 자서전에서 "박 대통령이 유신시대를 마감하고 김종필 · 김영삼 · 김대중 등 정치인들이 민주적 선거에서 경쟁하는 민주국가로 옮겨 가야 한다는 얘기를 했다."고 증언했다(허문영, 『김지하와 그의 시대』, 블루엘리펀트, 2013, P239).

박정희는 1977년 중반부터 은퇴 후 집필할 회고록의 자료를 준비하고 있었다는 것이 여러 증언에서 확인된다.

5) 박정희의 자주국방

북의 대남 도발, 거의 매일 발생하는 휴전선 도발, 청와대 기습, 울진삼척지구 120명의 대규모 무장공비 침투, 땅굴 도발, 항공기 선박납치…. 실로 끝없는 도발이다.

1960~1970년대 사실상 준전시상태, 싸우면서 건설하자, 자주국방, 유비무환, 임전 태세 완비, 총력안보…. 휴전 이후 1970년 8 · 15까지 북의 대남 도발 건수는 총 7,800건이다. 그러나 월남전이 막바지에 이르고 1970년대 들어 동서 해빙무드와 함께 남북에도 대화무드가 싹튼다. 그러나 6 · 25 이후 극심한 대립과 투쟁 속에서도 아직 국력이 북보다 약하다는 것이 전체 국민들과 박정희의 마음을 불안하게 했던 것 같다.

포항종합제철이 완공되고, 경제가 지속 성장하면서 박정희의 "자주국방"도 본궤도에 오른다. 박정희의 독려에 1970년대 초에 기본적인 국산병기가 최초로 생산되고, 1973년도에는 이미 국산 항공모함까지 염두에 두고 진해 해군기지 근처에 조선소 건설계획이 수립된다. 당시 1년 국가 예산의 25~30% 정도가 국방비였다.

- 박정희의 말들

"자주국방, 이것은 대통령 아니라 대통령 할애비라도 포기할 수 없는 것이다." "무기를 스스로 생산해야 강한 나라가 된다." "자주국방을 할 수 없는 나라는 진정한 독립국가가 아니다."

그는 1977년 5월 22일 비서진들과의 식사 자리에서, "이번에 하비브 미 국무차관이 오면 핵을 가져가겠다고 으름장을 놓을 텐데, 가져가겠다면 가져가라지, 그들이 철수하고 나면 우리는 핵을 개발할 생각이오."라 말했다(조갑제, 『박정희12』, 조갑제닷컴, 2006, P160).

나중에 그는 "그렇다면 하고 싶은 대로 해라. 우리는 구걸하지 않겠다. 우리는 우리의 길을 간다."고 주장한다. 이에 발맞추어 주한 유엔군 사령관(=주한미군사령관) 베시 대장을 만난 한국군지휘부도 "미군이 나가고 싶으면 나가라. 우리는 상관하지 않는다."며 모두가 단호한 태도를 보인다(조갑제, 『박정희12』, 조갑제닷컴, 2006, P166).

당시에 한국군 지휘부는 미 지상군이 철수하면 주한미군사령관에 위임해 놓은 한국군의 작전지휘권도 환수할 수 있음을 내비친다.

• 미군철수와 창원공단

닉슨행정부는 1970년대 초, 한국과의 각종 약속과는 무관하게 중국과의 관계 개선에 몰두하여 "주한미군 철수는 한국 측의 동의가 필요 없다."라고 공언했고, 중국과의 국교 정상화의 선제적 조치로 실제 1971년 6월 미 제7사단이 철수했다.

이 시기 한국은 유신을 토대로 한 단기간의 국력 신장으로 1970년대 후반에는 이미 각종 육상병기 · 선박엔진 · 함정은 물론 비밀리에 소형 잠수함을 자체 생산하기에 이른다. 종합기계공업과 방위산업으로서의 메카 창원기계공단도 이 시기에 계획되고 조성된다.

박정희가 자주국방, 방위산업 신장에 온통 신경 쓰고 있던 그 시점, 미국의 고위관계자가 당시 김정렴 대통령 비서실장에게 "미국은 일본과 같은 공업국에서는 철군하지 않지만 베트남, 한국 같은 농업국은 버릴 수 있다."고 말했다. 이에 당시 청와대 방위산업 중화학공업 담당 오원철 수석은 "한국에 미소 간 힘의 밸런스에 영향을 줄 만한 공장을 건설하면 주한미군의 철수는 막을 수 있다는 논리로 이해"했다(경제기적 편찬위원회, 『코리안 미러클3』, 2015, P108).

1978년 주한미군 철수를 위한 미 하원 최종검토반 13명이 창원공단을 방문한다. 공단에 조성된 대규모 병기창을 보고 당혹해하며 심각한 표정들을 지었다. 이들은 김포공항을 떠나며 "한국은 이미 자기 나라를 지킬 수 있는 힘이 생겼으므로 우방으로 남겨 두는 것이 미국의 이익에 부합할 것이라고 정부에 보고하겠다." 했다. 이후 카터행정부의 미군철수계획은 근본적으로 수정되었다(경제기적 편찬위원회, 『코리안 미러클3』, 2015 P109).

• 미사일과 핵개발

1975년 4월 30일, 북베트남군의 탱크가 남베트남 수도 사이공의 대통령관저 앞에 모습을 드러낸 날이다. 당시 필자의 마을에는 아직도 전기가 없고 호롱불을 켜던 시절이다. 주말 밤이면 2년 전 전기가 들어온 면사무소 동네로 TV를 보러 갔다. 월남 패망, 흑백 TV화면 속에 수많은 사람들의 공포에 질린 아우성과 혼란은 당시 어린 필자의 가슴에도 온통 공포를 가득 채우기에 충분했다. 특히 미국인들이 월맹에 쫓겨 베트남에서 헬리콥터를 타고 정신없이 도망가는 모습은 모든 한국인들에게 너무나 큰 충격이었다.

1953년 8월 소련이 핵무기 실험에 성공하고, 그 직후 백악관에서 열린 국가안전보장회의에서 소련과의 전쟁을 생각하며 한 미국 합참의장의 말이다.

"우리는 설령 미국식 삶의 방식을 바꾸어야 하는 대가를 치르는 한이 있더라도 우리에게 필요한 행위를 반드시 해야 합니다. 우리는 전 세계를 집어삼킬 수도 있습니다. 만일 우리가 아돌프 히틀러의 방식까지도 기꺼이 받아들일 준비가 되어 있다면 말입니다."(이경식 역, 『잿더미의 유산』, 랜덤하우스, 2008, P134)

이 말은 커다란 위협과 전쟁 앞에 일시적으로 민주주의를 포기할 수도 있음을 말하는 것이다. 당시 아이젠하워 대통령도 전쟁에 이기기 위해서는 어떤 큰 비용도 치러야 함을 강조했다.

북한은 일본이 건설하고 간 당시 세계 최고의 제철, 기계, 화학, 발전시설들을 토대로 1960년대부터 이미, 자동소총 · 대포 · 탱크를 자체

생산했다. 그러나 미국은 남한의 자력에 의한 국방 건설을 원치 않았다. 당시 한국에는 방산의 기초가 되는 제철·기계공업 자체가 아예 없었다.

포항종합제철이 건립된 이후 박정희는 1970년 8월 국방과학연구소(ADD)를 설립하고는, 1976년까지 이스라엘 수준의 총포·탄약·통신기·차량, 1980년대 초까지 전차·항공기·유도탄·함정 등의 정밀병기를 생산할 기술을 확보하라 지시했다. 그는 언제나 "무기를 만들어야 힘 있는 나라가 된다."고 강조했고 무기 공장 건설 현장, 시험장에 수시로 들러 근로자 식당에서 "밥 한 그릇 부탁합니다." 하고는 있는 반찬 그대로 밥 한 그릇 숭늉 한 그릇 뚝딱 해치우고는 연구 개발자들과 시간을 함께했다.

박정희는 포드 대통령과 키신저 국무장관이 월남을 구하려 함에도 미국의회가 움직이지 않아 좌절되는 모습을 보았다. 월남이 패망할 즘, 박정희의 한국형 미사일과 핵개발에 대한 결심은 굳어진다. "우리는 비 오는 날에 대비해야 한다."며 미사일과 핵을 향해 한 발 한 발 전진한다. 그의 말에는 빈말이 없었다. 유신으로 정치코스트를 최소화하고 가용자본을 총동원, 각종 공장 건설, 기술 개발, 수출 목표, 도로, 국방 건설, 각종 무기 공장, 무기 개발 시기, 구체적 수치·시간·목표를 따라, 계획·실천에 빈틈이 없었다.

박정희는 이전의 프랑스와의 모든 핵관련 협상이 미국의 방해로 실패하자 1976년 재처리 시설과 원자로를 자체 개발하라고 지시한다.

"1979년 10월에는 설계가 모두 끝난 상태였으므로 사업은 순조롭게 진행되었다. 1980년대 초에 연구용 원자로가 개발되어 여기서 사용 후

핵연료를 얻게 되고 대체사업이 완성되어 재처리시설을 확보하게 되면 핵폭탄 제조용 플루토늄을 얻게 된다. 당시 원자력연구소와 핵연료 개발공단은 1981년이나 1982년에는 우리나라가 핵무기를 보유할 수 있다고 판단했다."(심융택, 『굴기 핵개발프로젝트』, 동서문화사, 2015, P243)

1978년 9월에는 사정거리 180㎞의 지대지유도탄 "백곰"을 세계 7번째로 쏘아 올리는 데 성공한다. 이로써 탄두만 개발하면 이것으로 운반할 능력을 확보할 수 있게 된 것이다. 따라서 남은 것은 탄두 개발뿐이었다. 당시 한국의 연구개발팀은 최신형 추진체의 시험에도 성공, 미국은 극도의 감시를 지속했다.

박정희는 "우리나라가 세계 앞에 당당히 생존하기 위해서는 어떻게든지 핵무기를 소유해야 한다."고 생각했다. 따라서 박정희에게는 상대가 그 누구든 이기지는 못해도, 적어도 함께 죽어 줄 수는 있는 능력을 갖추는 것, 그것이 자주국방이고, 그것이 평화였다.

6) 미국, 자주국방제거작전

* 소크라테스

"정치에서 정의로운 자는 죽는다."

• 나도 이제 각오해야겠어!

1979년 6월, 카터의 방한 직후 포항에 내려가 박태준을 만난 박정희가 한 말이다.

"내가 카터에게 자주국방정책을 양해해 달라고 말했더니 화를 내고 나가 버렸는데 아무래도 심상치 않아, 나도 이제 각오해야겠어."(조갑제, 『박정희13』, 조갑제닷컴, 2006, P243)

1979년 1월 1일 해운대 새해구상 중 청와대 공보비서관으로 근무하다 유정회 국회의원으로 간 선우연을 불러 "나는 1981년 10월 1일 국군의 날 기념식 행사 때 국내외에 핵무기를 공개한 뒤 그 자리에서 은퇴를 선언할 생각이다. 김일성이 우리가 핵무기를 보유한 것을 알면 절대로 남침하지 못할 것이다."(심융택, 『굴기 핵개발프로젝트』, 동서문화사, 2015, P257) 이런 종류의 증언은 당시 박정희 대통령 주변에 많다.

1979년 2월 서울에서는 느닷없이 박 대통령이 핵개발을 완료하면 은퇴한다는 소문이 나돌기 시작했다. 당시 미군 철수와 미사일, 핵개발에 걸린 미국의 치명적 국익 손실, 이를 덮은 인권 문제 등으로 미국과의 극단적 대립에, 여당·군부·언론계 등 일부에서는 "대통령이 저렇게 해도 미국 앞에 무사할까?"라는 우려의 목소리가 커져 갔다(심융택, 『굴기 핵개발프로젝트』, 동서문화사, 2015, P261).

다양한 경로를 통한 직간접의 압박과 감시하에서도 박정희의 의지가 꺾이지 않자 미국으로서는 "극단의 수단"이 필요한 상황이었다. 미국의 과거 행적을 살펴볼 때, 자국의 이익에 정면으로 배치되면 비록 동맹국이라 하더라도 그냥 두지 않는 사례는 종종 볼 수가 있다.

1979년 6월 말 한미정상회담을 계기로 두 나라를 불편하게 했던 정치·외교·군사 대부분의 문제들은 사실상 해결되었다. 단 하나 "자주국방", "핵개발" 문제만 빼고.

- CIA, 그들이 하는 일

미국 CIA, 그들은 국익을 위한 대내외 공작에 수단과 방법에 가림이 없다. 특히 비밀공작은 매우 민감하고 미묘한 방식으로 수행하기 때문에 미국이 개입되어 있다는 사실이 드러나지 않는다. 그리고 그들이 한 일이 설사 탄로 나더라도 정부의 담당자 고관들은 그것을 부인해도 된다는 "부인권(否認權)"을 법적으로 보장받고 있다.

그들이 하는 일은 아이젠하워 전 대통령의 말대로 "역겨운 일, 그러나 반드시 필요한 일"들이다. 여기에는 그 어떤 도덕·규칙도 없고 오로지 국익을 위해서는 "수단과 방법"에 유무형의 그 어떤 제한도 없다.

1950년대 세계 인구 4위에 엄청난 석유매장량을 가진 인도네시아가 공산화될 위기에 처하자 30~40만 명을 죽이면서 공산화가 방지되었다. 1960년대에는 자유선거를 통해 집권한 아프리카 콩고의 루뭄바 총리가 아이젠하워대통령의 명령으로 CIA에 의해 권총으로 살해되었다. 그리고 1961년에는 도미니카 공화국의 트루질로 대통령을 암살하라는 J F 케네디의 지시에 따라 2주 후 트루질로는 권총으로 살해된다.

아이젠하워 대통령은 8년 동안 170회, J F 케네디는 3년도 안 되는 기간에 163회의 비밀공작을 지시했다. 그리고 케네디는 취임 후 300개가 넘는 비밀공작을 지시했고, 쿠바의 카스트로 암살을 계속 지시하지만 그가 먼저 쓰러진다. 그리고 나중 존슨 대통령은 임기 말에 "케네디는 카스트로를 치려고 부단히 노력했지만 카스트로가 케네디를 먼저

쳤다."고 말했다.(이경식 역, 『잿더미의 유산』, 랜덤하우스, 2005, P377).
이에 대해 당시 CIA 카리브 작전본부 책임자 로버트레이놀즈는 오랜
세월이 흐른 뒤, "참모들과 나는 모두 피델 카스트로의 추종자였다."고
밝혔다.

지미카터 전 미국대통령(1977~1981), 그도 전임자들만큼이나 많은
비밀공작을 승인했고, 아프간 반군에 대한 공작 등 전 세계를 무대로
한 공작을 지시했다. 그리고 후임자 레이건은 카터로 부터의 비밀공작
사건들을 성실히 계승하고 지원했다. 그들은 대만의 핵과학자 장헌의
를 포섭하여 20년간 첩자로 삼고, 결정적 시기에 대만의 핵개발 자료
를 미국으로 가져가서 공개함으로써 대만의 핵개발을 좌절시켰다.

미국 CIA, 그들은 6·25 전쟁 중 한국의 군부를 선동, 이승만 제거
쿠데타를 획책하다 그만둔 과거가 있고, 1963년 자유베트남의 고딘디
엠 대통령 형제를 암살하여 군부가 집권하도록 사주하고 지원했으며,
1979년 이란 팔레비 국왕을 하야시키고 해외로 망명시킬 때도 이란 군
부를 수개월 움직인 공작 끝에 성사시켰다.

그들의 공작은 전 세계 미개발 국가에서는 직접적이고 공격적인 방법
으로, 문명화된 선진국에서는 그에 맞는 고도의 심리·문화적 방법이
동원된다. 지금까지 그들이 갈아치운 외국의 국가원수, 뒤엎은 정부 숫
자는 헤아릴 수 없이 많다. 그들이 우호적 정권의 창출 또는 변화에 관
여한 경우는 인도네시아, 그리스, 우루과이, 브라질, 파라과이, 아이
티, 터키, 필리핀, 과테말라, 엘살바도르, 칠레 등이다. 그 개입 형태
는 참으로 다양하다. 무력과 고도의 심리전 그 모든 형태를 망라한다.

미국은 그 어느 시대에도 외국 어느 나라의 정치가 민주주의인지 아
닌지를 두고 제대로 신경을 쓴 적이 없다. 독재자들을 옹립하여 수십

년 민중을 탄압하며 자국의 이익을 도모하고, 수십 만 명의 민중을 죽어 가게 하면서도 단 한 번도 인권을 운운한 적이 없다. 중동 · 아프리카 · 중남미 · 아시아 곳곳에서 미국의 태도는 한결같았다. 그들의 주제는 "국익"이며 다른 모든 단어는 "국익"을 수호하는 하찮은 방패 · 도구 · 연장들일 뿐이었다.

그들이 하는 말. "그는 개자식이다. 그러나 그는 우리의 개자식이다."

- 미제의 간자들(間諜)
  * 함석헌

매국노, 남과 북에 세워진 조선민주주의 인민공화국과 대한민국은 "가짜정부"들이고 두 정부는 배후의 두 강대국과 "내응하는 매국노들" 때문에 생겼다며 분노를 삼켰다. 나아가 "매국노"에 대해 딱 못을 박아 규정해 놓지 않는다면 우리 민족은 역사를 이룩해 나갈 수 없다고 믿었다(이치석, 『함석헌 평전』, 시대의창, 2015, 280).

필자의 옛날 30대 초반 마지막 예비군 훈련에서 휴식시간, 전직 ○○ ** 관련 계통 근무자인 자주국방 관련 강사로부터 들었던 이야기다.

"이 새끼들이 1979년 그 당시에 우리 국회에서 외교국방 기밀사항 의논하고 나면 그날 해가 지기 전에 쪼르르 달려가서 미 CIA에 고자질해 바쳤던 놈들 아입미까. 그래 해서 저그 세상 만들고, 저그 세상 되니까 당시 심부름한 그놈을 당시 **했던 그 부서에 지금 책임자로 보냈다 아입미까. 지금쯤은 그 새끼가 증거고 머고 다 없애뿟겠지요. 개새끼들, 천하의 매국노들, 죽은 박정희만 억울하지… 그 개새끼들이 CIA하고 짜고 박정희 목을 조른기라요."

필자가 물었다.

"아니, 그러면 박정희가 그걸 보고 가만히 있었습니까?"

"핵 때문에 미국하고 그렇게 정면대치를 하고 있었는데, 힘없는 박정희가 미국의 발가락을 뭘 어쩌겠습니까? 이런 천하의 개새끼들이…."

이번에는 필자가 30대 중반의 나이에 ○○회사 부산 동래지점에 근무할 때의 이야기다. 하루는 지점장과 팀장 5명이 회식을 하는 날이었다. 당시 한 달 마감을 기분 좋게 하고는 술집으로 향했다. 지점장님은 필자보다 나이가 서너 살 위에 부산대 공대 출신, 선임 팀장이던 필자는 경남대 출신, 다른 4명의 팀장도 줄줄이 한두 살 차이로 모두가 그 일대 부산 지역 대학교 출신이었다.

필자가 습관대로 옛날 팝송을 흥얼거리자 단번에 지점장님이 알아듣고는 같이 흥얼거리셨다. 한 잔 두 잔 기울이며 당시의 팝송 이야기에 스모키 아라베스크 등의 이야기가 오갔다. 그러다 후배 팀장 한 명이 "와! 옛날에 데모하며 학교 다닌 사람들끼리는 통하는 것도 다양하네요." 했다. 필자가 83학번인데 순간 떠오르는 생각이 지점장님이 부산대 공대, 필자보다 서너 살 위, 1979년에 신경이 집중되었다. 필자가 물었다.

"지점장님, 당시에 딱 군대 가기 전 나이에 한판 하셨겠는데요?"

다섯 명을 앞에 두고 지점장님의 이야기가 시작되었다.

"데모는 주로 공대·상대생들이 많았고, 나는 공대생이었지. 당시에 학교에서 학생들이 모여들어 데모를 하다가 숫자가 좀 많아지고, 시내로 나가기로 결정을 하고 우리는 광복동으로 갔거든. 우리가 친구들하고 어깨동무하고 데모하며 가다가 파출소 앞에서 한참 소리 지르며 데모하고 있는데, 갑자기 어떤 낯선 놈 둘이가 눈이 벌게져 오더니만, 갑자기 화염병을 어디서 꺼내더니 불을 붙이고는, 앞에서 피를 토할 듯이 소리를 지르고는, 아직 순경이 있는 파출소에다 집어 던지더만 불을 팍 지른다 아이가. 와! 이거는 아이다 싶데, 우리가 민주주의 하자 켔지, 사람 있는 파출소에 불 질러서 죄 없는 순경 불태워 죽이라 캤나? 그때까지만 해도 우리가 평화스럽게 데모했고…. 머 그런 일이 있을 줄이야 누가 알았나. 그래서 옆에 친구들하고 이야기하다가 이거는 아이다 싶어서 고마 집에 가뿟다 아이가. 집에 와서 저녁에 라디오 방송 들으이 끼네 부산시내 온 파출소에 불이 붙었다 카데, 참! 당시만 해도 우리 학생들이야 화염병이 뭔지 알기나 했나? 학생들인 우리가 모르는 화염병을 길가에 오뎅 팔고 과일 파는 아저씨 아줌마들이 화염병을 알았겠나? 그런데 그 새끼들은 도대체 어데서 왔을꼬? 하는 폼이 학생도 아인 것 같고, 눈까리가 벌건 기 꼭 오데서 작정하고 약 묵꼬 온 놈들 같던데, 가만히 생각하면 아직도 그것들이 궁금하다 아이가. 도대체 그놈들이 머하는 놈들일꼬? 참 별일인기라."

그 말을 듣는 순간 아득히 먼 시간 저쪽에서 선명히 다가서는 화면 하나가 있었다. 때는 1980년 전후 필자의 고교 시절, 라디오방송 아침 연속극, 아마 아침 6시 40분 전후의 시간이었던 것 같다. 이야기의 무대는 1960년대 올림픽을 앞둔 일본 동경, 당시까지 일본에는 일본의 공산세력 '적군파'가 일부 국민들의 지지를 배경으로 적극적으로 활동하고 있었다. 철저한 냉전시대, 일본의 정치 안정이 절대 중요했던 미국의 CIA가 일본 적군파를 타도하는 내용이다. 당시 적군파가 평화적인 시위와 주장으로 국민들의 지지를 이어 가자, 이를 타도하기 위해 CIA는 적군파 조직에 CIA 말단 행동대원(Agent)들을 침투시킨다. 그렇게 평화적 시위를 이어 가는 결정적 시점에 CIA 말단 행동대원들이 앞으로 나서서 격렬한 폭력 선전·선동으로 폭력투쟁의 장면을 연출하고, 그 장면을 전 국민이 보고 등을 돌리게 만들고는, 경찰과 협력 일시에 일망타진하는 내용이다. 이것은 연속극이지만 실제의 사례를 기반으로 한 라디오 연속극이었다.

술집에서 지점장님의 이야기를 듣다가 일순간 생각이 여기에 미치자 갑자기 차가운 서릿발 같은 소름이 전신을 스치고 지나갔다. 아…!

난세, 민중들은 도덕적으로 나쁘다 판단되는 행위는 안 하는 이가 대부분이지만, 정치 쓰레기와 외세는 잃는 것보다 얻는 것이 크면 무슨 짓이든 한다. 피, 땀 그 무엇을 가리지 않고. 특히 나의 정적이 궁지에 몰렸다 판단되면 그들의 행위는 최고도로 대담하고 과감해진다. 여기서 민중을 호도하고 속이는 것은 아주 쉬운 일이다. 민중은 난세일수록 더욱 단순해지기 때문이다. 이것이 역사다. 이 땅의 역사, 난세에는 언제나 외세와 정치쓰레기는 하나였다.

정치공작의 상황에서는 저지르는 강공(强攻)과 받아치는 강공(强攻) 둘 다를 의심해야 한다. 대체로 진실은 그 가운데 위치한다. 연출자는 항시 멀리서 둘 다를 바라보고 통제한다. 그래야 가운데 위치한 진실을 그들의 이익과 상황에 맞게 요리·매장할 수 있기 때문이다. 비틀거리는 역사의 시간, 순수와 명분은 도구와 연장으로 전락하고 어둠 속에 도사린 연출자, 그들의 손가락·발가락 자국만 밝은 빛에 노출된다.

아래는 당시 글라이스틴대사가 본국으로 보낸 전문(1979.10.28)이다.

"벌써 나를 찾아오는 장군들, 반체제인사들, 정치적 기회주의자들이 많은데, 이들은 미국의 도움을 빌려 자신들의 사익(私益)을 추구하려 할 것이다. 미국이 한국의 박정희 정부를 인권 등 여러 가지 수단으로 공

격한 것은 미국의 역사가 한국의 역사보다 더 인권적이라서가 아니라, 1979년 현재 상황이 미국의 국익을 지키는 데 가장 유리한 무기가 그것 이기 때문이다."(조갑제, 『박정희13』, 조갑제닷컴, 2006, P247)

• 아! 김재규…

김재규, 그는 박정희 전 대통령의 고향 후배로 40여 년 동안 총애를 받으며 군부·행정 등 두루 요직을 거치고 당시는 중앙정보부장이었다.

박정희와 한국의 자주국방, 미국 국익에 치명적인 이것을 저지시키기 위해, 미국은 다양한 방법을 동원하여 박정희를 압박하고 있었다. 눈에 보이는 보이지 않는, 야당·학생·한국 군 수뇌부선동, 언론을 통한 인권 압박, 그 모든 최종 종착지는 박정희의 자주국방정책이었다. 박정희 자신이 말한 "나도 이제 각오해야겠어." 이 한마디가 당시의 모든 상황을 암시한다.

특히 "김재규는 주한 미대사, CIA지부장, 주한미군사령관의 집요하고 다양한 암시의 공략 대상이었다"(조갑제, 『박정희13』, 조갑제닷컴, 2006, P244). "당시 CIA의 한 요원이 정보부 고위 관계자에게 거론한 집권자교체론"에는 구체적으로 자진 사퇴를 종용하는 방법과 궁중혁명으로 강제 하야시키는 방법 등을 이야기했다고 한다"(심융택, 『굴기 핵개발프로젝트』, 동서문화사, 2015, P345).

당시 글라이스틴 미국대사는 "김재규는 우리말을 잘 알아듣는다."고 말했다. 그는 김재규의 범행 소식을 접하고, 즉각적으로 군사 쿠데타를 생각했고, "김재규가 대통령 주변 인물들을 이끌고 쿠데타를 일으킨 뒤 기존의 권력구조는 유지한 채 후계자를 고른다는 계획을 추진했을 것이다."라고 서둘러 짐작했다(조갑제, 『박정희13』, 조갑제닷컴, 2006, P241).

이는 나중 김재규가 1979년 11월 8일, 합동수사본부에서 진술한 집권구상에서 육군총장을 설득 또는 협박하여 혁명위원회를 발족하고 의장에는 본인이 부의장에는 국무총리를 임명한다는 등의 진술과 그대로 연결된다. 10 · 26 이전에 자주 만났던 글라이스틴과 김재규, 이 두 사람의 동일한 생각과, 10 · 26 당일 김재규 · 정승화 · 김계원 세 사람의 스케줄 · 언행을 보면 결코 우연으로만 생각하고 지나기에는 미심쩍은 면이 많다.

10 · 26 당일, 김재규는 정부각료와 군부요인들이 모인 육군본부 지하벙커에서 "나의 뒤에는 미국이 있다."라고 주장했다(심융택,『굴기 핵개발프로젝트』, 동서문화사, 2015, P352). 그 직후 체포당하는 중에도 김재규가 수사관들에게 한 말은 "나를 어디로 데려가는 거야? 세상은 달라졌어. 각하는 돌아가셨어."였고, 체포 후 서빙고 분실에 도착, 피의자 복장으로 갈아입은 김재규는 "내가 각하를 살해했다. 이제 세상은 다 끝났다. 수사관 자네들도 살 궁리를 해야 해."라 했는데(조갑제,『박정희13』, 조갑제닷컴, 2006, P223) 이것은 그 순간까지 어둠 속 명백한 시나리오가 살아서 움직이고 있다는 믿음을 스스로 만들었거나, 누군가가 주입시켜 줬으리라 생각되는 대목이다.

김재규는 당일 저녁 육본에서 지속적으로 경위를 숨긴 채 계엄선포만 주장했고, 그를 범인이라 밝힌 김계원을 배신자라 말한다. 그리고 당일 계엄이 선포되기 전에 군병력이 서울로 진주하는 등 미심쩍은 것이 한둘이 아니다. 정승화 총장이 계엄 선포 전 군에 출동명령을 내린 것으로 의심되는 대목이다. "당시 20사단장 박준병은 영문도 모르고 병력출동을 했고 서울에 진주하고서야 박정희의 사망을 알았다"(조갑제,『박정희13』, 조갑제닷컴, 2006, P326). 어둠 속 어딘가에 노련한 연출자가 있는 듯한 느낌을 떨칠 수가 없다.

아래는 1979년 10월 28일자 글라이스틴 주한 미 대사가 미 국무성에 보낸 전문 내용이다.

"나는 대통령 주변에 있는 사람들이 김재규의 지도에 따라서 대통령을 제거하고 권력구조를 그대로 유지하면서 고분고분한 후계자를 선정하려는 계획을 세웠을 가능성이 높다고 본다."(심융택, 『굴기 핵개발프로젝트』, 동서문화사, 2015, P348)

11월 19일 글라이스틴은 "김재규는 재판에서 나와 전임자들이 자기에게 박 대통령을 공격하라고 부추겼다고 주장할 가능성이 있다."고 했고,(심융택, 『굴기 핵개발프로젝트』, 동서문화사, 2015, P349) 1986년 그는 〈한국, 미국관심의 특별한 대상〉이라는 논문에서 다음과 같이 밝혔다.

"쿠데타 계획은 철회되었으나, 미국의 지나친 압력과 불만 표시는 박 대통령의 생존과 정통성에 영향을 미쳤으며 우리의 조치와 발언들이 그의 죽음에 간접적인 압력을 가했을 것이다."(심융택, 『굴기 핵개발프로젝트』, 동서문화사, 2015, P354)

이후 김재규는 당시 민주라는 말과는 정반대의 정치 개입 초강경 진압 요구 등 어처구니없는 자신의 언행들에도 불구하고 교도소에서 사형집행 전까지 "민주"를 신봉하는 신자로 변한다.

대사는 그 직책상 표면상 내놓고 언행을 하는 활동가이다. 그러나 미국의 대외정책은 대부분 물밑에서 시도되고 결말나는 것이 관례다. 위

종가의 귀환

글라이스틴의 언행들은 미국(CIA)의 실재 행동의 빙산의 일각, 포장용, 선긋기란 생각을 지울 수가 없다. 당시 우리나라 군부와 경찰 정보기관에도 미 CIA가 김재규의 쿠데타에 개입한 것으로 판단하는 이들이 많았다. 아래는 참고가 될 만한 증언들이다.

* 장준하의 장남 장호권의 진술

장준하, "박정희를 깨는 것은 민중의 힘으로는 역부족이니 게릴라전으로라도 박을 제거해야겠다."(김삼웅, 『장준하 평전』, 시대의창, 2013, P46)

* 주한 미 전대사, 병원에 있는 장준하 아들에게 보낸 편지(1976.4.19)

"당신 아버지 장준하 씨가 이루고자 했던 일이 곧 이루어질 테니 몸조심하고 기다려 달라."(김삼웅, 『장준하 평전』, 시대의창, 2013, P48)

* 김재규

"자주국방이 이상일지는 몰라도 현실적으로는 잠꼬대에 지나지 않는다. 발상 자체가 우스운 것이다."〈10 · 26사건 재판 항소이유서〉(조갑제, 『박정희13』, 조갑제닷컴, 2006, P129)

* 교도소에서 김지하를 만난 중앙정보부 의전과장 박선호

"김재규 부장님이 10 · 26 며칠 전 미 중앙정보국장을 만났습니다. 반드시 어떤 조치가 있을 것입니다."(허문영, 『김지하와 그의 시대』, 2013, P486) 그러나 미국은 그 어떤 조처도 없었고, 김재규는 신속히 사형에 처해졌다.

* 10월 24일. 김재규는 당시 공화당의원 이후락에게 지나치는 말처럼 "제가 싹 해치우겠습니다."(조갑제, 『박정희12』, 조갑제닷컴, 2006, P340)

"10·26-박정희-CIA", 한때 세계적인 소설의 주제가 되었다. 곳곳에서 세계적 평판이 일자, 미국은 "외국의 국가원수를 제거하는 데 더 이상 개입하지 않음"을 천명하는 웃기는 일이 발생한다.

인간 박정희, 그는 김재규의 첫발에 차지철이 손목에 관통상을 입고 화장실로 간 후, "뭣들 하는 거야?" 한번 크게 소리 지르고는 모든 것을 예측한 듯 정좌하고 초연히 앉아 있었다. 막상 가슴에 관통상을 입고 피가 솟아 옆으로 쓰러지고서도, 옆의 두 여인의 "각하 괜찮으십니까?"라는 질문에 "괜찮아."라며 두 여인이 피할 것을 권유했다. 비서실장 김계원이 나중 김종필을 만나 한 말에서도 박정희는 그 상황에서도 "나는 괜찮아. 아가씨들 괜찮아?"라며 여인들을 걱정했다 한다(조갑제, 『박정희13』, 조갑제닷컴, 2006, P307). 실로 초인(超人)이다.

• 1980, 체로키코리안, 5·18코리안

이상한 일들, 필자는 앞에서 어둠 속에 도사린 연출자에 관해 이야기했다. 10·26 이전의 모든 정황들, 김재규·정승화·김계원의 행동, 계엄 선포 전 전방부대 움직임, 육참총장 정승화 체포와 미국의 사인 여부, 분명한 대통령 최규하에 대한 신군부와 미국의 완전 무시, "내 뒤에 미국이 있다."고 주장한 김재규의 신속한 사형집행, 전두환의 등장과 미국의 전폭적인 지지….

어둠 속 연출자가 일을 하기에는 10·26 전보다 후가 훨씬 쉬웠을 것이다. 이전에는 최소한 둘 이상의 시나리오가 있어야 했고, 이후에는 하나의 시나리오만 있으면 되니 훨씬 단순한 진행이었을 것이다. 이후는 모든 돌발 사태에 몇몇 정해진 배우들이 정해진 역할만 성실히 수행하면 멀리서 바라보고만 있어도 될 일이었으니까 말이다.

이후에 발생한 광주 5·18, 처음 광주사태, 5·18민주화 운동, 5·18 민중항쟁, 어떻든 40여 년 전의 일이다. 그날의 함성 소리만큼이나 잠들지 않는 것이 그 함성을 잠재운 발포명령자의 규명에 관한 목소리다. 세상을 흑과 백으로 보는 많은 이들은 그날의 권력자 전두환을 덤으로 "발포명령자"라 "밋쓔미다" 해 왔다. 그간 40여 년, 수만 명의 집중적인 노력에도 불구하고 보통의 육하원칙에 따라 "발포명령 전두환"이라 밝혀진 적이 없다. 신기한 노릇이다. 진작 당사자인 전두환 전 대통령 자신은 아주 초연하게 "나는 씻김굿의 제물", "내가 광주와 무슨 상관이야"라 말해 왔다.

정치적 책임, 군의 지휘·통솔 책임, 실질적 권력구조, 현장 발포 책임, 이들은 음양흑백의 눈으로, 또는 멀리서 보면 하나이다. 그러나 학문적·사실적 자세로 숲과 나무를 세세히 관찰하면, 연출자가 멀리서 조정하고 눈앞에는 각기 다른 역할의 배우들만 줄지어 있을 수도 있다.

어둠 속 연출자의 거센 바람을 정면으로 받았던 인간 박정희만큼이나, 현대사 모든 순간 그 연출자를 가장 가까이서 바라보고, 넓고 깊게 이해하고 정확히 대응했던 사람이 인간 김대중이라고 필자는 생각한다. 김대중은 친○친○들이 전두환을 대하듯 음양흑백·증오로 인간 전두환을 대한 적이 전혀 없다.

인간 박정희가 자신과 연출자 사이를 오가는 소란한 발자국 소리들, 자신을 향해 다가오는 수많은 시나리오들을 정확히 이해했듯이, 인간 김대중은 1980년 그 상황에서 광주와 연출자 사이를 오가는 수많은 발자국들을 정확히 바라보고, 그 소리들을 뜨거운 눈물로 자신의 가슴에 담았을 것이다.

인간 박정희는 카터에게 자주국방을 양해해 달라고 했고, 광주의 함성은 미국이 자신들을 도와줄 것이라 생각했다. 그리고 발포 실행 전후, 광주와 연출자 사이에는 수많은 장교들이 있었고, 그들 중 많은 이들은 조용해진 광주를 뒤로하고 미국으로 이민을 갔다. 이후 어떻든 그들은 잘 모셔졌을 것이다. 누군가의 국익을 기준으로 말이다.

1979년보다 훨씬 단순해진 1980년의 시나리오, 작가가 아닌 필자가 생각해도 훨씬 단순하다. 1980년 이후, 역사적 사실 규명의 와중에 등장한 일부 암세포들의 "음양흑백 증오 밋쓔미다."에 바다 건너 그들도 기꺼이 미소 지었을 것이다. "전두환 발포 밋쓔미다." 문제는 무지개 방정식인데 규명은 흑과 백, 더하기와 빼기로만 시도한다. 타고난 "암세포" 유전자의 본능이다. "한국에도 학문이 있습니까?"

코드명 "체로키" 미국이 1980년 5·18 관련 한국의 상황 관리를 위해 조직했던 비상대책팀의 이름이다. 북미대륙 원주민인 고려인들 2천만 종족 근절 시기 "체로키(Cherokee)부족"에 관한 이야기는 이 책의 앞에서 했다.

그렇다. 그들에게 체로키코리언은 5·18코리언이고, 5·18코리언은 체로키코리언이다.

"그림자 푸른 물에 깊이 빠져도, 그들 옷은 조금도 젖지 않는다(影侵綠水 衣無濕, 영침녹수 의무습)."

──────── 종가의 귀환

- 전두환정권 안정화작업

김재규에 대한 재판과 사형은 신속히 집행되었다. 김재규 변호사 강신옥은 이에 대해 "역사적인 재판이 역사상 유례가 없는 졸속이었다."고 말했다(허문영, 『김지하와 그의 시대』, 블루엘리펀트, 2014, P477).

1979년 6월 29일, 미국 대통령 지미카터는 한밤중에 남의 나라를 방문했고, 정확한 도착 시간도 알려 주지 않아, 한 시간을 공항에서 기다린 박정희와 간단히 악수만 하고 곧바로 미군부대로 갔다.

10 · 26 직후, 카터행정부는 한국의 민주주의를 지원하는 행동을 거의 하지 않았다. 오히려 카터는 한국해역에 항공모함을 보냈고, 국무장관 사이러스 벤스는 급히 한국에 와서는 "정치적 안정을 희망"한다며, 한국의 민주화 이행에 책임이 없음을 분명히 했다. 미국 국방부의 관계자는 기자들에게 한국의 군부를 믿는 것이 최상이라고 말했다. 1980년 5월, 한국군의 대규모 병력 이동은 분명히 한미연합사의 결정이 있어야 가능한 조처들이었고, 그 어떤 잡음도 없었다.

이렇게 미국 한미연합사의 내막을 알 수 없는 지지하에, 피 흘린 광주를 뒤로하고 일사천리로 집권한 군부, 10 · 26, 12 · 12, 5 · 18을 겪은 한국의 전두환 대통령, 카터를 뒤이은 레이건 미국 대통령은 최고의 밀월을 이어 간다. 이 시기, 이전까지 물자만 제공하던 최루가스에 대해서는 제조기술도 이전한다.

전두환 정권은 핵미사일 국방과학연구와 관련된 핵심 연구인력 2,000명 이상을, 미국의 요구대로 일시에 해고했다. 이들은 모두가 인간 박정희가 없는 예산에 최고의 대우로 초빙하고, 같이 숭늉을 마시며 고뇌를 함께했던, 박정희의 심장 같은 사람들이다.

레이건은 미국 대통령 취임 후 최초의 해외 방문지를 한국으로 결정했다. 당시 미국의 외교적 국익에 한국의 존재와 향방이 그만큼 중요했다는 말이다. 한국을 방문한 레이건은 전두환 대통령과 한국정부에 대한 절대적인 지지를 확인했다. 그리고 전두환 대통령을 미국으로 초청하여 극진히 환대했다. 불과 1년여 전의 한미관계와는 그야말로 천지차이로 변했다. 마치 1979년, 1980년도에 한국에서 무슨 일 있기나 했나 하는 것 같은 관계가 이어졌다. 그들 기준에 1년 사이에 바뀐 것은 오직 하나밖에 없다. "박정희의 자주국방".

　레이건 나카소네 밀월을 토대로 한일관계도 절대 밀월의 관계를 이어 갔다. 일본은 1967년 핵의 제조 반입 금지라는 "비핵 3원칙"을 선언하고 그에 대한 보상으로 우라늄 농축시설과 핵연료 재처리시설 그리고 다량의 플루토늄을 보유할 수 있게 되었다(심용택, 『굴기 핵개발프로젝트』, 동서문화사, 2015, P368). 지금 일본은 수일 내로 6,000개의 원자탄을 만들 수 있는 우라늄과 플루토늄, 1.5톤을 싣고 즉시 발사 가능한 세계 최고 성능의 고체로켓 입실론을 가지고 있다. 전두환의 조처 이후, 10여 년 뒤 노태우 정권은 "한반도 비핵화선언"으로 핵 주권자체의 공식적인 포기를 선언한다.

7) 한 번 죽어 천년을 사는 사람

　* 앙드레 말로

　"인간의 가치는 자기 힘으로 변화시킨 것에 의해서만 측정된다."

• 중국 현대화의 멘토(Mentor, 동방의 천자)

이 책의 앞에서는 여러 자료를 제시하면서 조선민족의 본향이 대륙의 동북쪽이고 그곳이 문명의 본향이란 것을 증명했다. 그리고 주(周)와 한(漢)은 조선민족이 개창하는 데 관여하고 거느렸음도 논했다. 필자가 감히 "이씨왕조"라 말하며 "우리"가 아니라 부정하고, "조선민족 종가 고려"라 말하는 것도, 그 강역 · 영혼 · 신화 · 유전자 · 유물…. 본디 그대로의 "우리"를 계승하자는 뜻이다. 2천2백여 년 전까지만 해도 중원의 나라들은 동북방의 천자들에게 순응하고 예를 갖추며 도움을 청했다. 그리고 600여 년 전까지는 대등한 관계였다. 그러나 이씨왕조에 들어 완전한 노예영혼으로 전락했다. 그리고 고려인 인간 박정희….

등샤오핑(전 중화인민공화국 국가주석) ┃ 그는 중국현대사 치욕을 떨치고 번영의 깃발을 올린 사람이다. 아직은 한국과 수교가 없는 시기 1988년 개방을 모색하던 그가 싱가포르의 이광요 수상을 만나서 처음 한 이야기가 "한국을 배우고 싶습니다."였다. 즉 한국을 중국 개혁개방의 모델로 삼을 수도 있다는 말이었다. 이후 박정희의 분신이라 할 수도 있는 박태준이 초청을 받고 북경의 수도공항에 내렸을 때는 검은 세단차 200여 대가 양쪽으로 도열하여 대기하고 있었다. 그즈음 미국의 RAND연구소는 등샤오핑의 개방모델은 박정희의 모방이라고 했다.

장쩌민(전 중화인민공화국 국가주석) ┃ 그는 당시 황병태 주중대사에게 한국의 발전 모델을 중국에 전수해 줄 것을 특별 요청했다. 중국의 각 성장(省長)과 인민대표들에게 한국의 경제개발 5개년계획과 새마을운동 등에 관해 황병태 주중대사의 특별교육을 받도록 했다. 황대사의 이임 시에는 친필 시를 써 주고, 이후에도 주기적으로 초빙하여 환대했다.

후진타오(전 중화인민공화국 국가주석) ㅣ 그는 중국 농촌개발의 모델로 한국의 새마을운동으로 선정했다. 중국공산당 중앙정책연구실 시찰단은 한국을 방문, 새마을 연수를 받고 보고서를 제출했다. 이후 베이징의 중국 공산당 중앙학교에는 전국 31개성과 시의 주요 간부 200여 명이 모여 일주일간 교육을 받는데, 이 자리에는 후진타오 국가주석과 원자바오 총리도 참석했다.

시진핑(현 중화인민공화국 국가주석) ㅣ 그는 저장성 당서기장 시절 한국을 방문했다. 방문 첫날 일정에 당시 정당 대표이던 박정희의 딸 박근혜 대표를 찾았다. "한국에 있는 고 박정희 전 대통령에 관한 자료를 모두 모아서 저에게 좀 주십시오." "지금 당장은 가진 것이 없으니 귀국하여 가 계시면 모두 모아서 보내 드리겠습니다." 이후 박 전 대표는 라면박스 두 박스 분량의 박정희 관련 자료들을 모아서 보냈다.

· 세계사를 바꾼 사람

* 헤겔

"역사상의 위인이란 자신의 특수한 목적이 세계정신의 의지와 합치하는 실체적인 내용을 갖는 사람이다."

인간 박정희, 그는 오랜 인류역사, 한 나라가 침략 · 살육 · 지배 · 약탈 없이도 서로 함께 국민을 잘살 수 있게 할 수 있음을 보여 준 세계 최초의 지도자다. 서구의 300년 역사를 단 20년 만에 이루었고, 세계 최고 못사는 나라를 단시간에 세계 10대 강국으로 밀어올린 세계 최고의 경영자이다. 그를 배우지 않는 나라들은 이미 침략 · 살육 · 지배 · 약탈로 강국이 된 나라들이다. 그는 인류역사를 새로운 길로 인도했다.

고대 그리스, 소크라테스가 시민평결에서 다수결에 의해 사형에 처해지고 난 뒤, 그의 제자 플라톤이 긴 여행 후 생각해 낸 것이 "동굴의 비유"로 설명되는 이데아의 세계다. 이것은 인간 세상을 이데아의 세상과 현상의 세상으로 분명히 나누어 생각하는 것이다. 고대 그리스는 신화와 신들이 지배하는 세상이었다. 여기서 깊고 넓은 사색을 통한 인간 상호 간의 대화로 새로이 소크라테스가 제시한 것이 "이성을 가진 인간의 세계"다. 그러나 제자 플라톤은 "동굴의 비유"로 인간을 넘어 새로이 사상·철학 그리고 이념이 지배하는 세계를 제시했다. 이것은 소크라테스를 죽음에 이르게 한 시민의 평결 자체를 내면으로부터 전면 부정하는 것이다. 즉 대화를 하는 인간 자체가 주인 되는 세상이 아니라, 인간을 철인과 범인으로 나누는 종교·사상·이념과 그 주재자, 위선자가 주인 된 세상을 만든 것이다.

플라톤의 이것은 철학 본래의 사유로 인류문명에 보탬이 되기보다, 나중 로마에서 4세기 콘스탄티누스 시대에 기독교를 새로 만드는 과정에서 중요한 철학적 뿌리를 제공한다. 실제 성서의 많은 구절들은 고대 그리스 철학자들의 이야기가 변용되어 수록된 것으로 알려져 있다. 여기서 이데아와 현상은, 천국과 지옥, 선과 악, 믿음과 불신, 철인과 범인으로 눈앞의 사람과 세상을 극단적으로 양분하는 종교·철학적 바탕이 된다. 길고 긴 중세 암흑기 정통과 이단, 믿음과 불신을 가르는 단호한 칼날이 된다. 십자가와 화형으로 수천만을 학살한 이 정신은 나중 신대륙으로 이동하여 4천여만 명을 정복·학살·지배·약탈하는 정신적 근거가 된다. 유럽 서구의 이 침략·지배·약탈의 국가 민족적 삶의 방식은 20세기 최악의 전쟁을 두 번을 겪고서야 새 길을 찾는다.

동이족 복희가 발명한 팔괘에 바탕한 "중화의 주역" 태극·음양흑백·오행으로 설명되는 이 중화의 사변유학 주자학도, 인간 세상을 바라보는 기본 사고의 근간은 음양과 흑백, 철저한 화이(華夷) 구분, 2진법으로 플라톤의 그것과 대동소이하다. 이 땅 이씨왕조 500년, 정도의 차이만 있을 뿐 중세 유럽의 그것과 원리는 똑같다. 양쪽 모두에서 실로 오랜 시간, 인간 민중들에게는 참혹한 고난의 세월이 이어졌다. 그들만의 종교·사상·이념, 이 철학의 수익자는 민중 "우리"가 아닌 위선자 "그들"이었다. 그러나 조선민족 종가 고려의 땅 1만 년 역사, 만민평등 모계사회, 화백(쿠릴타이), 여기서 진리는 누군가의 머릿속에 있는 사상·이념이 아니고 푸른 하늘 아래 "마주 보고 둘러앉은 우리", 사람에게 있었다.

그리고 박정희, "우리", "하면 된다", "근면자조협동", "중단 없는 전진", 실사구시(實事求是), 주사익경(主史翼經), 철저한 전문가 의견 중시, 고추 수입 여부를 두고 부총리·장관·경제수석·비서실장이 있는 자리에서 5시간 동안 실무국장과 난상토론을 하고는 결론을 도출했던 박정희는 조선민족 종가 고려인이다. 그의 눈에는 동굴의 안과 밖이, 선과 악이, 음과 양이, 생과 사가, 각기 따로 노는 것이 아니었다. 1만 년 고려인 신선도(神仙道), 그냥 그 속에 모두 하나의 다른 모습일 뿐이었다.

그의 도전·성취·결실은 특정 계층의 것이 아니라 "우리" 것이다. 그들에게는 승자가 있으면 반드시 패자가 있어야 했다. 그러나 박정희는 "우리" 모두가 이기는 길을 찾았다. 그의 이 철학·열정·성취는 2차 대전 후, 세계사를 바꾸었다. 그는 단군 이래 처음 전 세계의 언어로 번역되어 모두가 읽고 배우며 따르는 유일한 고려인이다. 아래는 그를 평가한 사람들의 이야기다.

　　　　　　　　　　　　　　　　　　　　　　　종가의 귀환

* 엘빈 토플러(미래학자)

"민주화란 것은 산업화가 끝나야 가능한 것이다. 자유라는 것은 그 나라의 수준에 맞게 제한되어야 한다. 이를 가지고 독재라고 매도하는 것은 말이 되지 않는다."

* 헨리 키신저(전 미국 국무장관)

"민주주의와 경제발전을 동시에 이룬다는 것은 사실상 불가능하다. 러시아가 이 두 가지를 동시에 추구하다가 어떤 결과를 초래했는지 다 알고 있지 않은가. 당시 박 대통령의 판단이 옳았다는 것을 알고 있다."

* 무샤라프 파키스탄 대통령

"어렵던 시절, 한국을 이끌어 고도로 공업화된 민주국가로 변화시킨 역사적 역할을 담당한 박정희 전 대통령에 대해 깊은 존경심을 가지고 있다."

그리고 이와 같은 취지로 박정희를 평가한 사람들은 오버홀트(카터 전 대통령 수석비서관), 제롬글랜(미래학자, 유엔 미래포럼회장), 에즈라 보겔(하버드대학교 명예교수), 폴 케네디(예일대학교 교수), 앨리스 앰스던(MIT 정치경제학 교수), 윌리엄 오비홀트(하버드대 연구원이자 미국 내 최고의 중국 전문가), 마하티르(전 말레이시아 총리), 훈센(캄보디아 총리), 아로요(필리핀 대통령), 카리모프(우즈베키스탄 대통령), 잔라빈 차츠랄트(몽골 총리), 리콴유(전 싱가포르 총리), 나빈 라글람(전 모리셔스 총리), 멜레스 제나위(전 에티오피아 총리), 조제프 카빌라(콩고민주공화국 대통령) 등 끝이 없다.

특히 블라디미르 푸틴은 러시아 대통령이 되어 크레믈린에 첫 출근하는 날, "박정희 대통령에 관한 자료는 전 세계 무슨 언어로 된 것이든 다 가져와라, 그는 나의 멘토다."라 말했고, 미국의 린든 존슨 36대 대통령은 "한국의 박정희 같은 지도자는 일찍이 본 적이 없다."고 말했다.

실로 과거 · 침략 · 지배 · 약탈로 먼저 근대화를 이룬 나라들 이외의 거의 모든 세계 지도자, 정치경제학자들에게 인간 박정희는 세계사 새 길을 제시했고, 따르고 배워야 할 모범이 된 것이다.

박정희는 근검절약을 몸소 실천했다. 쌀을 절약하자며 식사는 반드시 30% 보리쌀 섞은 밥을 먹고, 점심은 국수로 때웠다. 1973년 유류파동 후 전기를 아끼기 위해 자신의 사무실에 에어컨을 떼어 버렸고, 선풍기도 사양했다. 창문을 열고 부채로 무더위를 쫓고, 그러다 파리가 들어오면 직접 파리를 잡으면서 일을 했다. 사무실과 화장실 변기통에는 손수 화단에서 벽돌을 하나씩 주워 와 넣어 물을 절약했다. 스킨로션도 국산품 중에서 가장 값이 싼 회사의 제품을 사용했다. 그리고 10 · 26 당시, 그의 시신을 처음 대한 병원 의사는 "시계는 허름한 세이코 시계이고, 넥타이핀은 도금이 벗겨지고, 혁대는 해져 있어, 꿈에도 대통령이라고는 생각하지 못했다." 했다고 한다.

* 고건(전 총리, 1970년대 내무부 새마을담당관)

"매 회의 때마다 우리 농촌과 국토에 가졌던 뜨거운 애정, 빈곤했던 우리역사에 대한 한에 가까운 처절한 심정, 그리고 빈곤을 극복하여 경제대국을 이룩하려는 치열한 집념에 숙연해지곤 했다.

* 김용환(전 재무부장관)

"박정희는 주식회사 대한민국의 최고경영자(CEO)였다. 그는 주요 정책 결정을 할 때 반드시 관련자들과 심도 있는 토론과 협의 과정을 거쳤다. 그가 경제정책을 결정하는 과정은 아주 민주적이었다. 당시의 권위주의적 정치체제와는 사뭇 달랐다."

* 김종신(전 청와대 출입기자)

"나는 금시계를 차고 있었는데 대통령시계는 유리에 금이 간 군용시계였다. 항상 정자세이고 사람을 똑바로 쳐다봤다. 걸음걸이도 반듯했다. 박 대통령은 말수가 적어 상대방 이야기를 몇 시간이고 가만히 듣기만 했다. 부하한테 함부로 말을 놓지 않았고 담뱃불을 붙여 주기도 했다. 하여간 배울 게 참 많았다. 참 멋있는 사람이라 생각해 자주 찾아갔다."

* 김정일(전 북한 국방위원장, 고 정주영 회장과의 대화 중)

"옛날에는 유신이니 뭐니 해서 비판이 많았지만, 새마을 운동을 한 덕택에 경제발전의 기초가 되었던 점은 훌륭한 점입니다. 서울에 가면 박정희 전 대통령 묘소도 참배하고 싶습니다. 그것이 예의라고 생각합니다."

* 김대중(전 대통령)

"물러난 대통령은 모두 부정적인 평가를 받아 왔지만 공적은 평가해야 한다. 지지 여부를 막론하고 박정희 전 대통령은 6·25의 폐허 속에서 근대화를 이루고 '우리도 하면 된다'는 자신감을 불러일으켰다. 그 공로는 인정해야 한다. 나는 박정희 전 대통령과 진심으로 화해했다."

• 대중의 반역

"무릇 밤길을 걷는 사람은 능히 나쁜 일을 하지 않을 수 있으나, 개가 자신을 보고 짖지 않도록 제어할 수는 없다."

* 괴통(한신에게 천하삼분을 권하며)

"용기와 지략이 군주를 떨게 만드는 자는 그 자신이 위태롭고, 공로가 천하를 덮는 자는 상을 받지 못한다."

* 전국책

"세상을 덮을 만한 공업을 세우려는 사람은 반드시 세속인들로부터 저항을 받기 마련이고, 남들이 갖지 못한 탁견이 있는 사람은 반드시 세속인들로부터 원망을 사게 된다. 그러나 큰 공을 이루려는 자는 중인과 더불어 대책을 의논치 않는다."

* 영웅의 말로(헤겔)

"역사상 위인이란, 그들의 생애는 악전고투였고, 내면은 오직 정열이 휘몰아치고 있었다. 목적이 달성되었을 무렵에는 … 그들은 알렉산더 대왕처럼 요절하거나, 카이사르처럼 살해되거나, 또는 나폴레옹처럼 세인트헬레나로 유형을 당하기도 한다. 역사적 인물이 행복한 경우는 없다. … 이 위인들 가운데 하나가 중요한 사업을 완수해 내자마자 사람들은 질투심에 휩싸여 특별한 재능은 누구나 지녔을 거라고 생각하게 되고, 위인은 투옥당하거나, 추방되는 괴로움을 겪는다. 마지막에는 민중 가운데 위인의 비방과 중상을 직업으로 하는 자마저 나타난다."(헤겔, 『역사철학강의』, 동서문화사, 2016, P40~41)

———————— 종가의 귀환

* 아나톨 프랑스

"대중은 자신이 완벽하다고 생각한다. 바보는 자기 자신을 의심하지 않는다. 어리석은 자가 사악한 자보다 훨씬 나쁘다. 사악한 자는 이따금 쉴 때가 있지만 어리석은 자는 전혀 그렇지가 않다."(황보영조 역, 『대중의 반역』, 역사비평사, 2015, P97)

* 오르데가 이 가세트

"대중, 모든 일에 대해 매우 분명한 견해를 갖고 있다. 눈이 멀고 귀가 멀었음에도 불구하고 모든 사회생활에 자신의 의견을 내세우고 간여한다. 우리의 이웃들이 기준으로 삼을 규칙이 없는 곳에서는 교양이 없는 것이다."(황보영조 역, 『대중의 반역』, 역사비평사, 2015, P100)

* 이익집단

"대중은 자신들이 옹호하는 정책이 다른 사람들에 해가 되고 국가 전체에 최선이 아닐 수도 있음에도 불구하고 스스로의 이익을 추구한다."(박응격 역, 『이익집단사회』, 범문사, 2012, P2)

* 블라디미르 레닌

"세상의 현실을 향해 용기 있게 나아가는 사람, 조직에는 반드시 그늘이 생기게 된다. 역사적 필연이다. 흠결이 없는 사람은 아무것도 안 한 것이다."

* 소동파(蘇東坡)

"송백(松柏=소나무 잣나무-필자 주)이 산림에서 나서 처음에는 쑥대에 의해 곤궁을 당하고, 소와 말에 의해 곤욕을 당하지만, 마침내는 사계절을 뚫고 천년이 지나가도록 변치 않는 것은 하늘의 뜻이 정해진 것이다."(조규백 역주, 『소동파 산문선』, 백산, 2011, P221)

• 나는 진정으로 박정희 전 대통령과 화해했다

1970년대, 대한민국 현대사 가장 격동의 시기, 인간 김대중은 가장 전면에 나섰고, 가장 고난에 처했다.

최선을 다하며 나라를 위해 뛰어서 승리를 쟁취한 국가대표 축구·야구 선수 중 가장 돋보인 선수를 인터뷰하면, 그들이 꼭 하는 말, "모두 함께 열심히 해서 이긴 겁니다, 저 혼자 한 것이 아닙니다." 실로 "우리 선수", "우리의 승리"다. 그러나 "암3" 그들만의 믿음에 바탕 해 끝없이 이어지는 "민주 반민주, 음양흑백 정치투쟁" 여기서는 반드시 하나가 죽고 하나가 살아야 한다. 그곳에는 그 어느 때고 결코 "우리의 승리"는 없다.

그 시절, 가장 고난에 처했던 인간 김대중, 그는 누차에 걸쳐 "나는 진정으로 박정희 전 대통령과 화해했다."고 말했다. 인간 김대중, 그도 가장 가까운 동족으로부터 죽을 고비를 세 번 넘겼다. 인간 박정희는 시대가 기록할 수 없는 고비를 넘겼고, 막상 가슴에 총탄을 받고는 기다린 듯 정좌하며 초연했다.

그 시절, 김지하·함석헌·김대중의 반대와 정면 도전은 그 어떤 막말도, 폭력도 없었고, 그들 뒤에는 그 어떤 외세도 이념도 없었다. 그들은 오직 인간, "홍익인간" 자체를 기준으로, 진정한 우리들의 꿈·삶·길을 주장했을 뿐이다. 없는 살림 가난한 집안에 뭐가 먼저인지를 두고 인간 박정희와 정면 대결을 한 것이다. 그리고 세월과 함께 피와 땀의 계단을 오른 뒤, 김지하는 생명을, 함석헌은 화해를, 김대중도 진정한 화해를 말했다.

그렇다, 피와 땀이 튀기는 한판의 혈투를 하고 보니, 박정희는 감독 겸 최전방 공격수, 김지하·함석헌·김대중은 미드필드·수비수·골키퍼였던 것이다. 그리고 그 한판은 세계챔피언을 놓고 겨루는 멋진 승부였다. 그들은 각기 목숨을 걸었고 우리는 이겼다. 그리고 결과는 세계 제일 못사는 나라에서 세계 10대 강국 건설, 최종 승자는 5천만 국민, "우리" 민중들이었다.

박정희의 "우리"는 김대중의 "햇빛"이었고, 김지하의 "생명"은, 함석헌의 "화해"였다. 그들의 신앙은 위선의 이념·사상·종교·음양흑백 선악이 아니라, 조선민족 종가 고려 1만 년 유전자, 너와 나가 하나, 하늘과 인간이 하나, 생과 사가 하나인 신선도(神仙道), 그 길에 모든 것을 걸고 이기며 걸어온 것이다.

인간 김대중의 햇볕은 김씨왕조를 숭배·맹종하는 노예영혼들의 "흑백정책"과는 명백히 다르다. 박정희의 계승자와 그를 빙자하는 무리들이 구분되어야 하듯이, 김대중의 정신을 계승 실행하는 이들과 김씨왕조를 숭배하며 김대중을 수단 도구로 선전 선동하는 무리들은 명백히 구분되어야 한다. 인간 김대중은 북으로 가면서도 탈북자를 존중했고, 경제를 말하면서 국익과 여론에 반해 이념과 독단으로 결정부터 한 후 민생과 국익을 빙자하지 않았고, 평화를 말하면서도 방어력을 약화시키지 않았고, 국민과 민주를 말하면서 그들만의 선전·선동·증오로 인간·세상·역사를 흑백으로 양분·탐욕하지 않았다. 김대중의 법은 인류보편 사회정의를 실현하는 것이었지, 그들만의 패거리를 위해 법과 정의가 빙자되는 것이 아니었다. 일본을 말하면서도 그들만의 증오 · 선동에 정치적 탐욕 추구가 아니라 철저한 예절로 국익을 우선했다.

햇볕 아래서 경제는 전문가 · 국익 · 여론이 움직이고, 흑백 아래서 경제는 사상과 이념으로 일단 결정부터 한 후 단호히 희고 검은 것으로 선전된다. 햇볕 아래서 외교는 그 어떤 적도 동지도 국익을 기준으로 판별되며, 흑백 아래서 외교는 일단 흑백으로 구분되고 국익과 여론으로 빙자 · 선전된다.

세상과 역사, 가장 소중한 주인은 사람 · 인간이다. 사상 · 이념 · 학문은 그다음이다. 인간 김대중은 제주4 · 3은 반란이라 말했고, 일본은 천황이라 했다. 사람과 사건의 이름은 본디 그들 그 일 그대로 불러야 한다. 눈앞의 사람에게 도덕과 상식을 요구하면서, 나는 사상 · 이념 · 증오 · 무례를 언행의 기준으로 삼는 것, 스스로 파는 무덤이고 자멸의 길이다. 이념 · 사상 · 증오가 가야 할 길보다, 생명 · 인간 · 인류의 갈 길이 멀다.

그는 안기부 업무보고를 받는 자리(1999.5.12.)에서 다음과 같이 말하며 공과 사를 구분했다.

"대통령을 국가원수요 행정수반으로 받드는 것이지 정치적으로 받들 필요가 없습니다. 대통령이 정치적으로 부당한 어떤 지시를 해도 들을 필요가 없습니다."(김택근, 『김대중 평전』, 사계절, 2012, P268)

대법원 확정 판결을 받은 죄인도 제 편이면 구출해야 한다던 무리들과는 차원이 다르다. 그는 임기 말까지 자신의 말을 실행으로 옮겼다. 실로 햇볕, 태양, "우리 길"이다. 또 평소 소신과 약속대로 대통령 재임 기간 그 어떤 정치보복도 하지 않았다. 세계 최빈국에서 단기간에 세계 10대 강국이 된 나라의 대통령 자리, 결코 혼자서 음양흑백 정치 투쟁만으로 만든 자리가 아님을 진정으로 이해했기 때문일 것이다. 인간 박정희 김대중 그들의 목표는 하나 "홍익인간", 가는 길이 좀 달랐을 뿐이다. 그 승자는 세계 10대 강국 "우리들"이다.

VII

고려로 가자(정신 영혼)

지금 우리는
만민 평등
천손, 태양의 길
우리의 영혼은 우리의 그릇에

1. 지금 우리는

* 단재 신채호

"어진 자는 작은 나라로 큰 나라를 섬긴다는 주의로 외국 구적에게 아첨하는 자도 영웅이라 칭하였으며, 심지어 적국과 창귀가 되어, 본국을 오히려 해하는 자도 영웅이라 칭하여, … 사적에 흔히 이런 사람이 많으니, 내 이러므로 영웅이라 하는 두 글자를 위하여 한 번 통곡할 만하도다."(임중빈, 『단재 신채호』, 명지사, 1998, P115)

* 이이(李珥)

"(우리나라가) 비록 이름은 외국이지만 실은 동방의 한 제나라 노나라일 따름이며 화하(華夏, 명나라—필자 주)와 동방(조선)은 합하여 일가를 이루었다. 하늘에는 두 해가 없고 백성에는 두 임금이 없다. … 제후국으로서의 소임이 무겁게 되어 실로 만세의 그지없는 영광이다."(고전국역총서, 『율곡집』, 1989, P290)

* 이황(李滉)

"하늘에는 두 해가 없고, 백성은 두 임금이 없으니 〈춘추〉의 대일통(大一統)이라는 것은 천지의 사람들이 지켜야 할 고금의 도리다. 대명(大明)은 천하의 종주로서 해우일출(海隅日出, 변방의 작은 나라들—필자 주)은 신하로서 복종하지 않음이 없다."〈퇴계전서〉

* 바울(로마서 13:1~2)

"각 사람은 위에 있는 권세들에게 굴복하라. 권세는 하나님에게서 나지 않음이 없나니, 모든 권세는 다 하나님이 정하신 바라, 그러므로 권세를 거스르는 자는 하나님의 명을 거스름이니, 거스르는 자들은 심판을 스스로 받으리라"(민희식, 『성서의 뿌리』, 블루리본, 2015, P78)

* 김일성 교시(1968년)

"종파분자와 계급의 원수는 그가 누구이건 3대에 걸쳐서 씨를 없애야 한다."(안명철, 『월간조선』, 1995. 5)

인간의 육신은 그 생각을 따라가고, 민족의 미래는 그 민족정신을 따라간다. 지금 이 땅에 만약 이이와 이황이 살아 있다면, 필자는 다음의 글을 그들의 면전에 들이대고 싶다.

"몽골 · 일본 · 베트남 · 티베트 그리고 조선민족 종가도 후고려까지는, 그 누구도 중화의 노예로 살지 않았다."

지금도 수도 서울의 한가운데에는 국민의 절반 이상을 때려죽여도 되는 노예로 만들고 지배한, 자신들은 중화의 노예가 된 이씨왕조의 상징, 숭례문(崇禮門)이 국보 1호가 되어 버티고 서있다. "동방예의지국" 그들이 자부하고 받드는 예절이란 도대체 누구를 향한, 무슨 예절이란 말인가? "국보 제1호", 실로 참담한 노릇이다.

본래 진정한 예절이란, 그 누구를 대상으로 높이 받들어 숭배하는 것이 아니라, 눈앞의 사람과 나 자신 그리고 만인에게 두루 실행하는 것이다. 모화(慕華館)가 사랑이 아니고, 영은(迎恩門)이 은혜가 아니듯, 숭례(崇禮門)는 결코 예절이 아니다. 500년 그 맹종(=崇禮)을 지금도 그대로 이어 가는 말이 "국보 제1호"다. 잘못된 역사와 잘못된 교육 · 믿음 · 정신이 우리의 일부 젊은이들을 호랑이 종자에서 개의 씨앗으로 만들어 간다. 학문의 전당과 산업 현장에서 무지갯빛 지혜 · 용기 · 혜안으로 빛나야 할 자유인의 열정이, 길거리와 인터넷 공간에서 맹종 · 증오 · 배척을 주장하는 음양흑백 노예영혼으로 변해 간다.

노예영혼, 우리의 자존을 향한 정면 도전에 그 누구도 분노할 줄을 모른다. 당당히 "한국은 과거 중국의 일부였다"라고 주장하고, 북중러 3국이 합의한 1만년 조선민족의 강역을 무단 점령하고, 북한의 일단유사시 침략 점령하겠다는 만반의 준비를 하고있는 나라에는 모두가 개처럼 꼬리를 내리고, 심지어 세금 위에 있는 자들이 중국에 가서 황제에 대한 변함없는 충성을 뜻하는 "만절필동" 등을 강조하고 우리를 비굴하게 낮추었다.

그러나 역대 일본의 총리 장관들 그 누구도 "과거 한국은 일본의 일부였다."라고 당당히 주장한 사람은 없다. 그들은 오랜 기간 39회에 걸쳐서, 심지어 그들 천황까지 직접 나서서 정중히 과거사를 사죄했다. 소중화(小中華)와 이이제이(以夷制夷)가 골수에 새겨진 천박 가련한 노예영혼들, 실로 한쪽에는 개처럼 꼬리를 내리고 한쪽은 개처럼 물어뜯어, 그 틈새에 초라한 자리를 잡는다. 지금 이 땅 가장 극악한 "암3" 병증이다.

이씨왕조 주자원리주의, 기독교의 "원죄론", 김씨왕조원리주의의 많은 원리들은 홍익인간, 화백(쿠릴타이)에 정면 배치된다. 이것들은 천손 · 인내천 · 자유인이 아니라 그 누군가 권력을 쥔 자들에게 예속 · 복종하도록 요구하고 있다. 조선민족 퉁이(Tungi), 본래 인간 민중은 대지의 주인이지 결코 그 무엇의 수단 도구가 아니다. 존재 그 자체로 하늘 · 태양 · 영원한 자유인이다.

——————————— 종가의 귀환

필자는 이 책 서문에서 "지혜와 용기는 모든 붓과 총칼을 이길 수 있다."라고 말했다. 그러나 진정한 지혜와 용기는 살아 있는 정신 영혼의 소유자들에게서나 가능한 일이지, 그 누구에게 예속된 "노예영혼들"에게서는 결코 찾을 수 없다.

남들이 증오와 멸시로 지어낸 소설, 기자동래설(기자조선)은 우리 역사의 출발점이 되었다. 대륙의 한때 무용한 사변철학, 주자학(성리학)은 이 땅에서는 태극음양, 주자가례 등으로 만고불변의 우주법칙, 만인을 통제하는 인륜도덕이 되고 영혼이 되었다. 신화모음집 성서, 서구의 여러 나라들에서 신(God · 神) 또는 예수(Jesus)라 말하는 것을 이 땅에서는 덤으로 하나님에 아버지까지 붙여서 높이 받들어 숭배한다. 이는 남들이 마오쩌뚱 동지, 호치민 동지 하는 것에 반해, 김일성을 위대한 수령에, 민족의 태양도 부족하여 어버이수령 이라 말하는 것과 정신적 배경이 일맥상통하는 것이다.

우리가 만일, 진실로 맹신 · 맹종해야, 복종해야, 지배당해야 마음이 편안히 제 위치를 찾는다면 그 증상의 이름은 정확히 "노예영혼"일 것이다.

뭔가에 빠져들어 깊이 병든 영혼들은, 나와 생각이 다른 주변의 이웃을 "다른 것은 틀린 것"이라며, 마음속에 증오를 키워 극단으로 배척하며 공격한다. 그 증표가 되는 말들이, 이씨왕조 이이(李珥)가 실사구시를 실천하는 영의정 이준경과 승려 보우를 두고 말한 "귀신과 붙여우(鬼蜮)〈연려실기술〉", "살을 찢어발기고(慾磔其肉)〈논요승보우소〉", 구약성서 초기에 나오는 "숨이 붙어 있는 것은 모조리 진멸케 하라.", "남녀노소는 물론 생축까지도 모조리 죽여라.", 그리고 김씨왕조에서의 "씨를 없애야 한다.", "쓸어버리시오." 등이다. 이 말들은 모두가 그 뜻이 하나로 통한다. 오늘날 우리들 눈앞에서 벌어지는 극단적 투쟁들은 실은 많은 경우 이들이 민족 민주라는 가면을 쓰고 상호 충돌하는 것이다. 실로 분리하고 통치하라(Divide and Rule), 이이제이(以夷制夷)의 주인들이 멀리서 바라보며 즐거워할 일들이다.

1만 년 역사의 영원한 자유인, 그들의 노래 · 시 · 그림 · 상징이 중심이 되는 것이 아니라, 뭔가에 영혼이 종속된 내가, 나를 지배한, 나를 구속한, 주변의 타인 그 누구를 내 마음속 기준으로 삼고, 그에 종속된 나를 돌보이게 항변하고 강조하는 일, 그 표상이 되는 말이 "동방예의지국", "만절필동", "재조지은", "조중혈맹", "일본으로부터 독립한 나라", "일제강점기", "독립기념", "고려왕, 중국황제, 일왕"이다. 고려는 명백히 황제였다. 특히 "중국황제, 일왕"이란 것은 애초에 존재한 적이 없다. 세계사 보편의 역사 · 상식 · 예절과는 무관한, "암3"에 억눌리고 병든 노예영혼들이 할 수 있는 말이다. 명료한 언어는 맑은 영혼의 상징이다.

스스로 노예영혼이 되고 망하여 주저앉아 한 대 맞았으면, 다시는 맞는 일이 없도록 원인 분석과 대책 수립에 충실해야 한다. 자유인의 영혼으로, 세상 모두를 가까이 두고, 세상 모두에게 배우고 협조를 구하여, 나를 키우고 강하게 해야 정상이다. 그러나 그들은 그 아픈 상처마저도 오늘의 탐욕을 위해 동원한다. 그들만의 사상 · 이념 · 종교에 기대고 뭉쳐 태극음양 · 흑백선악으로 선전 선동한다. 이들에게 태극은 그들만의 우상과 탐욕이며, 음양흑백은 중화와 오랑캐, 양반과 쌍놈, 천사와 악마, 혁명과 반혁명, 친일 · 반일 등이며, 오행은 우민화된 노예영혼들의 맹종 · 예속 · 증오 · 투쟁 · 배척 등의 증상으로 나타난다(앞 P269, 주돈이의 태극도 참고).

따라서 우리 사는 곳에 1만 년 역사의 세계 최고 · 최선의 문명을 개창한 흔적 · 유적 · 기념물은 없고, 오로지 음양흑백 · 증오배척, 얻어맞고 지배당한 흔적만 끝없이 강조하는 것이다.

세계사의 보편타당한 생명 생존의 원리들을 토대로 교육을 하여 지혜 · 용기 · 혜안을 기르는 것과, 그들만의 사상 · 이념 · 종교를 가슴에 담고, 음양흑백 · 선전 · 선동하여 증오와 배척을 기르는 것은 서로 가는 길이 완전히 다르다.

잃어버린 우리 본래의 소리 · 색 · 문양 · 상징을 찾아, 시급히 천손 자유인의 정신과 영혼을 회복해야 한다. "태극음양 · 흑백선악"은 결코 "우리"가 아니며, 1만 년 민족사 최악의 정신질환이다. 태극음양흑백의 고향은 위선 간교한 중화의 심장이고, 무지개의 고향은 고려의 본향 유라시아 한가운데 대초원이다. 태극음양흑백은 중화에 예속된 노예영혼의 상징이고, 찬란한 무지개는 고려혼(高麗魂)의 상징이다. 태극음양흑백은 그들만의 우상을 위해 음과 양을 구분하고 선전 선동하는 위선자들이 승리하는 길이고, 무지개는 민중들의 꿈과 피 땀이 승리하는 길이다. 태극음양흑백은 우리를 노예영혼의 길로, 무지개는 우리를 천손 자유인의 길로 인도한다. 눈앞의 모든 인간 사물 세상 역사는 태극음양흑백이 아니라, 무지개와 사통팔달(p486 천손문)의 시각으로 바라봐야 한다. 이웃 중국과 일본을 바라볼 때도 소중화 숭례 만절필동 사대맹종의 태극음양흑백이 아니라, 무지갯빛으로 바라봐야한다. 그러할 때 우리의 드높은 성장 번영과 노벨상으로 가는 길이 열린다.

"노예영혼", 영원한 자유인으로서의 상상력과 꿈이 없으니 목표와 비전이 없고, 만 리를 달려갈 야성이 없으니 피와 땀의 도전이 없다. 담대한 도전이 없으니 승도 패도 영광도 책임도 없고, 세금 위에 무리지어 음양흑백 · 빙자 · 남 탓만 하게 된다. 그리하여 민중의 피와 땀이 주인 되는 상공농사의 세상이 아니라, 위선자들의 사농공상의 세상이 재현된 것이다.

과거를 기준으로 그들만의 기득권 · 사상 · 이념 · 종교의 우상을 가슴에 두고, 오늘과 미래를 빙자 · 편승 · 무리 짓고 줄을 서는 친○친○ 등은 결코 우리의 길이 아니다.

우리는 오늘, 과거의 역사를 교훈 삼아 미래를 열어 가는 "우리일"을 해야 한다. 그것이 우리의 100년 앞을 내다보는 것(박정희)이든, 국민들보다 반걸음만 앞서 가는 것(김대중)이든, 그 길은 음양흑백과 증오에 있는 것이 아니라, 담대한 도전과 고단한 피와 땀의 여정, 그리고 이해 · 포용 · 화합 · 용서에 있다.

필자의 생각에 "모자는 해져도 반드시 머리에 쓰고, 신발은 아무리 새것이라도 발에 신어야 한다.", 즉 가치의 우선순위가 뒤바뀌면 되는 일이 없다는 뜻이다. 사람 · 생명 · 생존 · 실사구시가 우선이고, 종교 · 사상 · 이념은 그다음이란 말이다. 필자가 우리 역사에서 '암3'를 지목하고 주시하는 이유이다. 둘의 순서가 완전히 뒤바뀐 "원리주의"는 반드시 재앙과 퇴보를 부른다. 세계사의 필연이자, 인류역사 대표적 위선(僞善)이다.

"사람" 그 자체가 주인 되는 화백(쿠릴타이), "마주 보고 둘러앉은 우리들"은 그 어떤 차별과 구속도 거부하는 무한의 상상력 · 야성 · 자유의 주인들이다. 여기에서 "홍익인간"이 가능하다.

우리들이 다시 천손 태양의 후예들이 사는 땅 "고려로 가는 길"은, 눈앞의 사람과 나 자신을 바르게 대하는 것, 즉 천손(天孫) 자유인으로 대하는 것에서부터 출발해야 한다.

종가의 귀환

2. 만민 평등

1) 사람 차별 유전자

"정문은 입주민 전용 출입구입니다."

"입주민 외 모든 차량 후문 입차"

"방문객은 돌아서 뒷문으로 가세요."

"모든 방문객은 뒷문으로 출입"

"방문객 택배, 뒷문 출입"

위 문구들은 근년에 ○○지역에서 필자가 집중적으로 본 문구들이다. 황제노조가 아주 크게 세력을 떨치는 지역이다. 천만다행히도 아직 필자가 사는 지역에서는 이런 문구를 본 적이 없다.

필자가 외부 차량으로 어쩌다 문구를 늦게 봐서 정문 입구에 차를 대고 왜 그러냐고 이유를 물으면, 경비근무자의 대답은 아주 간단하다. "입주민회의에서 결정했습니다. 돌아가세요. 누가 보면 우리가 곤란합니다." 순간 길을 잘못 든 천민의 느낌이 든다. TV에서 본 젊은 입주민들이 나이 든 경비원을 호통치는 모습도 떠오른다. "아! 그래요? 알겠습니다." 뒷문으로 돌아간다. 그 시각 정문이나 뒷문이나 한산하기는 매일반이고, 뒷문은 아예 열려 있거나 차를 들이대면 바로 열어 준다. 번잡하여 안전이 문제가 된 것도, 기술 보안이 문제가 된 것도 전혀 아니다. 서글프다. "뒷문으로만 다녀야 하는 사람들".

『한단고기』「태백일사」「환국본기」에 다음과 같은 기록이 있다.

"천하고 멀다 하여 차별을 두지 않았고, 윗사람과 아랫사람이라 하여 차별을 두지도 않았으며, 남자와 여자의 권리도 따로 하지 않았고, 어려운 자를 도와 약자를 구제하니, 원망하고 일부러 어긋나는 자 하나도 없었다."(임승국 역해, 『한단고기』, 정신세계사, 1996, P162)

이씨왕조, 세계사 최악의 노예국가, 전래의 민족혼에 정면 배치되는 노예영혼의 나라, 국민의 절반을 때려죽여도 죄가 되지 않는 노예국가, 사실상 일제의 영향 하에 고대 노예사회에서 근대세계로 직행한 기이한 나라. 그들은 고개를 하나 넘는 데도 사람을 차별했다. 문경세재, 그곳은 주로 양반·선비들이 넘었고, 상인들과 보부상은 인근의 이화령을, 소와 말, 천민들은 주로 하늘재를 넘어 다녔다.

멀리서 찾아온 변화와 손님을 소중히 할 줄 알았던 민족, 그것을 밑천으로 고도로 발달된 문명을 개창한 민족이 우리들이다. 노예영혼이 지배하고 득세하면서 나와 다른 것은 틀린 것, 모르는 것은 아닌 것, 강 건너면 오랑캐, 바다 건너면 왜놈, 몰라도 나는 옳고, 나는 희고 너는 검고, 세상을 바라보는 태극음양, 흑백선악의 위선·사고, 그 출발은 눈앞의 사람을 차별하는 것이다.

인간을 대하는 잘못된 위선의 가치기준, 그 기준이 재앙을 부른다. 친절히 "어서 오세요." 하면서도 충분히 보안도 안전도 확보할 수가 있다. 그곳은 명백히 차도와 인도가 넓게 구분되어 있고, 모든 도로의 구획선, 과속방지턱이 뚜렷하다. 시내에서 한참 멀리에 위치한 그 아파트들을 갈 때마다, 그곳에서 어린아이들을 볼 때마다 "우리"는 없고,

"인간 차별, 천민"이란 말이 자꾸 떠오르는 것을 어찌 해석해야 할까?

폐쇄와 장벽은 문명쇄락의 원인이고, 개방·포용·수용은 번영·발전의 원동력이다. 그 시작은 눈앞의 사람을 대하는 것에서부터 출발한다. 노예영혼, 원숭이는 자기가 두려워하는 동물은 흉내 내지만, 자기가 경멸하는 동물은 흉내 내지 않는다.

2) 위선도덕의 꽃, "성매매 방지 특별법"

* 허균

"남녀 간의 정욕은 하늘이 부여해 준 것이요. 분별의 윤리는 성인의 가르침이다. 하늘이 성인보다 높으므로 성인의 예교를 어길지언정 하늘이 부여한 본성을 어길 수는 없다."

* 프로이드

"억압으로부터 생기는 미움(惡), 애(愛)와 오(惡)는 하나이며 초자아에 의해 오(惡)를 줄이고 애(愛)를 키우기 위해서는 본능을 억압하지 말아야 하며 억압으로 생기는 오를 제거하기 위해서는 억압된 것을 발산시켜 주는 방안이 필요하다."

손바닥으로 자신의 눈을 가릴 수는 있어도 하늘을 가릴 수는 없다. 편향된 도덕규칙으로 특정의 시공을 통제할 수는 있어도 인간·사회·역사 자체를 통제할 수는 없다.

성적 욕구, 정상적인 신체와 정상적인 능력을 가진 사람은 대체로 그들 욕구의 많은 부분을 채우며 살아간다. 돈이 그러하듯 성적인 여건도 갖지 못하고 준비되지 못한 사람은 제대로 해소할 길이 없다. 몇 년 전 우리나라도 오랜 시간 유지되어 오던 간통제가 폐지되었다. 이것은 법·규칙·사회적 관습이 인간의 성적 자기결정권을 통제해서는 안 되며, 성에 관한 한은 자신의 결정이 제일 중요하다는 말이다. 그 행위가 사회의 원칙을 따르든 변칙을 따르든 각 개인 자신이 알아서 할 바란 뜻이다. 즉, 능력이 있는 사람은 범위를 무한으로 확장할 수도 있다는 말이다.

그러나 이 사회의 위선도덕은 "성매매 방지 특별법"이란 것을 만들었다. 능력 있는 자신들은 원칙과 변칙으로 최대한 향유하고 즐기되, 신체적·경제적·인간적 장애와 무능력 부족함을 갖고 있는 사람들은 애초 하늘이 준 성적 본능마저도 아예 근원적으로 봉쇄·통제해야 한다는 말이다. 즉, 이씨왕조 양반들처럼 능력 있고 권세 있는 자신들은 여러 처첩을 두고 무한으로 즐겨도 되고, 상황이 불리하고 무능한 과부는 제가도 금지하고 절대 남자를 만나서도 안 된다는 것이다.

성매매는 유사 이래 가장 오래된 직업이다. 남성의 종족보존 본능, 전쟁으로 남편을 잃은 여성들의 자녀 양육 수단, 어려움에 처한 젊은 여성들에게는 귀중한 생업이었다. 다양하고 복잡한 형태로 이루어진 성매매는 인류역사 이래 가장 중요하고 필수적인 삶의 한 부분이었다. 수많은 전쟁터에도 다양한 형태의 성매매가 있었다.

"암3" 위선자들은 이를 두고도 희다 검다로 재단한다. 실로 최악의 위선이다. 성매매를 강요하는 것, 이씨왕조 임금 이도(李祹)처럼 신분으로 강제하고, 그 신분을 상속하게 하는 것은 분명히 최악의 반인륜 범죄 행위다. 그러나 스스로 선택한 성매매는 누구도 옆에서 관여해서는 안 된다. 우리의 경우 한때 철거된 집창촌의 여성들이 직업 선택의 자유를 외치며 길거리서 데모를 하기도 했고, 일부는 해외로 나가 성매매를 한다. 또 성매매를 원하는 남성들은 외국으로 나간다.

한때 세계 최고의 고아 수출국이었던 대한민국은 그나마 당시에는 상황이 어려웠다는 변명을 할 수도 있다. 그러나 지금 성매매여성과 성매수 남성을 모두 밖으로 내보내는 국민성을 도대체 뭐라고 말하며 어찌 해석을 해야 하나? 가증스런 "암3 위선도덕"이라는 말 외에는 설명이 불가하다.

우리는 오늘도 정상인들의 수많은 성적 일탈, 부족한 사람들의 비정상적 성범죄의 현실을 언론을 통해서 본다. "지금 내가 유리하니, 내 스타일로 법을 만들 테니, 모두 상황과 능력 여하를 불문하고 나를 따라라." 이것은 전형적인 중세 기독교원리주의의 성직자들, 이씨왕조 주자원리주의자들, 김씨왕조 원리주의자들의 태도다. 그들은 수녀원 처마 밑에 수백의 어린 유골들을 남겼고, 수많은 비(婢)와 기녀를 두었고, 기쁨조 · 만족조 수용소를 두고 압도적 권력으로 주변 여성들을 다스렸다. 그러면서 입으로는 순결 정조를 강조했다.

정상적인 인간은 주리고 주리다 다급하면 흙 묻은 빵도 먹어야 하고, 떠돌다 지쳐 쓰러지고 찬바람 불면 마구간 구석, 커다란 나무 아래서라도 이슬을 피하며 잠을 자야 한다. 어느 못난 사람이 현실이 요하는 사랑의 요건을 온전히 갖추지 못하였더라도 그마다의 고귀한 본능은 그 모습 그대로 존중되어야 한다.

배우자도 연인도 없는 사람, 만들 능력도 없는 사람, 그들은 남자도 여자도 인간도 아니란 말이다. 설사 있더라도 여러 상황에 따라 부인 · 애인과의 관계가 여의치 않을 수도, 성매매 여(남)성과의 관계가 더없이 긴요하고 소중할 수도 있다. 그 모든 선택과 결정은 각자가 알아서 판단할 일이지, 제3자나 법이 판단해 줄 일이 아니다. 인간의 성(性)은 애초 인간의 법 위에 존재하는 것이다. 한 인간의 성(性)에 대해 타인과 법이 예절을 요구할 수는 있어도, 가부 존폐를 논할 수는 없다.

"성매매방지 특별법", 이것이 도덕이라면 최악의 위선도덕이고, 법이라면 최악의 반인간 반자연 악법이다. 하루하루 들려오는 성범죄, 살인사건도 내가 죽이지만 않으면, 나만 죽지 않으면 얼마든지 발생해도 상관없다는 말이다. 이것은 정상적인 인간의 가치가 지배·통치하는 세상이 아닌, 전형적인 "암3" 위선도덕이 지배하는 세상에 있어야 할 법이다. 공존·포용·함께하는 "우리"가 아닌 그들만의 사상·이념·종교의 위선도덕이 지배하고, 인간·자연·생명의 순리와 가치는 고개를 숙이고 순응해야 한다는 말이다.

이는 마치 이 땅 김씨왕조의 개들이 생사의 기로에 처한 탈북자들을 방치, 북송을 방조하는 것과 같은 심리다. 그들이 맞아 죽든, 공개처형·생체실험을 당하든, 지금 내가 그 상황이 아니니, 나만 당하지 않으면 상관없다는 말이다. 즉, 눈앞의 생명보다 그들 마음속 사상·이념·위선탐욕의 가치가 우선이란 말이다. 하늘과 태양은 모든 인간 생명 위에 골고루 존재하지만, 그들만의 사상·이념·종교·학문은, 기득권·위선자 그들만의 머릿속·가슴속에 존재하는 것이다.

범죄는 주리고 내몰린 자들의 손끝에서 시작되지만, 그 시작의 원초적 씨앗은 자신을 백로로 자처하며, 멀리서 갖지 못한 자들을 까마귀로 생각하고 내모는 가진 자, 무지·탐욕·간교한 위선자들의 마음에서 싹이 튼다. "성매매방지특별법", 이것은 집 없는 자는 잠자지 말고, 팔다리 하나가 없고 손발이 불편한 자는 식탁에 앉지도 말고, 밥 먹지 마라는 말이다.

이 세상 모든 법은 인간 · 자연의 순리와 본능의 토대 위에 그 질서를
유지해야 한다. 그늘을 밝히는 것은 가진 자의 탐욕과 위선, 그들만의
획일적 가치기준이 아니라, 나보다 못한 자를 입장 바꿔 생각해 보는
따스한 배려의 마음이다. 화백과 홍익인간은 그런 마음의 터전 위에 존
재하는 것이다.

지금 이 땅의 "성매매방지특별법", 이것은 인간의 본성을 따르는 것
이 아니라, "암3" 그들만의 간교한 위선도덕기준을 따른 것이다. 즉시
철폐되어야 한다. 조선민족 종가 고려인의 사랑 · 상상력 · 야성 그리고
생명력의 가장 기본적 근원을 만인에게 자유롭게 해야 한다.

* 사랑의 욕구

**"사랑의 욕구는 억제한다든지 억압할 수 있는 것이 아니기 때문이며,
억압된 사랑은 죽어 버린 사랑이 아니라, 살아 있어서 영혼의 캄캄한 깊
이에서 욕구 실현의 기회를 노리고, 순결의 억압을 계속 배격하며 다른
모습, 즉 그것과 식별할 수 없는 모습으로 다시 나타납니다."**(토마스만,
『마의 산』, 동서문화사, 2014, P170)

3) 귀족연금 천민연금

우리는 앞에서 이웃의 중국 · 일본과는 달리, 이씨왕조 이후 이 땅에
서 나라가 구조적으로 인간을 차별하고, 위선자들이 그 위에서 군림하
다 나라의 근간이 무너져 스스로 망한 것을 알아보았다.

그로부터 많은 세월이 지난 지금, 하루하루 언론에 빠지지 않고 등장하는 단어가 "민주"라는 단어다. 조선민주주의인민공화국 등 "민주"라는 이 일본말은 쓰기에 따라 본디 필자가 생각하는 "홍익인간"과는 완전히 거리가 먼 그 어떤 뜻을 가졌는데, 자세히 알기가 참 어렵다. 한때 필자는 "국민"이란 말도 아주 단순히 "우리"라는 말과 비슷한 뜻으로 이해한 적이 있다. 요즘 들어 "민주"도 "국민"도 "나 또는 우리"와는 거리가 너무 멀어져 가는 느낌이다.

국민연금, 보건복지부는 2018년에 국민연금 적립금이 2057년 고갈될 전망이라고 발표했다. 그런데 2019년 5월 전체 연금수급자 중에는 월 300만 원 이상 연금수급자가 국민연금 0명, 공무원연금은 123,583명으로 나타났다. 전체 가입자 수 비교, 납입 기간, 모두를 비교해도 분명히 나타나는 것은 국가에서 세금으로 사람을 차별하고 있다는 점이다.

필자는 친구와 등산을 하다가 놀라운 이야기를 들은 적이 있다. 곧 정년퇴직을 앞둔 모 국립대 교수는 월 연금수령액이 7백 몇 만 원이란 말이었다. 정확한 사실관계는 확인해 볼 수가 없었다. 그 말을 듣는 순간, 고향의 선배 한 사람이 생각났다. 그 연령대의 사람들은 1970년대에 대학교를 다닌 극소수 혜택받은 사람들이다. 대부분 공부를 잘해도 대학교는커녕 중학교·고등학교도 못 가고 공장에 취직하고 장사하고 막노동하며 인생을 열심히 살았다. 그 선배들이 지금 받는 국민연금은 매월 20여만 원에서 아무리 많아야 100만 원을 넘지 않는다.

두 사람을 비교하면 일단 출발부터 90% 이상 운수로 진로가 결정되었다. 그리고 오늘날 공무원시험, 아무리 열심히 공부해도 몇 점 차이로 당락이 결정된다. 그런데 그 몇 점은 노력보다 IQ 차이일 가능성이 크다. 모두가 알 듯이 IQ는 노력이 아니라 타고나는 것이다. 중요한 것은 공무원 시험 합격, 그 자체만으로는 전혀 나라를 위했다고 할 수가 없다. 세금으로 국민을 차별할 경우는 분명한 사유가 있고 만인 앞에 증명이 가능해야 한다. 올림픽 메달, 전쟁 무공자, 신기술 연구개발 같이 분명한 사유가 있어야 한다.

연금 불입액과 기간 등으로 분명히 설명되지 않는 연금액 차이는 명백히 나라가 국민을 차별하고 있는 것이다. 그 어떤 국민도 일상적인 하루 일을 하면서 20배 이상으로 연금액이 차이 날 정도로 그 공로가 차이 나지 않는다. 세금으로 지원되는 연금액은 전 국민이 하나처럼 동일해야 한다. 전 국민 모두가 최저임금을 토대로, 불입액 한계, 최고한계 수령액을 특정해야 한다. 그것이 국민연금이다.

일본은 이미 연금통합을 했다. 정당한 이유 없이 존치되어 온 기득권은 일거에 혁파, 뒤집어엎어야 한다. 그것이 사회 · 국가 · 인간적 정의(正義)다. 그것에 조직적으로 반대 · 저항하는 것은 반민중 · 반국가 · 민족반역이다. 세금 위에서 단돈 천 원도 더 받아야 한다면 눈앞의 사람에게 분명히 그 이유를 분석 · 설명할 수 있어야 한다. 지금 이 상태라면 부모 재산도 없고 공무원 시험도 자신 없는 젊은 청춘 남녀가 결혼을 하여 아이를 낳는 것은 미래 천민을 생산하는 것이다. 즉 출산은 죄악이다.

자본주의는 합법적 토대 위에, 각기 그만의 피와 땀으로 돈 벌기 위한 경쟁을 하는 곳이지, 떼로 뭉쳐 세금 뜯어먹기 경쟁을 하는 곳이 아니다. 국가가 저지르는 인간 차별은 "우리"를 망실하고 증오와 분열, 쇠망으로 가는 지름길이다. 이씨왕조와 김씨왕조를 숭상하는 천한 노예영혼이 번성한 결과이며, 민중의 피땀이 주인 된 세상이 아니라 위선자들의 사농공상이 재현된 것이다.

귀족연금 천민연금, 하늘을 아버지로 땅을 어머니로 여기던 천손, 민중이 주인 된 땅에서 절대 있어서는 안 되는 일이다. 지금의 젊은이들이 공무원시험에 몰려드는 것은 "우리"를 위한 것이 아니고, "그들"을 위한 것이다. 세금 위에 오르기 위한 이기적 노력이 아니라, 모두 함께 세금의 근원을 키우는 일에 집중하게 하는 것, 그것이 우리를 위하고, 우리가 사는 길이다. 나라를 위한, 우리를 위한 능력 성취의 차이는 인정하되 차별은 안 된다.

지금 일본과 중국은 연금과 임금에서 그렇게 하고 있다. 민중의 절반 이상은 노예로 만들어 통치하다 스스로 망해 버린 16세기, 구한말은 국가가 인간을 차별하는 것에서 시작되었다. 16세기 그때처럼 지금도 중국과 일본은 국가에서 구조적으로 사람을 차별하지 않는다. 지금 대한민국에서 "우리"라는 말은 "우리"를 위한 것이 아니라, "우리"를 빙자하는 위선자, "그들"을 위해 존재하는 말일 뿐이다.

4) 동일노동 동일임금

사람들은 누구나 자기가 하는 일로 많은 소득, 임금을 받기를 원한다. 그러나 현실은 대체로 그 일의 종류에 따라 명백한 임금 차이가 있다. 사람에 따라 생산성이 100배 이상의 차이가 날 수 있는 연구 개발이나 조직 관리, 사람의 손으로 하는 미세한 작업과 품질·생산성 차이, 라인에 따라 진행되는 단순 반복 조립작업 등 천차만별이다. 그러나 보통의 공장 현장에서 하는 일은 가장 많은 것이 단순 반복 작업들이다. 이 경우·대체로 임금이 특정되어 있다. 여기서도 국가·사회·인간적 기준으로 볼 때, 명확하지 않은 기준으로 임금에 차이가 있으면 그것은 차이가 아니라 차별이라 할 수 있다. 즉, 사람을 차별하는 것이다.

중국에서는 이미 동일노동 동일임금을 실시한 지가 오래다. 오랜 옛날부터 중국에서는 나라가 사람을 구조적으로 차별한 적이 없다. 그러나 우리의 경우는 이씨왕조 이후 국가·사회적 인간 차별이 아직도 태연히 자행되고 있다. 장소·경력 등을 이유로 무리로 뭉쳐서 큰일을 볼모로 잡고 똑같은 일을 하면서 작은 동네보다 임금을 더 받아야 한다는 논리는 분명히 혁파되어야 할 인간 차별이다.

모든 일에는 원칙과 예외가 구분되고 설명되어야 하듯이 임금도 마찬가지다. 이것을 설명하지 못하는 임금 차별은 중세기독교의 성직자들의 위선이요, 이씨왕조 위선자들이며, 김씨왕조의 감염자들과 같은 근본이 잘못된 인간차별주의자들의 행태이다. 만민평등의 조선민족 종가 고려의 1만 년 전통에 정면으로 반하는 것이요, 반민중·반민족·반역사적 악행이다. 조직을 만들고 힘을 길러서 뒤집어엎어야 한다.

5) 화개동천법(花開洞天法)

* 페르시아 속담
"물고기는 썩을 때 대가리부터 썩는다."

화개동천, 지리산 남쪽 계곡, 빗점골과 대성골이 합쳐서 섬진강까지 흐르는 구간을 부르는 이름이다. 쌍계사 앞 계곡이고, 봄이면 십리 벚꽃 구간에 해당하는 계곡을 부르는 말이다. 예부터 고운·남명 등 수많은 선인들이 이곳을 찾아 맑은 물에 자신의 과거를 비추어 지난날을 반성하고 재충전을 한 곳이며, 동란기에는 수많은 빨치산과 토벌대가 "우리"의 진정한 모습이 어떠해야 하는지를 놓고 수많은 피를 흘린 곳이다. 이들 모든 이야기의 출발은 "생명, 우리, 맑은 물"과 관련이 있다.

수년 전 청학동의 김봉곤 훈장이 국회를 찾아 재보궐 선거로 인해 낭비되는 수백억 세금을 지적하며 입법을 통해 막으라고 지적한 적이 있다. 그리고 KBS의 한 다큐 프로그램에서는 우리의 국회와 너무나 대비되는 스웨덴 국회의원들의 상황을 소개한 적이 있다. 그들은 걸어서 출근하거나 자전거를 타며, 비좁은 방 한 칸에 보조사무원이 없으며, 밤늦게까지 일하여 3선의원이 100개의 법안을 발의하고, 개인비서 없이 스스로 빨래를 하며, 배지는 봉사의 표시로 은색을 달고 있었다.

안타깝게도 우리의 경우, 선거 때마다 거의 40% 정도의 전과자들이 입후보한다. 위의 스웨덴처럼 하라면 아마도 그들의 출마는 없을 것이다. 그들이 출마하는 이유는 간단하다. 그들이 할 수 있는 일이나 책임질 일에 비해, 얻을 것이 확실히 많기 때문이다. 대책은 간단하다. 국회의원·장관·고급공무원들, 그들과 관련된 세금 집행 내역을 모두 공개하는 것이다. 마치 야구중계 해설가가 선수의 능력과 경력을 한 화면에 바로 보듯이 그렇게 만드는 것이다.

세금분석 빅데이터, 항목별 국가예산의 집행 및 부채 내역, 사람별·사안별·기간별·금액별, 각종 행사·공사·회의록·의결자·세부 내역 등을 빅데이터를 구성·종합 관리하고 납세자가 한눈에 확인

종가의 귀환

가능하도록 해야 한다. 명백히 이 나라는 납세자가 주인이고 정치인·공무원은 봉사자·근로자다. 이제 더 이상 일본말 "민주"나 "주의"라는 말로 음양흑백·빙자할 것이 아니라, "우리", "홍익인간"을 피땀으로 실천해야 한다. 『환단고기』「단군세기」 6세단군 달문 제위에 "화백회의의 결과를 공개하여 서로 위하고 화합하여(和白爲公專以施共和)"라는 말이 있다.

세금 관련 자료의 비공개 또는 열람을 까다롭게 하는 것은 주종이 뒤바뀐 것이다. 지방의회·국공기업·시민단체 지원 내역을 비롯한 세부사항을 모두 상세하게 납세자가 한눈에 파악할 수 있게 해야 한다. 돈은 만병통치약임과 동시에 만병의 근원이다. 각급 공무원들의 직책 직무 연봉을 납세자들이 확인할 수 있게 해야 한다. 필요 없는 자리, 직책, 직무는 폐지해야 한다. 혹시라도 피와 땀의 생산 건설과 무관하게 그들만의 이념과 탐욕으로 뭉쳐 민중의 피땀 위에서 이씨왕조·김씨왕조의 모습을 재현하는 일은 결코 있어서는 아니 된다.

특히 기초단체 의회의 경우는 유권자의 의사(투표율 등)에 따라 그 존폐 여부가 결정될 수 있도록 법을 개정해야 한다. 주인인 민중·유권자·납세자가 정치인 고용 여부, 예산 집행 모두를 선택하게 해야 한다. 그 어떤 사상·이념의 바탕 위에 국민·유권자·예산을 수단·도구로 동원하는 것이 아니라, 매순간 국민·유권자 자체가 주인이 되어야 한다. 주민들이 필요 없다면 즉시 없애는 것, 그것이 홍익인간이다.

야구단의 구단주·감독은 철저하게 팀 선수의 자료를 보고 상황에 따라 선수의 등판 여부를 결정한다. 정치도 정치인도 그리고 유권자도 그렇게 할 수 있다. 지금 시작해야 한다.

3. 천손, 태양의 길

1) 신선도(神仙道)

* 토마스 칼라일

"인간이 하는 모든 일의 원동력은 인간의 생각이며 그것은 마술적인 힘을 갖고 있다. 인간이 하거나 지어내는 모든 것은 모두 생각에다 옷을 입힌 것이다."

옛 조선에서는 단군을 비롯한 종교지도자들을 선인(仙人)이라 불렀다. 이는 신선(神仙)·선교(仙敎)·선도(仙道)·신교(神敎)·신도(神道)·풍류도(風流道) 등 다양한 말로 그 뜻이 이어지고 그 최고의 가치를 이룬 사람을 선인(仙人)·국선(國仙)·신선(神仙)이라 한 것이다.

신라시대의 고운 최치원은 난랑비 서문에서 풍류를 일컬어 "유불선 3교를 다 포함한 예로부터 내려오는 신령스러운 도"라고 한 것에서도 그 뿌리를 생각해 볼 수 있다.

"이것의 연원은 선사(仙史)에 상세히 실려 있는바, 효와 충에 관한 것은 공자의 그것과 같고, 고요히 머무르고 말없이 실행하는 것은 노자의 그것과 같으며, 악한 것은 멀리하고 선한 것을 행하는 것은 석가의 그것과 같다."

종가의 귀환

『삼국유사』 기이편 단군신화에서는 "단군이 장당경으로 옮겨 갔다가 후에 돌아와 아사달의 산신(山神)이 되었다."라고 기록하고 있다. 또 『회남자』에 "전해 오는 책에서 말하기를 신농은 초췌했고, 요임금은 야위었으며, 순임금은 시커멓게 그을렸고, 우임금은 손발에 못이 박혔다."고 했다.

이것은 본격적 철기 지배 약탈의 시대 이전 선출된 동방의 칸(天干)·천황·천왕·천자들의 참모습이다. 실로 지배·약탈·착취와는 전혀 무관한 삶의 모습이다. 즉, 나중 학문·종교·사상 등에 의해 사람이 구조적으로 차별 통치되는 세상과는 전혀 다른 세상이다. 언제나 생명, 사람 그 자체를 소중히 하며 두루 실용적인 사고를 수용하는 것이다. 조선·고려·신라·백제, 모두가 그러했다. 그렇게 할 때 그들은 하늘 아래 대지의 주인이었다. 구분은 있으되 벽이 없고, 투쟁이 있으되 증오가 없고, 꿈이 있으되 한 가지 길에만 집착하지 않는 것. 집착·아집·배척·증오를 넘어서 영원히 사는 길을 추구한 사람들이다.

그러나 이씨왕조, 위기에 처한 나라 남송, 그들 정신적 난국을 깨칠 대안을 찾고자 여러 외부 사상을 보고 대충 만들어진 중화의 주자학(성리학), 태극음양흑백, 이 극단적 중화사상을 마치 인간 우주의 진리인 양 받들고 맹종해 온 무리들이 이 땅을 지배한 이후, 천손(天孫) 영원한 자유인들이 노예영혼으로 변했다.

단재 신채호는 다음과 같이 말했다.

"우리 조선 사람은 매양 이해 이외의 진리를 찾으려 함으로써 석가가 들어오면 조선의 석가가 되지 않고 석가의 조선이 되며, 공자가 들어오면 조선의 공자가 되지 않고 공자의 조선이 되며, 무슨 주의가 들어와도

조선의 주의가 되지 않고 주의의 조선이 되려 한다. 그리하여 도덕과 주의를 위하여 조선이 있고 조선을 위하는 도덕과 주의는 없다. 아! 이것이 조선의 특색이냐. 특색이라면 특색이나 노예의 특색이다. 나는 조선의 도덕과 조선의 주의를 위하여 곡하려 한다."(김삼웅, 『단재 신채호 평전』, 시대의 창, 2016, P328)

1만 년 천손민족 전래의 하늘 · 태양 · 상상력 · 꿈 · 야성 등 무한자유인의 본성을 버리고, 공구 · 주희 · 이도 · 이황 · 이이 · 송시열 · 이완용까지 중화문명의 근간을 숭상하는 무리들이 득세를 했다. 점치는 도구 팔괘를 들여 온 것이 아니라, 주 문왕에서부터 공구 · 주희에 이르는 온갖 잡설이 붙은 유교 · 주역 · 주자학의 중화학을 강요당하고 복종한 것이다.

"우리", "자유", "야성", "풍류", "신선도"가 있어야 할 자리에 그들만의 이념 · 사상 · 종교 · 학문이 자리 잡았다. 계층 · 차별 · 증오 · 투쟁 속에서 조선민족 종가 고려의 본래의 여유 · 상상력 · 지혜 · 야성이 사라졌다. 고대 그리스 · 로마가 그러하듯 이해와 포용은 생명 확장의 근원이고 음양흑백으로 선을 긋고 배척하는 것은 생명 · 인간 · 역사 상실의 원인이다. 천년왕국 신라도 초기 모든 일을 화백 (쿠릴타이)이 지배하고 길을 열 때는 흥했고, 엄격한 육두품 계급사회가 되면서 망했다.

1만 년 천손(天孫) 태양의 후예, "우리의 길"은 특정의 이념 · 사상 · 음양흑백 · 선악호불호가 아니라 무한풍류를 통한 영원한 생과 사, 신선도, 풍류도에 이르는 길이다. 중국에서 변형된 현세구복신앙인 도교의 신선술과 혼돈하면 안 된다. "우리, 신선도(神仙道)", 이것이 1만 년

"조선 문명"을 열었고, 서구와 일본의 300년 근대화를 단 30년 만에 성취하게 했다. 이것이 우리가 걸어온 영광스런 길이고, 앞으로 살아갈 길이다.

2) 백두산의 천간봉(天干峰)

필자는 백두산을 7번 올랐다. 그 7번의 등반 중 가장 기억에 남는 것은 한겨울 영하 40도가량의 온도에 중국 쪽 최고봉 백운봉 옆에서 서쪽으로 수백 리가 바라보이는 드넓은 만주대륙을 내려다본 것이다. 가장 안타까운 모습이 백두산에 올라 중화 예속의 상징 태극기를 흔드는 모습과 천지 건너편에 보이는 최고봉을 보고 "장군봉" 운운하는 소리였다. 장군봉 · 정일봉 · 향도봉⋯. 모두가 김씨왕조 우상화로 붙여진 이름들이다. 실로 개탄스런 일이다.

조선민족 고려의 칸(天干)들, 그들 모두는 1만 년 민족역사 민중의 상징이고 동반자였지, 민중과 생명을 수단으로 삼고 수백만을 말살한 이들이 아니다.

"신농은 초췌했고, 요임금은 야위었으며, 순임금은 시커멓게 그을렸고, 우임금은 손발에 못이 박혔다."

이것은 본격적 철기 지배 약탈의 시대 이전 선출된 동방의 칸(天干) · 천황 · 천왕들의 참모습이다. 실로 지배 · 약탈 · 착취와는 전혀 무관한 삶의 모습이다.

1만 년 역사가 천산 알타이 일대에서 시작하여 동으로 이동하여 이른 곳이 대초원과 발해만 일대와 만주 · 반도 · 열도이다. 오랜 역사 그 어디서도 이씨왕조와 김씨왕조를 빼면 민중이 수단 · 도구 · 연장이 된 적이 없다. 민중은 이 땅과 역사의 주인이다. 실로 수많은 칸들이 전투에서 앞장서서 싸우다 죽었다.

천손, 태양의 후예들 그 상징, 하늘임금을 나타내는 민족의 상징어인 칸 · 천자 · 천왕 · 천황 등 이 모든 낱말의 출발점은 퉁이(Tungi, 東夷), 조선민족이다. 그중 가장 폭넓고 오래도록 그 뜻을 나타내는 말이 "칸"이다. 소리는 어디서나 "칸"이며 글자의 표기는 "干 · 汗 · 可汗 · 韓"이며, 하늘을 상징하는 천(天)과 합해져 천칸(天干 · 天汗 · 天可汗) 등으로 표기되어 "하늘임금"을 상징했다.

몽고어 · 만주어를 그대로 적용한 텡칸, 덴칸도 옳고, 지금 우리의 발음으로는 "천칸"이 합당하다 할 것이다. 어떻든 여기서는 하늘임금 "칸"의 발음은 정확해야 한다. 종가의 소리는 방계 모두가 알아들을 수 있어야 한다. 백두산의 최고봉은 "하늘임금봉우리", 즉 "天干峰(천칸봉, 텡칸봉, 덴칸봉)"이다.

3) 천제단(天祭壇) 건설

* 헤겔

"본질이란 그것이 있었던 그대로의 것이다."

* 함석헌

"일찍이 역사상 위대한 종교 없이 위대한 나라를 세운 민족은 없다."

* 칸트

"만물은 물리의 법칙, 인과의 법칙 등에 따라 움직인다. 이런 선천적인 법칙에 따라 움직이는 것이 아니라 스스로 부여한 법칙에 따라 행동할 수도 있는 것이 인간이다. 그 법칙은 이성에서 나온다."

* 우파니샤드

"이 세상에서 위대함을 이루는 사람들은 정신 집중을 통해서 그것을 이룬다."

필자는 앞에서 "암3"를 지칭하며 참으로 많은 생각을 했다. 이유는 간단하다. 그것들이 "우리"를, "민족"을, "민중"을 병들게 하고 망하게 했기 때문이다.

호주머니에 넣고, 또는 허리에 차고 필요할 때 펼쳐 보아도 될 남의 나라 주자학(성리학) 주역을 머리에 쓰고는 영혼으로 삼고, 2차 대전 후 남들은 순수 신앙으로 받아들여 이성적 사고의 보완으로 삼는 종교를 마치 "우리 역사"인 양 "믿쓔미다" 맹종하고, 전 세계가 우려하는 반인륜 "김씨왕조"를 마음속 우상으로, 역사의 기준으로 삼는 무리들이 나라를 지배하는 기이한 지경에 이르렀다.

이는 근본적으로 "우리 자신"을 진실로 소중히 여기는 마음과 믿음이 부족하기 때문이다. 조선민족 종가 고려의 역사는 사실 그대로가 주변국 어느 나라, 이 세상 그 누구보다 자랑스런 역사이다. 그리고 그 정신적 원천은 무한 꿈과 상상력을 나타내는 하늘, 태양 그리고 인간 자체를 소중히 하는 우리만의 믿음에 근거한 것이다.

본디 우리의 정신·영혼 그 상징을 되찾아야 한다. 믿음은 믿음에 의해서만 얻어진다. 중세 교황의 노예가 된 프로이센 독일과 루터의 목숨 건 도전을 생각해야 한다. 정신이 살아야 나라가 산다. 하늘(天)·조상(祖上)·성인(聖人)을 하나로 이어 모시는 1만 년 민족정신을 되찾아야 한다. 신선도(神仙道), 풍류도(風流道), 선교(仙敎), 신교(神敎), 신도(神道) 이것은 세상 모든 종교들의 근원이 되는 1만 년 민족정신 영혼의 본향이다.

도시화된 바쁜 일상 속, 잃어버리기 쉬운 나·우리·꿈·상상·야성·하늘·태양·생명의 공간을 만들어야 한다. 그곳에서 일상에 지쳐 꿈을 잃은 나도 가서 한 개의 촛불을 피우고, 그리운 얼굴들 모여서 함께 하늘 향해 한 잔 술 올리며 "우리", "꿈", "역사", "내일"을 이야기할 수 있게 해야 한다. 그곳에는 하늘(天)도 조상(祖上)도 성인(聖人)도 함께 있다.

모든 제사(祭祀)의 중심은 하늘에 올리는 제사이다. "우리"는 천손(天孫), 태양의 후예들이다. 천제단(天祭壇), 1만 년 "우리"의 상상력·꿈·야성·영혼이 고요히 머무는 곳이다. 우리의 일상이 있는 곳에 천제단(天祭壇)을 세워야 한다.

4) 화백(쿠릴타이, 무한소통)

* 『태백일사』 「환국본기」

"오가(五加)가 화백회의를 주관했다." 오가(五加)의 무리들이 우두머리를 뽑는 방법에는 "제각기 생각하는 바대로 판단하여 스스로 선택하게 하였으니 그 추구하는 핵심은 오로지 구한(九桓)이 공평하게 대동단결하여 하나로 돌아감에 있었다."

* 『신당서』 「동이전」 「신라조」

"국가가 일이 있으면 반드시 여러 사람과 의논해 결정한다. 이를 화백이라 했으니 한 사람이라도 이의가 있으면 그만두었다."

위의 기록으로 미루어 본다면 화백은 만장일치로 의결하는 것을 원칙으로 했던 것 같다. 이러한 신라의 화백회의와 유사한 것이 대초원 몽골에서는 "쿠릴타이"가 있다. 유전자 · 신화 · 유물 · 습속 · 각종 기록 모두가 하나로 연결된 하나의 민족이다. 둥글게 모여 앉아 며칠이 걸리든 모두가 자신의 할 말을 다하고, 끝까지 들으며, 일단 의견이 모아지면 모두가 하나로 뭉쳐 목숨 걸고 그 뜻을 지켜 나가는 전통이다.

필자는 이 책에서 여러 차례 화백과 쿠릴타이를 이야기하며 강조했다. 그 이유는 간단하다. 지금 우리 국가 · 사회가 처한 수많은 문제점의 해결책이 바로 화백이고, 미래 우리의 꿈을 열어 나갈 길 또한 화백이라 생각하기 때문이다.

자유민주, 인민민주, 민주반민주, 이 일본말 "민주"와 "민주주의", 이제 이것은 "우리"를 하나로 만들기에는 효력이 다한 아전인수(我田引

水)격의 이념언어로 전락해 버렸다. 민주 · 반민주 · 정치투쟁, 그 소리가 커져 갈수록 실사구시 · 국익 · 민생은 죽고, 세금 위의 위선자들의 승리는 커져 간다. 애초 이 땅과 민족은 특정의 이념이나 사상에 흔들리거나 이끌려 온 민족이, 역사가 아니다. 사람 · 인간 그 자체가 주인이고 길이었다.

"홍익인간(弘益人間)" 여기에 모든 정신 영혼이 녹아 있고, 그를 향해 가는 가장 아름다운 길, 바른 길이 "화백(쿠릴타이)"이다. 눈앞의 사람 그 누구이건 있는 그대로를 가장 소중히 여기고 하나로 만들어 가는 것이 화백(쿠릴타이)이다.

민주 · 반민주는 일단 눈에 보이는 사람 · 세상 · 역사를 음양흑백선 악으로 나누어야 그 이야기가 시작될 수가 있다. 그리고 그 이야기의 결과는 "우리"의 승리가 아니라, 음양흑백정치투쟁 · 선동가 · 위선자 "그들"의 승리다.

특정의 이념 · 사상 · 종교 · 학문을 강조하며 앞사람과 이야기를 시작 하겠다는 것은 이미 장벽을 하나 가지고 이야기를 시작하는 것이다. 시작하는 사람은 유용한 도구 · 연장이라 생각하나 상대방에게는 바로 장벽이다. 이념과 사상이 증상을 치료하는 일시적인 약이 되고 촉진제가 될 수는 있어도, 사람과 삶을 가꾸는 밥이 되고 건설이 될 수는 없다. 누군가의 머릿속 생각보다는 바로 눈앞의 사람 자체가 중요한 이유이다. 그 어떤 시간과 공간에서도 인간 그 자체를 주인이게 하는 것이 "화백", "홍익인간"이다.

5) 이원집정부제(二元執政部制)

조선민족 종가 고려의 홍익인간 · 재세이화, 화백에 정면으로 배치
되는 정치제도가 바로 지금의 대통령제이다. 지금의 정치판, 여기서는
세상과 인간을 음양흑백선악 둘로 나누고 희다 검다 붙어서 이긴 놈이
전권을 행사한다. 많은 경우 "삶", "우리", "민중", "민족"의 승리가 아
니라 그들만의 이념 · 사상 · 패거리가 승리하고, 그들이 세상과 인간을
좌우한다.

더구나 국민들도 실사구시, 삶과 꿈을 중심으로 무지갯빛 개성과 그
가치가 존중되는 것이 아니고, 덩달아 음양흑백선악으로 양분되어 선
전 · 선동된다. 실로 인간 중심의 미래 지향적 사고로 내일을 열어 가는
것과는 정면으로 배치되는 것이다. 즉 "우리" 사는 길이 아니고 죽는
길이다. 진실로 제대로 된 개선책이 필요한 시점이다.

여기서 가장 중요한 대안으로 생각해 볼 수 있는 것이 이원집정부제
(二元執政部制)다. 우리가 진정 소중히 하며 지켜야만 할 가치들을 담당
하는 사람과, 눈앞의 현실과 미래를 생각하며 가장 신속히 변하고 적응
해야 할 가치들을 담당하는 사람으로 그 역할을 나누고, 그 가운데서
국민여론이 물과 바람의 생명 역할을 하는 것이다.

이원집정부제(二元執政部制)란 구체적으로 행정부의 권한을 대통령
과 내각수반이 나누어 행사하는 정치제도로서 대통령 중심제와 내각
책임제의 절충 형태이다. 통상적으로 대통령은 국민의 직접선거로 선
출되어 평상시에는 외교 · 국방에 관한 실질적 권한을 행사하며, 내
란 · 전쟁 등의 비상시에는 국가긴급권에 의거하여 행정전권을 위임받
는다. 내각의 총리는 의회의 다수당 당수가 총리로 선출되어 일반행정

에 관한 권한을 갖는다. 둘은 각기 그 임기를 달리하여 국정의 연속성과 안정성을 확보할 수 있고, 언제든 국민여론이 가장 큰 중심축이 될 수 있다.

현실적으로는 민주·반민주, 음양흑백선악의 정치투쟁이 아니라 실사구시 "홍익인간"을 목표로 화백(쿠릴타이)으로 나아가는 보다 진전된 방법이다.

6) 몽골연방제안

* 우르진룬데브 페렌레이 전 주한몽골대사(2004년)

"몽골인은 한국을 다른 나라로 생각하지 않는다. 한국과 몽골은 운명적으로 떼려야 뗄 수 없는 관계이다."

* 하칸추루 교수(1990년대 한국에 와서)

"어머니의 나라에 왔습니다. 몽골과 고려는 함께 몽골 세계제국을 창업했습니다."

* 몽골학 전문가 박원길 교수

"몽골과 고려는 친형제 관계다.""원(元)의 대도(뻬이징) 인구의 절반 정도가 고려 사람일 정도로 고려 사람이 많았다."

몽골과 고려가 애초 출발부터 하나임은 앞에서 충분히 알아봤다. 건국신화부터 유전자·신화·유물·언어·습속·역사 그리고 아리랑·

비석치기 · 실뜨기 · 씨름 등 아이들의 놀이와, 생일계산법, 아재 · 형님 · 고모 · 이모 등 모두가 하나다.

조선민족 종가 고려(고리 · 코리 · 무쿠리)일 때 지금의 고려와 몽골은 하나로서 장성 이북의 넓은 대륙을 경영했다. 그리고 칭기즈 칸 이후 후고려 시기에도 사실상은 서로 형제로 여기는 하나였다. 그러나 이씨왕조 건국 후 모든 역사는 이이제이(以夷制夷), 자발적 노예영혼들이 흑백과 증오로 새로이 선을 그었다.

몽골은 오랜 세월 고려를 형제로 생각하고 대우해 왔다. 그러나 이씨왕조를 건국한 이성계, 대대로 몽골에서 천호장을 역임하는 등 벼슬을 해 온 그가 어이하여 이(李)라는 성을 갖게 되었고, 그의 후예들이 고향인 만주 · 몽골 사람들을 왜 오랑캐로 매도하게 되었는지는 생각할수록 의문이다.

1만 년 역사 속, 오늘의 고려반도 우리가 잃어버린 본디 우리의 모습이 그곳에 있다. 대륙의 한가운데 만 리를 향해 펼쳐진 대지와 무한의 밤하늘 별들의 세계를 우리의 청소년 후세들에게 펼쳐 주어야 한다. 그리고 초원을 달리는 몽골의 청소년들에게는 동해의 푸른 바다를 안겨 주어야 한다. 대초원과 동해안에 각기 수련장을 지어 그들의 꿈과 미래가 대초원 푸른 바다와 함께할 수 있게 해야 한다. 그들의 보다 크게 다져진 무한의 꿈과 상상력, 무한야성이 우리의 또 다른 미래를 밝혀 나갈 것이다.

만일 우리가 진정으로 우리 뿌리, 본래 대륙의 주인 칸(干 汗, Khan) 또는 "칸의 나라"를 사랑한다면, 몽골과 뜻을 같이하며 이 이름을 정확히 사용하는 것은 아름다운 일이 될 것이다. 신라의 후예 청나라 건륭제, 단재 신채호 선생도 한국(韓國)은 본래 칸국(干國)이라 했다.

몽골에 다가가는 법은 어려울 것이 전혀 없다. 일본이 반도에 다가서는 법과 정반대로 하면 된다. 그리고 우리에게는 하나의 길이 있다. 화백과 쿠릴타이가 그것이다. 그냥 그렇게 하면 된다. 우리가 줄 수 있는 만큼 우리를 나눠 주면 되는 것이다. 그리고 그들이 양해하는 만큼 한 발 한 발 다가서면 될 일이다. 몽골 사람들 10명 중 한 명은 이미 고려를 다녀갔다. 몽골 곳곳에 고려말 교육 프로그램을 만들고, 우리말을 가르치고 또 배우면 될 일이다. 우리의 2세와 몽골의 2세들이 대초원과 푸른 바다를 바라보며 함께 "우리"라 여길 때, 조선민족 종가 고려는 재건의 뜨거운 여정에 오른 것이다. 몽골과 연방 성립 후, 원사 청사(흠정만주원류고)를 종가의 역사로 편입해야 한다.

이순신은 최악의 상황에서도 "신에게는 아직 12척의 배가 남아 있습니다."라 말했고 결국 이겼다. 음양흑백선악의 노예영혼으로 만주 대륙에 마음속 이분 선을 그어 놓지 말고, 1만 년 역사를 토대로 가슴과 내일을 열어 놓고 다가설 준비를 해야 한다. 사람과 역사의 내일은 그 누구도 예단할 수가 없다. 주인 된 마음으로 준비하고 대비한 자가 이긴다.

조선민족 종가 고려, 이씨왕조 극악무도한 민족사 말살의 시기, 중화의 한 귀퉁이에서 우리 역사가 시작되었다는 조작된 기록들만 살아남았다. 이제 "카더라"의 기록에 의존한 노예역사를 청산하고, 있는 그대로의 유전자 · 신화 · 유물 · 습속 · 기록에 토대한 "우리 역사"를 새로 구성해야 한다. 가까운 것, 할 수 있는 것부터 종가의 재건을 시작해야 한다.

"우리는 할 수 있다!"

4. 우리의 영혼은 우리의 그릇에

* 토마스 칼라일

"인간이 하는 모든 일의 원동력은 인간의 생각이며, 그것은 마술적인 힘을 갖고 있다. 인간이 하거나 지어내는 모든 것은 모두 생각에다 옷을 입힌 것이다."

1) 어떤 해병(海兵)

1984년 2월 15일 오후 5시 진해, 필자가 해병대신병훈련소에 자원해서 들어갔다. "해병대", 실로 어릴 때부터 마음속 전설이었다. 초등학교 때부터 해병대군가를 부르며 자랐다. 우리 역사 우리 민족 최강의 군대가 해병대였다. 어쩌면 을지문덕·강감찬·김유신은 아무것도 아닐지도 모른다. 어떤 중학생이 그랬다. "핵폭탄만 없으면 미군과 붙어도 이긴다."

"여수14연대 반란사건" 당시 대위이던 5촌 당숙이 첫날밤에 장교숙소를 급습한 반란군들에게 살해당했다. 휴가 때면 군수와 경찰서장이 미리 와서 사랑방에서 대기하고 있을 정도로 전도유망했던 장손이 죽자, 큰집과 우리 집은 작은집이 있는 건넛마을로 이사를 갔다. 이후 땅이 팔리지 않던 필자의 선친은 도로 당숙의 산소가 있는 본래 마을로 이사를 했다.

건넛마을에서 태어난 필자는 이사 후 아주 어릴 적, 가끔 "뜨내기 (새끼)" 소리를 들었고, 아이들의 놀림감이 되었다. "나는 나다, 니가 왜?" 그때마다 피가 터지도록 붙어 싸웠고, 그때마다 집에 가면 그야말로 개 맞듯이 늘어지도록 두들겨 맞았다. 맞다가 죽어라 뛰어 달아나서 남의 외딴 헛간에서 지푸라기를 덮고 잔 적도 여러 번이다.

수년간 그런 세월이 흐르다가 초등 1학년 초가을, 드디어 누가 때려도 가만히 맞고 있는 아이가 되었다. 그때부터 고교 3학년 졸업때까지 단 한 번도 학교숙제를 해 간 적이 없다. 나중에 자라면서 알았다. 내가 "뜨내기" 소리를 들은 것은 "빨갱이"들 때문이란 사실을. "그래, 나도 자라면 해병대에 가야겠다. 가서 빨갱이 100놈은 때려잡고 죽어야지…."

진해 6주 훈련을 끝내고, 포항에서 4주 상륙병과훈련이 있었다. 어느 날 해안가 훈련장으로 가는 길, 비행장 옆을 지나다가 누군가 말했다. "미 해병이다!" 순간 몇 명이 지나가는데, "어! 팔각모? 이런! 이게 뭐지?" 그 순간 내가 그 누구의 짝퉁, 노예가 된 기분이 들었다. "이런 ○○ 이게 뭐하는 짓이야? 5천 년 역사의 나라 군대가 왜 미군 모자를 쓰고 다니나?" 그 전까지 단 한 번도 팔각모를 깔고 앉은 적이 없었는데, 그날 이후 깔고 앉기도 하고 구겨서 쥐기도 했다.

수료 2주 전 평소 2명 있던 중대장 훈병을 그대로 두고, 수료식용 훈병대대장과 중대장 3명을 새로 뽑았다. 제식동작 암기사항 구령, 3가지 테스트를 하고 훈병대대장에 뽑혔다. 그날 이후 매일 아침 연병장에서 수료식 연습 때 앞에서 지휘자가 되었다. 신선하고 박진감 넘치는 분위기에 상쾌한 듯 적응이 되었다.

어느 날 "상륙전교육" 오전 강의 시간, 강의 시간 내내 해병대의 전통과 역사를 이야기하시던 유모 대대장님, 강의 끝 무렵에 가서야 크고 단호한 목소리로, "너희들이 할 일은 단 하나! 돌격 앞으로 명령이 떨어지면, 무조건 앞만 보고 달리면 된다." 누군가 그랬다. "절반은 해안에서 뛰다가 죽는다."고. 그 직후 쉬는 시간, 4월 포항의 희뿌연 하늘 바라보며 떠오른 생각이다.

"그래, 그 뒤는 조국과 하늘이 알아서 하는 거야!"

자대 배치 후, 지금은 법으로 금지된 것 하나만 빼면, 나름 힘들어도 보람 있는 생활이었다. 특히 청룡부대 정문 근무에서 대령 이상에게만 받들어총으로 경례를 하다가, 아침마다 "통통통 경운기"로 식당 잔반을 가져가시는 해병대 1기 대선배님에게, 근무자들이 정문 양쪽에서 엄숙히 받들어총으로 인사할 때, 하루는 지나가시던 사단장님이 내려서 그분께 거수경례로 인사하는 모습을 보고는 정말 감격했다.

"그래! 여기가 내가 살 곳이고, 내가 죽을 곳이다."

그리고 몇몇 일이 있은 후 사단 상황실장을 비롯한 몇 명의 장교들로부터 들은 말 "○○○, 너 같은 놈이 해병대 장교로 들어왔어야 되는데…." 지금도 기억 속에서 생생하다.

그러다 9월 중순, 여의도광장 국군의 날 행사를 앞두고 서울 해군본부로 파견을 갔다. 어느 날 담당 부대장 해병중령 훈시 시간, 처음 자신을 소개할 때부터 "USMC(미해병대)"를 강조했다. '내가 USMC에 있을 때는', 'USMS에서는', 'USMC가', 'USMC를…', 순간 어느 듯 적응한 듯하던 내마음속 불씨가 다시 타올랐다. 계속해서 이어지는 "USMC"란 말에, 뒤에서 달려 나가 무궁화 둘의 팔각모 머리통을 개머리판으로 찍어 버리고 싶었다. 마치 무슨 식민지 군대에 와 있는 느낌이 들었다. 청룡부대에서 가끔 엿듣는 간부들의 이야기는 전장에서 피

흘린 숭고한 이야기들이었다. 짧은 훈시 시간 "USMC"가 16번 나왔다. 열받으니 세게 되고 M16과 같은 수였다.

　10월 1일 국군의 날 여의도광장, 본부석 한가운데 정면 아래 아스팔트, 당시 전두환 대통령을 정면으로 바라보는 위치, 단 1센티도 꼼짝 않고 3시간여를 서 있었다. 청룡부대로 복귀, 그러다 제대를 했고 한참 세월이 지났다. 어느 날 동기회에서 누가 말했다. "해병대 전우회" "나는 한번 해병대면 영원한 해병대다!" 분명히 "해병전우회" "한번 해병이면 영원한 해병"이었다. "야! 그 무슨 소리야? 누가 그래 하라데?" "○○○ 전 해병대사령관 주장으로 지금부터 그렇게 하기로 했다."는 것이다. "뭐? ○○○? 사령관 했어?" 오래전 해군본부에서 USMC를 강조했던 그 사람이다. 남북으로 분단되고, 대규모 중무장 병력이 상호 코앞에 대치한 준전시상태, 한미연합작전의 중요성, 특히 해병대는 미해병대의 지원이 없으면 그 작전, 운용이 극히 제한적이란 사실도 모르는 바는 아니다. 그러나 전투보다 전쟁이 중요하고, 모든 군인의 정신에는 "민족정신"이 바탕이 되어야 한다. 우리 역사 속 나라와 민중들의 모든 고난은 이것이 부족한 자들의 난행 때문이다. 주종이 뒤바뀐 정신은 반드시 재앙을 부른다.

　집에 와서 컴퓨터에 검색하니 그 사람이 맞고, 그 주장도 맞았다. 별 셋 깃발과 함께 찍은 큰 사진이 게시되어 있었다. 즉시 창을 닫았다. "별 다섯" 맥아더 장군은 자신을 "노병", 즉 "old soldiers"라고 했다. 그렇게 노병으로 사라질 뿐이라고 했다. 아래는 그가 고친 듯 보이는 말들에 대한 반론이다.

　조직 · 장비 · 작전 · 계급 모두를 통칭하는 "해병대"는 명백한 현역의 군대이고 전역을 해야 하지만, "해병"은 전역이 없는 영원불멸한 정신

영혼의 상징어다. "해병대전우회"와 "해병전우회"는 그 정신, 시공의 차원이 완전히 다른 말이다. "해병대전우회"에서의 해병은 지난 이야기이고, "해병전우회"에서의 해병은 현재진행형의 영원불멸이다. "어디 출신자들"의 단절되고 뒤로 물러난 뜻보다, 시공을 초월한 고귀한 정신들의 현재진행형 "해병전우회"가 옳다. "나는 한번 학교이면 영원한 학교이다"와 "나는 한번 해병대면 영원한 해병대다"는 같은 말이고, "나는 한번 학생이면 영원한 학생이다"와 "나는 한번 해병이면 영원한 해병이다"도 같은 말이다. 애초 학생정신·군인정신·해병정신은 있어도, 학교정신·군대정신·해병대정신("해병의 긍지"에서)이란 없는 것이다. 학교·군대·해병대, 그곳에는 전통과 역사가 있다. "정신"은 조직이 아니라 사람에게 있는 것이다. 그 누구의 편견·단견이 힘에 의해 현실화되는 것, 그것은 정의·자유·진리가 아니다.

"노병, old soldiers", 참 아름다운 말이라고 생각했다. 아마도 계급·조직·작전·권위 모든 것을 내려놓고 순수한 정신과 영혼의 한 인간으로만 말했고 행동했기 때문일 것이다. 1인 돌격대의 시조 김유신, 처자식을 베고 전장으로 나아간 계백을 생각나게 한 말이다. 이 땅 고난의 시기, 스스로 뜨거운 피와 목숨을 바쳐 "대한민국해병대의 전통"을 쌓아 올린 수많은 이름 없는 해병들도 영원히 그 아름다움 속에 살아 있으리라.

팔각모, 필자는 오랜 세월이 지났지만 지금도 전역 당시의 팔각모를 책상 오른쪽 책꽂이 틈에 두고 매일 바라본다. 이유는 딱 두 가지다. 선배 해병들의 뜨거운 피로 이어 온 거룩한 "해병혼"을 결코 잊지 않겠다는 마음과, 그 불멸의 아름다운 정신을 담고 있는 미군의 모자를 내 생전에 반드시 "우리의 상징"으로 갈아치우고 싶은 마음이다.

"대한민국해병대", 실로 다양한 곳에서 스스로 "국민의 군대"임을 강조하고 있다. 국가와 민족의 염원에 제대로 부응하겠다는 말이다. 고려인 1만 년 무혼(武魂)의 계승자로서, 지금의 팔각모는 우리의 상징으로 디자인을 바꾸고, 이름은 "태양모"라 불러야 옳을 것이다. 어려울 때 남에게 빌려 쓴 것은, 때가 되면 반드시 감사를 표하며 돌려줘야 한다. 그것이 "숭례(崇禮)" 위에 존재하는 천손(天孫) 자유인, 고려인의 진정한 예절이다.

2) 천손문(天孫紋, Sun road)

이 문양이 처음 일반의 관심을 받기 시작한 것은 최인호의 소설 『왕도의 비밀』에서부터인 것 같다. 처음 이 문양이 출토된 것은 경주의 호우총출토 그릇의 뒷부분에 새겨진 것이 발견되면서부터이다. 이 문양은 광개토대왕이라는 분명한 이름과 함께 새겨져 있어서 한때 광개토대왕의 상징 문양으로 생각되기도 했다. 그러나 이후 만주의 길림성 환인시, 김해 예안리 토기, 풍납토성, 특히 옛조선의 유적인 만주 홍산문화 유적, 심지어 6천여 년 전으로 추정되는 우크라이나 출토 토기에도 이 문양이 새겨져 있고 키예프 역사박물관에 보관되어 있는 것도 확인되었다.

필자는 앞에서 유라시아대륙 그 어디에서도 "고구려"라는 이름의 나

라는 존재한 적이 없다고 했다. 그러나 그 시간 더 넓은 공간에 존재한
나라의 이름은 고려(高麗, 고리 · 구루 · 무쿠리)였고, 그 강역은 천산산
맥 저쪽 카스피해부터 몽골의 대평원, 만주 반도 북부까지였다고 말했
다. 지금도 중앙아시아 일대에서 구르칸, 구르, 꼬르 등의 이름으로 발
견되는 유물 · 지명 등은 모두가 그 강역과 유적이다.

일부에서는 이 문양을 두고 "우물 정"이라 말하며 여전히 광개토대
왕과 고구려의 상징이라 여기는 듯하다. 그러나 필자의 생각은 전혀
다르다. 수천 년 전 만 리를 이동하고 신천지를 개척한 그들이 마실 물
이 없었거나, 내세울 상징이 없어서 우물을 자랑하고 다녔을 리는 없
다. 비록 그 출발은 우물에서 했을지 몰라도, 그 뜻은 분명 "사통팔달
과 가운데"를 상징하는 오방(五方 · 五加 · 五部)사상과 그 문양, 즉 사해
만방과 세상의 중심, 천손(天孫: 태양의 후예들)의 상징 문양이었던 것
이다.

따라서 이 문양은 "우물", "샅" 등 기존의 여러 해석보다, 조선민족
종가 고려의 정신 영혼을 상징하는 천손문(天孫紋)으로 보는 것이 합당
하며, 그 뜻은 천손의 길, 태양의 길, 태양의 후예 길이라 여기는 것이
타당하다. 영어로는 "선 로드(Sun road)"라 칭함이 옳을 것이다. 만 년
을 이어 온 우리의 그릇에는 우리의 영혼이 담겨 있다.

"가자! 태양의 길."

3) 우리의 소리에는 우리의 영혼을

서효사(誓效詞), 단군세기 6세 단군 달문제위 36년, 임자 35년(BC

2049년). 모든 칸(汗)들을 상춘(常春)에 모이게 하여, 삼신(三神)을 구월산(九月山)에 제사지내게 하고, 신지인 발리로 하여금 서효사(誓效詞)를 짓게 하였다.

"아침 햇살 먼저 받는 이 땅에 삼신(三神)께서 밝게 세상에 임하셨네. 환인(桓因)께서 먼저 모습을 나타내시고는 덕을 심고 넓고 깊게 하셨다. 여러 신들이 의논하여 환웅(桓雄)을 보내시고 조서를 받들어 처음으로 나라를 여셨네. 치우는 청구에 우뚝 서 만고에 무력으로 명성을 떨치니, 회대지방이 치우천황에게 돌아오더라. 이에 천하는 능히 넘볼 수 없었더라. 왕검(王儉)은 대명을 받아 그의 환성은 구한을 움직이더라."(임승국 역주, 『한단고기』, 정신세계사, 1986, P74)

여기에서 나타나는 조선민족 종가 고려인의 정신은 이씨왕조의 중화숭배 노예영혼, 그 후예들의 백두산 숭배 등과는 근본부터 전혀 다르다.

민족 본래의 뜻은 하늘 곧 사람, "천손(天孫)", "우리"가 대지의 주인이다. 그러나 이씨왕조의 모든 글들에는 중심이 되는 "춘추필법"과 "노예영혼"이 담겨 있다. "동해물과 백두산이 마르고 닳도록" 이것은 내가 주인이 아닌, 나 아닌 그 누구, "우상"을 앞에 두고 영혼의 상징인 머리를 숙여 맹종·숭배하는 것이다. 즉 "밋쓔미다" 하고 있는 것이다.

지금까지 백두산을 7번 오른 필자의 경우, 백두산을 사랑한다는 것은, 백두산 자체가 나 자신의 일부로 느껴지기 때문이다. 오르고 올라서 민족의 고토를 한눈에 내려다보는 것은, 우리의 1만 년 세월을 더듬어 보는 것이요. 사방으로 탁 트인 하늘을 내려다보는 것은, 나 자신이

——————— 종가의 귀환

하늘과 태양의 친구가 되기 때문이요. 영하 40도의 무한 강풍을 사랑한 것은, 그 속에 조상들의 무한야성 자유 도전이 느껴지기 때문이요. 천지의 검푸른 물을 사랑하는 것은, 일만 년 대륙의 말발굽 소리 주인들과 내 뜨거운 피가 하나로 머문 듯 느껴지기 때문이요. 한여름 계곡의 하얀 빙하가 정다운 것은, 사방의 가혹한 시련을 이기고 역사를 이룬 조상들의 위대한 저력이 느껴지기 때문이요. 여름날 천지(天地)에 펼쳐진 야생화를 사랑하는 것은, 민족의 무한 상상력과 아름다운 꿈이 살아 있음을 느끼게 하기 때문이요. 만 리에 펼쳐진 듯 무한의 원시 대밀림은, 한없이 넓고 깊은 우리의 본래 역사를 간직 한 것이요. 커다란 배낭을 메고 그 숲 오솔길을 걸어서 수십 리길 봉우리로 향하는 것은, 1만년 역사 속 작고 소중한 나의 이야기를 새롭게 시작하는 것이다. 그리고 또다시 가는 날을 기다리는 것은, 그곳에 우리의 가장 소중한 정신 · 영혼 · 신화 · 역사가 살아 있다고 믿기 때문이다. 나와 백두산은 결코 둘이 아니다.

조선민족 종가 고려 고려인은, 천손 · 우리 · 나 · 하늘 · 태양으로 표현되는 이 땅 주인의 이름이다. 애석하게도 이씨왕조 수립 이후, 그 자리에 기자 · 복희 · 공구 · 주희로 표현되는 중화주의, 주자학(성리학) 노예영혼이 들어서고, 그 비유가 된 표현으로, 백두산 숭배 · 백두대간 숭배 따위가 만들어진 것이다. 본래의 소중한 "나"인 것과 "나의 우상"이 된 것은 전혀 다르며, 명백히 구분되어야 한다.

1만 년 고려인의 길은 그 누구에게 기대고 구속당한 정신 · 영혼들이 아니라 "우리"는 하늘 · 태양 · 대지 그 자체이다. 즉 "나, 우리"는 "백두산 밋쑤미다"가 아니라, "백두산 그 자체"이어야 한다. 이것이 조선민족 종가 고려, 고려인의 길이다.

태양의 길 - 필자

아침 햇살 먼저 받아 꽃피운 문명,

지혜로운 사람들 피와 땀 일만 년,

무지개 밝히시어 홍익인간 이루셨네,

나아가자 사통팔달 고려인 우리길

만 리 강산 펼쳐진 민중의 대지

사해만민 꿈꾸는 우리의 하늘

우리 모두 손잡고 천년만년 이어 가세

아리 아리랑 쓰리 쓰리랑 아라리가 낫네!

4) 태양의 후예기

* 알베르 카뮈

"위대한 감정은 그들 특유의 우주를 거느리고 다닌다."

• 이름

정 : 문명기(文明旗)

부 : 홍익인간기(弘益人間旗), 천손기(天孫旗), 태양의 후예기(太後旗)

문명(文明) : 1만 년 역사의 퉁이(Tungi, 東夷) 조선문명, 그 중심 종가 고려를 상징한다.

홍익인간(弘益人間) : "널리 인간을 이롭게 하라", 모든 사상 · 이념 · 종교 그리고 학문의 위에 위치하는 인류 · 생존 · 번영의 최고 가치다.

천손(天孫), 태양의 후예 : 그 어떤 유무형의 구속이나 속박도 거부하고, 생과 사를 초월하는, 무한의 상상력과 꿈을 향해 나아가는, 담대한 야성의 영원한 자유인을 뜻한다.

- 흰색(바탕색)

퉁이(Tumgi, 東夷), 조선민족 본래의 하늘, 천손을 상징하는 색이다. 즉 흰색은 하늘과 함께 조선민족 자체를 상징한다. 사람이 곧 하늘이란 말이다(人乃天).

- 태양(붉은색)

퉁이(Tumgi, 東夷), 조선민족 1만년 역사의 상징이 태양이란 기록 유물 등의 자료는 끝이 없다.

"옛 풍속에 광명을 숭상하여 태양을 신으로 삼았다."(『단군세기』)
"태양을 삼신 상제님의 모습으로 여기고 태양의 빛과 열을 삼신 상제님의 공들인 효능으로 여겼다."(『태백일사』〈소도경전본훈〉)

태양은 민족 탄생과 출발에 관계되는 역사 속 모든 국명·지명·인명 등 언어의 중심이며, 우리의 모든 생명탄생·꿈·신화 그리고 역사가 출발하는 근원이다.

조선민족 종가 고려의 주변국들, 지금도 그 방계의 나라들에 해당하는 몽골, 중화민국(본래중국), 일본, 키르키즈스탄, 카자흐스탄, 티베트 등의 국기에는 태양이 중심이다. 고려인들의 본능적 붉은색 사랑은 거의 유전적으로 태양을 사랑하는 것이다.

- 조선동검 8개

조선동검(朝鮮銅劍, 태양검, 비파형동검), "조선문명"의 가장 분명한 상징이 되는 유물이다. 민족정신의 상징 태양을 중심으로 팔방을 향해 나아가는 꿈 · 야성 · 문명 · 역사의 상징이다. 통일 후 "국보 제 1호"로 삼아야 할 우리의 위대한 유산이다.

여덟, 8은 민족의 모든 신화 종교 역사에서 가장 중심이 되는 수로서, 모든 행운 · 가능성 · 건축 · 완성을 나타낸다.

- 무지개(5색)

민족사 출발을 같이한 형제국 몽골에서는 지금도 고려를 '무지개(솔롱고스)의 나라'라 부른다.

전통적 무지개의 오색은 실로 많은 뜻으로 이해 가능하다. 종가 고려의 사통팔달과 그 가운데를 상징하는 오방사상에서 오방(五方) · 오가(五加) · 오부(五部)로 이해할 수가 있다. 『환단고기』에서 강조한 충(忠) · 효(孝) · 신(信) · 용(勇) · 인(仁)의 다섯 가지 덕목도 함축한다. 하늘의 태양에 감응한 민중들의 꿈 · 개성 · 야성 · 자유 · 도전의 가장 조화롭고 아름다운 생명현상을 표현하는 것이다.

- 삼족오 조형상(봉 끝)

삼족오(三足烏)는 세 발 달린 까마귀를 뜻한다. 고대로부터 태양 속에 산다고 알려진 전설 속의 새다. 종가의 고려의 고대 유물 속에서 다양하게 등장하는 신령한 새다. 하늘 · 태양과 대지의 인간, 생과 사, 이상과 현실을 하나로 이어 주는 메신저다.

- 종합

　한 나라의 국기(國旗)는 국문을 읽고 쓸 수 있는 초등학교 1학년 수준 이면, 그 내용의 개략을 이해할 수 있을 정도로 단순 명료하고, 강력한 메시지가 있으면 족하다. 그래야만 진실로 "우리 것"일 수 있다.

　문명기(文明旗)는 1만 년을 이어 온 우리의 민족정신, 꿈·야성·역 사가 그대로 담겨 있다. 미래를 향한 무한 상상력, 균형 잡힌 이성, 담 대한 도전이 하나로 들어 있다.

　우리는, 우리의 하늘에, 우리의 태양으로, 인간·세상·역사를 밝게 열어 나가야 한다.

▌참고 문헌 ▌

· 임승국, 『한단고기』, 정신세계사, 1996.

· 안경전, 『환단고기』, 상생출판, 2018.

· 이영훈, 『세종은 과연 성군인가』, 백년동안, 2018.

· 허만호, 『북한인권이야기』, 경북대출판부, 2014.

· 브리튼 외 2인, 『세계문화사 상 · 중 · 하』, 을유문화사, 1995.

· 윤세철 외 2인, 『세계문화사』, 서울대출판부, 1998.

· 신채호, 『조선상고사』, 신채호선생기념사업회, 1999.

· 임홍빈 외 2, 『조선의 대외정벌』, 알마, 2015.

· 문영식, 『유럽역사의 이해』, 신아사, 2015.

· 고려대한국사연구소, 『한국사』, 새문사, 2014.

· 예태일 외 4인, 『산해경』, 안티쿠스, 2013.

· 이덕일, 『송시열과 그들의 나라』, 김영사, 2018.

· 동북아역사재단, 『요사 금사 원사 외국전 역주』, 동북아역사재단,
  2014.

· 브루스커밍스, 『한국현대사』, 창비, 2016.

· 김부식, 『삼국사기』, 동서문화사, 2013.

· 일연, 『삼국유사』, 을유문화사, 2014.

· 고성훈, 『민란의 시대』, 가람기획, 2004.

· 김형석, 『한국사와 농민』, 서신원, 1998.

· 황현, 『매천야록』, 서해문집, 2006.

· 중국사연구회, 『중국통사』, 청년사, 1993.

· 아리스테어 쿠크, 윤종혁 역, 『도큐멘터리미국사』, 한마음사, 1995.

- 인드로 몬테날리, 『로마제국사』, 까치, 1998.
- 김현구 외 1인, 『일본사개설』, 지영사, 1995.
- 존키건, 『세계전쟁사』, 까치, 1996.
- 카를 폰 클라우제비츠, 『전쟁론』, 책세상, 1998.
- 스기야마 마사아키, 이경덕 역, 『유목민의 눈으로 본 세계사』, 시루, 2013.
- 폴 존슨, 한은경 역, 『르네상스』, 을유문화사, 2016.
- 한양대 아태지역 연구센터, 『러시아근대사』, 민속원, 2014.
- 구현숙, 『일본근대화의 길』, 어문학사, 2008.
- 에드워드 기번, 『로마제국쇠망사』, 책과 함께, 2015.
- 페르디난트 자입트, 차용구 역, 『중세 천년의 빛과 그림자』, 현실문화, 2014.
- 아야베 쓰네오 · 구와야마 다카미, 황달기 역, 『알기 쉬운 문화인류학』, 계명대출판부, 2012.
- 김용구, 『세계외교사』, 서울대출판부, 2016.
- 티모시 월튼, 『정신분석의 역사와 도전』, 박영사, 2015.
- 조 스터드웰, 김태훈 역, 『아시아의 힘』, 프롬북스, 2016.
- 로널드 핀들레이 · 케빈 H. 오루크, 하임수 역, 『권력과 부』, 에코리브르, 2015.
- 재레드 다이아몬드, 김진준 역, 『총 균 쇠』, 문학사상사, 2015.
- 토인비, 『역사의 연구1 · 2』, 동서문화사, 2016.
- 알베르 소불, 양영란 역, 『프랑스대혁명』, 두레, 2016.
- 새뮤얼 노아 크레이머, 박성식 역, 『역사는 수메르에서 시작되었다』, 가람기획, 2018.

———————— 종가의 귀환

· 이경식,『전략의 역사1 · 2』, 비즈니스북스, 2016.

· 박민우,『환단원류사』, 환단서림, 2015.

· 송동건,『고구려와 흉노』, 흰두루, 2012.

· 노다 히로나리, 홍영의 역,『한반도주변 심리첩보전』, 행복포럼, 2009.

· 노승명,『혁명』, 교유서가, 2016.

· 헨드릭 하멜, 김태진 역,『하멜표류기』, 서해문집, 2016.

· 미치가미 하사시, 윤현희 역,『한국인만 모르는 일본과 중국』, 중앙북
  스, 2016.

· CCTV다큐멘터리 대국굴기 제작진,『대국굴기 강대국의 조건 일본』,
  안그라픽스, 2007.

· CCTV다큐멘터리 대국굴기 제작진,『대국굴기 강대국의 조건 영국』,
  안그라픽, 2007.

· CCTV다큐멘터리 대국굴기 제작진,『대국굴기 강대국의 조건 독일』,
  안그라픽스, 2007.

· CCTV다큐멘터리 대국굴기 제작진,『대국굴기 강대국의 조건 네덜란
  드』, 안그라픽스, 2007.

· 막스 갈로, 박상준 역,『프랑스대혁명1 · 2』, 민음사, 2015.

· 헤겔,『역사철학강의』, 동서문화사, 2016.

· 피히테,『독일국민에게 고함』, 범우사, 2013.

· 프리드리히 니체, 황문수 역,『짜라투스트라는 이렇게 말했다』, 문예출
  판사, 2013.

· 마키아벨리,『군주론』, 까치, 2014.

· 티모시 프릭 · 피터 갠디, 승영조 역,『예수는 신화다』, 미지북스,
  2017.

- 박응격, 『이익집단사회』, 법문사, 2012.
- 김운회, 『대쥬신을 찾아서1 · 2』, 해냄, 2011.
- 김우현, 『주자학 조선 한국』, 한울, 2012.
- 김영모, 『조선 한국 신분계급사』, 고헌, 2014.
- 박홍갑, 『우리 성씨와 족보이야기』, 산처럼, 2014.
- 대한문화유산연구센터, 『한반도의 전방후원분』, 학연문화사, 2011.
- 하문식, 『고조선사람들이 잠든 무덤』, 주류성, 2016.
- 백제학연구총서, 『한국사속의 백제와 왜』, 한성백제박물관, 2015.
- 허대동, 『고조선문자』, 경진, 2016.
- 윤내현, 『고조선 연구 상 · 하』, 만권당, 2016.
- 이기훈, 『동이한국사』, 책미래, 2015.
- 김운회, 『새로 쓰는 한 · 일 고대사』, 동아일보사, 2010.
- 존카터 코벨, 『부여 기마민족과 왜』, 글을 읽다, 2015.
- 이경 외 2인, 『한글 동이전』, 서문 문학사, 1999.
- 이시와타리 신이치로, 안희탁 역, 『백제에서 건너간 일본천황』, 지식여행, 2002.
- 전용신, 『일본서기』, 일지사, 2017.
- 노명호, 『고려 국가와 집단의식』, 서울대출판문화원, 2011.
- 신정근, 『중화주의의 개막』, 태학사, 2012.
- 김주미, 『한민족과 해속의 삼족오』, 학연문화사, 2010.
- 임범식, 『삼국지 위서 동이전 왜인조』, 백산자료원, 2013.
- 국사편찬위원회 편집부, 『조선초기의 사회와 신분구조』, 국사편찬위원회, 2013.
- 이주한, 『노론 300년 권력의 비밀』, 역사의 아침, 2015.

- 안재홍, 김인희 편, 『조선상고사감』, 우리역사연구재단, 2014.
- 최동희 · 이경원, 『새로 쓰는 동학』, 집문당, 2003.
- 호세 오르테가 이 가세트, 황보영조 역, 『대중의 반역』, 역사비평사, 2015.
- 정항희, 『이성과 혁명』, 법경, 2008.
- 허발, 『언어와 정신』, 열린책들, 2013.
- 채순희, 『동방견문록』, 동서문화사, 2013.
- 아르놀트 하우저, 백낙청 외 2인 역, 『문학과 예술의 사회사 1 · 2 · 3 · 4』, 창작과 비평사, 2014.
- 에릭 홉스봄, 『혁명의 시대』, 한길사, 2013.
- 에릭 홉스봄, 『제국의 시대』, 한길사, 2013.
- 에릭 홉스봄, 『자본의 시대』, 한길사, 2013.
- 버트런드 러셀, 김태길 외 2인 역, 『서양철학사』, 을유문화사, 2014.
- 헨드릭 빌렘 반 룬, 이철범 역, 『예술의 역사』, 동서문화사, 2013.
- 김영식, 『과학사』, 전파과학사, 2013.
- 팀 와이너, 이경식 역, 『잿더미의 유산』, 랜덤 하우스, 2013.
- 쑤수양, 심규호 역, 『중국책』, 민음사, 2015.
- 이토 세이지, 박광순 역, 『중국의 신화와 전설』, 넥서스, 2000.
- 임동석 역해, 『전국책』, 고려원, 1993.
- 니체, 『도덕의 계보학』, 연암서가, 2013.
- 사마천, 김원중 역, 『사기 본기』, 민음사, 2016.
- 사마천, 김원중 역, 『사기 세가』, 민음사, 2016.
- 사마천, 김원중 역, 『사기 열전 1 · 2』, 민음사, 2016.
- 사마천, 김원중 역, 『사기 서』, 민음사, 2016.

참고 문헌 ——————

· 김종서, 『부여·고구려·백제사 연구』, 한국학연구원, 2005.

· 북한인권정보센터, 『무관심』, 북한인권 제3의길, 2018.

· 허만호, 『북한 인권 이야기』, 경북대출판부, 2014.

· 김성보, 『북한의 역사1·2』, 역사비평사, 2017.

· 김연수, 『조선 지식인의 위선』, 앨피, 2013.

· 이상훈, 『신라는 어떻게 살아남았는가』, 푸른역사, 2015.

· 박철, 『16세기서구인이 본 꼬라이』, 한국외국어대출판부, 2011.

· 문소영, 『못난 조선』, 나남, 2015.

· 마루야마사오, 김석근 역, 『일본정치사상사연구』, 통나무, 2011.

· 구태훈, 『일본 근세사』, 재팬리서치, 2016.

· 우노 시게키, 신정원 역, 『서양 정치사상사 산책』, 교유서가, 2014.

· 전복희, 『사회진화론과 국가사상』, 한울, 2010.

· 소공권, 『중국정치사상사』, 서울대출판부, 2014.

· 신복룡, 『한국정치사상사1·2』, 지식산업사, 2011.

· 김용삼, 『대구10월폭동, 제주4·3사건, 여순반란사건』, 백년동안, 2017.

· 류현수, 『종북주의 연구』, 백년동안, 2017.

· 최승노, 『경제발전의 훼방꾼들』, 백년동안, 2017.

· 버나드 로 몽고메리, 승영조 역, 『전쟁의 역사』, 책세상, 2011.

· 강철구, 『민족주의란 무엇인가』, 용의숲, 2012.

· 이선민, 『민족주의, 이제 버려야 하나』, 삼성경제연구소, 2008.

· 남주성 역주, 『흠정만주원류고1·2』, 글모아, 2018.

· 강형진, 『마스터알고리즘』, 비즈니스북스, 2018.

· 주경철, 『대항해시대』, 서울대출판부, 2008.

· 박천홍, 『악령이 출몰하던 조선의 바다』, 현실문화, 2008.

· 르네 그루쎄, 김호동 외 2인 역, 『유라시아유목제국사』, 사계절, 1999.

· 타키투스, 김경현 외 1인 역, 『타키투스의 역사』, 한길사, 2012.

· 투퀴디데스, 천병희 역, 『펠로폰네소스 전쟁사』, 도서출판 숲, 2014.

· 가이우스 율리우스 카이사르, 박광순 역, 『갈리아전기』, 범우, 2010.

· 왕단, 송인재 역, 『왕단의 중국현대사』, 동아시아, 2015.

· 슐라미트 암발루, 최윤희 역, 『종교의 책』, 지식갤러리, 2014.

· 오승준, 『위대한 사상』, 지식갤러리, 2012.

· 장 폴 사르트르, 정소성 역, 『존재와 무』, 동서문화사, 2016.

· 장병옥, 『이슬람』, 을유문화사, 2014.

· 민희식, 『성서의 뿌리1 · 2』, 블루리본, 2015.

· 김운회, 『몽골은 왜 고려를 멸망시키지 않았나』, 역사의 아침, 2015.

· 을유문화사 편집부, 임동근 역, 『우파니샤드』, 을유문화사, 2012.

· 이영훈, 『반일종족주의』, 미래, 2019.

· 김상섭, 『태극기의 정체』, 동아시아, 2001.

· 최정범 · 강동원, 『지리산 달궁비트』, 한울, 2016.

· 기세춘, 『성리학개론 1 · 2』, 바이북스, 2011.

· 몽배원, 이기훈 외 3인 역, 『성리학의 개념들』, 예문서원, 2011.

· 이동희, 『주자학 신연구』, 문사철, 2013.

· 서산, 『서산대사집 상 · 하』, 한국불교연구원, 2012.

· 재단법인 민족문화추진회 편집위원, 『율곡집1 · 2』, 재단법인 민족문화추진회, 1989.

· 김삼웅, 『단재 신채호평전』, 시대의창, 2016.

· 헤로도토스, 박현태 역, 『헤로도토스의 역사』, 동서문화사, 2013.

- 몽테스키외, 하재홍 역, 『법의정신』, 동서문화사, 2014.
- 지그문트 프로이트, 김양순 역, 『정신분석입문』, 동서문화사, 2013.
- 조너선 D. 스펜스, 남경태 역, 『무질서의 지배자 마오쩌둥』, 푸른숲, 2007.
- 조르주 보르도노브, 나은주 역, 『나폴레옹 평전』, 열대림, 2015.
- 잭 웨더포드, 정영목 역, 『칭기스칸 잠든 유럽을 깨우다』, 사계절, 2015.
- 해럴드 램, 강영규 역, 『칭기즈칸』, 현실과 미래, 1998.
- 체 게바라, 박지민 역, 『체 게바라 자서전』, 황매, 2012.
- 안재성, 『이현상 평전』, 실천문학사, 2014.
- 이태, 『남부군』, 두레, 2016.
- 정충제, 『실록 정순덕 상·중·하』, 대제학, 1989.
- 차길진, 『빨치산토벌대장 차일혁 수기』, 기린원, 1990.
- 앤드루 샤오·오드리아 림, 김은영 역, 『저항자들의 책』, 샘앤 파커스, 2012.
- 백선엽, 『실록 지리산』, 고려원, 1992.
- 김정렬, 『아, 박정희』, 중앙 M&B, 1997.
- 조갑제, 『박정희의 마지막 하루』, 월간조선사, 2005.
- 육성으로 듣는 경제기적 편찬위원회, 『숨은 기적들, 중화학공업』, 나남, 2015.
- 육성으로 듣는 경제기적 편찬위원회, 『숨은 기적들, 새마을운동』, 나남, 2015.
- 육성으로 듣는 경제기적 편찬위원회, 『숨은 기적들, 숲의 역사 새로 쓰다』, 나남, 2015.

· 심융택, 『박정희 경제강국, 핵개발프로젝트』, 동서문화사, 2015.

· 박정희, 『국가와 혁명과 나』, 지구촌, 1997.

· 조갑제, 『박정희 1~13』, 조갑제닷컴, 2006.

· 김광동 외 6인, 『억지와 위선』, 북마크, 2009.

· 김택근, 『김대중 평전』, 사계절, 2012.

· 최백순, 『조선공산당평전』, 서해문집, 2017.

· 정광, 『한글의 발명』, 김영사, 2018.

· 장하준, 『나쁜 사마리안들』, 부키, 2018.

· 장하준, 『쾌도난마한국경제』, 부키, 2005.

· 장하준, 『사다리 걷어차기』, 부키, 2005.

· 박현채, 『민족경제론』, 한길사, 1980.

· 고태우, 『북한사 100장면』, 가람기획, 1996.

· 김지하, 『타는 목마름에서 생명의 바다로』, 동광출판사, 1991.

· 김철, 『인디언의 길』, 세창미디어, 2015.

· 헨리 조지, 김윤상 역, 『정치경제학』, 아름다운땅, 2010.

· 허문영, 『김지하와 그의 시대』, 블루엘리펀트, 2014.

· 박성수, 『한국인의 역사정신』, 석필, 2013.

· 이치석, 『함석헌평전』, 시대의창, 2015.

· 함석헌선집 편찬위원회, 『들사람 얼』, 한길사, 2016.

· 김삼웅, 『장준하 평전』, 시대의창, 2013.

· 송병건, 『경제사』, 해남, 2014.

· 이솝, 천병희 역, 『이솝우화』, 도서출판 숲, 2013.

· 단테, 『신곡』, 동서문화사, 2015.

· 헤세, 『데미안』, 민음사, 2015.

· 박설호,『라스카사스의 혀를 빌려 고백하다』, 울력, 2008.

· 토마스 만,『마의 산』, 동서문화사, 2014.

· 서정기 역해,『주역 상 하』, 글, 1993.

· 최진규 역해,『사기』, 고려원, 1996.

· 이재훈 역해,『서경』, 고려원, 1996.

· 김영수 역해,『논어』, 일신서적, 1994.

· 유리 미하일로비치 부틴, 이병두 역,『고조선 연구』, 아이네아스, 2019.

장자, 조현숙 역,『장자』, 책세상, 2016.

· 을유문화사 편집부, 임근동 역,『우파니샤드』, 을유문화사, 2012.

· 조규백 역주,『소동파산문선』, 백산, 2011.